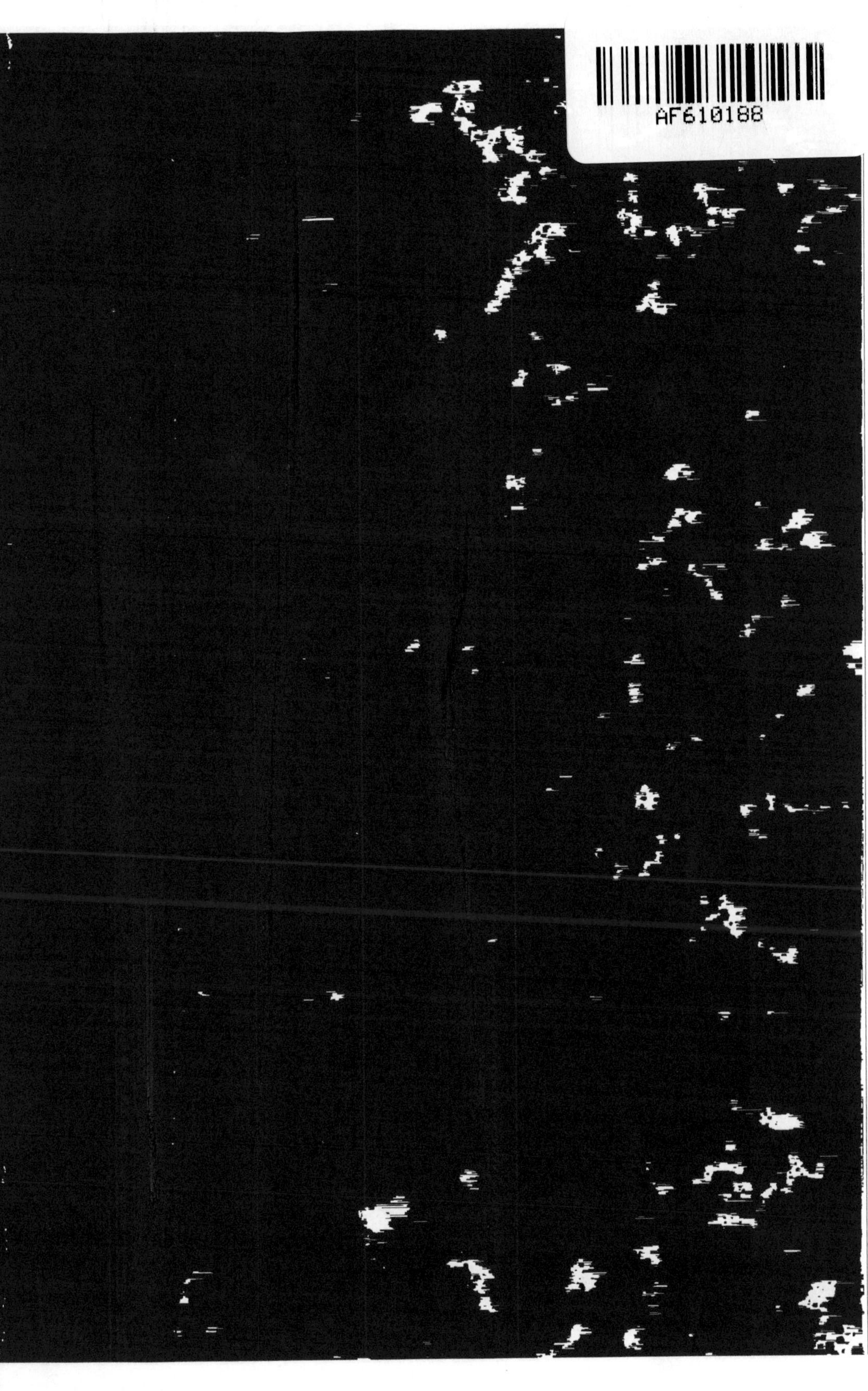

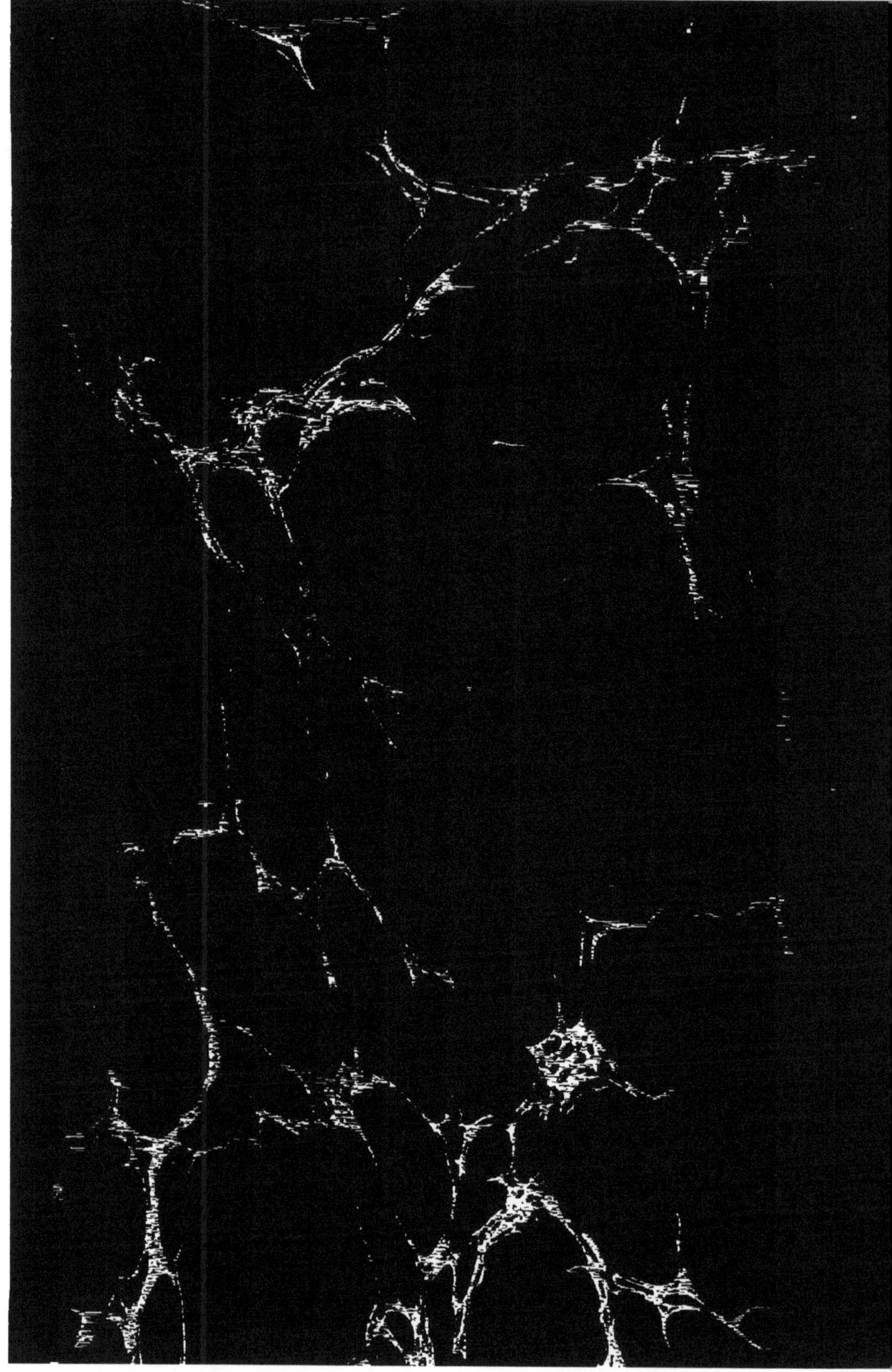

GÉOGRAPHIE MILITAIRE

DU

BASSIN DU RHIN

Tout exemplaire de cet ouvrage non revêtu de notre griffe sera réputé contrefait.

Ch. Delagrave

Abbeville. — Imprimerie Briez, C. Paillart et Retaux.

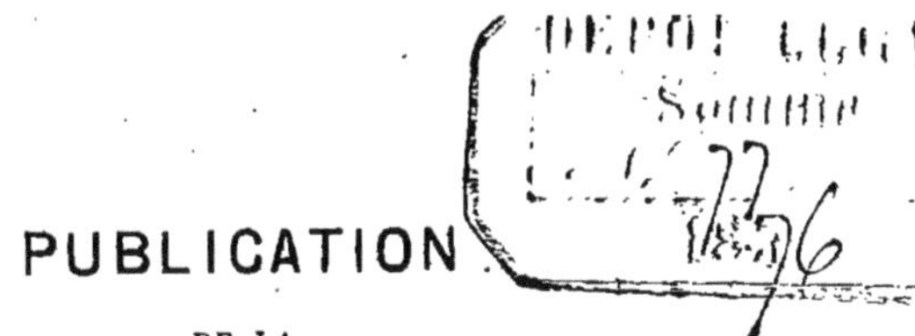

PUBLICATION

DE LA

RÉUNION DES OFFICIERS

GÉOGRAPHIE MILITAIRE

DU

BASSIN DU RHIN

AVEC UNE CARTE DU BASSIN DU RHIN

ET DIX PLANS DE FORTERESSES HORS TEXTE

PAR

A. PICHAT

COMMANDANT

PARIS

LIBRAIRIE CH. DELAGRAVE

58, RUE DES ÉCOLES, 58

1876

AVANT-PROPOS

> « On ne sait ce qu'on doit le plus admirer dans les expéditions de César, de sa prudence ou de sa hardiesse ; il ne conduisit jamais son armée par des chemins dangereux sans avoir étudié à fond la situation des lieux. »
>
> (SUÉTONE.)

> « La connaissance du théâtre de guerre, employée par un talent supérieur, met une armée en état de faire la guerre avec succès contre une armée de beaucoup supérieure. »
>
> (LLOYD.)

Cette étude géographique a fait l'objet d'une dizaine de conférences que j'ai eu l'honneur de développer devant Messieurs les officiers du 67me de ligne.

En la publiant, suivant les conseils de mes amis, j'espère éviter de longues recherches à mes camarades de l'armée, soucieux de connaître une région aussi importante.

Après les grandes autorités militaires de toutes les époques, il est inutile de faire ressortir la nécessité des études géographiques, base essentielle de toute conception stratégique. C'est, en effet, par la connaissance exacte des propriétés d'un théâtre d'opérations, qu'un général pourra donner à ses plans et à ses ordres la netteté, la décision, la vigueur nécessaires. Autrefois, les petites armées pouvaient commettre impunément des erreurs stratégiques, qu'elles réparaient immédiatement à force d'audace ; aujourd'hui nos grandes armées auront toujours une peine infinie à se dérober à un désastre, à la suite de telles erreurs. On sait que Bonaparte travailla pendant plusieurs mois son échiquier d'Italie, avant de commencer les brillantes opérations de 1796.

Sans doute, cet ouvrage ne répond pas à un programme aussi élevé, dont il n'est pour ainsi dire que l'étude préliminaire, que tous les jeunes officiers doivent faire avec soin, et sur laquelle ils grefferont chaque jour leurs notes et leurs observations, en suivant au compas les diverses campagnes exécutées sur la région spécialement étudiée.

En publiant ce travail, je crois répondre à un véritable besoin : combien d'officiers en effet sont désireux de connaître cette région, et se rebutent en face d'ouvrages trop anciens ou qui ne répondent pas assez spécialement à une étude militaire? Je me suis aidé des travaux de Lavallée, de Malte-Brun, de Levasseur, de Joanne, de Fervel, du colonel Borson, du commandant Bourboulon, du colonel allemand de Meyer, du colonel italien Sironi, des nombreuses reconnaissances françaises en Allemagne, de la *Revue militaire de l'Étranger*, du *Bulletin de la réunion des officiers*, etc., etc., ne donnant que ce qui me paraissait le plus intéressant au point de vue militaire.

Malgré l'opinion de quelques auteurs distingués, mais trop absolus, j'ai cru devoir suivre d'une façon générale la méthode de Lavallée, celle à laquelle tous les officiers sont habitués ; elle est d'ailleurs, sinon la plus rationnelle, du moins la plus claire, la plus simple, la plus méthodique, pour une étude d'ensemble. C'est seulement après cette étude qu'on s'occupera de chaque région en particulier.

En raison de la grande importance des chemins de fer, j'ai réuni tous ceux de la région gallo-germanique dans une série de tableaux, présentant le nombre de voies et les travaux d'art principaux, travaux d'art si utiles à connaître, soit pour s'en assurer la possession, soit pour les détruire et annihiler ainsi une ligne d'opérations de l'ennemi.

Pendant l'occupation de notre pays, les Allemands ont déjà recueilli tous ces renseignements avec soin ; nous n'avons rien à leur apprendre sous ce rapport ; toutefois je crois convenable de ne pas parler de la nature des travaux défensifs exécutés sur notre frontière.

Une carte d'ensemble du bassin du Rhin, sur laquelle sont portés les noms seuls des villes citées dans l'ouvrage, et les plans des grandes forteresses avec leurs nouveaux travaux de fortification, permettront de suivre facilement la description du pays et de ces forteresses.

Tel est l'objet de cette étude ; j'ose espérer qu'elle intéressera bon nombre d'officiers désireux de se mettre à niveau de la situation géographique actuelle de la *région rhénane*, théâtre de guerre qui s'imposera nécessairement un jour à nos armées, et que par conséquent nous devrions tous connaître dans ses moindres détails.

ALPHÉE PICHAT,

Capitaine adjudant-major au 67me de ligne.

Soissons, le 25 mai 1875.

GÉOGRAPHIE MILITAIRE

DU

BASSIN DU RHIN

Le bassin du Rhin, par ses caractères très-divers et très-accentués, se divise naturellement en trois parties :

1° La partie supérieure, massif épais, imposant, hérissé de montagnes, où l'on trouve les plus beaux glaciers du globe : c'est la *région helvétique ;*

2° La partie médiane, de Suisse en Hollande ; elle comprend un des pays les plus beaux, les plus riches et les plus peuplés de l'Europe : c'est la *région gallo-germanique ;*

3° La partie inférieure ; pays absolument plat, coupé de canaux, de dérivations, de marécages ; c'est comme un immense delta formé par le Rhin, delta d'un niveau parfois inférieur à celui du fleuve qui l'envahit assez fréquemment : c'est la *région hollandaise.*

Le bassin du Rhin se divise encore en deux parties : le *versant occidental* et le *versant oriental.* Nous allons les parcourir successivement.

TITRE I

Versant occidental du bassin du Rhin.

CHAPITRE I

CEINTURE OCCIDENTALE DU BASSIN.

Le Rhin prend sa source dans les Alpes centrales.

La grande chaîne des Alpes va de France jusqu'en Autriche et en Turquie, elle n'a pas moins de 400 lieues de longueur.

Ses plus grandes vallées ont une direction parallèle à celle de la chaîne elle-même.

Comme la plupart des grandes chaînes parallèles à l'équateur, en Europe, son flanc le plus escarpé regarde le sud ; d'après d'Aubuisson (*Traité de Géognosie*), la pente moyenne depuis le faîte du mont Blanc jusqu'aux plaines du Piémont serait de 3 degrés trois quarts.

D'après les travaux de Studer sur la géologie des grandes Alpes, ces montagnes ne se composent pas, comme on le supposait, d'une chaîne centrale, puis de chaînes moyennes et basses ; c'est une série de groupes formant autant de masses distinctes qui vont pour la plupart dans une direction parallèle ou oblique ou bien qui sont disposées « comme les cases d'un échiquier autour d'un axe idéal, semblables à peu près aux différentes cimes cratériques d'une même zone volcanique. » (STUDER.)

Dans son *Orographie de l'Europe*, Bruguière déclare que les Alpes appartiennent aux trois formations granitique, schisteuse et calcaire, que le faîte est granitique et qu'il y a peu de ressemblance entre les deux versants; sur celui du sud et de l'est, les roches primitives atteignent les plaines de l'Italie ; tandis qu'au nord et à l'ouest les montagnes sont presque toutes calcaires, tant dans la Provence et le Dauphiné que dans la Suisse, le Tyrol et l'Autriche.

Comme toutes les montagnes granitiques, les Alpes s'élèvent en pics très-aigus, mais laissent toujours entre les pics les plus menaçants des gorges profondes par où les deux versants ont toujours pu communiquer : « Combien de fois, dit Duruy, se sont mêlées l'histoire, les idées, les espérances de la France et de l'Italie, deux sœurs s'il y en eût jamais parmi les nations. » (*Introduction générale à l'histoire de France.*) Tout autres sont les montagnes calcaires, comme le Jura et les Pyrénées.

Le soulèvement des Alpes, d'après Saussure et Élie de Beaumont, fut la dernière grande révolution géologique du continent européen ; il vint après celui de la Bretagne qui fut le premier ; après celui du pays de Galles, de la Suède, de la Finlande, de la Catalogne, qui fut le deuxième ; après ceux des Ardennes et de l'Eifel, puis des Vosges, des Cévennes ; enfin du Jura et des Pyrénées. « Ainsi ces monts sourcilleux auxquels on aurait cru pouvoir attribuer, à cause de leur grandeur même, une antiquité prodigieuse, qu'on aurait volontiers considérés comme ayant élevé leurs masses énormes au-dessus des mers qui formèrent par leurs dépôts les terrains tertiaires des plaines environnantes, cette magnifique série de chaînes montagneuses est au contraire d'un âge récent. » (Figuier.) Cette série de chaînes et de massifs, soulevée à diverses époques géologiques, se compose donc d'un noyau central qui dépasse 4000 mètres d'altitude, ce sont des « roches primitives, granit, protogyne, gneiss, micachiste, flanqué de terrains calcaires, de formation jurassique, que les soulèvements des roches primitives ont relevés, plissés, fendus le plus souvent en chaînes parallèles aux chaînes centrales. » (Levasseur.) Cette masse énorme, qui sépare le centre et le sud de l'Europe, n'exige pas moins de quinze jours de marche pour être traversée perpendiculairement à sa direction.

1° *Alpes centrales.* — Les Alpes se composent de grands massifs : le Simplon, le Finster-Aar-Horn, le Saint-Gothard, le Selvretta, etc., etc. On les a souvent groupés par chaînes, auxquelles on a donné différents noms.

Lavallée, dans son système descriptif, basé essentiellement sur l'hydrographie, sur les *lignes* de séparation des eaux, a donné le nom, autrefois plus général, d'Alpes centrales à la partie comprise entre le Saint-Gothard et le Maloïa ; ce nom est du moins justifié par la position remarquable de cette chaîne, d'où partent les Bernoises, les Alpes occidentales, les Rhétiques, les Alpes grises ; il n'a pas cependant été adopté par beaucoup de géographes, ni par les étrangers. Ils appellent *Alpes Lépontiennes* la partie comprise entre le Simplon et le Bernârdino, et *Alpes Rhétiques*, du Bernardino au Tyrol.

La distance du Saint-Gothard au Maloïa est de 90 kilomètres. Cette chaîne comprend 5 massifs principaux : le *Saint-Gothard*, le *Vogelberg* (3,313 mètres), le *Bernardino*, le *Splugen* (3,190 mètres), et le *Maloïa*.

Les deux premiers et le dernier sont considérables. Le Saint-Gothard est un vaste massif placé aux sources du Rhône, du Rhin, de la Reuss et du Tessin, il renferme 17 vallées, 8 glaciers, une trentaine de lacs ; ses masses principales sont le *Gallenstock* (3,598 mètres) et la *Furca* (3,028 mètres), au nord, entre l'Aar et la Reuss ; l'*Oberalp*, au nord-est, entre la Reuss et le Rhin antérieur.

Le Maloïa (1), haut de 3,500 mètres, se termine au nord-ouest par le *Septimer* et au sud-est par l'épaisse masse du *Bernina*.

Les hautes cimes des Alpes sont toujours couvertes de neige;

2° Les *Alpes Bernoises* forment une chaîne plus âpre, plus épaisse, plus élevée que les Alpes centrales, à l'ouest de celle-ci : elle va jusqu'au Léman.

Elle comprend plusieurs massifs, dont un très-considérable, le *Finster-Aar-Horn* (4,275 mètres). C'est une immense pyramide granitique qui domine les vastes *glaciers d'Aletsch*, les plus beaux de l'Europe; d'après Studer, c'est lui surtout qui imprimerait à la Suisse son caractère montagneux ; plus à l'ouest, le massif du *Weisshorn* (3,012 mètres), celui du *Wildhorn* (3,268 mètres), enfin celui de l'*Oldenhorn*, qui jette au sud le contrefort de la *Dent de Morcle*, lequel presse fortement le Rhône à Martigny, entre lui et la *Dent du Midi* qui lui fait face. Les Bernoises se dirigent alors au nord et se terminent à l'est du Léman par l'étroit massif de la *Dent de Jaman* (2). Les neiges sont éternelles sur les cimes des Bernoises, les glaciers immenses, les vallées profondes, sauvages, impénétrables, c'est la région par excellence des glaciers. (Entre le mont Blanc et le Tyrol, leur surface est telle qu'elle forme une mer de glace de 130 lieues carrées ; ce sont les réservoirs qui entretiennent les plus grands fleuves de l'Europe.)

La position géographique des Bernoises n'ouvre pas de débouché important ; si on les franchit pour aller de Suisse en Italie, il faut traverser le Valais et l'immense chaîne des Alpes Pennines ; aussi bien ses quatre mauvais cols n'ont jamais été améliorés ; ils sont impraticables à une armée ;

3° Le *Jorat* est une petite chaîne de 900 mètres d'altitude au nord de Lausanne ; elle a donné son nom au plateau qui décrit un grand arc de cercle au nord du Léman ; son sommet le plus élevé atteint 904 mètres, mais il s'abaisse rapidement jusqu'à 500 mètres en fortes collines et en plateaux arrondis ; au nord-ouest de Lausanne, le plateau forme une grande dépression, qu'on appelle la *plaine du Loup* ; c'est un plateau

(1) La carte de l'État-major suisse par le général Dufour ne donne le nom de Maloïa qu'au col qui traverse le massif auquel quelques géographes ont étendu le nom.

(2) Dufour appelle ce massif la *Dent de Lys*.

battu par tous les vents, sur lequel Charles le Téméraire concentra l'armée qui devait aller combattre à Morat.

Le Jorat est traversé par 6 routes et 2 chemins de fer. Il se joint au Jura au mont Tendre ;

4° Le *Jura* est une immense chaîne calcaire de 280 kilomètres de longueur ; elle se dirige du sud-ouest au nord-est. Sa charpente orographique est différente de celle des autres montagnes : les contreforts ou chaînes qui séparent les diverses rivières qui s'écoulent sur son versant occidental sont parallèles à la crête principale ; et ces rivières sont souvent obligées de couper ces contreforts par des brèches profondes. Cette crête, qui a 1,000 mètres de hauteur moyenne, tombe à pic vers la Suisse, tandis qu'à l'ouest, six lignes parallèles de contreforts s'étagent successivement en s'abaissant jusqu'aux plaines de la Bresse, du Mâconnais et de la Franche-Comté.

Par suite de ce caractère orographique, les routes principales de cette région ne sont généralement pas naturelles, c'est-à-dire ne suivent pas les grandes vallées, mais les coupent perpendiculairement et sont par conséquent très-difficiles. « Les routes sur le versant français parcourent les gorges étroites, tortueuses et fortement encaissées, qu'ouvrent les cours d'eau, et qui sont coupées transversalement à l'intersection de la ligne de faîte par des cluses ou brèches faciles à défendre. » (Borson.)

En 1815, Suchet défendit opiniâtrément ces gorges.

Le Jura (1) forme donc un vaste massif incliné vers l'ouest, il va du Rhône au Rhin ; d'après les derniers travaux de Levasseur, il commencerait sur la rive gauche du Rhône, par la Dent du Chat et le mont Vuache. Le Jura se divise en 3 parties :

A. Le Jura *méridional* va jusqu'au mont Tendre ; il est traversé :

1° Par le chemin de fer de Lyon à Culoz, lequel suit la gorge de l'Albarine ;

2° Par la route de Genève — Fort l'Écluse — Nantua — Lyon.

Le général Bourcet compare le fort l'Écluse à un nid d'aigle

(1) Ne devant trouver dans le bassin du Rhin qu'un versant très-étroit du Jura, nous donnons immédiatement les routes principales qui traversent cette chaîne.

qui ferme complétement cette route, dont l'importance a bien diminué depuis la création du chemin de fer de Culoz ;

3° Par la route de Genève à Saint-Claude par Gex et le col de *la Faucille* d'où le panorama des Alpes et du Léman se découvre d'une façon admirable;

4° Par la route de Genève — Nyon — le *col de Saint-Cergues* — le *fort des Rousses* — Champagnole — Salins (fortifié) — Besançon.

Cette dernière route est « un long défilé courant entre des parois hautes de plusieurs centaines de pieds et couvertes de pins. » (Vartensleben.)

C'est la route par laquelle les Allemands ont coupé l'armée de l'Est de sa ligne de retraite sur Lyon (janvier 1871).

Le fort des Rousses construit en 1841 est dominé de 175 mètres par une hauteur située à 2,700 mètres du fort.

En avant du Jura méridional se trouve Genève (bassin du Rhône), c'est le centre de toute la défense de la région du Léman : « Dites au duc de Castiglione que la meilleure manière de défendre Lyon, c'est de reprendre Genève. » (Napoléon, 1814.)

En arrière de Genève, base défensive et offensive si favorable, on trouve l'excellente et belle position militaire comprise entre le fort l'Écluse et le fort des Rousses ; derrière cette position, au fond de la vallée des Dappes où coule la Valserine, on a construit une route militaire importante, qui relie ces deux forts.

B. Le Jura *central* est compris entre Besançon, Neuchâtel et le mont Tendre.

Le réseau de routes de cette région se dirige concentriquement sur Pontarlier, ainsi que le chemin de fer de Dôle à Neuchâtel.

La route et le railway Pontarlier — Neuchâtel suivent le *col des Verrières*, assez mal défendu par le *fort de Joux*, situé sur un rocher inaccessible.

La route de Lausanne à Pontarlier passe à Orbe, à *Jougne* et vient se greffer à celle des Verrières sous le canon du fort de Joux. De Besançon à Neuchâtel une nouvelle route permet d'éviter Pontarlier et ce fort, c'est celle par *Morteau* (sur le Doubs), par le Locle et la Chaux-de-Fonds ; cette route rectifiée à nouveau est très-bonne.

A Morteau passe l'importante route de Pont-de-Roide — Saint-Hippolyte — Morteau — Pontarlier.

Dans cette région on ne trouve que deux routes longitudinales, permettant de suivre la direction du sud au nord :

1° Route d'Ornans — Salins — Champagnole — Saint-Laurent — Saint-Claude — Nantua — (d'Ornans à Saint-Laurent c'est une partie de la route ci-dessus indiquée de Genève à Besançon) ;

2° Route de Besançon — Quingey — Arbois — Lons-le-Saulnier. Ces deux routes furent occupées par les Prussiens en janvier 1871 ; l'armée française, refoulée sur Pontarlier, ne pouvait trouver d'autre issue : 1° que la route carrossable de Pontarlier — Mouthe — Foncine — Saint-Laurent ; 2° le chemin de Pontarlier — Mouthe — Chapelle-au-Bois, praticable seulement à l'infanterie et à la cavalerie.

La déplorable erreur commise relativement à l'armistice signé à Paris nous enleva ces deux dernières lignes de retraite.

Le Jura central est la partie la plus épaisse, la plus élevée, la plus difficile comme passage, Pontarlier est la clef de cette région : « Pontarlier, nœud principal des routes dans l'intérieur du Jura, routes qui arrivent de l'Aare, de l'Ain et du lac Léman, à cheval sur la seule voie ferrée qui traverse ces montagnes, est un point stratégique de la plus grande valeur, au centre du principal massif du Jura. » (Colonel Sironi.)

C. Le Jura *septentrional* va jusqu'au Rhin, il comprend une chaîne principale à l'est, qui finit au confluent de l'Aare par des collines de 400 mètres au dessus de la plaine, la chaîne du *Lomont* que traverse le Doubs, et le mont *Terrible* qui baigne son pied méridional dans cette rivière, et va s'épanouir à Bâle.

Trois routes principales traversent le Jura septentrional :

1° La route de Bienne — Tavannes — Porrentruy — Belfort ;

2° La route et le railway de Bâle en Suisse (c'est une grande ligne d'invasion);

3° La route de Bâle, par le *col de Miécourt*, à Porrentruy — Blamont — Pont-de-Roide — Besançon ;

4° Le chemin de fer de Delle — Porrentruy qui en 1876 arrivera à Délemont et ira jusqu'à Tavannes.

Le comité de défense français a décidé, en 1874, que la position de Blamont et celle de Pont-de-Roide seraient retranchées.

En raison des lacets nombreux et difficiles de toutes les

routes du Jura, la défense de ces passages est facile; elle est plus favorable de l'ouest à l'est, les crêtes s'élevant de plus en plus dans cette direction. Mais la défense de tout le Jura présente de grandes difficultés vu le grand nombre de cols, l'affaissement de la chaîne aux deux extrémités, et les communications très-difficiles entre les cols.

Il en résulte que la défense de toute la région du Jura ne doit pas être faite en occupant tous les cols de cette longue chaîne depuis Bâle jusqu'à Culoz, mais bien en manœuvrant en arrière des lignes défensives de l'Aare, de la Limmat, puis de la Reuss, de Bâle au Saint-Gothard.

En elle-même, la frontière du Jura est donc faible ; elle est très-heureusement couverte par la neutralité de la Suisse.

Au point de vue des ressources qu'une armée pourrait y rencontrer, le Jura est en général une région pauvre, nue, peu cultivée ; ce sont de hauts sommets dénudés, dont les flancs sont tapissés de larges forêts de chênes, de hêtres et de sapins ; les collines occidentales seules sont cultivées et couvertes de vignobles renommés ;

5° Les *collines de Valdieu* forment une large dépression entre le Jura et les Vosges, et, par un dos de pays qui descend jusqu'à 350 mètres d'altitude, séparent les eaux du bassin du Rhin de celui du Rhône; elles vont de Porrentruy à Giromagny.

C'est un pays montueux, formant vers son milieu une brèche par laquelle passent la route, le canal et le railway de Belfort à Mulhouse.

C'est une des trouées naturelles d'invasion dans la région gauloise, ligne suivie à toutes les époques de l'histoire : Arioviste y fut arrêté et vaincu par César ; les barbares y débouchèrent, particulièrement les Huns (*Huningue*) ; plus tard, passèrent les Suisses, Charles le Téméraire, les Suédois, Turenne, etc.

Au centre de cette trouée s'élèvent deux plateaux contigus à flancs escarpés qui commandent la trouée ; les Romains y avaient établi un camp; au moyen-âge il y avait un château-fort ou *bel fort*.

Vauban entoura la ville d'une enceinte pentagonale (3e système) ; il avait eu déjà l'idée de fortifier le *Vallon*, au nord-est, par où passe la route de Strasbourg, mais il craignit de manquer d'eau.

Après 1815, Haxo revint à cette idée ; on éleva les forts de la *Miotte* et de la *Justice*.

Depuis cette époque, ces fortifications avaient été étendues ; enfin on travaille actuellement (1875) aux retranchements du Salbert, au nord-ouest ; de Roppe à 5 kilomètres au nord, de Vezelois à 5 kilomètres au sud-est, du mont Vaudois à 9 kilomètres au sud-ouest (à Héricourt).

La trouée est donc actuellement fermée par le camp retranché de Belfort, camp trop rapproché de la frontière, et plus offensif que défensif ; une armée française aurait infiniment de peine à manœuvrer et combattre dans l'étroit échiquier compris entre Altkirch, Giromagny, Belfort et la frontière suisse : le plus petit faux mouvement pourrait entraîner cette armée sur le territoire suisse ou dans le camp retranché de Belfort. Les Allemands, en voyant construire le camp retranché de Metz, disaient, en 1868, que c'était un piége que la France tendait au général qui commanderait son armée de la Sarre, s'il venait à être malheureux dans ses premières rencontres ! Haxo, dans son mémoire de 1818, prévoyait le danger que courait une armée française qui n'évacuerait pas Metz à temps.

Combien il est regrettable que les retranchements de Belfort ne soient pas établis à Gray, tout au moins à Vesoul ; on aurait ainsi une formidable base d'opérations défensives : Langres, Gray, Besançon.

Une partie des Vosges est comprise dans la ceinture du bassin du Rhin ; nous décrirons ces montagnes plus loin ;

6° Les *monts Faucilles* commencent à l'ouest du ballon de Servance, à hauteur de Remiremont ; ils se dirigent vers le nord-ouest en serrant de très-près la Moselle, puis à l'ouest jusqu'à hauteur des sources de la Meuse, formant, dit Levasseur, une courbe qui leur a fait donner le nom de Faucilles ; leur altitude varie entre 5 et 600 mètres. Ce sont des terrains triasiques.

Le versant nord est plus raide et abrupte ; le versant sud s'étend en molles ondulations jusque vers les plaines de la Haute-Saône. Les vallées y sont profondes, les eaux abondantes.

Les sommets de cette chaîne sont généralement boisés ; le reste est cultivé ; on y trouve des minerais de fer.

Quelques routes importantes et le chemin d'Épinal-Vesoul traversent les Faucilles ;

7° Le *plateau de Langres* s'étend des sources de la Meuse, à la vallée de l'Ouche ; c'est un large plateau calcaire incliné vers le bassin de la Seine, où il s'épanouit en pentes douces, tandis qu'au sud-est il finit par des pentes rapides de 250 à 400 mètres de hauteur dans le bassin de la Saône. C'est une série de collines sans crête distincte, couvertes de forêts, surtout à l'ouest. Dans ce pays montueux et embrouillé on trouve de nombreuses et bonnes positions défensives, qui permettraient de couvrir les vallées qui y prennent naissance. Entre le bassin de la Seine et celui de la Saône, on ne rencontre que quelques routes, isolées entre elles, permettant de communiquer de l'un de ces deux bassins vers l'autre ; le pays est tellement boisé que l'isolement de ces routes en fait des lignes très-dangereuses d'opérations. En janvier 1871, ce ne fut que sur l'insistance de Zastrow, que Manteuffel se décida à franchir ces défilés dangereux ; son ordre de marche indique d'ailleurs la hardiesse d'une telle opération : chaque colonne devait s'avancer vivement, culbuter toute résistance, gagner au plus vite les plaines de la Côte-d'Or, et se rabattre aussitôt vers les colonnes voisines pour les dégager, en cas d'attaque sérieuse ; Garibaldi ne sut pas profiter d une circonstance aussi favorable.

Le plateau le plus important de cette région est celui sur lequel est bâtie la citadelle de Langres ; il a une hauteur de 473 mètres. Langres est le point de croisement des routes de la Saône à la Marne, à la Meuse, à la Moselle, à la Seine, au centre de bonnes positions défensives. Cette place forte menace le flanc de l'invasion sur Paris et celle sur Lyon.

C'est une excellente position naturelle, solidement retranchée par une citadelle construite sous Louis-Philippe et par les forts *Peigney*, *Marnotte*, *Bonnelle* et *Buzon*. On vient de décider (1874) la création de trois forts éloignés : celui de *Beauchemin* à 8 kilomètres à l'ouest, sur la route de Châtillon ; celui de *Dampierre* à 10 kilomètres au nord-est, sur la route de Neufchâteau, et celui de *Cognelet*, près de Chalindrey, à 6 kilomètres au sud du fort *Marnotte*, c'est-à-dire à 8 kilomètres de la citadelle de Langres ; il commandera l'important embranchement de Chalindrey (4 lignes : Vesoul, Gray, Dijon, Langres).

Le plateau de Langres ne fait que toucher le bassin du Rhin par son extrémité orientale.

Les montagnes que nous venons de décrire font partie de la ligne de séparation des eaux de l'Europe. La ceinture occidentale du Rhin se continue par un contrefort très-important, qui se dirige vers le nord-nord-ouest, puis vers le nord-ouest; suivant ses divers caractères, ce contrefort prend différents noms;

8° Les *montagnes de la Meuse* sont épaisses, coupées et très-boisées; elles offrent quelques bonnes positions défensives, mais en général de peu d'étendue; une crête assez accentuée suit la rive gauche de la Meuse et domine la rive droite jusqu'à Neufchâteau; en ce point une large et grande dépression forme le col de Liffol, où passent la route et le chemin de fer de Chaumont à Neufchâteau.

Ces montagnes se relèvent ensuite et sont coupées par le long tunnel de *Mauvage* (4,890 mètres) pour le passage du canal de la Marne au Rhin;

9° Les *montagnes du Barrois* forment un pâté montagneux compris entre Commercy, Bar-le-Duc et Vaucouleurs; elles ont à peu près le même caractère que les montagnes de la Meuse; on y rencontre la grande *forêt de Vaucouleurs*;

10° L'*Argonne* est un massif composé de terrain crétacé inférieur (grès vert et argile), sur lequel les eaux ruissellent facilement et forment des étangs dans les creux; aussi les forêts y sont-elles très-vigoureuses; la culture, moins favorisée par le sol, n'a pu, comme dans tant d'autres régions, remplacer ces forêts. Ce sol crétacé forme la Champagne humide, en opposition à la Champagne sèche ou pouilleuse formée par la craie blanche. L'Argonne forme une série assez épaisse de bois, d'escarpements, de marais, ayant encore une valeur défensive réelle, mais ne formant plus comme autrefois un obstacle infranchissable, « les thermopyles de la France ».

En 1792, le pays était plus boisé, très-humide; le sol argileux multipliait les étangs et les marais, et les meilleurs passages (les cinq fameux défilés) n'étaient praticables que dans la belle saison. Le déboisement, le développement de la culture, l'accroissement de la population ont assaini le pays et ouvert de nombreuses voies de communication. Cette région est comprise entre la Meuse et l'Aisne; elle est surtout profondément ravinée par l'*Aire*, affluent de l'Aisne; la grande *forêt de l'Argonne* est comprise entre ces deux dernières rivières;

11° Les *Ardennes occidentales* commencent au nord du Chêne-Populeux ; c'est l'extrémité occidentale du vaste massif ardennais que nous verrons plus tard. Comme lui, elles sont couvertes de landes maigres, de marais tourbeux, et sont sillonnées de vallées profondes ; les plateaux, hauts de 400 mètres, présentent souvent des escarpements de 200 mètres, véritables crevasses où s'écoulent les rivières.

A partir de Rocroy, la ligne de faîte, moins élevée, se dirige vers l'ouest, formant un dos de pays de formation tertiaire, raviné et couvert par les grandes *forêts de* la *Thierrache, de Saint-Michel, de Nouvion ;* elle contourne les sources de l'Oise, qui appartiennent à la Belgique, puis enfin se relève par l'important *plateau de Vassigny*, d'où partent les *collines de l'Artois* qui vont jusqu'au Pas-de-Calais former les falaises de Boulogne, les collines de *Picardie* et du *Pays de Caux* qui se terminent à la mer par les falaises de Normandie, enfin les collines de *Belgique ;*

12° Les *collines de Belgique* suivent la rive gauche de la Sambre ; elles dominent généralement la rive droite et sont couvertes vers la frontière franco-belge par la grande *forêt de Mormal* ; ces collines vont s'épanouir dans les plaines du Limbourg, au nord de Liége, et atteignent les sources de la Dommel.

CHAPITRE II

RÉGION SUPÉRIEURE OU HELVÉTIQUE.

Le Rhin descend des Alpes centrales par une soixantaine de ruisseaux ou torrents, qui tous peuvent revendiquer le nom de Rhin, au même titre que celui improprement appelé *Rhin du milieu* parce qu'il parcourt la vallée de Médels. Après le Rhin antérieur et le Rhin postérieur, qui forment les deux véritables sources du fleuve, la source la plus importante serait celle qui tombe du Vogelberg, parcourt la *Lugnezthal* et finit à Ilanz. — Le *Rhin antérieur* (Vorder-Rhein) sort du *lac Toma*, lequel est situé dans une des grandes cavités glacées du *Sixmadun*, un des massifs du Saint-Gothard. Il suit impétueusement la vallée de *Tavetsch* et atteint *Dissentis* (1260 hab.) que domine une ancienne abbaye de bénédictins, d'où la vue s'étend jusque vers Coire; à Dissentis débouchent: 1° par la vallée de *Medels*, le col du *Luckmanier*, suivi par un chemin de mulets qui vient d'Airolo sur le Tessin ; 2° la *route de l'Oberalp*, qui arrive d'Andermatt sur la Reuss ; en 1799, ce n'était qu'un chemin de mulets qui fut suivi par Gudin et Bellegarde, lesquels se livrèrent un sanglant combat près du lac d'Oberalp.

Le Rhin antérieur passe à *Ilanz* (620 hab.), dans la partie la plus large et la plus belle de la vallée, au débouché d'un chemin de mulets difficile qui vient du sud-ouest, d'Olivone, par le *col de Diesrut*, et du *col de Panix*, par lequel un chemin de mulets franchit au nord les Alpes de Glaris, venant de la *vallée d'Engi*. C'est par cet étroit sentier qu'en septembre 1799, Souwaroff, refoulé par Masséna, réussit à dérober les débris de son armée; ses soldats exténués, marchant sur un seul rang, mirent cinq jours pour traverser le col. La vallée du Rhin antérieur est une des plus grandes et des plus belles des Alpes.

Le *Rhin postérieur* (Hinter-Rhein) se réunit au Rhin antérieur au village de *Reichenau* et y devient navigable; il descend du glacier du *Rheinwald*, passe à *Splügen*, qui est au débouché de deux routes très-importantes :

1° La route du *Splügen* sur *Chiavenna* (Valteline) ; c'est une superbe chaussée qui a été construite de 1818 à 1823 ; auparavant, ce n'était qu'un mauvais col qui fut suivi avec une audace inouïe par Macdonald au mois de décembre 1800 ; des colonnes entières y furent englouties par les avalanches ;

2° La route du *San-Bernardino*, sur Bellinzona (Tessin), chef-lieu du canton suisse du Tessin. C'est une belle route ; de grandes galeries en bois préservent les voyageurs contre les avalanches dans les endroits les plus dangereux; Lecourbe la suivit en mars 1799. — Au dessous de Splügen, la route, construite depuis 1822, suit le Rhin, passe un tunnel, *le Trou perdu*, et débouche dans une vallée étroite, profonde, sauvage, affreuse, qu'on appelle *la Via mala* , au fond de laquelle bondit le Rhin postérieur.

Le Rhin passe à 8 kilomètres de *Coire* (Chur) (7,400 hab.), chef-lieu du canton des Grisons ; c'est une tête de ligne ferrée du Rhin, ligne qu'on veut prolonger jusqu'en Italie par dessous le Splügen ; Coire est au centre de toutes les vallées et routes qui descendent des Alpes centrales et grises ; dans la défense de la Suisse contre l'Italie, ce point a une importance aussi considérable que celle du Saint-Gothard.

La vallée a 2 kilomètres de large. — Le Rhin passe à *Mayenfeld;* un peu au dessous de cette ville, le chemin de fer de Coire passe sur la rive gauche, qu'il suit, de plus ou moins loin, jusqu'en Hollande ; la vallée est très-fertile en blé et en vins. — *Sargans*, d'où partent une route et un embranchement ferré très-important sur Zurich. Le Rhin franchit le défilé du Luziensteig dominé à pic par des hauteurs de 1000 mètres, que la route est obligée d'escalader à droite ; au delà de ce défilé, le Luziensteig forme comme une muraille d'une défense facile qui permet de couvrir cette porte de la Suisse contre l'invasion allemande; les Romains l'avaient fermée par un mur, qui défendait la Rhœtie (canton des Grisons) contre les invasions barbares. Il y a actuellement un fort, dans lequel, en 1871, on enferma 153 soldats français, dont 30 officiers, qui avaient tenté de s'évader de Suisse ; ce fort est le meilleur retranchement de toute la Suisse, laquelle, en raison de sa situation essentiellement défensive, manque de forteresses pour appuyer ses lignes défensives et assurer une défense plus énergique et plus longue.

Vaduz (1,200 hab.), capitale de la principauté de *Lichtenstein*, qui occupe une superficie de 4 lieues carrées sur la rive droite du Rhin. — *Benderen*, où l'on trouve un point de passage favorable de la rive droite à la rive gauche. — *Rheineck*, point important par lequel on tourne le lac de Constance au sud-est ; le passage du Rhin se fait sur un bac, établi un peu en amont, à la station de Saint-Margarethen. — Dans ce parcours, le Rhin a atteint jusqu'à 350 pas de large ; près de Feldkirch et par les basses eaux on trouve quelques gués.

Depuis l'Oberalp, un épais massif granitique, très-sauvage et très-élevé, traversé par de rares sentiers, le *Krispal* (1), suit la rive gauche du Rhin, en le serrant de très-près ; à partir du *mont Tödiberg*, cette chaîne se continue sous le nom d'*Alpes de Glaris*, jusqu'à hauteur de Sargans, où elle s'abaisse brusquement. Par cette large dépression, au delà de laquelle s'élève le *Churfisten*, passent la route et le chemin de fer de

(1) Le massif du Krispal n'est pas indiqué sur la carte suisse de Dufour ; cependant on le trouve dans Kiepert, Lavallée, etc.

Coire à Zurich. Les géologues croient qu'autrefois le Rhin a dû suivre cette direction, avant d'avoir creusé son passage actuel entre les montagnes de Luziensteig et le Churfisten ; du reste, un petit affluent de la Limmat, la *Sécz*, passe à 200 pas du Rhin, sur lequel elle n'a qu'un niveau de 6 mètres plus élevé ; si bien qu'en 1618, à la suite de fortes pluies, le Rhin aurait pris cette direction, si les paysans n'avaient rapidement construit une forte digue pour l'en empêcher. — Au nord du Churfisten on trouve le massif de l'*Alpstein*, dont le sommet le plus élevé, le *Sentis*, atteint 2,504 mètres.

Le *lac de Constance* (lac Boden) a 80 kilomètres de longueur ; les vents du nord, de l'est et surtout ceux du sud y soulèvent de véritables tempêtes ; il n'a gelé que cinq fois depuis quatre siècles ; la navigation y est très-active. Les îles de *Mainau* et de *Reichenau* sont habitées et appartiennent au grand-duché de Bade.

Sur la rive orientale on trouve :

Brégenz (3,000 hab.), petit port autrichien, chef-lieu de la province du *Vorarlberg.*

Lindau (2,700 hab.), petit port bavarois, situé dans une île ; un vieux pont en bois de 200 mètres de long le rejoint au rivage. Un reste d'anciennes fortifications lui assure encore une certaine force : c'est la tête d'une ligne ferrée qui va sur Augsbourg-Nuremberg-Hof (ligne Louis, à une voie) ; par un deuxième pont, les convois pénètrent jusque dans l'île. Cette ligne ferrée est une des lignes stratégiques les plus importantes de l'Europe centrale ; c'est la plus considérable de la Bavière ; elle va de Lindau à Hof sur la Saale saxonne et a servi, en partie, pour la concentration du 1er corps bavarois en 1870.

Friedrichshafen (1,200 hab.), petit port wurtembergeois, tête de ligne ferrée sur Ulm (à une voie) ; le roi de Wurtemberg passe ordinairement l'été dans un château des environs.

Sur la côte sud-ouest, qui est généralement élevée et rocheuse, on trouve :

Romanshorn (500 hab.), petit port où l'on s'embarque pour la Bavière et le Wurtemberg ; il est sur le railway du Rhin (rive gauche) ; de Romanshorn part un embranchement sur Constance.

Constance (8,000 hab.), ville déchue qui avait autrefois 40,000 habitants ; elle appartient au grand-duché de Bade ; un pont de bois couvert la réunit à la rive droite, où se trouve son faubourg de *Pétershaus*. Constance est la tête du grand railway de la rive droite du Rhin, qui va, sans interruption, jusqu'à l'extrémité de la Hollande ; un pont en tôle pour ce railway et pour la route de Constance à Bâle a été construit sur le Rhin. Quelques débris des anciennes murailles de cette ville èxistent encore.

Le lac de Constance a une importance militaire très-grande ; il protége la Suisse en divisant les armées ennemies qui débouchent par le Tyrol et par la Souabe, et qui ont pour objectif la Suisse ; propriété précieuse pour la défense de cette région, dont Masséna ne sut pas tirer un parti suffisant en avril 1799 ; il opéra trop tard contre Hotze qui descendait du Tyrol, et contre le prince Charles qui arrivait par la Souabe ; aussi, malgré deux vigoureux combats, dut-il reculer sur Zurich.

Le Rhin, après avoir traversé une branche du lac de Constance qu'on appelle *lac de Zell*, passe à *Stein*, où il a 85 mètres de large, à *Reichlingen*, où Lecourbe franchit le Rhin, le 2 mai 1800. — *Schaffouse* (9,000 hab.), sur la rive droite, par sa position très-avancée au nord, vers la Souabe, a une importance militaire très-grande, surtout au point de vue offensif. C'est le débouché de toutes les routes qui tournent la *Forêt-Noire* et le Haut-Danube ; c'est la tête d'une ligne ferrée très-importante, ligne parallèle à la Forêt-Noire et passant à Willingen — Rottweil — Stuttgard — Heilbron — Heidelberg. De Schaffouse part un embranchement ferré qui relie les deux railways du Rhin, en franchissant ce fleuve sur un pont ; le Rhin y a 115 mètres de largeur. La position avancée de Schaffouse au milieu de la belle ligne défensive de Constance à Bâle est très-remarquable ; elle menace le flanc de l'ennemi qui veut franchir le fleuve en aval ; elle contrebalance ainsi la position défectueuse d'Eglisau, par laquelle l'ennemi, qui n'aurait pas à craindre le débouché de Schaffouse, pourrait tourner les lignes de la Thur, de la Toss et de la Glatt. Il y a à Schaffouse un ancien fort, le fort d'Unnoth, dont les murs ont 6 mètres d'épaisseur et qui a quelques abris blindés ; il est d'une valeur médiocre. Schaffouse est le chef-lieu du canton suisse du même nom, canton presque entièrement situé sur la rive droite ; en le donnant à la Suisse, les traités de 1815 avaient pour but de neutraliser ce débouché si important, surtout à l'offensive française, dans une guerre contre l'Autriche ou la Bavière. Au dessous de Schaffouse, à Laufen, le Rhin fait une chute de 20 mètres de hauteur sur 100 mètres de large. Il passe ensuite à *Eglisau* (1,620 hab.), une des villes forestières; depuis la création des voies ferrées, dont elle est très-éloignée, Eglisau a perdu son importance militaire ; un pont de bois permet de passer sur la rive gauche; cette ville appartient à la Suisse. Les bords du Rhin sont escarpés, couverts de vignes et de bois.

Waldshut, sur la rive droite (1,350 hab.), ville forestière, au grand-duché de Bade, position importante, où passe le railway de la rive droite du Rhin et où vient s'embrancher le réseau suisse par le pont de Koblenz (rive gauche).

Lauffenbourg, où le Rhin traverse des récifs dangereux ; un pont de bois couvert joint ce village au *Petit-Lauffenbourg* sur la rive droite; la position de Lauffenbourg est importante, dans la région la plus étroite de la vallée du Rhin (rive droite), entre Schaffouse et Bâle. — *Rheinfelden*, où la navigation est encore très-dangereuse vu les gros rochers qui barrent le cours du Rhin ; un pont en bois fait communiquer les deux rives.

Bâle (Basel) (38,000 hab.) ; le Grand-Bâle est sur la rive gauche, et sur un petit plateau qui domine la rive droite ; un pont de 180 mètres relie le Grand-Bâle au Petit-Bâle qui est sur la rive droite; Bâle (rive gauche) a quelques ouvrages de fortification sans aucune valeur.

Bâle a une position militaire de la plus haute importance ; c'est la tête de toutes les opérations entre l'Allemagne, la France et la Suisse. Par elle on débouche sur la Suisse, sur le pays de Bade, en Souabe, en Alsace et en Franche-Comté.

Depuis l'aval d'Eglisau, le Rhin sert de limite à la Suisse et au grand-duché de Bade. C'est une ligne défensive importante et bonne, grâce à ses rapides, ses rochers et ses écueils qui gênent l'établissement des ponts.

Affluents de gauche. — En amont du lac de Constance, le Rhin ne reçoit pas d'affluents sur sa rive gauche, les montagnes le serrent de trop près.

En aval du lac on trouve :

I. Le *Thur*, qui sort du Churfisten, passe à *Bischoffen*, et non loin de *Frauenfeld*, chef-lieu du canton de Thurgovie (combat de Masséna contre Hotze, en mai 1799), sur la ligne ferrée de Rheineck à Zurich ; le pays est riche en vignobles.

Le Thur passe à *Andelfingen*, sur la route et le railway de Winterthur à Schaffouse (combat de Masséna contre le prince Charles, en mai 1799).

Le Thur reçoit la *Sitter* qui traverse *Appenzell* (3,000 hab.) et passe à 2 kilomètres à l'ouest de *Saint-Gall* (14,000 hab.), chefs-lieux des cantons du même nom.

Le bassin de la Thur est très-important ; il comprend tout le massif montagneux du Churfisten et des Alpes de Saint-Gall, depuis le lac Wallen jusqu'au lac de Constance ; c'est une bonne ligne défensive contre les opérations qui débouchent soit de Constance à Schaffouse, soit de Rheineck à Feldkirch ; pour la défense de cette dernière partie, il conviendrait de masser ses forces loin du Rhin, vers la Thur, la zone trop étroite des montagnes au fleuve ne permettant pas un grand déploiement de troupes, près du fleuve lui-même.

II. La *Toss* passe à *Winterthur* (5,400 hab.) ; c'est un des points stratégiques les plus importants de la Suisse, où convergent les routes de Zurich, Schaffouse, Constance et Saint-Gall ; le railway (rive gauche) du Rhin y passe (c'est la ligne Zurich — Romanshorn — Rheineck — Sargans).

Deux autres lignes ferrées partent de Winterthur : l'une va sur Schaffouse, la deuxième sur Saint-Gall et Rheineck.

III. La *Glatt*. Cette rivière et la précédente n'ont d'importance militaire que par leur direction parallèle au lac de Constance ; elles forment ainsi de bonnes lignes défensives en arrière de la Thur.

IV. L'*Aare* tombe de deux immenses glaciers, situés au pied du Finster-Aar-Horn ; à l'ouest de ce vaste massif est le plus grand glacier de l'Europe, le *glacier d'Aletsch* ; il a 7 lieues de long.

L'Aare suit une très-étroite vallée entre le *glacier du Grindelwald* à l'ouest et le grand *glacier du Rhône* à l'est, d'où sort le Rhône au sud ;

L'Il passe à l'hospice de *Grimsel*, habité autrefois par des moines ; aujourd'hui c'est un hôtel où s'arrêtent les touristes ; on y parvient par un chemin de mulets qui suit la vallée de l'Aare et qui, après l'hospice, franchit les Bernoises pour atteindre la vallée du Rhône et le Rhône lui-même à *Oberwald*.

En 1799 les Autrichiens et les Français se livrèrent plusieurs combats acharnés au milieu de ces glaciers ; Gudin battit les Autrichiens à Grimsel même, le 14 août 1799; ce qui prouve combien ces sentiers des Alpes, inaccessibles à une armée, ont encore de l'importance pour de petites colonnes ; Rohan et Lecourbe ont d'ailleurs affirmé ce principe que « partout où passe une chèvre doit passer un fantassin. »

L'Aare arrose *Meyringen;* ce n'est qu'à partir de ce point qu'un chemin carrossable suit la vallée ; de Meyringen partent 4 chemins de mulets importants :

1° Celui que nous venons de suivre depuis Grimsel ;

2° Celui de Grindelwald à l'ouest;

3° Celui de Meyringen à Sarnen au nord, à travers les montagnes de Brienz ; on l'a rendu carrossable ;

4° Celui de Meyringen à Wasen, sur la Reuss, à l'est. En 1811, Napoléon avait fait commencer une route aux deux extrémités de ce sentier, afin de joindre le canton de Berne au Saint-Gothard ; cette route n'a pas été achevée.

Joanne, dans son *Guide de la Suisse*, recommande de ne jamais suivre les chemins de mulets de ces régions sans l'aide d'un guide.

L'Aare traverse le *lac de Brienz*, sur les bords duquel on trouve *Brienz* et les sept grandes cascades du *Giessbach*.

« Cette vallée, dit Ebel, renferme les habitants les plus beaux de la chaîne des Alpes ; la tradition leur donne comme origine 6,000 Suédois et 1,200 Frisons, chassés de leurs pays par la famine et qui vinrent s'établir dans cette région à la fin du ve siècle. »

De Brienz un chemin de mulets traverse le massif des montagnes de Brienz au nord, et rejoint à *Sœrenberg* une route carrossable qui aboutit à Lucerne.

Interlaken est un village situé entre le lac de Brienz et le *lac de Thun ;* « le village, dit Joanne, se trouve au centre de la partie la plus intéressante, la plus éblouissante de la chaîne des Alpes, celle où la nature semble avoir pris plaisir à réunir tout ce qui pouvait le plus charmer ses admirateurs. »

Aussi on y rencontre une grande quantité de maisons de campagne, de villas, de châlets, où les étrangers de toutes les nations viennent passer la belle saison. « C'est un véritable jardin anglais parsemé de pavillons qui rivalisent entre eux de propreté et d'élégance. » (DE GOLBÉRY.) Au sud s'étage majestueusement l'*Oberland bernois*, en montagnes calcaires, et dans le fond de ce splendide panorama se profile haute et blanche la cime de la *Jungfrau* (4,167 mètres), au pied de laquelle est *Lauterbrunnen* et la *cascade du Staubbach*, qui tombe de 300 mètres de haut en poussière d'eau.

L'Aare traverse le lac de Thun et la ville de *Thun* (3,400 hab.), où est l'école militaire de la Suisse, l'armée fédérale y a un dépôt de pontons pour la construction des ponts militaires. Thun est le point de convergence de tous les mauvais cols des Alpes Bernoises.

Berne (38,000 hab.), où est le palais fédéral; la ville est sur la rive gauche; il y a sur l'Aare 3 ponts : l'un est le beau pont de Nydeck en granit; les débris mal entretenus de deux ouvrages à cornes forment une enceinte discontinue à l'ouest et au sud. Berne est une position très-importante, où convergent 5 railways: ligne de Lausanne, ligne de Bâle, ligne de Bienne, ligne de Thun, et la ligne commencée de Lucerne. (Les chemins de fer suisses n'ont qu'une voie, excepté entre Olten et Bâle, entre Aarau et Winterthur).

Aarberg (1,100 hab.), dans une île, avec un fortin permanent qui couvre la route de Neuchâtel à Berne.

Soleure (Solothurn) (5,500 hab.), à cheval sur l'Aare, avec deux ponts; ses vieux murs sont presque entièrement détruits.

L'Aare laisse à 5 kilomètres à droite un nœud important de chemins de fer, *Herzogenbuchsee* ; c'est là que se réunissent les deux grandes lignes sud-ouest de la Suisse : ligne de Lausanne — Fribourg — Berne, et celle de Genève — Neuchâtel — Bienne — Soleure ; à partir de Soleure, cette dernière ligne passe sur la rive droite de l'Aare, qu'elle suit jusqu'à Koblenz, en face de Waldshut, sur le Rhin ; cette ligne augmente donc les propriétés défensives de l'Aare contre une invasion venant de l'Alsace.

Aarbourg, arsenal fédéral, situé dans un château-fort qui domine les environs ; les remparts sont taillés dans le roc, il y a des abris à l'épreuve de la bombe. C'est la seule place forte de la Suisse ; elle ferme la ligne ferrée de l'Aare et l'embranchement qui va d'Aarbourg à Lucerne.

Olten est le point important où la ligne ferrée de Bâle vient s'embrancher à la ligne de l'Aare.

Aarau (5,000 hab.), chef-lieu du canton d'Argovie.

Brügg, en amont du confluent de la Reuss, où la ligne de

Zurich s'embranche avec celle de l'Aare. Une nouvelle ligne, qui sera terminée cette année (1875), ira directement de Bâle à Brügg, elle sera continuée plus tard de Brügg à Zug où elle se greffera au railway du Saint-Gothard. — A Brügg il y a un dépôt de pontons pour la construction des ponts militaires de l'armée fédérale.

L'Aare finit dans le Rhin en face de Waldshut, par un courant très-rapide et embarrassé de rochers ; ses rives sont fortement escarpées ; quelquefois sa vallée est marécageuse ; il a de 50 à 60 mètres de large et atteint même 150; il est difficile à franchir, et exige de grands préparatifs pour une telle opération. C'est une excellente ligne défensive contre la France, car elle est très-rapprochée du Jura et gênerait ainsi le déploiement d'une armée ennemie dans cette zone étroite.

Affluents de gauche de l'Aare :

A gauche, l'Aare reçoit plusieurs affluents qui descendent de l'Oberland bernois ; le principal de cette région c'est :

1° Le *Simmen* qui passe à *Lenk* au débouché du *col de Geltenhorn,* où passe un mauvais chemin de mulets venant de Sion, sur le Rhône, chef-lieu du canton du Valais.

Le Simmen, suivi par un chemin carrossable, finit dans le lac de Thun, et reçoit la *Kander* qu'une route suit jusqu'à *Kandersteg* au pied des Bernoises ; à partir de Kandersteg, la route n'est plus qu'un chemin de mulets qui passe le *col de Gemmi* et arrive à Lenk sur le Rhône. « Le passage de la Gemmi, en zigzag dans une muraille calcaire haute de 900 mètres, à la descente sur le Rhône, est le seul chemin accessible aux mulets qu'on ait pu construire et à grands frais à travers toute la chaîne. » (LEVASSEUR.)

2° La *Saane* passe à *Saanen,* au débouché d'un chemin qui vient de Lenk ; elle passe à *Montbovon* où débouche le chemin de mulets qui franchit le *col de la Dent de Jaman*, et qui vient de Vevey ; sur ce col, élevé de 1,500 mètres, le voyageur aperçoit l'un des plus splendides tableaux que l'œil humain puisse admirer : le riche pays de Vaud, le lac de Genève, les sommets éloignés du Jura, et l'immense panorama des Alpes de Savoie. « Cette vue est belle comme un rêve. » (Lord BYRON.)

La Saane passe à *Gruyères* (fromages connus), à *Fribourg* (9,000 hab.), chef-lieu du canton de ce nom ; on y remarque deux ponts suspendus très-remarquables, d'une seule travée; le plus ancien a 287 mètres de long, l'autre 210 mètres.

A droite, la Saane reçoit la *Sense* qui coupe, près de *Laupen*, la ligne d'opérations de Fribourg sur Berne (route et railway). C'est sur cette position que l'armée suisse s'établit, en 1798, pour couvrir Berne ; Brune échoua dans son attaque de front sur Laupen, mais Pigeon enleva Neueneck sur le flanc droit de la position, tandis que Rampon, vers Guminen, et Schauenbourg, venant de Soleure, la tournèrent par le nord et forcèrent les Suisses à la retraite.

3° L'Aare reçoit le *Zihl*, qui prend sa source dans le Jura, et dans le Jorat sous le nom d'*Orbe*. Il arrose le village de ce nom, au débouché de la route qui traverse le *col du mont Suchet* et qui vient de Pontarlier par Jougne. A *Yverdon*, l'Orbe se jette dans le *lac de Neuchâtel*, dont les bords sont bas et marécageux ; on y trouve *Granson;* en 1476, 20,000 confédérés suisses occupaient une excellente position entre le lac et le Jura, dans des vignes capables d'arrêter la cavalerie bourguignonne ; Charles le Téméraire les attaqua avec 40,000 hommes; au plus fort de la bataille une forte colonne suisse déboucha de la montagne dans le flanc des Bourguignons et les tailla en pièces.

Neuchâtel (8,000 hab.). Cette ville appartenait par héritage à la maison de Prusse depuis 1707 ; en 1806, Napoléon la donna à Berthier, nommé prince de Neuchâtel. En 1814, elle fit retour à la Prusse ; après l'insurrection de 1831 et celle de 1848, elle parvint à s'affranchir de cette suzeraineté étrangère; plusieurs fois, depuis cette époque, la Prusse a revendiqué ses droits sur ce pays ; ce sera certainement le prétexte de son intervention future en Suisse.

A Neuchâtel débouche par le col des Verrières le railway Dôle – Pontarlier, qui s'y relie à la ligne Lausanne — Soleure; un embranchement ferré va de Neuchâtel à la Chaux-de-Fonds et au Locle, où arrive la route Besançon — Morteau.

A Neuchâtel, tous les habitants parlent français.

En sortant du lac de Neuchâtel la rivière est désignée sous le nom de la *Thièle;* elle traverse le *lac de Bienne* où se trouve la ville du même nom et d'où part un railway sur Berne.

Le lac de Neuchâtel reçoit à droite les eaux du *lac de*

Morat, sur les bords duquel est la ville de *Morat*, bâtie sur une colline.

Après avoir refait son armée, Charles le Téméraire vint brusquement attaquer 12,000 fédérés qui avaient pris position au sud et sous les murs de Morat (où est la colonne commémorative) ; au plus fort de la bataille, comme à Granson, Gaspard de Herstenstein, à la tête des contingents de Lucerne, tomba sur les derrières des Bourguignons qui furent écrasés ; 15,000 d'entre eux restèrent sur le champ de bataille.

Il est arrivé quelquefois, qu'au moment des fortes inondations, les eaux des trois lacs de Neuchâtel, de Bienne et de Morat se sont réunies.

4° La *Suze* passe à *Renan* et à *Saint-Imier ;* elle est suivie par une route et par un railway qui relient Bienne à la Chaux-de-Fonds, où débouche la route de Morteau — Besançon.

Affluents de droite de l'Aare :

L'Aare reçoit à droite :

1° La *grande-Emmen* qui prend sa source dans les montagnes de Brienz, passe à *Signau* sur la ligne d'opérations de Berne à Lucerne ; le railway qui doit rejoindre ces deux villes est fait jusqu'à *Langnau* et passe à Signau ; le reste de la ligne sera terminé à la fin de cette année (1875). L'Emmen passe à *Burgdorf* sur le railway de Berne à Bâle ; cette vallée éminemment pittoresque est très-riche en pâturages et en forêts.

2° La *Reuss* descend du Saint-Gothard.

La partie de ce massif comprise entre *Airolo* (Tessin) et Hospital forme le Saint-Gothard proprement dit. « Rien de plus nu, de plus aride, de plus désolé que ce plateau. » (Ebel.) C'est par là que passe la route postale du Saint-Gothard ; c'est la ligne de communication la plus importante, la plus directe, de la Suisse avec l'Italie.

En 1799, ce n'était qu'un affreux chemin de piétons, que franchirent Gudin et Souwaroff avec de grandes difficultés ; la route n'a été construite que de 1820 à 1832 ; elle a 6 mètres de large, et les très-mauvais temps seuls la rendent impraticable; les avalanches n'y sont dangereuses qu'au printemps, surtout sur le versant italien, dont la vallée supérieure du Tessin, la *Levantine*, est souvent appelée *Val tremola* (vallée tremblante).

Dans quelques années un tunnel semblable à celui du mont Cenis permettra à la locomotive de franchir cet épais massif.

Les travaux déjà commencés atteignaient un kilomètre de tunnel au mois de novembre 1873. Ce tunnel aura 14 kilomètres et demi de longueur, de Göschenen à Airolo, à 1,150 mètres d'altitude.

Au point de vue militaire, le Saint-Gothard a une importance considérable ; c'est la seule route qui franchisse les crêtes de montagnes depuis le lac Léman jusqu'à Sargans, c'est-à-dire les Bernoises, le Krispal et les monts de Glaris.

La Reuss et la route passent à *Hospital* (Hospenthal) (400 hab.) où était autrefois un hospice. Sur la gauche du village débouche un col très-important, celui de *la Furca ;* c'est aujourd'hui une route carrossable qui passe à *Realp*, au pied sud-est du glacier du Rhône, traverse ce fleuve presque à sa sortie du glacier et atteint Oberwald ; en 1799, Gudin suivit ce col, alors très-mauvais, pour se dérober aux Autrichiens, déjà maîtres du Pont-du-Diable.

La Reuss passe à *Andermatt*, au débouché du col de l'Oberalp sur Dissentis.

Ces deux routes de la Furca et de l'Oberalp mettent donc en communication immédiate les vallées du Rhin et du Rhône, en arrière de la première masse défensive de la Suisse, du côté de l'Italie, les Lépontiennes.

La vallée riante et belle, appelée vallée d'*Urseren*, se resserre et se ferme brusquement, pressée fortement à droite par le Krispal, à gauche par le *mont Titlis* (3,239 mètres).

La route passe alors sous une voûte, *le trou d'Uri*, qui a 65 mètres de long sur 5 de large ; la Reuss passe sous le *Pont-du-Diable* qui relie les deux flancs de la vallée ; l'ancien pont est à 10 mètres au dessous, il a été construit en 1100 et n'a que $1^{m},50$ de large. La vallée est âpre et sauvage ; la Reuss passe à :

Wasen (col de Meyringen) ; *Amsteg*.

Altdorf (2,000 hab.), chef-lieu du canton d'Uri ; c'est là que Lecourbe, en 1799, attaqua Souwaroff avec une audace remarquable, bien qu'inférieur en nombre, et qu'il arrêta sa marche sur Zurich.

D'Altdorf, un chemin de mulets suit, à l'est, le *Schœchenthal* et arrive à Linththal dans la vallée de la Linth.

La Reuss entre dans le *lac des Quatre-Cantons* à l'ouest du petit port de *Flüelen* où débarquent les voyageurs qui de Lucerne vont en Italie. Le lac est de forme très-irrégulière, il est bordé de rochers à pic, si bien qu'aucune route carrossable n'en suit les bords; c'est le lac le plus pittoresque, le plus beau de l'Europe; il est à 437 mètres d'altitude; sa longueur est de 38 kilomètres. Ses tempêtes sont violentes et soudaines. La Reuss en sort à *Lucerne*, coquette ville de 12,000 habitants, située dans un site ravissant; au sud, on aperçoit le massif du *mont Pilate* (2,133 mètres), à l'est et tout près le *Rigi* (1,800 mètres). De ce dernier on a une vue splendide, que tous les ans 50,000 visiteurs viennent admirer; le 23 mai 1871, on y a inauguré un chemin de fer à crémaillères, qui n'a pas moins de 25 centimètres de pente par mètre courant, et par lequel on escalade toute la hauteur du Rigi; il n'est entièrement fini que depuis 1872; bientôt on pourra descendre à l'est, vers Goldau.

Après avoir traversé Lucerne, la Reuss se dirige vers le nord par une vallée étroite, passe à *Bremgarten* où se croisent les routes Aarau — Zurich et Lucerne — Brügg: cette dernière route suit la rive gauche, elle est favorable à la défensive, face au nord-est. La Reuss, dont les bords sont très-escarpés, finit dans l'Aare près de Brügg.

Dans le lac des Quatre-Cantons, tombe à droite la *Muotta*, qui passe à *Muotta*, où l'armée de Souwaroff déboucha homme par homme, arrivant d'Altdorf, par le Schœchenthal; Souwaroff dut remonter le Muottathal et descendre le Kloenthal; attaqué en queue par Masséna, en tête par Molitor, il fut rejeté dans les montagnes de Glaris par la vallée d'Engi.

La Muotta passe à *Schwitz* (Schwyz), chef-lieu du canton du même nom.

La Reuss reçoit les eaux du *lac de Zug*, sur les bords duquel est la ville de Zug, chef-lieu du canton de ce nom; à gauche, elle reçoit les eaux du *lac de Sarnen*, par la petite rivière d'Aa qui passe à 6 kilomètres de *Stanz*, chef-lieu du canton d'Unterwalden. — La *Petite-Emmen*, qui finit près de Lucerne, est suivie par la route de cette ville à Berne, et par le railway en construction qui doit relier ces deux villes.

La Reuss est la ligne de communication la plus directe entre l'Allemagne et l'Italie; c'est pour cela que l'Allemagne s'intéresse si fort à la percée du Saint-Gothard; ce chemin de fer suivra la vallée de la Reuss. C'est une ligne défensive importante; mais les lignes de communication de son cours inférieur sont rares et mauvaises et diminuent ainsi sa valeur défensive.

3° La *Limmat* descend du *mont Tödiberg* sous le nom de *Linth;* elle conserve ce nom jusqu'au lac de Zurich; elle passe à *Linththal*, à *Glaris* (4.000 hab.), chef-lieu du canton de ce nom ; deux ponts y franchissent la Linth.

Cette rivière traverse l'extrémité occidentale du *lac de Walen* sur les bords duquel est la ville de *Walenstadt*, au pied du Churfisten, dans un pays malsain ; elle sort du lac au village de *Wesen*, point important où le railway Sargans — Walenstadt — Zurich, qui a suivi la rive gauche du lac de Walen, passe sur la rive droite de la Linth, jusqu'à Zurich ; ce qui diminue beaucoup les qualités défensives de la Limmat (face au nord-est).

La Linth traverse le *lac de Zurich,* sur les bords duquel on trouve *Rapperschwyll*, petite ville située en face d'un rétrécissement du lac, sur lequel un pont de 1,600 mètres (le plus grand peut-être qui existe) est jeté.

La Limmat sort du lac à *Zurich* (30,000 hab.), qu'elle coupe en deux ; cinq ponts la franchissent. Zurich n'est plus fortifiée, elle est dominée par les hauteurs environnantes ; c'est le point stratégique le plus important de la Suisse dans une guerre contre l'Allemagne; au débouché du railway de la Souabe, des deux lignes du Vorarlberg, et des plus grandes lignes suisses en arrière.

Le railway de la Limmat suit la rive gauche depuis Zurich jusqu'à Brügg où il se greffe à celui de l'Aare ; un embranchement part de *Schlieren*, près de Diétikon (point de passage de Masséna en 1799), et va sur Lucerne.

La Limmat passe à *Baden*, petite ville entourée de vieilles murailles, resserrée dans un étroit défilé ; un pont traverse la rivière ; on trouve à Baden des eaux sulfureuses déjà utilisées par les Romains.

La Limmat finit dans l'Aare, près du confluent de la Reuss.

La position de Brügg est très-remarquable au confluent de ces trois plus grandes rivières de la Suisse; au point de vue militaire, cette position lui donne une grande importance, car ces trois grandes lignes défensives peuvent successivement s'appuyer sur ce même point,comme pivot; l'aile marchante restant d'ailleurs fortement assurée par la possession des montagnes.

Les Romains avaient déjà reconnu la valeur d'un tel point ; pour fermer cette trouée naturelle de l'empire, ils construisirent une grande citadelle à Vindonissa (aujourd'hui Windisch, à 2 kilomètres de Brügg). Cette grande ville fut anéantie par Attila.

A gauche, la Limmat reçoit le *Sihl*, qui ravine profondément toute la région comprise entre Zurich, Rapperschwyll et Schwitz; sur cette même rive gauche, s'allongent les montagnes de l'*Albis* dont le point culminant atteint 918 mètres, et qui forment la grande position sur laquelle Masséna, forcé d'abandonner Zurich (en mai 1799), se replia et attendit une occasion favorable pour reprendre l'offensive. Sur la rive droite, la Limmat est séparée de la Glatt par des collines boisées, marécageuses, qui forment une excellente position, mais surtout face au sud, vu la présence du lac.

La Limmat constitue, face à l'Allemagne, la cinquième ligne défensive de la Suisse ; elle est la meilleure, grâce à ses points d'appui très-solides : à gauche le Rhin et l'Aare que ne put franchir l'archiduc Charles le 17 août 1799, pour tourner la position de Masséna et le couper du Rhin; à droite les monts de Glaris dans lesquels fut anéantie l'armée de Souwaroff; en avant, l'immense ligne de lacs qui couvre une grande partie de son front, et permet, par conséquent, une concentration facile et précieuse pour la défensive.

La partie occidentale, moins accidentée, est la plus facile à aborder ; Zurich étant le point de convergence de toutes les routes de cette partie devient ainsi la clef de cette ligne. Par la droite, vers Uznach et Wesen, la défense pourra très-favorablement prendre l'offensive pour menacer les derrières de l'ennemi qui aborde Zurich.

La Limmat était la ligne principale occupée par les Romains en Helvétie, contre les invasions germaines ; avec Vindonissa, ils avaient sur cette ligne Castellum thermarum à Baden et Thuricum à Zurich.

V. Le Rhin reçoit la *Birse* qui descend du Jura et passe à *Tavannes*, sur la route de Bienne à Porrentruy — Delle — Belfort, et au débouché d'une route sur Besançon par Seignelegier et Maiche ; en 1814, les Autrichiens avaient fortifié *Pierre-Pertus*, point où cette route passe sous une arche naturelle.

La Birse passe à *Moutier*, *Délemont*, où l'on trouve des fers supérieurs. A Délemont arrive, depuis le 1er mai 1875, une ligne qui vient de Bâle ; en octobre 1876, une autre ligne ira de Délemont à Porrentruy et de là à Delle se relier au réseau français ; une deuxième ira de Délemont à Tavannes.

Laufen, dans une belle et fertile vallée.

Rheinach, où les Suisses, en 1499, remportèrent leur dernière victoire contre les confédérés ; ce qui termina la guerre de Souabe.

Saint-Jacques, près de Bâle, célèbre par la sanglante bataille que le dauphin de France (Louis XI) livra contre les Suisses; ce point a été appelé depuis les Thermopyles de la Suisse (mais en raison seulement de l'héroïsme déployé par les Suisses, et non pour les difficultés naturelles du passage).

CHAPITRE III

CONSIDÉRATIONS GÉNÉRALES SUR LA SUISSE.

Tel est le versant occidental ou rive gauche du bassin supérieur du Rhin ou Rhin helvétique ; il comprend la plus grande partie de la région politique qu'on appelle la Suisse ; sur les 22 cantons qui composent cette région, 3 seulement sont en dehors du bassin du Rhin (Valais, Genève, Tessin).

Si l'on tire une droite du lac de Genève au lac de Constance, cette ligne laisse à l'est les montagnes et les lacs de la Suisse, à l'ouest un large plateau compris entre ces montagnes et le Jura ; ce plateau est à 300 mètres au dessus du niveau de la mer ; il est parsemé de collines et de montagnes qui atteignent jusqu'à 900 mètres. Cette partie est couverte de nombreuses voies ferrées ; la Suisse en a projeté de nouvelles en 1874, celle de Brügg à Zug, et une grande ligne qui, de Lausanne à Winterthur, passera entre les deux grandes lignes Genève — Brügg, et Lausanne — Zurich.

« Que de Venise on remonte le Pô, puis l'Adda ou le Tessin, que venant de la mer Noire on longe le Danube, puis l'Inn, qu'on suive le Rhin à partir de la terne Hollande ou le Rhône à partir du rivage de la brillante Provence, on arrive également dans un pays de montagnes sublimes, de bassins verdoyants, de lacs profonds, d'âpres gorges où blanchissent des torrents nés dans la neige, ou sortis en bouillonnant d'une arcade de glace bleue ; ces montagnes se nomment les Alpes, ce pays s'appelle la Suisse. C'est l'ancienne Helvétie, le centre de la véritable Europe, puisqu'elle se trouve entre l'Italie, la France et l'Allemagne, à la source d'une rivière qui va se perdre au loin dans l'Orient slave et roumain. » (Onésime Reclus.)

Considérations stratégiques. — Au point de vue militaire, la Suisse forme, en avant de la frontière française, comme un immense bastion, qui a pour ouvrages avancés la Levantine et l'Engadine ; mais la gorge en est assez mal fermée du côté de la France.

En effet, la défense du Jura, au point de vue suisse, est encore plus défavorable qu'au point de vue français ; l'armée suisse se morcellerait trop en voulant garder les cols de cette chaîne, et risquerait beaucoup d'être débordée par les deux ailes.

Ce n'est donc pas à l'ouest de l'Aare qu'on doit prendre position pour contenir l'invasion venant de l'ouest, mais en arrière de cette belle ligne défensive, qui permettra d'ailleurs de répondre aux diverses attaques.

Nous avons déjà dit que Genève était le centre de la défense de toute la région du Léman ; cette région s'étend du fort l'Écluse à l'Aare ; elle est dominée par la belle position des *Dappes*, que nous connaissons, à l'ouest de Genève, et par les montagnes du *Chablais*, à l'est.

Par la première, on est maître du débouché stratégique qui passe à l'ouest du lac de Genève ; par la deuxième, on peut déboucher, par Villeneuve et Vevey, sur l'Aare. La France, maîtresse de ces deux régions défensives, domine donc toute la région du Léman; par cette position, elle menace même les opérations de Schaffouse sur Bâle et Belfort ; c'est ainsi qu'en 1814, Napoléon ordonnait à Augereau d'atteindre cette ligne d'opérations de l'ennemi, par Genève et par la ligne de l'Aare.

La région du Léman est ainsi la partie la plus vulnérable de la Suisse, celle par laquelle on atteindrait le plus rapidement le cœur du pays, Berne, et le dernier réduit, le Saint-Gothard.

Contre les attaques venant d'Allemagne, la Suisse est bien couverte par l'excellente ligne du Rhin supérieur, difficile à traverser, par le lac de Constance qui divise les attaques ou diminue, tout au moins, le front défensif ; en arrière de cette première ligne vient la ligne défensive courbe formée par l'Aare et par la Limmat. Le centre de ce front défensif est Zurich, ainsi que l'a prouvé Masséna en 1799.

Cette région pouvant être tournée par la droite vers Sargans, on a fermé très-solidement le défilé de Luuiensteig par un fort.

Contre les attaques venant du sud, d'Italie, la défense est plus facile ; car, ainsi que le fait remarquer le colonel Sironi, il y a de ce côté une double muraille formidable : en avant, ce sont les Pennines, les Alpes Centrales et les Alpes Grises, dont on défendra facilement les cols; en arrière, les Alpes Bernoises, le Krispal et les monts de Glaris, qu'on ne traverse que par la seule route du Saint-Gothard, et qu'on ne peut tourner que par Sargans à l'est, et plus difficilement, par le Léman à l'ouest.

Pour couvrir cette frontière, il suffira donc d'occuper le Saint-Gothard et le pays de Coire, qui est le point de convergence de tous les cols qui débouchent de l'Engadine et de la Valteline.

En résumé, la Suisse peut être défendue assez facilement contre les attaques partielles sur une partie seulement de sa frontière ; mais si, au lieu d'un seul front attaqué, la Suisse devait être défendue contre deux attaques simultanées, venant du nord-est et du sud, le problème, dit Jomini, serait bien autrement grave. « L'art de la guerre ne présente pas de problème plus difficile à résoudre que le choix d'un système convenable à la défense de l'Helvétie attaquée par la Souabe et par la Lombardie. Le général le plus habile serait embarrassé de faire tête à l'orage, à moins que la supériorité du nombre lui permette l'offensive, ce qui est peu probable ; mais en admettant qu'il soit réduit à la défensive, s'il veut occuper le Saint-Bernard, le Simplon, le Pas de Nüffenen (d'Airolo à la Furca), le Grimsel, le Saint-Gothard, le Splugen, l'Albula, les avenues de l'Engadine, la ligne en face de Feldkirch, de Coire au lac de Constance, enfin les vingt passages qui existent entre Stein et Bâle, cent bataillons répartis par brigades isolées dans ces différents postes seraient hors d'état d'empêcher une armée égale en force d'y pénétrer, dès que celle-ci le voudrait sérieusement ; car, en formant trois colonnes de trente bataillons chacune, elles perceraient aisément ce long cordon de manière à ce que les parties morcelées ne puissent jamais se rassembler.

Si le général chargé de la défense, bien pénétré au contraire des dangers de ce fatal système de cordon, appréciait l'avantage d'opérer dans les vrais principes de la guerre, et qu'au lieu d'éparpiller ainsi son armée comme une ligne de douaniers, il se décidât à une défense active, il ne lui resterait d'autre parti à prendre que de se concentrer entre la Reuss et l'Aare, d'attendre l'ennemi de pied ferme et de tomber sur ses colonnes à mesure qu'elles déboucheraient. » (JOMINI.)

Mais par une telle tactique, celle de Wellington en Portugal, on abandonne une large portion du pays à l'invasion ; en 1799, Masséna voulut éviter ce malheur à la jeune république helvétique en raison surtout des réactions politiques que sa retraite eût immédiatement déterminées ; il dispersa toute son armée et fut un instant dans un péril extrême ; heureusement pour lui, les généraux ennemis commirent de grandes fautes.

En cas d'insuccès, la défense de la Suisse possède un réduit important et très-favorable, le massif du Saint-Gothard : « C'est dans ce vaste camp retranché que les Alpes, l'Aare et la Limmat forment au centre de la Suisse et dont les villes de Berne, de Soleure et de Zurich peuvent être considérées comme les trois portes principales que notre sort se déciderait, si nous avions à résister à une grande invasion. » (Général DUFOUR.)

Par sa position géographique centrale, la Suisse a une valeur stratégique très-considérable ; elle domine toutes les lignes d'opérations du Piémont et du Milanais, tourne les lignes de défense principales de l'Allemagne du Sud et couvre la frontière française.

L'Europe, en 1815, a neutralisé cet important échiquier ; tout compte fait, surtout après les événements de 1870, cette neutralité est favorable à la France ; car non-seulement elle brise toutes les communications nécessaires aux invasions combinées du nord et du sud de l'Europe contre la France, surtout à l'heure où les railways du Saint-Gothard et du Splugen vont être créés, mais encore elle couvre une des régions les plus abordables de notre frontière, le Jura.

La France est plus vulnérable par cette région que ne l'est l'Autriche : « La France peut être attaquée par sa frontière suisse, l'Autriche ne craint pas la même chose. » (NAPOLÉON.)

« Si cette neutralité venait à être violée du côté de l'Allemagne ou de l'Italie, la France rentrerait dans le plein exercice de son action militaire et la Suisse trouverait un appui loyal et dévoué. Dans cette situation réciproque, les deux pays sont donc ramenés par leurs rapports nécessaires et par la communauté d'intérêts à resserrer ces liens de bon voisinage que l'on appelait naguère, *le pacte d'amitié perpétuelle.* » (BORSON, colonel d'état-major.)

Pacte à jamais confirmé, pendant la malheureuse campagne de 1870-71, par l'intervention si généreuse des municipalités suisses pour adoucir le triste sort des habitants de Strasbourg, pendant le bombardement de cette ville, et par la noble et bienveillante hospitalité accordée à notre armée de l'Est.

§ II. — *Considérations politiques.*

La Confédération helvétique, dont l'origine remonte à 1308, comprend aujourd'hui vingt-deux cantons, qui forment autant d'États distincts se gouvernant séparément.

La constitution actuelle de la Suisse date du 12 septembre 1848 ; après la guerre civile du *Sonderbund*, cette nouvelle constitution, modelée sur celle des États-Unis, fut adoptée par la Diète nouvelle.

Elle est parfaitement appropriée aux traditions nationales de ce pays, dont elle sauvegarde l'indépendance relative des divers cantons.

Le pouvoir législatif est confié à deux Chambres :

1° Le *Conseil national* est composé de *un* député par 20,000 habitants ; les députés sont nommés pour trois ans.

2° Le *Conseil des États* représente les cantons ; deux députés par canton (comme en Amérique) sont nommés pour trois ans.

Le pouvoir exécutif est exercé par le *Conseil fédéral ;* il se compose de cinq membres élus au scrutin de liste par les deux Chambres réunies ; ce Conseil est rééligible tous les trois ans ; le président est élu tous les ans.

Chaque canton conserve ses institutions particulières et les modifie à son gré ; modification qui doit être sanctionnée par le gouvernement fédéral, afin que rien de contraire aux institutions fédérales ne puisse être adopté par les cantons.

Chaque canton a donc son gouvernement particulier ; les uns, essentiellement démocratiques, se composent d'une *Assemblée du peuple* et d'une *commission d'État*, chargée de l'exécution des lois votées par le peuple, réuni sur la place publique. Les autres gouvernements, plus nombreux, sont moins primitifs ; ils se composent d'un *grand Conseil* ou assemblée élue pour un temps variant de un à cinq ans. Ces assemblées nomment les députés au Conseil des États de la Confédération, ainsi que son pouvoir exécutif, appelé *petit Conseil*, dont le président est le *Landamman* du canton pendant un an.

En 1872, un souffle de centralisation a passé sur la Suisse, il venait d'Allemagne. Bien que devant réaliser de véritables progrès dans les institutions nationales du pays, cependant le nouveau projet qui fut soumis au vote du peuple, en brisant l'autonomie cantonale, atteignait la cause même de la puissance de cette nation, le principe fédératif, au profit d'une centralisation qui eût détourné la Suisse de la voie qu'une heureuse tradition lui a assignée et qui lui a assuré jusqu'à ce jour l'indépendance nationale. Ce projet a été rejeté par le peuple suisse.

« La Suisse n'est pas une nation comme une autre ; elle n'a rien de commun avec les grands États centralisés qui occupent presque toute l'Europe ; elle subsiste au milieu de l'Europe moderne comme un dernier vestige de la diversité du moyen-âge. On dit avec raison que la Suisse représente l'Europe entière en raccourci ; elle contient effectivement des échantillons de toutes les races européennes. Tandis que, dans le reste de l'Europe, les diverses races tendent à s'isoler ou à s'absorber les unes les autres et que ce double travail d'unification ou de dislocation nationale donne lieu à des luttes sanglantes ou à de sourds antagonismes, la Suisse seule offre le spectacle consolant de toutes ces races vivant en bon accord, dans un mutuel respect, dans une commune indépendance, et ne formant volontairement qu'une nation. Ce faux principe des nationalités, dont on a tant abusé pour l'oppression des peuples et qui foule aux pieds leurs volontés, leurs convenances, au nom de la philologie, de l'ethnologie, de la géographie et de l'histoire naturelle, n'a pas de sens pour une nation fédérative comme la Suisse. Au lieu de faire reposer la solidarité nationale sur une conformité matérielle de race ou de langage, elle la place bien plus haut, dans la communauté des intérêts et des souvenirs, dans la puissance commune des mêmes libertés, dans une confraternité historique et nationale, enfin dans un libre contrat entre des hommes libres. » (DUVERGIER DE HAURANNE.)

La population de la Suisse est d'environ 2,400,000 habitants dont 13/20 de race germanique, 5/20 de race française, 2/20 de race italienne.

§ III. — *Armée suisse.*

L'armée suisse est une armée de *milices* ; elle n'est donc pas permanente. La nouvelle loi militaire, votée par l'Assemblée fédérale le 13 novembre 1874, a cru devoir maintenir à l'armée ce caractère nécessaire à l'organisation politique et aux conditions sociales de la Suisse.

D'après la nouvelle loi, tout Suisse doit le service personnel : douze ans dans l'*élite* (armée active), douze ans dans la *landwehr*, c'est-à-dire de vingt à quarante-quatre ans.

Vu le manque de cadres, les hommes de la landwehr serviront à combler les vides de l'élite. Ce temps de service a été fixé de façon à fournir une armée active de 100,000 hommes ; l'effectif atteindra en réalité de 115 à 120,000 hommes ainsi répartis :

Infanterie.	98 bataillons d'infanterie à 767 hommes ; le bataillon sera plus tard formé à 4 compagnies. 8 bataillons de carabiniers (un par division d'infanterie).
Cavalerie.	24 escadrons de cavalerie de 120 hommes (3 escadrons par division d'infanterie). 8 compagnies de *guides* à cheval de 43 hommes (une par division).
Artillerie.	48 batteries de 160 hommes, 123 chevaux, à 6 pièces (plus 48 pièces de rechange). 2 batteries de montagne de 170 hommes, 85 chevaux, à 6 pièces.
Génie.	6 compagnies de pontonniers de 125 hommes. 12 compagnies de pionniers de 200 hommes (une par division, 4 de réserve). 2 compagnies de parc. 8 compagnies d'ouvriers de chemin de fer à 98 h.

L'armée active comprendra 8 divisions ; l'artillerie sera toute divisionnaire, soit 6 batteries par division.

Le recrutement étant essentiellement régional, et, de par la nouvelle loi, tous les corps et leurs cadres étant organisés dès le temps de paix (bataillons, régiments, brigades, divisions), la Suisse a été divisée en 8 arrondissements (8 divisions) dont la délimitation concorde avec les limites géographiques des cantons.

Les cantons ne sont plus seuls chargés du recrutement comme autrefois: le Conseil fédéral en dirigera les opérations.

Tous les instructeurs sont nommés par le Conseil ; les officiers inférieurs sont encore nommés par les cantons.

Le matériel est à la charge de la Confédération ; l'équipement du soldat seul reste à la charge des cantons.

Autrefois l'*état-major fédéral* avait pour mission de pourvoir à tous les emplois dans l'état-major général, dans chaque service, dans le commandement de chaque corps de troupe, depuis le bataillon ; toutes ces opérations avaient lieu au moment de la déclaration de guerre, ce qui présentait de très-graves inconvénients ; par la nouvelle loi, les cadres sont permanents ; chaque chef est responsable de l'instruction de son corps de troupe.

La durée des exercices, bien qu'augmentée, est encore très-faible : l'instruction des recrues dure 45 jours pour l'infanterie, 60 pour la cavalerie, 55 pour l'artillerie, 50 pour le génie, 5 semaines pour les troupes sanitaires.

Après cette instruction, l'élite rentre dans ses foyers ; pendant 6 ans il n'est rappelé annuellement que pendant 10 jours à des exercices de répétition ; les 5 dernières années, il est appelé un seul jour pour le tir annuel.

Les hommes de la landwher ne sont plus tenus qu'à quelques exercices de tir.

Les sous-officiers et officiers sont astreints à des cours de 5 à 9 semaines par année, dans des écoles spéciales ; ils dirigent l'instruction de l'élite.

Pendant le temps de son service, l'élite conserve chez lui son armement et son uniforme.

L'infanterie suisse est armée du fusil *Wetterlin* à répétition et à verrou.

Une durée de service aussi faible ne peut donner que des soldats médiocres, malgré les sentiments si patriotiques d'un peuple aussi fier de son indépendance et de sa vieille gloire militaire.

En raison de l'ambition allemande et de ses prétentions sur tout ce qui est de race germanique, la Suisse se préoccupe beaucoup de perfectionner ses éléments de défense ; elle étudie des projets de fortification permanente :

1° Pour couvrir Bâle ;

2° Pour créer des têtes de pont doubles sur l'Aare, sur la Reuss, sur la Limmat et sur la Saane ;

3° Pour construire une forteresse au nœud de railways, Olten ;

4° Pour fixer et organiser une place d'armes générale, un réduit central ; Berne serait discuté.

CHAPITRE IV

COURS DU RHIN MÉDIAN.

Après Bâle, le Rhin, pressé par les dernières pentes du mont Terrible, contrefort du Jura, tourne brusquement au nord, s'engage large et majestueux dans cette belle vallée d'alluvions de 10 à 12 lieues de large sur 60 de long, qu'on appelle l'Alsace, le Palatinat et la Hesse Rhénane à gauche, le Brisgau, le pays de Bade et le Starkenburg à droite ; à partir de Mayence il s'engage dans l'épais massif du Taunus et de l'Hundsruck à travers lequel il est parvenu à creuser son lit, et franchit enfin, par les gorges de Remagen, les vieilles roches de l'Eifel et du Westerwald ; désormais son cours large et libre roule lentement ses eaux dans un pays plat et atteint la région hollandaise.

Le Rhin passe à *Huningue* (1,840 hab.), petite ville autrefois fortifiée qui couvrait la trouée de Belfort. Vauban considérait la position d'Huningue comme très-importante ; en montrant ce point à Louis XIV, il lui disait: « Sire, là où le Rhin nous quitte « le danger commence, et je ne sache pas de meilleur garant de « la neutralité des Suisses que des remparts solides et bien « armés. »

Il en fit une place très-forte avec une précieuse tête de pont sur la rive droite, d'où l'on pouvait bombarder Bâle (1679) ; cette tête de pont était construite dans une île, qui tient aujourd'hui à la rive droite. Huningue fut démantelée par les traités de 1815, après la brillante défense du général Barbanègre, lequel résista pendant 13 jours, avec 135 hommes, contre 25,000 Autrichiens.

C'est un point important favorable à l'offensive française contre l'Allemagne du Sud ; il est couvert sur la rive droite par les belles positions de *Schliegen*, que Moreau sut parfaitement utiliser en 1796, avant de repasser le Rhin à Huningue.

Les Allemands ont repris un projet français : la construction d'un pont fixe en amont d'Huningue ; un embranchement ferré rejoindra les deux railways du Rhin par les stations de *Saint-Louis* (1,600 hab.) (rive gauche) et de Léopoldshohe (rive droite). Ce pont sera livré à la circulation en 1876 ; des chambres de mines sont disposées dans ses piles pour permettre de le faire sauter en cas de besoin ; il existe toujours un pont moitié fixe, moitié de bateaux, à Huningue même.

A partir de cette ville, le Rhin, torrentueux en Suisse, s'écoule plus lentement, dépose tous les galets et les rochers qu'il entraîne et forme ainsi d'immenses îles couvertes de peupliers et de saules.

A 6 kilomètres d'Huningue, un contrefort de la Forêt-Noire vient presser le Rhin ; la rive droite y domine la rive gauche ; aussi bien, c'est la partie du cours du Rhin, comprise entre Bâle et la Lauter, qui est la plus favorable à un passage du fleuve de la rive droite sur la rive gauche.

Les points de passage désignés par l'état-major prussien sont *Kems*, *Rheinweiler*, *Bellingen*, *Neuenburg* ; mais sur la rive gauche, en face de ces débouchés, on trouve la grande forêt du *Hartwald*, d'une défense facile ; pour l'éviter, on a proposé, plus près d'Huningue, *Markt*, dont les abords sont faciles ; en 1870, la division de réserve *Schmelling* passa le Rhin à Neuenburg, pour aller bombarder Schlestadt ; un pont de bateaux vient d'être établi à Neuenburg.

Vieux-Brisach (rive droite), ville autrefois très-forte construite sur une hauteur basaltique élevée ; elle appartint quelque temps à la France, dont elle était une tête de pont très-importante ; le traité de Ryswick la lui enleva en 1697.

La tête de pont du Vieux-Brisach, sur la rive gauche, était le fort *Mortier* ; c'est un triangle équilatéral à triple muraille couverte par un parapet en terre.

Louis XIV, voulant remplacer Vieux-Brisach, ordonna à Vauban de fortifier Neuf-Brisach sur la rive gauche.

Neuf-Brisach (1,900 hab.). Vauban, après une longue et brillante carrière militaire, avait imaginé un système de fortification qui était le résultat de son génie et de son immense expérience (il avait dirigé 53 siéges, assisté à 30 autres, et avait réparé 300 places ou forts). Ce système très-remarquable, qui indique combien Vauban pressentait la puissance croissante de l'artillerie, avait été appliqué par lui, en 1684 à Belfort, en 1688 à Landau ; il le modifia très-peu et construisit Neuf-Brisach en 1698.

Comment l'école française se laissa-t-elle entraîner par Cormontaigne pour rejeter les principes affirmés par Vauban ? Pourquoi reprit-elle le système précédent dont les principes appartenaient moins à Vauban qu'à Pagan, Floriani, Speckle, etc ?

Neuf-Brisach est un octogone régulier. En 1870 il supporta dix jours de bombardement : l'indiscipline de la garnison força le commandant de place à capituler le 10 novembre ; en quelques coups de canon partis de Vieux-Brisach (à 2,500 pas) les 5 pièces du fort Mortier furent démontées. Neuf-Brisach a une importance réelle ; c'est, avec Strasbourg, les deux seuls points de passage naturels du Rhin entre Huningue et Lauterbourg, car c'est en face de ces deux points que la grande série des îles du Rhin est un peu interrompue, et que les bords marécageux du fleuve sont plus facilement abordables.

La position de Neuf-Brisach est très-favorable à l'Allemagne, vu la position dominante de Vieux-Brisach, qui pourrait devenir le réduit favorable d'un camp retranché assis sur les deux rives ; cette position a une importance stratégique très-grande, bien que très-rapprochée de Strasbourg, car elle n'est pas éloignée des trois débouchés des Vosges : Sainte-Marie-aux-Mines, le Bonhomme et Munster, et presque au débouché de 6 routes descendant de la Forêt-Noire par Ettenheim, Kenzingen, Waldkirch, Fribourg, Staufen, Mulheim. — Avant 1870, la France voulait construire une ligne ferrée directe de Paris à Vienne par Saint-Dié, Colmar, Brisach, etc. ; moins la percée des Vosges, les Allemands ont repris ce projet : un railway partant de Colmar traversera le Rhin à Brisach sur un pont fixe, passera à Fribourg, et atteindra Donaueschingen par le Val d'Enfer ;

ce sera la grande ligne de concentration des contingents de l'Allemagne du Sud. Brisach prendra dès lors une importance très-grande ; mais le travail relatif à la traversée de la Forêt-Noire demandera beaucoup de temps, en raison des difficultés matérielles considérables de la région ; la ligne de Colmar-Fribourg sera faite en 1876.

Les Allemands viennent de jeter un pont de bateaux en face de *Markolsheim* et un autre à *Schœnau*.

Rheinau (1,500 hab.), petite ville moderne où l'on construit un pont ; par les basses eaux, on peut apercevoir quelques débris de l'ancienne ville engloutie autrefois par le fleuve.

Gerstheim, où l'on vient de jeter un pont de bateaux, en face d'*Ottenheim* (rive droite), où Turenne franchit le Rhin en 1675 pour exécuter sa dernière campagne.

La grande forêt giboyeuse de *Neuhof* couvre le pays et les îles au sud de Strasbourg.

Strasbourg (85,000 hab. avant 1870), place forte située à 2 kilomètres du Rhin, à cheval sur l'Ill (voir la planche 1).

Son enceinte, composée de 17 bastions, a été construite par l'Alsacien Speckle en 1570 ; Vauban créa tous les ouvrages extérieurs, y compris la citadelle pentagonale qui, avec ses deux ouvrages à cornes, étend les glacis de Strasbourg jusqu'au petit Rhin.

Les dehors de la place se divisent en 5 zones ou secteurs :

1° La rive droite du Rhin, trop près de Strasbourg, vice radical qui empêchait la France d'en faire un camp retranché sérieux, à moins de posséder Kehl ;

2° Le secteur compris en amont entre le Rhin et l'Ill ; il est inondable et peu favorable à l'attaque ;

3° Le secteur compris entre l'Ill et la Brusche, en amont, également inondable ; toutefois, vu la faiblesse des fronts sud de la place et le peu de confiance dans la rapidité des inondations, le génie français s'était préoccupé sérieusement d'une attaque probable par ce secteur ; après la prise de Strasbourg, les Prussiens ont trouvé, dans les bureaux de la place, un plan de défense arrêté pour cette zone ; et au mois d'août 1870, le *fort Blanc* (angle sud-ouest de Strasbourg compris dans ce secteur) était le point le mieux préparé pour soutenir un siége immédiat ;

4° Le secteur compris entre la Brusche et l'Ill, en aval ; c'est le véritable point d'attaque de Strasbourg; les hauteurs d'*Haus-*

bergen dominent de 50 mètres la place, à 5 kilomètres; la plaine, également dominée, est couverte de cultures, de jardins, d'arbres, de haies, de maisons, qui facilitent les abords; la tranchée y est facile, l'attaque en tous points très-favorable ;

5° Le secteur marécageux entre l'Ill et le Rhin en aval ; c'est la *Robertsau*, peu favorable à l'établissement des batteries de siége.

Dès la campagne de 1866, on se préoccupa, en France, de protéger Strasbourg contre la puissance de l'artillerie nouvelle ; il fallait absolument tenir les batteries ennemies à grande distance de la place. Plusieurs projets furent discutés ; fortifier les hauteurs d'Hausbergen, si éloignées, entraînait à des dépenses considérables ; on fixa à 1871 l'exécution d'un projet qui consistait à construire une nouvelle ligne de fortifications en avant du front d'attaque (4me secteur) et à 1800 pas de l'enceinte ; cette ligne devait aller de *Schiltigheim* à *Kœnigshofen ;* son centre devait être un immense ouvrage à cornes fermé à la gorge. Pour lutter plus efficacement contre les batteries ennemies établies sur la rive droite du Rhin, on devait construire un ouvrage à chaque extrémité de l'*île des Épis* (comprise entre les deux bras du Rhin).

En 1870, ce fut par le 4me secteur que les Allemands attaquèrent Strasbourg.

Ils cheminèrent vers le *fort des Pierres*, qui est l'angle nord-ouest de la place, en même temps qu'ils bombardaient aussi impitoyablement qu'inutilement la ville. (Strasbourg a été sept fois détruite par les hordes sauvages qui descendaient des plaines arides et froides de la Germanie, cette prétendue sœur de l'Alsace !)

La puissance nouvelle de l'artillerie s'affirma dans ce dernier siége : à 850 mètres, 6 pièces de 24 courts firent une brèche de 25 mètres de largeur dans l'escarpe du bastion XI du corps de place, escarpe cachée à la vue par une contregarde.

Strasbourg est la clef de l'Alsace ; mais, en 1870, il lui manquait le flanquement de Landau et d'Huningue, afin de ne pas être investie avant même l'établissement de l'armement de sûreté.

Pour commander stratégiquement le Rhin, de Bâle à Germersheim, Strasbourg doit être en possession de Kehl, formant dès lors une grande tête de pont double, et un pivot d'opérations (campagnes de 1796 et de 1799).

La frontière allemande allant jusqu'aux Vosges, Strasbourg devient un point stratégique de premier ordre, que les Allemands vont rendre formidable par la création de douze forts, dont trois sur la rive droite : ces forts, construits à environ 6 kilomètres de la place, formeront un vaste camp retranché à cheval sur le Rhin ; en partant du nord et sur la rive gauche, ces forts sont appelés : *Fransecki, Moltke, Roon, Prince Royal, Grand-duc de Bade, Bismarck, Prince Royal de Saxe, Von der Than, Werder;* sur la rive droite : *Kirchbach, Bose, Blumenthal* (voir la planche I); on a encore l'intention d'en construire un autre à *Diersheim*, à 12 kilomètres en aval de Strasbourg, sur la rive droite, pour se relier avec Rastadt. Sur la planche n° 1, on voit que le fort Bismarck est dominé par les hauteurs à l'ouest ; il est question de construire un fortin sur ces hauteurs, pour parer à ce grave défaut. Ces forts sont d'un type nouveau, on doit en construire d'analogues à Mayence et à Cologne ; en voici la description très-succincte : ils ont la forme d'une lunette, avec *ailerons* aux angles d'épaule pour battre les fossés de chaque flanc (comme les forts d'Anvers) ; au saillant, une caponnière flanque les fossés de chaque face par deux embrasures et quelques créneaux. L'escarpe, détachée et crénelée, a 4 à 5 mètres de hauteur sur le fond du fossé ; le fossé a de 10 à 12 mètres de largeur ; la contrescarpe est maçonnée ; les arrondissements de la contrescarpe aux angles d'épaule et au saillant sont à voûte en décharge, avec galerie crénelée, et galeries de mines. Le parapet n'est disposé que pour l'artillerie, les grands forts ont quatre traverses sur chaque face, de deux en deux pièces, et quatre traverses sur chaque flanc, une par pièce ; les petits forts n'ont que trois traverses sur chaque face, trois traverses sur chaque flanc. — Une immense traverse coupe le terre-plein suivant la capitale et forme un passage couvert, qui va de la gorge au saillant ; la gorge est fermée par un front bastionné ; en avant de la courtine de ce front, une petite demi-lune couvre un corps de garde et une poudrière. Le parapet de la gorge contient de grandes galeries pour abriter les troupes ; le parapet principal renferme également des chambres pour abriter les servants et les gardes. En général les fossés sont secs ; les forts seuls de Fransecki, Than et Verder ont un fossé plein d'eau.

Les forts seront reliés entre eux par des tranchées qu'occupera l'infanterie ; ces tranchées sont amorcées sur les flancs de chaque ouvrage. Un chemin de fer de ceinture reliera tous les forts, lesquels communiquent avec la ville par des fils télégraphiques souterrains.

La plupart des forts de la rive gauche sont terminés ; à la fin de 1875 tout sera fini, ainsi qu'une immense fabrique d'armes, qui sera l'une des plus belles d'Allemagne.

La ville, trop resserrée dans ses murs, sera ouverte au nord; la vieille enceinte sera reculée jusqu'à la jonction du canal de la Marne à l'Ill et comprendra les Contades et l'Orangerie.

Un nouveau railway est en construction entre Strasbourg et Germersheim par Seltz ; un canal reliera cette grande place à Manheim ; les Allemands veulent faire de Strasbourg une ville aussi importante que Cologne, au double point de vue militaire et commercial, sur la ligne ferrée d'Italie en Hollande par le Saint-Gothard.

En face de Strasbourg, sur le Rhin, il y a un pont de bateaux et un beau pont fixe, avec culées tournantes ; en 1870, les Prussiens firent sauter ce pont dès le début de la guerre.

Telle est la place, telle est l'arme formidable que la France a dû céder à l'Allemagne ; Louvois disait de Strasbourg : « Cette ville sera un monument éternel de la grandeur du roi (Louis XIV) et du soin qu'il a pris à mettre son royaume à couvert des entreprises de ses ennemis. »

Les Allemands doivent construire un pont à *Gamsheim* et un autre en face de *Drusenheim*. — En aval de Strasbourg, on trouve moins d'îles ; dans l'une d'elles sont les débris du *fort Vauban* (carré bastionné) et ceux de sa tête de pont sur la rive gauche, le *fort Louis* ; il y avait même autrefois un ouvrage à cornes sur la rive droite. Ces fortifications ont été rasées en 1814 ; il ne reste que le village de Fort-Louis (300 hab.) avec un beau pont sur la Zorn.

Maxau, village de la rive droite, qui est joint à *Maximiliansau* (rive gauche) par un pont de bateaux, sur lequel passe un embranchement ferré très-important qui relie les deux railways du Rhin, par Carlsrühe (rive droite) et *Windden* (rive gauche); ce pont, mobile avec les basses et les hautes eaux (5 mètres de différence de niveau), a 362 mètres de longueur ; les côtés servent au passage des voitures, les rails sont au milieu. On peut replier le pont en une heure, et mettre le matériel à l'abri dans une anse de la rive droite.

Germersheim (2,200 hab.), forteresse bavaroise, qui forme sur la rive gauche du Rhin une excellente tête de pont pour l'Allemagne. Elle a été construite de 1836 à 1843, d'après le système polygonal pur. (Voir la planche II.)

L'enceinte comprend des fronts variables sur les terrains inondables ; ceux du plateau ont un côté extérieur de 450 mètres et une courtine de 64 mètres, à 10 mètres en arrière seulement ; les flancs, de 60 mètres, se raccordent à elle par des angles très-ouverts ; les bastions sont séparés des flancs par une coupure, et de la ville par des casernes défensives. Une grande caponnière en maçonnerie, située en avant de la courtine, flanque tout le fossé ; elle est couverte par une demi-lune et un chemin couvert ; l'escarpe de 10 mètres de haut est crénelée et casematée ; la contrescarpe devant la demi-lune a des galeries de mines. En avant de cette enceinte, cinq grandes lunettes, fermées à la gorge, en protégent les abords ; celles du plateau ont des faces et des flancs revêtus ; l'escarpe casematée, à galerie de voûtes en décharge et crénelée, a 9 mètres de haut ; la contrescarpe, de 6 mètres de haut, est à galerie non crénelée ; la gorge est fermée par un grand réduit casematé ; les fossés sont flanqués par une casemate placée à l'extrémité de chaque flanc vers la gorge. Ces fortins sont en moyenne à 600 mètres de l'enceinte, c'est-à-dire beaucoup trop rapprochés pour faire de Germersheim un camp retranché.

Sur la rive droite, il y a un ouvrage formant tête de pont.

La Queich, affluent du Rhin, inonde les fronts nord et ouest de cette place ; le seul front attaquable est au sud, il a 1,500 mètres de développement. Il faut 4 à 5,000 hommes, dit-on, pour défendre cette place, qu'on attaquera par les deux rives du Rhin, en ayant soin d'occuper le point important de Bruchsal sur la rive droite. On va construire un pont fixe de chemin de fer à Germersheim.

Philipsbourg, sur la rive droite, était de 1640 à 1698 la tête de pont de la France pour déboucher en Allemagne ; ses fortifications sont rasées depuis 1802.

A partir de Germersheim, le Rhin, bien que faisant encore de nombreux détours, a son cours beaucoup moins embarrassé d'îles. Jusque-là, les rives du fleuve sont tellement basses et marécageuses qu'on ne trouve aucune ville touchant le Rhin entre Huningue et Spire, sinon Vieux-Brisach, grâce à son rocher basaltique.

Pour arrêter les érosions continuelles des rives (engloutissement de Rheinau) et contenir les sables que le courant déjetait incessamment dans les plaines environnantes, on a endigué le fleuve sur ses deux bords, depuis 40 ans environ. Dans toute cette région, la navigation est difficile ; la vitesse moyenne des eaux est de 2m,50 par seconde. En raison de la nature marécageuse des rives de cette région, le passage du Rhin devient une opération très-difficile, car les équipages de ponts ne peuvent aborder le fleuve qu'aux points où parviennent des routes. La largeur moyenne du fleuve étant de 280 mètres, il faut environ 50 travées pour faire un pont de bateaux. En temps de paix, cette opération exige une demi-heure ; on l'a exécutée en 18 minutes en 1869 ; mais en temps de guerre, il faut en moyenne 4 heures (quand on a tout sous la main).

Entre Huningue et la Lauter, la défense du passage sur la rive gauche serait facilitée par les débris de 24 redoutes en terre, faciles à relever, que les Français avaient autrefois construites aux points de passage les plus favorables.

Spire (Speyer) (12,000 hab.) ; ville sur la rive gauche, à la Bavière ; avec un pont de bateaux. C'est à Spire, Germersheim et Maxau qu'au mois de juillet 1870, la 3me armée allemande, sous les ordres du prince royal de Prusse, franchit le Rhin et opéra sa concentration derrière la Queich. Le pays est riche en céréales et chevaux.

A une lieue en amont de Spire, le Rhin, aux abords plus solides, offre un point de passage favorable.

Mannheim (32,000 hab.), sur la rive droite, au duché de Bade; cette ville autrefois très-forte est aujourd'hui ouverte ; elle est au confluent du Necker ; un large canal entre cette rivière et le Rhin forme un port important au nord de la ville. Un pont suspendu de 220 mètres permet de franchir le Necker. Les deux rives du Rhin sont dominées par la terrasse du château, situé au sud et sur le quai.

En face de Mannheim, sur la rive gauche du Rhin, on trouve la petite ville de *Ludwigshafen* (3,800 hab.), dont le port peut contenir une centaine de bateaux ; cette ville est construite sur l'emplacement d'un grand camp retranché, qui existait au siècle dernier.

La gare de Ludwigshafen est organisée de telle sorte qu'on peut former simultanément 8 trains militaires de 100 essieux.

Deux ponts réunissent Mannheim et Ludwigshafen : un pont de bateaux, et un grand pont fixe en fer et en bois de 300 mètres, à deux voies superposées, dont une pour chemin de fer ; le pont de bateaux doit être remplacé par un pont fixe.

C'est à partir de Mannheim seulement que commence la navigation à vapeur du Rhin.

Cette ville a une valeur stratégique considérable ; depuis quarante ans, les écrivains militaires allemands la signalent comme le point le plus faible du Rhin. Avant la guerre de 1870 il était fortement question de le retrancher ; depuis quelque temps on prétend même que ses fortifications auraient été décidées.

La gare de Mannheim est très-importante par son étendue et son vaste matériel. En 1870, Manheim était la *base de ravitaillement* de la 3me armée allemande, comme Mayence pour la 2me armée, Coblentz pour la 1re; pendant les sept premiers jours qui suivirent la déclaration de guerre, et pendant lesquels les armées se mobilisèrent sur place, avant la grande concentration, tous les chemins de fer allemands furent utilisés pour jeter d'immenses approvisionnements dans ces trois villes.

De Mannheim-Heidelberg partent les lignes ferrées de Frankfort, de Wurtzbourg, de Nordlingen, de Stuttgard-Ulm, de Rastadt, de Neustadt-Kayserslautern-Sarrebrück, de Germersheim, de Wissembourg-Strasbourg, de Mayence.

C'était le point de passage évident d'une armée française qui aurait remporté une victoire dans le Palatinat, sur la rive gauche ; Mannheim immédiatement retranché, relié à la frontière française par la grande ligne libre de Kayserslautern-Sarrebrück devenait alors le pivot de toutes les opérations sur les deux rives et entre les deux Allemagnes ; on tournait ainsi Germersheim, Rastadt, Mayence et Sarrelouis.

A partir de Ludwigshafen, le chemin de fer de la rive gauche du Rhin, qui s'est maintenu à 4 ou 5 lieues du fleuve près des hauteurs, le suit dorénavant de très-près jusqu'à Neuss.

Le Rhin entre dans le *grand-duché de Hesse* et passe à *Worms* (11,000 hab.), pont de bateaux.

Les hauteurs des Vosges et du Hardt se sont arrêtées à environ 5 lieues du Rhin, pour former entre elles et le fleuve la riche plaine de la Basse-Alsace et du Palatinat. A hauteur de Worms, le Hardt s'épanouit jusque sur la rive gauche du Rhin, formant ainsi un large plateau très important entre Worms et Bingen ; grâce à lui, la rive gauche domine le plus souvent la rive droite et donne des points de passage favorables pour envahir cette rive, entre autres *Oppenheim* (3,000 hab.), qui est dans une excellente position, dominée par les ruines de l'ancienne forteresse de *Landskron* ; les hauteurs serrent le fleuve de très-près : au-dessus de ce point, *Gernsheim* (3,000 hab.) est favorable au passage de la rive droite sur la rive gauche ; Gustave-Adolphe y franchit le Rhin en 1631. Enfin on trouve le plateau si important de *Linsemberg* sur lequel est bâti Mayence.

Mayence (Mainz) (45,000 hab.) (au *grand-duché de Hesse*, avec garnison prussienne). C'est une belle ville et une position militaire de premier ordre. Trente-six ans avant Jésus-Christ, Agrippa choisit cet emplacement pour l'établissement d'un camp permanent, où Drusus, vingt ans après, construisit une forteresse.

Mayence est entourée de 3 lignes de fortifications ; sa première enceinte (14 bastions et la citadelle) s'appuie au sud sur le Linsemberg, et forme un arc de cercle, de la porte *Neuthor* en amont jusqu'au confluent du Zalbach au nord-ouest ; ce ruisseau inonde les fossés des 5 fronts qui sont de ce côté, et qui, en conséquence, sont construits plus faibles que les autres fronts de l'enceinte ; ces fronts sont fortement tenaillés, comme dans le système Montalembert. La deuxième enceinte se compose de 6 forts placés à 500 mètres en avant de la première ligne, et reliés entre eux par un parapet ; le principal de ces forts est celui de *Haupstein*, situé sur le plateau du Harde-Berg.

La troisième enceinte se compose d'une douzaine de lunettes, établies à 500 mètres de la première ligne ; la plus importante est celle de *Weissenau* près du Rhin, en amont ; elle couvre le grand pont du chemin de fer de la rive gauche du Mein.

En avant de Haupstein, on a construit en 1865, les deux fortins de Bingen et de Gonsenheim.

Contrairement à ce que les ingénieurs militaires allemands

avaient fait jusqu'alors, ces ouvrages ont toute l'escarpe à terre coulante et la contrescarpe maçonnée, avec casemates flanquantes ; tandis qu'un mur isolé au milieu du fossé, et parallèle à la ligne de feu, garantit contre toute surprise que l'ennemi pourrait tenter.

A Mayence, le Rhin a 600 mètres de large; on le franchit sur un pont de bateaux. Sur la rive droite est le faubourg de *Castel*, dont les retranchements permanents forment une excellente tête de pont ; ils comprennent 5 fronts bastionnés, le fort Montebello (aujourd'hui fort de Hessen), le fort de Kostheim près du Mein, et, sur la rive gauche de cette rivière, les ouvrages de la Mainspitze, qui se composent d'un ouvrage à cornes précédé d'une lunette; cette région est sous le canon du fort du Weissenau. En aval, les deux îles fortifiées de *Pétersau* et *Ingelheim* flanquent les approches de la place près des deux rives.

Ces immenses lignes, qui n'exigent pas moins de 21,000 hommes pour les défendre, ne répondent plus aux exigences modernes, surtout pour un camp retranché et un grand pivot stratégique tel que Mayence: les deux lignes avancées sont trop près de la première enceinte ; de plus, le front sud, qui est le véritable front d'attaque, celui choisi en 1792, 1793, 1794-1795, est dominé à 2,300 mètres par la hauteur du *Klosberg* située près d'*Hechtsheim*, village où l'on arrive à couvert grâce au ravin du *Wildbach* ; le Klosberg lui-même est dominé à 900 mètres en arrière par le *Bornberg*.

Les Allemands vont démolir la première enceinte d'un côté seulement et construire un grand fort, probablement sur le Bornberg ; un autre sera construit sur le Hardeberg, en avant de celui de Bingen ; ils viennent également de construire à Mayence une immense fabrique de rations de vivres de campagne, pouvant alimenter les armées les plus considérables. Cette fabrique devra suffire à l'approvisionnement de conserves pour une armée de 500,000 hommes, et contribuera à l'entretien journalier de cette armée en guerre ; on y fera chaque jour 350,000 kilogrammes de farine, du pain, du biscuit en proportion ; on y abattra 180 bêtes à cornes, 4 à 500 moutons ou porcs. En temps de paix, elle desservira la flotte et les troupes des grandes garnisons. — Cette place est donc, avec raison, toujours considérée comme le centre de toutes les grandes opérations militaires dans le bassin du Rhin. Elle a en effet une importance capitale, c'est la clef de la grande ligne défensive du Rhin et de la ligne offensive du Mein ; elle flanque à l'est la région montagneuse du Taunus, du Westerwald, de l'Eifel et du Hundsrück, région que les Allemands considèrent comme inabordable. C'est la tête de pont naturelle d'invasion de la région germanique sur la région gauloise, c'est par elle que les Suèves d'Arioviste débouchèrent de la grande *forêt Hercynienne* pour envahir la Gaule ; César les arrêta sur les bords de la Thur en Alsace. Les Romains firent de Mayence le centre de la défense du Rhin contre les invasions germaniques. Gustave-Adolphe lui-même, qui venait du nord-est, en fait un instant la base de ses opérations occidentales, ou du moins le point d'appui nécessaire.

En 1793, la France, par sa possession, évita une invasion autrement sérieuse que celle de 1792. En 1813, elle protégea la retraite de la grande armée ; enfin en 1870, elle fut le centre le plus important de la concentration de l'armée prussienne ; en cas d'attaque trop rapide de l'armée française, elle était désignée par le général de Moltke comme base défensive (voir son mémoire de 1868), et dans la marche en avant de l'armée allemande elle devenait et fut réellement la véritable base offensive des opérations ultérieures.

Mayence était le chef-lieu du département français du *Mont-Tonnerre*.

Le Rhin large et vraiment beau, pressé par les premières pentes du Taunus, tourne à gauche, suivi de très-près sur ses bords par les railways de chaque rive, railways qui passent sur le quai de Mayence et sur celui de Castel ; le railway de Frankfort, par la rive gauche du Mein, et celui de Darmstadt franchissent le Rhin en amont de Mayence sur un beau pont en fer de 430 mètres de longueur ; avec les viaducs annexes, ce pont a une longueur totale de 1,027 mètres. Pour faciliter les embarquements de troupes sur cette rive du Mein, on a fait de grandes gares dont les accès sont très-faciles, l'une immédiatement après le pont, appelée Gustavsbourg, l'autre à *Bischofsheim*, où les lignes de Frankfort et de Darmstadt se séparent. Ces gares spéciales étaient d'autant plus nécessaires que la gare de Mayence est peu favorable aux embarquements de troupes; toutefois elle est pourvue d'un matériel considérable.

Le Rhin laisse à droite *Biberich*, avec son château grand-ducal ; la rive droite appartenait au grand-duché de Nassau, annexé à la Prusse depuis 1866.

Le *Taunus* se rapproche du fleuve et le rejette vers l'ouest ; ses pentes sont couvertes de beaux vignobles, entre autres ceux de *Johannisberg*, de *Rudesheim* et du *Rheingau*. A partir de *Rudesheim* (2,400 hab.), le Rhin est complétement encaissé, par le Taunus à droite, par les derniers épanouissements du *Hardt* à gauche, surtout par le *Rochusberg*, couvert de vignes, et au pied duquel est bâtie la petite ville de Bingen ; au-dessus de cette ville le lit du fleuve est embarrassé par un groupe d'écueils dangereux, qu'on appelle le *Bingerloch*.

Bingen (6,000 hab.) est la tête importante de la ligne ferrée de la Nahe, qui va sur Sarrebrück-Forbach. Jusqu'à Bingen inclusivement, la rive gauche du Rhin est hessoise, la rive droite prussienne; à partir de la Nahe les deux rives sont prussiennes ; la gare de Bingen, sur la rive gauche de cette rivière, est donc prussienne (Bingenbrück). A Bingen, la navigation et le commerce des vins sont considérables ; les ruines du château de Klopp dominent la ville de 35 mètres.

Le paysage devient grandiose et sévère; le Taunus et le Hundsrück se dressent de 150 à 200 mètres à pic sur le Rhin, ne laissant entre le fleuve et eux que juste la place nécessaire pour le passage du railway et d'une route sur la rive droite, et sur la rive gauche pour le railway et la grande route du Rhin ; cette grande route avait été construite par Napoléon, entre Coblentz et Bingen, pour éviter le détour de Simmern, c'est-à-dire le pays difficile du Hundsrück.

Les flancs des hauteurs de gauche sont couverts de bois, ceux des hauteurs de droite forment des vignobles renommés ; de nombreuses ruines, parfois restaurées, de vieux manoirs burgraves dominent les crêtes boisées; les berges abruptes sont le plus souvent coupées perpendiculairement par des ravins tout à fait inaccessibles.

En sortant de Bingen on aperçoit sur un rocher, au milieu du Rhin, la tour des Souris (Maüserthurm), et sur la rive droite en face la ruine du château d'Ehrenfels.

Le Rhin prend dès lors une direction générale vers le nord-ouest et la conservera jusqu'en Hollande ; il passe à *Bacharach* (2,000 hab.), entourée d'un vieux mur ; une route importante de la rive droite débouche sur cette petite ville, qui fut le point de passage du Rhin choisi en 1793 par l'armée prussienne.

Caub (14,000 hab.), où cette même armée franchit le Rhin le 1er janvier 1814.

Saint-Goar (14,000 hab.), d'où part une route sur Wetzlar-Giessen. Depuis Bacharash, les beaux vignobles du Rhin et les superbes forêts ont disparu, pour faire place à des masses de rochers grisâtres et noirs, couverts de ronces.

Boppard (3,700 hab.); entre cette ville et la Moselle, la grande forêt de Boppard couvre toute la région au sud de Coblentz.

Lahnstein (3,900 hab.), où finit la Lahn (rive droite) et où commence le railway important de *Wetzlar—Giessen—Cassel*, que les Prussiens vont continuer jusqu'à Trèves par la vallée de la Moselle.

Coblentz (Coblenz) (33,000 hab.), au confluent de la Moselle ; c'est un triangle entouré d'un mur crénelé ; les quais, comme à Mayence et à Cologne d'ailleurs, y seraient très-beaux, n'était une muraille ancienne et fort laide qui sépare la ville du fleuve.

Un pont de bateaux de 355 mètres et, en amont, un pont fixe de 340 mètres pour le chemin de fer traversent le Rhin.

Sur la Moselle, il y a également un pont de chemin de fer et un pont en pierres de 320 mètres ; un aqueduc suit ce dernier et apporte à Coblentz les eaux potables des hauteurs de la rive gauche de la Moselle.

La forteresse se divise en trois parties (voir la planche III) :

1° La rive droite de la Moselle ; c'est la ville, entourée d'un mur ; le côté qui fait face au plateau a des fronts polygonaux purs, un peu en tenaille, avec contrescarpe non maçonnée, et escarpe détachée et crénelée, les fossés flanqués par une caponnière, le tout précédé d'un chemin couvert sans traverse ; en avant, sur le grand plateau de la Chartreuse, est construit le *fort Alexandre*, à 1,800 mètres de la ville ; il domine les deux vallées de 115 mètres de hauteur ; c'est la clef de ce secteur, mais il est dominé par la hauteur du *Kuhkopf*, situé 3,500 mètres plus au sud. Les forts de *Constantin* et de *Bücher* un peu en arrière battent les abords du fort Alexandre et de la ville. Le fort Alexandre, construit en 1820, avait une contrescarpe non maçonnée, et pas de chemin couvert ; en 1863, la contrescarpe a été maçonnée, avec des galeries pour feux de revers et pour mines aux arrondissements des saillants ; un chemin couvert a été fait tout autour ainsi qu'un avant-chemin couvert en avant du front principal. Le sol de ce front d'attaque est favorable ; il a 4 mètres d'épaisseur de cailloux et de gravier, et au-dessous une épaisse couche d'argile. Un souterrain réunit le fort Alexandre au fort Constantin.

2° La rive gauche de la Moselle ; c'est une plaine légèrement ondulée de 3 kilomètres de largeur moyenne. On en a fait un large camp retranché pouvant contenir 100,000 hommes, au moyen de quelques petits fortins détachés en avant du *fort François*, lequel est situé sur le mamelon du *Pétersberg* et domine les environs de 40 mètres. Ce fort est la clef de ce secteur, dans lequel se font les manœuvres du 8me corps prussien, dont le quartier général est à Coblentz.

Dans le réduit du fort François reposent les dépouilles de Hoche ; celles de Marceau sont un peu plus au nord. Tous ces ouvrages sont du système polygonal pur, avec contrescarpe non maçonnée ; leurs glacis sont couverts de taillis qui les dérobent complétement à la vue.

3° La rive droite du Rhin ; là s'élève la citadelle d'*Ehrenbreitstein*, en face du confluent de la Moselle ; elle domine le fleuve de 123 mètres, et n'est accessible que par le nord ; une double rangée de bastions la protége de ce côté ; des batteries basses couvrent ses flancs inférieurs vers le fleuve ; des citernes et un puits de 133 mètres de profondeur lui donnent l'eau.

A un kilomètre plus au sud, sur le plateau de Pfaffendorf, s'élève le *fort d'Asterstein*, lequel, avec Ehrenbreitstein, forme les deux points d'appui d'un deuxième camp retranché, protégé en avant par quelques lunettes.

Ehrenbreitstein, qui domine tous les environs, est la clef de Coblentz ; elle est imprenable de vive force : Boufflers, en 1688, Marceau, en 1795 et 96, l'assiégèrent vainement; elle ne se rendit en 1799 qu'après un long blocus, réduite par la famine.

Coblentz est le type du camp retranché : il suffit, dit-on, de 5000 hommes pour le défendre, tandis qu'il peut abriter 200,000 hommes.

Vu la position de ce camp retranché au confluent de la Moselle, on l'a choisi pour station ordinaire de la flotte cuirassée allemande du Rhin ; cette flotte se compose de 12 canonnières, recouvertes de 0m,07 d'épaisseur de fer, armées de deux pièces de 12 centimètres disposées dans une tourelle tournante ;

chaque canonnière a un équipage de 60 matelots, et recevra en temps de guerre 50 hommes d'infanterie. Ces canonnières (à hélice et à voiles) pourront filer 9 nœuds à l'heure (1).

En raison des railways du Rhin, de la grande ligne d'opération de Giessen-Cassel et de celle qui va être construite le long de la Moselle, Coblentz a acquis une importance stratégique considérable. C'est le centre, le réduit du massif important Taunus — Westerwald — Hundsrück — Eifel, que Mayence protége à l'est, et que Cologne couvre vers le nord, région formidable qui domine toutes les opérations de la région gallo-germanique.

Coblentz était le chef-lieu du département français de *Rhin-et-Moselle*.

Après cette ville, on trouve à gauche la plaine du *Mayenfeld;* à droite, le *Westerwald* presse le Rhin jusqu'à *Bendorf;* à partir de ce point, les hauteurs s'éloignent pour former la plaine de Neuwied, laquelle favorise le déploiement d'une armée qui vient de franchir le Rhin. Le passage du fleuve est d'ailleurs favorisé par une île qui est en amont et près de Neuwied ; c'est pour cela que ce point a été si souvent choisi pour une telle opération ; la plus brillante est celle qui fut exécutée par Hoche en 1797. *Neuwied* (7,800 hab.) est une ville industrielle (fonderies). A partir d'*Andernach* (3,800 hab.), petite ville entourée de ses vieux murs du XVIe siècle, le Rhin pénètre dans une étroite et profonde vallée, d'une beauté remarquable, entre le *Westerwald* à droite et l'*Eifel* à gauche. Il passe devant *Sinzig* (2,000 hab.), *Lintz* (2,500 hab.), *Remagen* (1,700 hab.), *Unkel* (7,000 hab.), et enfin franchit cet imposant massif volcanique, après avoir baigné le pied du fameux *Siebengebirge* (les sept monts); c'est un des plus remarquables paysages des bords du Rhin.

Les hauteurs de la rive gauche s'éloignent, mais sur la rive droite, le Siebengebirge suit le fleuve jusqu'à la Sieg. C'est ensuite l'épanouissement du *Sauerland*, dont les dernières pentes accompagnent le fleuve jusqu'au confluent de la Ruhr, en se maintenant à 5 ou 6 kilomètres de lui.

(1) Ainsi qu'on a pu le constater dans le voyage que deux canonnières viennent de faire à Strasbourg, leur manœuvre est très-difficile en amont de Mayence, et elles ne peuvent être d'une grande utilité qu'entre Bonn et la Hollande.

Le Rhin passe à *Bonn* (28,000 hab.), c'était déjà au commencement de la domination romaine un point très-important; César y franchit le Rhin; Drusus y construisit une forteresse. Bonn renferme une université célèbre; un embranchement ferré venant de Wetzlar lui donne une certaine importance militaire, surtout lorsque le réseau de l'Eifel sera fini, d'Enskirchen à *Brühl* (2,200 hab.). Bonn est encore entourée de ses vieilles fortifications avec 5 bastions à l'ouest; au nord, il ne reste qu'un large fossé. Au sud de Bonn, un grand plateau domine de 15 mètres toute la plaine, et forme une bonne position face au nord, s'appuyant au mamelon, le *Kreuzberg*, qui en est la clef.

On communique avec la rive droite par une traille, formée d'un ponton de 20 mètres de largeur et de 20 mètres de longueur; la corde est soutenue par 9 petits bateaux.

Cologne (Koln) (125,000 hab.), est la plus grande ville des bords du Rhin et la capitale des provinces rhénanes; c'était, en 1814, une des sous-préfectures du département français de la Roër; aujourd'hui c'est une grande ville de commerce qui étouffe dans sa vieille enceinte, et de plus, une place forte de 1er ordre.

Ses fortifications se composent: 1° d'une vieille enceinte qui n'est autre chose qu'un mur de 10 mètres de hauteur sur 2 mètres d'épaisseur, flanqué par des tours; 2° d'une deuxième enceinte à quelques mètres de la première; c'est une ligne bastionnée, dont un bastion sur deux est détaché du corps de place, et forme un couvre-face en avant d'une caponnière qui bat les fossés des bastions voisins; 3° d'une ligne à intervalles qui se compose de 8 grandes lunettes fermées à la gorge par une grille, à 800 mètres de la place; ces lunettes sont à caponnières-réduit casematées; de petites lunettes sont placées à 200 mètres en arrière, vis-à-vis les intervalles, et flanquent les grandes. Ce camp retranché a un front de 8 kilomètres seulement.

Un pont de bateaux de 450 mètres et un grand et superbe pont fixe en fonte, pour le chemin de fer et pour les voitures et les piétons, traversent le Rhin et font communiquer Cologne et son faubourg, appelé *Deutz*; celui-ci est une tête de pont importante, entourée d'une enceinte à redans, précédée de 4 grandes lunettes à caponnières casematées; les contrescarpes sont à terre coulante; un mur crénelé sépare Deutz du fleuve.

Le point d'attaque de Cologne est au nord, du côté de la gare (laquelle est dans l'intérieur de la ville), par la hauteur du *Zuckerberg;* pour battre ce front d'attaque, on a construit un fortin (lunette) sur la rive droite et près du Rhin.

Cologne est le point de convergence des routes et lignes ferrées qui de France, de Belgique et de Hollande se dirigent vers l'Allemagne du Nord, et dans toute l'Europe septentrionale; elle est au centre du pays le plus riche et le plus industriel de toute l'Allemagne.

D'après le projet d'avril 1873, accepté par le parlement allemand, la première enceinte de la ville sera démolie; on doit construire à une grande distance (environ 5 kilomètres) 3 grands forts, 9 petits, 7 grandes et 7 petites batteries intermédiaires. Ces forts, semblables à ceux de Strasbourg, seront en nombre égal à ceux construits autour de cette place; il doit y en avoir 4 sur la rive droite, 8 sur la rive gauche; tous ces ouvrages, qui sont en exécution, seront reliés par de bonnes communications et un télégraphe souterrain. Les dépenses pour ces travaux, y compris l'armement, monteront à 40 millions de francs (les fonds sont votés sur l'indemnité de guerre). En conséquence, Cologne deviendra un véritable camp retranché, à cheval sur le Rhin, et il dominera toutes les opérations militaires entre Coblentz et la Hollande.

Neuss (10,000 hab.), sur un canal qui va de l'Erft au Rhin et qui forme comme le fossé d'une tête de pont qui aurait 8 kilomètres de front; il suffirait de quelques ouvrages en terre pour en faire un camp retranché très-utile, une véritable tête de pont sur la rive gauche du Rhin. De Neuss part le *canal du Nord*, qui atteint la Meuse à Venloo.

Dusseldorf (50,000 hab.), sur la rive droite, dans une plaine très-fertile qu'arrose la *Dussel;* il y a un pont de bateaux de 400 mètres sur le Rhin (37 bateaux et 2 culées en pierres), et un pont fixe pour chemin de fer construit un peu en amont, vers *Hamm;* ce dernier est défendu par un fortin sur la rive droite. D'après les projets d'avril 1873, la tête de pont de Dusseldorf doit être augmentée. C'est un point très-important, un port très-commerçant où entrent plus de 2,000 bateaux par an; sur la rive gauche, Dusseldorf a un petit faubourg du nom de *Obercassel.* Le railway du Rhin (rive gauche) passe à Neuss, puis à *Creveld* (50,000 hab.), ville nouvelle, industrielle, avec de belles et larges rues, à environ 7 kilomètres du Rhin; il passe encore à *Clèves* (10,000 hab.), ville construite sur trois hauteurs à 4 kilomètres du Rhin, et finit à Nimègue en Hollande, après avoir traversé la belle et forte position de *Cranenburg*, appuyée au nord à des marais, au sud à l'épaisse forêt du *Reichswald*.

Après Dusseldorf, le Rhin passe à *Kaiserswerth* (rive droite), petite ville entourée de fortifications et bâtie sur une hauteur; point de passage favorable de la rive droite à la rive gauche; *Urdingen* (3,500 hab.), où l'embranchement ferré de Gladbach — Creveld — Ruhrort touche celui de Osterath — Rheinhausen — Duisburg.

Linn, petite ville fortifiée, avec fossés pleins d'eau, servirait à couvrir ces deux railways. *Rheinhausen*, pont fixe de chemin de fer sur le Rhin, faisant communiquer les deux railways du Rhin par Osterath et Duisburg.

Ruhrort (5,000 hab.), nœud très-important des grandes lignes ferrées des deux rives du Rhin; tête de la ligne de Berlin par Hanovre; des bateaux à vapeur transportent les wagons d'une rive à l'autre, mais les locomotives ne traversent pas le fleuve. Ruhrort, au confluent de la Ruhr dont la vallée est si industrielle, a deux ports sur le Rhin, et deux sur la Ruhr; ses chantiers sont les plus beaux du Rhin.

Un contrefort de l'Eggegebirge, le Halweg, extrémité du Haarstrang, continue à accidenter la rive droite du Rhin à 6 ou 7 kilomètres du fleuve, et jusque vers le confluent de la Lippe; c'est un pays mamelonné, couvert de bruyères et de sables; la rive gauche est plate et coupée de canaux et de ruisseaux.

Wesel (15,000 hab.), place forte située sur la rive droite; elle est défendue par une enceinte continue et par une citadelle au sud; un pont de bateaux franchit le Rhin par l'île fortifiée de *Büderich* et aboutit à la tête de pont de Wesel, le fort *Blücher*.

Wesel couvrait autrefois la ligne d'opérations contre l'Allemagne du Nord, contre le Hanovre; elle avait perdu de son importance par la création des lignes ferrées plus au sud, mais on va lui rendre sa valeur stratégique par la création de la ligne de *Wesel* — *Haltern* et par la construction de trois forts nouveaux autour de la place.

Emmerich (8,000 hab.), ville entourée de vieux murs.

Le Rhin quitte la Prusse et franchit la frontière hollandaise près de l'ancien fort de *Schenk* qui a perdu de son importance depuis que le fleuve, en changeant de lit, se bifurque beaucoup plus bas.

Pendant ce long trajet de Bâle en Hollande, le Rhin a une largeur très-variable :

A Bâle'	200 mètres.
Entre Strasbourg et Spire.	350 à 450
Mannheim	400
En amont de Mayence . .	700
Mayence	600 et 1,100 en aval avec les îles.
Entre Bingen et Coblentz.	360
Neuwied	400
Cologne	450
Dusseldorf.	400
Wesel	500
En pénétrant en Hollande.	750

La profondeur du fleuve varie :

De Bâle à Strasbourg de. . . .	1^m	à	4^m
Jusqu'à Germersheim.	$1^m,50$	à	6^m
Jusqu'à Mayence	$1^m,60$	à	8^m
Jusqu'à Bonn	2^m	à	7^m
A Cologne	3^m	à	5^m
Vers Dusseldorf	8^m	à	10^m
A Wesel	$3^m,70$	à	5^m

Les crues du Rhin sont parfois subites et atteignent 3 mètres en une journée ; en 1852, le pont de bateaux d'Huningue fut emporté par une semblable crue. Son courant est de 1 à 2 mètres par seconde ; le fond de son lit est formé de sable, de gravier et d'alluvion ; les sondages pour le pont de Kehl ont trouvé du gravier au delà de 80 mètres de profondeur.

Tel est le cours du Rhin médian. Cette ligne de près de 800 kilomètres de long, appuyée sur 7 forteresses de premier ordre, constitue la ligne de défense la plus formidable qu'il y ait au monde, et pour celui qui possède les deux rives la base d'opérations la plus redoutable pour les nations voisines.

CHAPITRE V.

AFFLUENTS DE GAUCHE DU RHIN MÉDIAN.

§ I. — *Vosges.* — *Hardt.*

Avant de parcourir les premiers affluents de gauche du Rhin, il convient de décrire les caractères généraux des montagnes d'où ils descendent.

Les *Vosges* séparent la vallée du Rhin alsacien de la vallée de la Moselle ; elles commencent au *ballon d'Alsace* et semblent être le prolongement du Jura, avec lequel elles n'ont cependant aucun rapport géologique : le Jura est du calcaire pur ; les Vosges, plus anciennes, sont formées de granit, de porphyre et de grès rouge ; d'ailleurs, la constitution orographique en est déjà bien différente, car nous savons que le Jura a une charpente à lui particulière, qui ne ressemble en rien aux masses vosgiennes.

Les Vosges se divisent en deux parties : les Vosges méridionales jusqu'au mont Donon, les Vosges septentrionales jusqu'aux sources de la Lauter.

Les *Vosges méridionales* sont des montagnes de deuxième ordre, d'une altitude de 1,000 mètres en moyenne ; ce sont d'immenses calottes sphériques, granitiques ou porphyriques, des ballons aux flancs arrondis et couverts de forêts de sapins, d'épicéas, de mélèzes et parfois aussi de hêtres, de chênes et de châtaigniers.

Elles forment une masse imposante surtout du côté de l'Alsace où elles se terminent brusquement à quelques kilomètres de l'Ill ; le versant occidental ou lorrain est moins abrupte. De ce côté, les Vosges s'étendent à l'ouest jusqu'aux collines triasiques du plateau de la Lorraine. Si bien, que les rivières qui tombent de 800 mètres de hauteur atteignent, sur ce versant, à 15 lieues de leurs sources, la plaine cotée 200 mètres, tandis que sur le versant alsacien, les rivières dans les mêmes conditions atteignent la plaine cotée 200 mètres, à 5 lieues seulement de leurs sources. Les eaux y sont aussi belles qu'abondantes ; on y rencontre 228 lacs sur les plateaux.

« De profondes vallées fertiles et verdoyantes, surtout sur le versant alsacien; et qui sont pour la plupart des fractures de la masse soulevée à diverses époques géologiques et des lits d'anciens glaciers de la période glaciaire, les traversent et coupent même sur plusieurs points la ligne de faîte. » (LEVASSEUR.)

Sur le versant alsacien, les rivières nombreuses et rapides et les grandes forêts de cette région ont contribué pour une grande part à la puissance industrielle de l'Alsace ; toutes les vallées orientales des Vosges sont envahies par l'industrie, surtout par celle du coton, industrie cependant si peu en harmonie avec les productions de cette région, et en même temps si éloignée de l'Océan qui seul pouvait, il y a quelques années, apporter à peu de frais les matières premières qui lui étaient nécessaires.

Sur la plupart des hauts sommets qui dominent les plaines du *Sundgau* et du *Wasgau* (plaines de la haute Alsace), on aperçoit de superbes ruines en grès rouge, à moitié envahies par le lierre et de l'effet le plus pittoresque; avant le XVIIe siècle, l'Alsace comptait près de 300 châteaux en granit.

Du ballon d'Alsace, d'où rayonnent d'épais et courts contreforts, la chaîne des Vosges, hérissée de crêtes, se dirige au nord-est jusqu'au mont Donon. Elle est coupée par quelques routes très-importantes que nous indiquerons plus loin, et qui traversent des défilés étroits de 4 à 5 lieues de longueur. Cette chaîne forme donc une véritable barrière militaire et provisoirement la frontière entre la France et la Prusse.

Les *Vosges septentrionales* commencent au mont Donon. Elles s'affaissent brusquement pour former le *col de Saverne,* grande dépression qui est la ligne naturelle de communication entre l'Alsace et la Lorraine ; mais elles se relèvent immédiatement pour former le plateau de Phalsbourg, et se continuent dans la direction du nord-est, sous forme de collines de 300 à 500 mètres de hauteur, formées de grès vosgien et couvertes de forêts, surtout au nord; les contreforts sont souvent plus importants que le faîtage principal. C'est comme un immense plateau qui finit à l'ouest en pentes douces vers la Sarre, de Sarrebourg à Sarreguemines, et tombe à l'est très-brusquement en pentes rapides, profondément découpées ; elles sont donc favorables à la défensive française, et, si elles ne peuvent arrêter la marche d'une armée, elles présentent du moins des obstacles sérieux, qu'un défenseur actif et intelligent saura mettre à profit. « Les Vosges apparaissent, dès le début de la campagne, comme un obstacle remarquable pour les deux partis belligérants. » (*Guerre franco-allemande*, par le grand État-major allemand.)

Le *Hardt* commence un peu au nord de l'ancienne frontière française et forme comme l'épanouissement des Vosges entre le Rhin et la Nahe ; c'est une chaîne de troisième ordre, de 4 à 500 mètres de hauteur, formée de larges plateaux boisés, sablonneux, surmontés de blocs de grès rouge, surtout au sud, entrecoupés de ravins et de vallées fertiles ; il tombe brusquement à l'est sur la plaine du Palatinat, où ses dernières pentes sont couvertes de vignes.

Ce massif est âpre, assez bien cultivé, plus couvert de forêts qu'il ne l'était en 1793, forêts qui gêneraient beaucoup le déploiement de grandes armées : « des gorges profondément « encaissées y forment d'étroits défilés boisés ou rocheux, sans « dégagements latéraux. » (*Grand État-major allemand.*)

A hauteur de Kayserslautern, le Hardt s'abaisse pendant quelques lieues pour se relever plus au nord sous le nom de *Donnersberg*, massif porphyrique de 690 mètres de hauteur. Il s'épanouit ensuite en un large plateau de 300 mètres d'altitude, de Worms à Mayence et à Bingen : c'est le plateau d'Alzey, sur lequel on ne rencontre plus de forêts, et qui est parfaitement cultivé ; les vallons y sont couverts de prairies, et leurs flancs de riches vignobles. De Kayserslautern à la Blies s'étend le plateau du *Westrich*, qui relie le Hardt au Hundsrück.

§ II. — *Affluents de gauche.*

I. L'*Ill* sort du Jura, à 4 kilomètres de *Ferrette*, village dominé par un beau château gothique. Il passe à :

Altkirch (3,600 hab.), dans une position pittoresque.

Mulhouse (58,000 hab.), ville industrielle, célèbre par ses cotonnades, ses toiles peintes, etc., etc. C'est Mulhouse qui est la tête et la cause du grand développement industriel de la haute Alsace. Il semble en effet étrange qu'une ville aussi éloignée de la mer ait pu créer une telle industrie, car, nous l'avons déjà dit, l'industrie d'une région a toujours une cause en harmonie avec les produits du sol ou avec sa situation géographique, qui lui permet par la navigation de recevoir des matières premières;

Mulhouse était une ville libre qui a profité de ce qu'autrefois en France la fabrication des indiennes était interdite au profit exclusif d'une Compagnie des Indes, qui en avait reçu et payé le monopole ; elle fabriquait de pareilles étoffes aux portes de la France et les passait par contrebande dans ce pays.

Le railway de la rive gauche du Rhin, qui arrive de Bâle, passe à Mulhouse, où vient se greffer la grande ligne de Paris — Troyes — Langres — Vesoul — Belfort.

Il a été question en Allemagne de faire de Mulhouse un grand camp retranché opposé à Belfort ; pour cela on proposait de retrancher le plateau au sud de la ville. Tout le pâté montagneux, appelé collines de Valdieu, se termine brusquement à hauteur de Mulhouse, le long et au sud du railway Bâle — Mulhouse — Cernay. L'Ill coule dès lors dans un pays plat, marécageux, couvert de prairies, d'un accès difficile ailleurs que par les routes ; il a 60 mètres de large en moyenne, et passe à :

Colmar (24,000 hab.), ville manufacturière : chef-lieu du département du Haut-Rhin avant 1871. A droite s'étend l'aride plaine du Sundgau et plus à l'est la *forêt de Hartwald.*

Schlestadt (10,000 hab.), ville fortifiée; la maçonnerie du corps de place s'aperçoit de très-loin ; l'enceinte octogonale est un simple bastionné, surmonté de quelques cavaliers ; les 3/5 des abords peuvent être inondés. Elle fut bombardée en 1814 et en 1815. En octobre 1870, 16 pièces allemandes la bombardèrent par la route de Colmar, et démontèrent 26 pièces de la place en 24 heures; elle capitula. Les Allemands l'ont démantelée (1873).

L'Ill traverse Strasbourg et va se jeter dans le Rhin quatre kilomètres au-dessous. Le railway du Rhin suit la rive gauche de l'Ill, tandis que le *canal du Rhône au Rhin*, quitte cette rivière à Mulhouse, va sur Neuf-Brisach, passe à Markolsheim et rejoint l'Ill en amont de Strasbourg.

L'Ill, rivière aux crues soudaines et dangereuses, reçoit :

1° La *Largue* qui sort du Jura, passe à *Seppois*, bonne position sur la rive droite, face au sud-ouest, sur la route d'Huningue — Delle — Montbéliard ; elle passe à *Dannemarie*, point important où passent le chemin de fer de Paris — Belfort — Altkirch — Mulhouse, le canal du Rhône au Rhin, et les grandes routes de Bâle, de Mulhouse, de Cernay, sur Belfort et Montbéliard.

2° La *Doller* sort des Vosges et passe à *Massevaux* où il y a d'importantes forges.

3° La *Thur* descend du *Rothenbach*, passe à *Wesserling*, petite ville industrielle (calicots, lainages, etc.), où aboutit un chemin de fer venant de Mulhouse, où débouchent trois routes importantes, qui traversent les Vosges ; l'une, au sud, est la route de Bâle à Nancy par le *col de Bussang :* c'est une belle route qui suit la Moselle; la deuxième, plus au nord, vient également de Remiremont par la petite vallée de la Moselotte, et le *col de Ventron;* la troisième vient encore de la vallée de la Moselotte par le *col de Bramont*. La Thur parcourt la belle et riche vallée de *Saint-Amarin* (2,400 hab.), passe à *Than* (8,000 hab.), dominé par les ruines d'un vieux château; elle atteint la plaine, passe à *Cernay* (4,200 hab.), et finit, un bras en aval d'*Ensisheim* (3,800 hab.), où ses rives sont marécageuses, l'autre bras près de Colmar.

4° La *Lauch* passe à *Guebwiller* (12,000 hab.), centre industriel très-important (filatures, machines), au pied du ballon de Guebwiller, le plus haut sommet des Vosges (1,426 mètres) ; du haut du Guebwiller on a une vüe splendide qui embrasse toute la Suisse jusqu'aux Alpes, et toutes les plaines de l'Alsace et du pays de Bade. La Lauch passe à Colmar et se jette dans l'Ill à 2 kilomètres de cette ville.

5° La *Fecht* descend du Rothenbach et passe à *Munster* (3,500 hab.), village industriel, situé dans une admirable vallée, où aboutit un railway venant de Colmar et où passe une route nouvelle et importante; celle-ci, partant de Munster, franchit le col de la *Schlucht*, passe sous le tunnel du *Pont-du-Diable* (13 pas de longueur), sous celui du *Châlet* (30 pas), suit le long défilé de *Retournemer*, atteint Gérardmer et aboutit soit à Remiremont, soit à Épinal par Bruyères.

La Fecht passe à *Turkheim* (3,000 hab.) (victoire de Turenne le 5 janvier 1675), et finit près de *Guémar* (1,420 hab.), où l'on trouve encore de vieux débris de fortifications.

Elle reçoit la *Weiss* qui sort du *lac Blanc;* cette rivière reçoit la *Béchine* qui passe *au Bonhomme* (1,160 hab.), débouché du col de ce nom, suivi par la route de Colmar à Saint-Dié ou à Épinal par Bruyères ; à *la Poutroye* (2,600 hab.), où les Prussiens ont projeté de construire un fortin pour couper cet important passage.

La Fecht reçoit encore le *Springbach* qui passe à *Ribeauvillé*

(7,180 hab.), au débouché d'une route qui va sur Sainte-Marie-aux-Mines, en traversant l'épais et superbe massif du *Bludenberg ;* ce contre-fort contient la plus belle ruine des Vosges, celle du *château de Hohenkœnigsburg*, qui domine toute la plaine de Schlestadt.

6° Le *Giessen* passe à *Villé*, point important au débouché de deux routes, l'une, la meilleure, venant de Saint-Dié par Saales, l'autre de Raon-l'Étape par Saint-Blaize, routes excellentes et à fortes rampes. Le Giessen passe près de Schlestadt et va finir dans l'Ill ; il reçoit la *Liepvrette* qui passe à *Sainte-Marie-aux-Mines* (12,500 hab.), petite ville située dans un admirable site, et très-industrielle (cotons, laines), où aboutit un railway venant de Schlestadt ; elle est au débouché du *col de Sainte-Marie-aux-Mines*, suivi par la bonne route de Saint-Dié à Schlestadt; cette route a de longs lacets et d'assez fortes rampes.

7° L'*Andlau* descend du massif granitique du *Champ de Feu*, passe près d'*Andlau* (2,000 hab.), ancienne ville impériale, et reçoit la *Kirneck* qui traverse *Barr* (5.300 hab.); de cette ville partent la route du Champ de Feu qui rejoint la vallée de la Brüche à 3 kilomètres en aval de Saint-Blaize, et le railway de Wasselonne que les Prussiens vont prolonger au nord jusqu'à Saverne, au sud jusqu'à Schlestadt, afin d'alléger un peu la grande ligne du Rhin, de telle sorte que, cet embranchement et celui de Strasbourg à Germersheim achevés, il y aura deux voies ferrées parallèles sur la rive gauche du Rhin de Mannheim à Schlestadt.

8° La *Brüche* descend du *plateau de Saales*, qui a 580 mètres d'altitude et sur lequel on trouve le village du même nom (1,250 hab.). Cinq routes en descendent : l'une suit la vallée de la Brüche jusqu'à Strasbourg, une autre va sur Senones, une troisième sur Raon l'Étape directement, la quatrième sur Saint-Dié, la cinquième sur Villé ; par conséquent deux routes sur le versant alsacien, et trois sur le versant lorrain ; en 1871, la Prusse s'est réservé ce nœud de routes important, qui est à 800 mètres environ de la frontière française.

La Brüche passe à *Saint-Blaize* (340 hab.), d'où part une route à l'ouest, sur *Senones* (2,500 hab.) et Raon-l'Étape par le *val Rabodeau*, c'est un défilé de 12 lieues ; deux autres routes, que nous connaissons déjà, atteignent Villé et Barr à l'est.

La Brüche parcourt une vallée industrielle, très-pittoresque et étroite, entre le massif du Champ de Feu, le *Ban de la Roche* et le *Donon* ; elle passe à *Schirmeck* (1,375 hab.), au débouché du *col de Schirmeck*, venant de Raon-l'Étape par le *Val la Plaine*, suivi par Verder en octobre 1870.

Les Prussiens ont dû prolonger le railway de Strasbourg-Mutzig jusqu'à Schirmeck, afin d'exploiter plus facilement les belles carrières et les forêts de cette région pour la construction des nouvelles fortifications de Strasbourg, tout comme en 1681 Vauban fit creuser le canal de Wasselonne pour le même objet.

La vallée s'élargit un peu, elle a 800 mètres entre Schirmeck et Mutzig ; on y trouve *Lützelhausen* d'où part un chemin important de grande communication allant à Sarrebourg ; *Mutzig* (3,600 hab.), au pied de collines couvertes de vignes : manufacture d'armes.

La Brüche va finir dans l'Ill, un peu en amont de Strasbourg, dont elle peut inonder le front sud-ouest. La *Mossig*, qui passe à *Wasselonne* (4,300 hab.), finit dans la Brüche, à *Molsheim* (3,500 hab.), ville encore entourée de vieux murs, où se coupent les deux railways Strasbourg-Mutzig, Wasselonne-Barr.

Après l'Ill, le Rhin reçoit :

II. La *Zorn*, qui prend sa source au nord du mont Donon ; elle se dirige vers le nord, rejoint le canal de la Marne au Rhin et le chemin de fer de Paris à Strasbourg, à quelques kilomètres au delà de leur sortie du grand tunnel d'*Arschwiller* de 2,700 mètres de longueur ; le canal et le railway ont chacun leur tunnel particulier, lesquels se croisent, le tunnel du canal passant par-dessus celui du railway. La Zorn tourne à l'est pour marcher parallèlement et côte à côte avec ces deux grandes lignes dans un étroit défilé de deux lieues de longueur, défilé qui offre les paysages les plus gracieux, les plus ravissants : « Partout l'œil est arrêté par de petites collines boisées, aux flancs de grès bigarré, aux cimes surmontées de vieilles ruines féodales ; entre chacune de ces collines s'aperçoivent de verdoyants pâturages et de grasses prairies, au milieu desquels serpente un de ces torrents limpides, comme il y en a tant dans la chaîne vosgienne... Le point le plus charmant, où les ouvrages d'art, tunnels, ponts, viaducs, sont accumulés les uns à côté des autres, est la station de Lutzelbourg. » (Bourboulon.)

Le vieux château de *Lutzelbourg* domine ce défilé important qu'aucun fort ne commande.

En sortant du défilé la Zorn passe à *Saverne* (5,300 hab.), où l'on voit le château rouge des Rohan, lequel servait d'asile aux veuves des officiers supérieurs français avant 1870. Les dernières crêtes orientales des Vosges forment à Saverne une position très-belle, qui ferme le défilé de Saverne, face à l'est.

Dettviller (1,800 hab.), bonne position, face au sud-est, qui couvre contre un ennemi débouchant de Strasbourg le défilé de Saverne et celui plus au nord de la Zintzel du sud ; position dont sut si bien profiter Turenne en 1674.

Hochfelden (2,500 hab.), *Brumath* (4,900 hab.), où le chemin de fer de Paris traverse la Zorn pour se diriger au sud vers Strasbourg ; le railway du Rhin la coupe près de *Weiersheim* ; elle arrose *Drusenheim*, où passera la nouvelle ligne Strasbourg-Germersheim, et une de ses principales dérivations va finir près de Fort-Louis.

La grande route de Strasbourg à Paris ne suit pas le défilé de Saverne, mais passe à environ 4 kilomètres au nord sous le canon de *Phalsbourg* (3,600 hab.) ; cette petite cidatelle est un rectangle présentant deux fronts bastionnés à l'est et deux à l'ouest, un au nord, le sixième au sud ; ses escarpes, visibles de loin, sont très-solides. Une hauteur à 1600 mètres la domine à l'ouest. En 1870, elle se défendit avec beaucoup d'énergie et refusa de se rendre, malgré l'incendie de 65 maisons ; ses défenseurs firent quatre sorties très-vigoureuses ; les Allemands furent sur le point d'en faire le siége régulier, mais ils préférèrent le blocus, d'autant qu'elle n'interceptait pas la ligne Strasbourg-Paris. Le commandant Taillant ne la rendit que réduite par la famine; la Prusse l'a déclassée et elle est aujourd'hui démantelée ; ses pierres ont servi pour les nouveaux forts de Strasbourg.

La Zorn reçoit :

1° La *Zintzel du sud*, dont la vallée, resserrée entre des rochers, est facile à barrer; toutefois elle est moins boisée, ainsi que la vallée de la Zorn, que les vallées plus au nord : elle est donc plus accessible; c'est un débouché d'autant plus important qu'il est très-rapproché de la ligne principale d'opérations, la ligne de Saverne ; par lui on atteint la route de Bitche, la route de Sarre-Union par Bust, et celle de Paris par *Wescheim* et *Lixheim ;* on tourne ainsi Phalsbourg et la Petite-Pierre.

La *Petite-Pierre* (1,000 hab.) est une petite citadelle sur la route de Haguenau à Sarre-Union et sur celle de Phalsbourg à Bitche; cette dernière route fut suivie par le 5me corps après Werth; de la Petite-Pierre il atteignit Sarrebourg par Lixheim.

La Petite-Pierre fut évacuée le lendemain de Werth; les Allemands l'occupèrent le 10 août. Elle est déclassée.

2° La *Moder* a une vallée étroite, boisée, dominée par des hauteurs escarpées ; elle tombe de 250 mètres en 3 lieues. Elle arrose *Wimmenau* où passe la route de Haguenau à Sarreguemines, route qui entre Meisenthal et Lemberg se confond avec celle de Phalsbourg à Bitche; une autre route part de Wimmenau et va à Lorentzen et Sarre-Union, par l'importante position de *Puberg*, où elle coupe la route de Phalsbourg à Bitche; cette position et celle plus en arrière du *Mittelberg* ne furent pas mises à profit par le 5me corps français pour protéger la retraite du 1er corps après Werth, retraite qui s'opérait par la route de Niederbronn à Saverne, laquelle coupe la Moder à *Ingwiller*.

Haguenau (11,300 hab.), entouré d'un vieux mur, flanqué de tours ; point de convergence des routes de la basse Alsace, où passe la grande ligne ferrée du Rhin et d'où part le railway important de Bitche-Sarreguemines-Bening qui met ainsi en communication les deux grandes lignes d'opérations Bingen — Sarrebrück — Metz et Mayence — Wissembourg — Saverne — Nancy.

Haguenau est le réduit de la défense de la forêt de Haguenau, forêt importante, mais qu'on peut tourner des deux côtés. Elle a 6 lieues de longueur de l'est à l'ouest, 2 lieues de profondeur.

La Moder passe à *Bischwiller* (8,700 hab.), ville industrielle (draps, cuirs), et finit près de Drusenheim. Elle reçoit à gauche le *Rothbach*, dont la vallée est très-étroite, très-boisée, avec des hauteurs escarpées et qui débouche dans la plaine à *Rothbach* (route de Niederbronn à Saverne). Une route va de Rothbach à Wimmenau et passe sous le canon de *Lichtemberg* ; ce mauvais château, bombardé pendant deux jours, capitula le 11 août 1870.

La Moder reçoit encore la *Zintzel du nord* qui descend du plateau de *Lemberg* où passent la route de Bitche à Phalsbourg et la route de Sarreguemines à Strasbourg; ces deux routes qui se confondent pendant quelques lieues, ainsi qu'il est dit ci-dessus, rencontrent, avant d'atteindre Lemberg, la belle position de Meisenthal, à leur point de jonction, et celle du Sarrenberg plus au nord; une autre route va de Lemberg à Lorentzen et Sarre-Union. La vallée de la Zintzel est très-étroite, très-boisée, et dominée par des hauteurs escarpées, couvertes au nord par la grande *forêt de Philipsbourg*, au sud par celle de *Bœren;* elle débouche dans la plaine à *Zinswiller* et finit en amont de Haguenau après avoir traversé l'extrémité occidentale de la forêt de Haguenau.

La Zintzel reçoit le *Falkenstein*, dont l'étroite vallée boisée est suivie par la route et le railway de Haguenau à Bitche. Il atteint la plaine à *Niederbronn* (3,200 hab.), eaux minérales, passe à *Reischoffen* (2,700 hab.), où il reçoit la *Stürzel* qui arrose *Stürzelbronn*, sur l'importante route de Wissembourg à Bitche, route suivie jusqu'à Lembach par le 2me corps bavarois le 5 août 1870.

Le Rhin reçoit :

III. La *Sauer* qui descend du Hardt, à travers la forêt du *Fauenwald* (Bavière), passe à *Lembach* (1,670 hab.) et à *Werth ;* à droite s'élève le *plateau de Frœschwiller*.

Au point de vue stratégique, la position de Werth est très-importante, elle couvre la ligne Haguenau-Bitche, et menace le flanc de l'ennemi qui s'avance vers Haguenau ; elle peut également être occupée par la rive gauche, face à l'ouest, sur les plateaux de Werth et de Günstett, ce que fit Wurmser en 1793; plusieurs redoutes échelonnées sur ces hauteurs flanquaient ses lignes jusqu'à la Moder, plus au sud.

La Sauer tourne à l'est, traverse une partie de la forêt de Haguenau et va finir dans le Rhin après avoir passé à *Selz,* village qui couvrait autrefois l'espace entre cette forêt et le Rhin ; cette région est aujourd'hui commandée par le canon de Rastadt (rive droite). Un pont de bateaux vient d'être inauguré entre Selz et Plittersdorf ; il y a 10 kilomètres de Selz à Rastadt.

La Sauer reçoit la *Selz* qui passe à *Soulz-sous-Forêt* (1,950 hab.), où il y a une petite position défensive sur la ligne Wissembourg-Strasbourg; mais on peut facilement la tourner.

IV. La *Lauter* descend du plateau de Pirmasens (Bavière) ; une route qui vient de Pirmasens la suit jusqu'à Wissembourg ; de la ferme-auberge de Kaltenbackerhof part une route importante, celle de Landau par le défilé d'Anweiler;

de *Dahn* (1,400 hab.), part une autre route qui permet de tourner celle d'Anweiler et débouche dans la plaine à Bergzabern. Dahn forme une excellente position pour couvrir la route de la Lauter et celle de Bergzabern par la crête de la Jungfernsprung (rive gauche) et les collines rocheuses de la rive droite. La Lauter atteint la plaine en aval de Wissembourg, où elle a 7 mètres de largeur, 1 mètre de profondeur ; à Lauterbourg elle a 10 mètres de largeur ; sa vallée supérieure jusqu'à Dahn est assez large, d'un accès facile ; elle est bordée par des mamelons couronnés de rochers ; les flancs sont boisés.

Wissembourg (5,000 hab.), fortifiée par Cormontaigne et déclassée, n'avait aucune valeur défensive en 1870, pas plus que *Lauterbourg* (2,000 hab.), qui est sur une petite élévation à 4 kilomètres du Rhin. Ces deux places, distantes de 21 kilomètres, et aujourd'hui complétement déclassées, appuyaient autrefois les lignes de la Lauter, situées sur la rive droite de cette rivière et séparées de celle-ci par des prairies formant glacis ; elles avaient été élevées par Villars de 1704 à 1706. Dans ce pays très-boisé, elles constituaient encore, en 1870, une très-bonne position qui pouvait être favorablement défendue ; elles ont 30 kilomètres de longueur ; 50,000 hommes eussent suffi à leur défense. Toutefois ces lignes peuvent être tournées par les hauteurs de gauche, par les sources de la Lauter, ce que firent les alliés le 13 et le 14 octobre 1793.

Wissembourg est dominé de tous côtés ; au nord c'est le plateau de *Schweigen*, d'où les Bavarois commencèrent l'attaque le 4 août 1870 ; au sud les hauteurs se prolongent à l'est pour former en arrière de Wissembourg l'excellente position du *Geisberg* qui couvre les routes de Haguenau, de Niederbronn et de Bitche (victoire de Hoche, le 26 décembre 1793 et des Allemands le 4 août 1870).

Toutes les crêtes boisées des Vosges septentrionales offrent de bonnes positions d'où descendent des débouchés qui commandent l'Alsace et en partie la Lorraine orientale, propriétés dont Hoche sut tirer un si grand profit en décembre 1793.

Telle est l'Alsace qui se divise naturellement en haute et basse Alsace :

La *haute Alsace* se compose de *hautes montagnes* revêtues de vastes forêts, de *collines* couvertes de vignes et d'une immense *plaine* stérile, glaiseuse, parsemée de cailloux et de tourbières, comprise entre l'Ill et le Rhin, plaine de 20 kilomètres de largeur qu'aucune rivière n'arrose, et que traverse seulement le canal du Rhône au Rhin. Jusqu'à la Fecht, la haute Alsace s'appelle *le Sundgau* (pays du Sud), et au nord de cette rivière *le Wasgau* (pays du Nord).

Les Vosges, l'Ill, le canal et le Rhin forment quatre lignes défensives, inabordables de front.

La *basse Alsace* renferme des montagnes moins élevées, également vêtues de forêts, des collines couvertes de vignes, enfin une plaine légèrement ondulée, admirablement fertilisée par les nombreux cours d'eau qui vont perpendiculairement vers le Rhin ; plaine couverte de bois, de vignes, de houblonnières, de prairies et de céréales et qui a 35 kilomètres de largeur moyenne.

« Aucune de nos provinces n'est à la fois pittoresque et industrielle comme l'Alsace ;.... au sommet les pâturages, quelquefois même à 1000 mètres de hauteur des moissons ; sur les pentes plus élevées, d'épaisses forêts de hêtres, de sapins ; au-dessous, la zone des châtaigniers ; plus bas les vignes, enfin la plaine féconde. Ici, des lacs tranquilles entourés de sombres bois de sapins ; là, une forteresse féodale fièrement posée sur un rocher abrupt et si vivante encore sous le lierre et les clématites qui montent à l'assaut des tours qu'on s'attend volontiers à voir sortir du pont-levis la longue file des chevaliers, leur pompeux cortége et tout ce moyen âge si beau à voir de loin à travers les siècles. » (Duruy. *Introduction générale à l'histoire de France.*)

Après la Lauter, on pénètre en Bavière rhénane ; on rencontre d'abord la grande *forêt de Bienwald* (sapins et chênes) au milieu de laquelle est une grande clairière dominée par le mamelon sur lequel est bâti le village de *Büchelberg*. Cette forêt, dont le sol est ferme, est peu épaisse, bien percée, d'un accès facile ; elle forme une bonne position qu'occupait la division Hotze (centre de Wurmser) à la bataille de la Lauter en 1793.

Le Bienwald était une cause de faiblesse très-grande pour la droite des lignes de la Lauter, qu'elle permettait d'aborder à couvert; c'est en se glissant à travers cette forêt, le 4 août 1870, que le 11me corps prussien (Boze) déboucha sur la Lauter au moulin de Bienwald, pour tourner la position du Geisberg.

« Cette forêt offrait une importance sérieuse pour l'offensive allemande. » (Guerre franco-allemande.)

A l'ouest de la forêt passe le railway du Rhin ; l'embranchement Carlsruhe-*Windden* (600 hab.) la traverse et se prolonge jusqu'au pied du Hardt, jusqu'à *Bergzabern* (2,700 hab.), petite ville dominée par des hauteurs et un château.

V. Le *Klingbach*, par les collines de sa rive gauche, forme une position excellente, face au sud, en avant de Landau ; c'est sur cette position que, le 25 juillet 1870, le prince royal de Prusse concentra les 5me et 11me corps prussiens pour couvrir son passage du Rhin à Germersheim et à Maxau ; ce dernier était déjà couvert par le Bienwald qu'on retranchait solidement.

VI. La *Queich* prend sa source dans le Hardt ; elle passe à *Anweiler* (3,000 hab.), au débouché de la route de Pirmasens à Landau ; Anweiler est dominé de tous les côtés.

Landau (6,700 hab.), place forte, type octogonal du dernier système de Vauban ; elle fermait l'Alsace au nord et fut enlevée à la France en 1815, après sa brillante défense de 1793 et celle de 1795, défenses qui justifiaient la valeur du système, ainsi que le rapport que Vauban remit à Louis XIV après en avoir achevé les fortifications : « Sire, j'ai été capable de renforcer cette place, mais j'avoue que telle que je la livre, je serais incapable de la prendre. » Sa valeur actuelle est faible, vu la puissance du bombardement ; à moins de 1500 mètres au nord de la citadelle, la hauteur de *Nussdorf* domine la place ; au sud c'est la hauteur du *Dornberg* qui s'élève à 50 mètres au-dessus de la plaine. Marescot signalait déjà ces défauts en 1796. Par la petite vallée du Birabach on peut s'approcher très-près de la ville vers le sud, surtout depuis la destruction des ouvrages du Cornichon. Les Allemands viennent de déclasser Landau (1873).

La Queich va finir dans les fossés nord-ouest de Germersheim ; en 1793, cette ligne marécageuse était très-forte ; les Autrichiens l'avaient couverte d'ouvrages, d'Anweiler jusqu'au Rhin. Sa force actuelle réside dans les deux forteresses que la rivière arrose ; c'était, en 1870, la base d'opérations de la 3me armée allemande, base qui couvrait la grande ligne ferrée du Palatinat, de Mannheim-Neustadt-Neukirchen-Sarrebrück.

Au nord de la Queich, on trouve les collines couvertes de

vignes, appelées autrefois le camp d'*Edesheim* ; elles forment entre Landau et Edenkoben d'excellentes positions qui dominent le pays entre la Queich et le Spirebach.

VII. Le *Spirebach* passe à *Hochspeyer* (1,400 hab.), d'où part un railway qui va sur Alsenz-Kreuznach. La vallée est étroite ; la rivière canalisée a 2 mètres de profondeur. — *Frankenstein* (800 hab.) donne son nom au col étroit, qui livre passage à la route et au railway de Neustadt-Sarrebrück ; ce dernier y passe sous un tunnel ; la vallée est dominée par le château de *Schlossberg*. De Frankenstein part une autre route importante qui va au nord-est sur Mannheim. — *Frankeneck*, poste qu'on doit nécessairement occuper à l'ouest de Neustadt, d'où part une route sur Pirmasens, par *Elmstein* ; cette route se croise sur le sommet du Hardt avec la fameuse route du *Schanzel* qui part de *Edenkoben*, dans la plaine ; ce pays est couvert de forêts. « Le Schanzel est un des points les plus intéressants de la chaîne du Hardt, au point culminant des vallées de Neustadt, d'Edenkoben, de Modenbach, d'Eisthal,.... c'est la tête de tous les versants à l'est et à l'ouest. » (Jomini.)

Le Spirebach débouche dans la plaine du Palatinat à *Neustadt* (10,000 hab.), ville très-importante d'où part le railway, à deux voies, de Kayserslautern-Sarrebrück, et un railway nouveau qui va sur Durkheim-Monsheim-Alzey-Bingen; à Neustadt passe le railway du Rhin ; cette ville est la clef de la ligne du Spirebach et de celle du *Rehbach;* dans la plaine entre ces deux rivières on trouve la forêt de *Nonenwald* (sapins, chênes), forêt bien percée et très-praticable ; Neustadt est facile à défendre, vu ses abords montueux et couverts de vignes. Elle est au centre d'une belle position de 7 kilomètres de front face à l'est.

Le railway du Rhin se rapproche du fleuve, qu'il atteint à Ludwigshafen, après avoir passé au village de *Schifferstadt* (3,000 hab.), où aboutit la ligne ferrée de Germersheim, qu'on prolonge jusqu'à Strasbourg.

Le Spirebach finit à Spire où il a 5 mètres de largeur ; il ne peut arrêter l'infanterie, mais l'artillerie et la cavalerie ont besoin de rampes pour l'aborder ; la partie inférieure de la rivière vers Spire forme une position bonne surtout face au nord.

VIII. L'*Isenach* passe à *Durkheim* (5,000 hab.), bonne position, entourée de collines couvertes de vignes; elle protége le débouché de Durkheim, c'est-à-dire la route de Kayserslautern à Mannheim par Frankenstein.

Jusqu'à *Eppstein,* l'Isenach peut être facilement franchi par les trois armes; à partir de ce point, où il est traversé par le railway du Rhin, il n'est franchissable qu'à l'infanterie; il a 6 mètres de large et finit au-dessous de *Frankenthal* (5,000 hab.). Entre cette petite ville et *Lambsheim* (2,600 hab.), il y a une excellente position de 10 kilomètres de longueur, formée par un canal latéral à la rivière dans cette partie, et ses deux chaussées; cette position permettrait de couvrir au nord les ponts si importants de Ludwigshafen-Mannheim.

IX. La *Pfrimm* descend du mont Tonnerre par deux sources; la source principale forme la vallée de *Dreysen* que suit la *Kayserstrasse* (grande route de Paris à Mayence) jusqu'à *Marnheim* (1,070 hab.), centre d'une position militaire très-forte, face au sud, sur laquelle le général de Moltke espérait pouvoir concentrer à temps 200,000 hommes, en cas d'attaque rapide des Français. (Mémoire de 1868.)

La Kayserstrasse tourne au pied du Donnersberg et coupe la deuxième source de la Pfrimm au nord, à *Kirchenbolanden* (3,500 hab.) à la Bavière; bonne position militaire qui couvre au nord le défilé de Dreysen et toute la vallée de la Pfrimm; cette position fut occupée en 1794 par Gouvion-Saint-Cyr, de Kirchenbolanden à *Albisheim*, où se réunissent les deux sources de la Pfrimm. Cette rivière sort des montagnes à *Monsheim* (1,000 hab.) à la Hesse, où elle a de 5 à 6 mètres de largeur; à Monsheim passe le railway (à une voie) de Worms-Bingen par Alzey, ligne nouvelle qui favoriserait beaucoup l'investissement de Mayence.

La Pfrimm finit en aval de Worms; son volume d'eau est faible. C'est une bonne ligne défensive, surtout face au sud, vu les collines du Hardt qui, dans cette région et au nord de la Pfrimm, vont s'épanouir jusque sur les bords du Rhin. Pendant les campagnes de la Révolution, elle fut souvent occupée par les belligérants, entre autres par l'armée française en 1794; à cette époque, pendant que Gouvion-Saint-Cyr était à Kirchenbolanden, Desaix occupait la Pfrimm inférieure; la position défensive de cette partie commence à Pfeddersheim, suit la rive gauche, coupe la rivière et va jusqu'à Worms.

La plaine du *Palatinat rhénan*, d'une largeur de 23 kilomètres, de l'ouest à l'est, était autrefois marécageuse ; aujourd'hui très-bien cultivée, sillonnée de bonnes routes et de lignes ferrées, elle est plus accessible aux grandes opérations militaires. Elle est d'ailleurs d'une fertilité remarquable ; on y trouve beaucoup de blé, de seigle, de prairies artificielles, de vignes, mais peu d'avoine ; les bois, les villages aisés, les moulins y sont en abondance, les moyens de transport nombreux. Jusqu'en 1815, la puissance française s'y faisait réellement sentir, par suite de la possession de Landau ; car non-seulement cette place couvrait parfaitement le flanc de l'Alsace, mais encore, écrivait Louvois : « de Landau on maîtrisera tout le Palatinat, et une grande garnison dans cette place ôtera entièrement à une armée qui se serait aventurée en Alsace le moyen de communiquer avec Philipsbourg. »

X. En aval de Mayence, finit la *Selz*, qui passe à *Alzey* (4,800 hab.), petite ville située au fond de la vallée de cette rivière, et dominée de tous côtés par des hauteurs de 100 mètres ; elle conserve encore quelques débris de vieilles fortifications. Sur les collines environnantes il y a une bonne position militaire, qui est très-importante, vu la situation stratégique d'Alzey au débouché de sept routes : Kreuznach, Bingen, Mayence, Oppenheim, Worms, Kayserslautern, Alsenz, et de trois railways : Bingen, Mayence, Worms.

C'est dans cette région riche et belle que se concentra la 2me armée allemande en 1870, « région de larges et fertiles coteaux, bien cultivés, complétement déboisés, qu'on appelle la *Hesse rhénane*. »

La Selz passe à *Selzen* à 7 kilomètres d'Oppenheim, et va finir en face de *Winkel*, formant une bonne position par sa rive gauche, position qu'on pourrait utiliser pour faire face à Mayence et protéger ainsi un passage du Rhin, sur un pont préparé dans la vallée de la Selz. Dans sa partie supérieure la Selz n'a aucune valeur défensive, elle est franchissable sans pont par les trois armes.

XI. La *Nahe* descend du plateau de *Tholey* (1,200 hab.), où passent des routes importantes ; c'est une bonne position.

Les bords de la Nahe, dans sa vallée initiale, sont peu escarpés, mais cette vallée se creuse progressivement, et bientôt les escarpements deviennent à pic ; les sommets sont couverts de forêts. Le lit de la Nahe est rocailleux et guéable partout en été ; en hiver la rivière est très-torrentueuse ; 12 ponts ordinaires, 27 ponts de voie ferrée, permettent de la traverser en amont de *Kreuznach* (12,000 hab.), la seule ville qu'on rencontre sur son cours ; elle est située surtout sur la rive droite; un pont en pierre la fait communiquer avec son faubourg de la rive gauche par une île qui renferme des eaux minérales et des établissements renommés ; un deuxième pont en fonte fait communiquer la rive droite et l'île. Le *Schlossberg* (80 mètres de hauteur), sur la rive gauche, domine les deux rives. Kreuznach est à la Prusse; la rivière sert ensuite de limite à la Hesse et à la Prusse, et finit à Bingen.

Cette rivière a une grande importance militaire : 1° parce qu'elle est la ligne d'opérations la plus courte entre les deux bases d'opérations Trêves-Sarrebrück et Bingen-Mayence, ligne constituée par une grande route et le railway de la Nahe qui la suit jusqu'au Rhin ; ce railway n'a qu'une seule voie, mais on va en établir une deuxième, tous les travaux d'art le permettant ; 2° parce qu'elle coupe toutes les lignes de communications entre les lignes d'opérations du Rhin palatin et celles de la Moselle, entre le massif du Hardt et celui du Hundsrück.

A droite et à gauche, la vallée de la haute Nahe est dominée par des hauteurs de 200 mètres environ, découpées profondément par des gorges perpendiculaires ; le terrain est ferme et praticable en tout temps.

Pour être maître de la rive gauche de la Nahe, jusqu'à Kreuznach, il convient d'occuper les trois positions suivantes :

1° La grande position de *Birkenfeld* (2,300 hab.) (au duc d'Oldenburg) ; cette petite ville est à 6 kilomètres à l'ouest de la Nahe, sur un plateau formant une bonne position face à Trêves et face à la Nahe. C'est le point de convergence de huit routes importantes ;

2° La position de *Kirn* (rive gauche) ; ce village (2,000 hab.) forme le centre et le point faible de cette position qui a de 7 à 8 kilomètres de longueur face au sud-est ;

3° La position de *Staudernheim* au confluent de la Glan.

Pour être maître de la rive droite, il faut occuper quelques points importants, carrefours de routes, tels que *Freisen* (1,000 hab.), bonne position ; *Baümholder* (1,400 hab.) ; *Hundsbach*.

Ces trois villages sont situés sur la route qui suit le plateau parallèlement à la Nahe et à environ 10 kilomètres de cette rivière.

Entre Kreuznach et Bingen, il y a une grande et belle position qu'on appelle la *position de la Nahe;* elle n'est bonne que face à l'est ; elle est en effet constituée par les hauteurs de la rive gauche de cette rivière, lesquelles dominent d'environ 100 mètres les plaines de la rive droite.

Le railway de la Nahe suit la rive gauche depuis Kirn ; en amont de Kreuznach, il passe sur la rive droite et forme un immense remblai, un véritable rempart, autour de cette ville, pour repasser ensuite sur la rive gauche qu'il suit jusqu'à Bingenbrück.

Vers *Münster*, 2 kilomètres en amont de Bingen, les hauteurs de la rive droite, le Rochüsberg, dominent la rive gauche ; en ce point, la ligne de bataille traversera donc la Nahe et ira jusqu'à *Kempten* sur le Rhin.

Cette position a presque toujours été occupée face à l'ouest, aussi n'a-t-elle pu résister sérieusement (1793, 1795, 1814).

La Nahe reçoit la *Glan* qui descend du plateau de *Landstühl* (2,000 h.), bonne position, où passe le railway Neustadt-Sarrebrück, et d'où part un embranchement sur *Küssel* (2,400 hab.). Elle passe à *Lauterecken* (1,200 hab.), où finit son affluent la *Lauter* qui prend sa source à quelques lieues en amont de Kayserslautern. A Lauterecken il y a un pont de pierre de 16 mètres de long, et sur la Glan un pont de pierre de 25 mètres. Dans cette région, la vallée de la Glan a 300 mètres de large ; les collines de la rive droite (60 mètres de haut) y dominent la rive gauche, ainsi qu'à *Meisenheim* (1,700 hab.).

Kayserslautern (13,000 hab.)(Bavière), sur la Lauter, position stratégique très-importante. Gouvion-Saint-Cyr dit que « pour « les armées qui opèrent entre Rhin et Moselle, c'est une position d'une importance capitale, au centre des communications « entre le Rhin, la Moselle, la Sarre, la Blies ; elle donne de « grands avantages à celui qui l'occupe ; elle est dangereuse si « on est inférieur en nombre, d'ailleurs, comme presque toutes « les positions du Hardt, car on peut facilement les tourner. « Soit pour l'offensive, soit pour la défensive, elle est plus « favorable aux Allemands qu'aux Français. »

La gare de Kayserslautern est très-importante. Les hauteurs

qui environnent la ville sont encore couvertes d'anciens ouvrages de fortification passagère. La position tactique de Kayserslautern est sur la rive droite de la Lauter ; celle qui fait face au sud-ouest a la plus grande partie de son front couverte par la Lauter ; celle face au nord-est, moins favorable, a pour front quelques petits ravins, mais le dos à la Lauter, laquelle a environ 15 à 18 mètres de large ; c'est contre la première de ces positions que Hoche vint échouer après trois jours de lutte sanglante et acharnée (novembre 1793). Entre la Glan et la Lauter on trouve les hauteurs du *Kœnigsberg* (552 mètres).

La Nahe reçoit encore l'*Alsenz* qui traverse le village du même nom (1,500 hab.), où l'on peut la franchir sur un pont en pierres. La vallée est suivie par le railway de Kreuznach à Hochspeyer. A Alsenz, la rivière a 8 mètres de large, la vallée 500 mètres; les collines ont 250 mètres de hauteur; celles de droite dominent.

Toute cette région, comprise entre Alzey, Kayserslautern et la Nahe, se compose de collines très-peuplées et cultivées et de plateaux couverts de bois, surmontés de quelques sommets importants ; le réseau de communications y est très-complet ; c'est la région naturelle des communications entre la Lorraine et l'Allemagne.

Si la plaine du Palatinat, moins marécageuse, est aujourd'hui plus facile aux opérations militaires qu'en 1793, par contre le Hardt, entre Landstuhl, Kayserslautern, Neustadt, Wissembourg, Pirmasens, Hombourg, est en général beaucoup plus boisé et est devenu d'un accès très-difficile.

§ III. — *Moselle*.

Après la Nahe, le Rhin reçoit :

XII. La *Moselle*, dont le bassin doit avoir une importance si considérable dans une guerre franco-allemande.

Elle prend sa source dans les Vosges, vers le *ballon de Bussang* ; sa vallée initiale est fortement encaissée entre ce ballon et *celui de Servance* (au sud). Son cours embarrassé de rochers tombe de cascade en cascade, passe à *Bussang* (2,300 hab.), à *Saint-Maurice* (2,150 hab.), où débouchent la route du col de Bussang (de Bâle à Nancy) et celle du col de Giromagny sur Belfort ; cette dernière route nécessite de nombreux lacets qui en doublent la longueur.

Ramonchamp (1,300 hab.), d'où part une route qui traverse les monts Faucilles et se dirige sur Lure (dans le bassin de l'Oignon, affluent de la Saône); une autre route très-importante, au nord, va sur la Bresse-Gérardmer — le Valtin-Fraize et Velupaire (sur la route de Saint-Dié à Sainte-Marie-aux-Mines); elle suit de très-près la crête des Vosges; nous la retrouverons sur les divers affluents de la Moselle. Un fort établi sur une des hauteurs du *Thillot*, en amont de Ramonchamp, intercepterait les quatre routes que nous venons de voir.

Laroche (pont en bois), d'où part une route sur Luxeuil (bassin de la Saône). Jusqu'à Ramonchamp, la rivière est guéable partout pour les trois armes ; le fond est solide, pierreux. La route de *Nancy*, qui a suivi la rive droite, franchit la rivière sur un pont en pierres à *Maxonchamp*.

La Moselle passe encore sous cinq autres ponts, dont deux en bois, et arrose *Remiremont* (6,100 hab.), où il y a un pont provisoire en bois (l'ancien a été brûlé en 1870) ; cette ville est au débouché d'une route venant de Plombières et d'une autre venant de Luxeuil par le *val d'Ajol*. Remiremont est dans une position très-pittoresque, entourée de hautes montagnes couronnées de forêts ; la plaine est couverte de prairies.

Un railway (à une seule voie) part de Remireront, suit la rive gauche et va se greffer à la ligne d'Epinal-Vesoul.

Pouxeux (1,900 hab.) (pont de bois); *Arches* (1,400 hab.), où un pont de chemin de fer laisse passer l'embranchement de Arches-Bruyères-Laveline-Grange (à une voie).

Epinal (12,000 hab.), on y trouve deux ponts en pierre, un en bois ; une route va sur Plombières par Xertigny (4,000 hab.).

A partir d'Épinal, le railway des Vosges (à une voie) quitte la vallée de la Moselle, franchit les Faucilles et se dirige au sud sur Vesoul ; c'est la ligne d'opérations principale à travers les Faucilles; on y rencontre de bonnes positions, particulièrement entre Remiremont, Xertigny et le Coney (affluent de la Saône).

A Épinal aboutissent huit autres routes. C'est donc un point très-important dans la défense de cette région.

Un fort d'arrêt sur le *Rambois* (6 kilomètres au sud d'Épinal) fermerait le passage au railway de Vesoul, à celui de Remiremont et aux routes et chemins qui d'Épinal se dirigent vers le bassin de la Saône. Le comité de défense de 1874 vient de décider que la position d'Épinal doit être fortifiée, ainsi que l'accès des trois routes principales conduisant à Lure, à Luxeuil et à Saint-Loup.

Après Épinal, les rives de la Moselle s'élargissent, la rivière est moins impétueuse ; elle passe à *Châtel* (1,300 hab.), sur la rive droite (pont en pierres).

Charmes (3,100 hab.), sur la rive gauche et au pied d'une haute colline ; il y a un pont en pierres de 400 mètres de long, sur les îles de la Moselle, et, en amont, le pont du chemin de fer d'Épinal, pont détruit en 1870 et provisoirement remplacé par un pont en bois.

Les hauteurs de la rive droite dominent entre Châtel et Charmes, surtout vers Châtel, qui serait un des points de passage les plus favorables sur la ligne d'opérations importante de Strasbourg — Raon-l'Étape — Rambervillers — Mirecourt — Langres. Les hauteurs sont partout élevées et escarpées ; à gauche, ce sont les hauteurs de Mirecourt ; à droite on aperçoit la grande forêt de Charmes, que coupe le railway de Charmes à Rambervillers.

Bayon (1,000 hab.), sur la rive droite, avec pont en pierres ; vignobles assez estimés ; de Charmes à Bayon, vu la grande courbe décrite par la Moselle, vu surtout les hauteurs dominantes de la rive gauche, le passage de vive force de la rive gauche sur la rive droite sera facile ; il n'y a pas de pont entre ces deux villes.

A Bayon les hauteurs de la rive droite dominent de nouveau et serrent de très-près la rivière jusqu'à Méréville (pont en pierres); dans cette étroite vallée on trouve les ponts en pierres de *Neuviller*, de *Velle*, de *Flavigny* (1,400 hab.), où se réunissent les routes de Mirecourt et d'Épinal à Nancy. La Moselle a 100 à 120 mètres de large; c'est la partie la plus faible de cette ligne défensive, sur la ligne d'opérations Strasbourg — Sarrebourg—Lunéville—Neufchâteau ; le pont de Flavigny est couvert sur la rive droite par la forêt de Flavigny.

Pont-Saint-Vincent (825 hab.), où la route importante de Nancy — Neufchâteau traverse la Moselle sur un pont en pierres ; un deuxième pont permet au railway nouveau de Nancy — Vézelise de traverser la Moselle ; on rencontre un gué à 2,300 mètres en aval de Pont-Saint-Vincent. La

Moselle, pressée par l'épanouissement du plateau de *Haye*, fait un grand coude à l'ouest, passe à *Toul* (8,100 hab.), place forte entourée de neuf bastions, dont les escarpes sont visibles de loin ; cette place est dominée par les hauteurs de *Dommartin* au sud et surtout par celles du mont *Saint-Michel*, à 1,500 mètres au nord ; elle fut bombardée en août et septembre 1870 et capitula le 24 septembre. Les inondations qu'on peut établir sur ses fronts ouest, par la Moselle et l'Ingressin, la protégent donc très-peu.

Toul commande la grande dépression des Côtes Lorraines, dépression par laquelle passent la route et le chemin de fer de Paris à Strasbourg, et le canal de la Marne au Rhin. C'est un point d'une importance réelle ; un projet de défense de 1818 le désignait comme devant former un camp retranché. Le général Haxo, dans son mémoire sur la défense de la Lorraine, a éloigné cette idée ; cependant, la nécessité de fortifier solidement Toul paraissait si évidente à nos ennemis, qu'en 1860, le général bavarois Hartmann donnait comme un fait accompli le projet, de nouveau discuté en France, de retrancher les hauteurs qui dominent de cette place. Comme nous le verrons plus tard, Toul doit être, ainsi que Verdun, un solide point d'appui pour la défense du plateau des Côtes Lorraines, plateau qui est lui-même le pivot de la défense de toute la Lorraine ; mais cette place est aujourd'hui trop près de la frontière pour devenir un grand camp retranché, — principe que nous avons déjà signalé pour Belfort et qui présente de si grands dangers pour l'armée défensive, au moindre insuccès ; — principe qui vient d'être affirmé de nouveau, avec une grande autorité, au sein du parlement italien, par le général Bertole Viale, dans son remarquable rapport sur la défense de l'Italie (1874).

Toul est une place d'arrêt nécessaire qui doit fermer la ligne naturelle d'invasion de l'Allemagne en France, surtout depuis 1871 ; ses hauteurs doivent donc être immédiatement retranchées, pour la mettre à l'abri du bombardement. Le projet vient d'être arrêté (1874) ; des forts seront élevés sur le mont Saint-Michel (au nord), à Villey-le-Sec (à 6 kil. à l'est de Toul), à Domgermain (à 5 kil. au sud-ouest) et sur la côte d'Écrouves à l'ouest (voir la planche III). Toul devient ainsi un camp retranché important. Un chemin de fer qui ira de Toul à Colombey, au sud, est concédé ; on va le commencer bientôt.

Gondreville (1,500 hab., pont en bois),où débouche la grande route de Nancy à Paris, après son passage à travers la grande forêt de *Haye*.

Liverdun (1,150 hab.), où il y a deux ponts, pour le chemin de fer et le pont-canal du canal de la Marne au Rhin ; ses vieilles fortifications remontent au temps des Romains ; la vallée est encaissée, les collines sont escarpées et nues, mais les sommets et les plateaux en arrière sont boisés.

Frouard (1,300 hab.), point très-important au confluent de la Meurthe, d'où part le railway Metz—Luxembourg ; il y a un pont sur la Moselle pour ce railway et un pont pour la route Nancy — Metz.

Le premier insuccès de l'armée française sur la ligne de la Meurthe donnerait aux Allemands la ligne ferrée, base d'opération importante, de Strasbourg—Nancy—Metz, aucun retranchement français ne coupant cette ligne. Le point le plus favorable pour établir un fort d'arrêt est Frouard ; ce fort, situé sur le *Momont* au sud ou sur le plateau de l'*Avant-Garde* au nord, servirait encore de point d'appui à une armée qui accepterait la bataille dans cette région couverte de superbes positions.

La Moselle, dont le fond est du sable et du gravier siliceux, prend la direction nord, dans la vallée la plus belle, la plus riche de toute la Lorraine, plaine de 1,800 mètres de largeur moyenne, limitée à l'est par une chaîne de fortes collines qui la sépare de la Seille et qui se termine à 7 kilomètres au sud de Metz, sous le nom de montagne de *Saint-Blaise* ; les routes de la Seille à la Moselle traversent cette zone étroite, montueuse et boisée, par des défilés fortement encaissés; à l'ouest, ce sont les plateaux orientaux des Côtes Lorraines, couverts des forêts de l'*Avant-Garde*, de *Pevenelle*, de *Presle*, lesquels s'accentuent de plus en plus au nord de Pont-à-Mousson, et vont former en face de Metz le massif imposant du *Saint-Quentin*. Les hauteurs de la rive droite sont dominantes depuis Dieulouard jusqu'à Corny.

Custines (730 hab.), excellent point de passage de la rive droite à la rive gauche; *Marbache* (720 hab.), pont où débouche une route venant de Beaumont ; *Millery* (720 hab.), où il y a deux bacs ; *Dieulouard* (1550 hab.), au pied d'un escarpement abrupt et boisé, sur la rive gauche ; pont en pierres et bac à 2 kilomètres en aval. Ces points, précieusement reconnus par l'État-major prussien, permettaient de tourner la défense du plateau de Haye et de Nancy et celle de Pont-à-Mousson ; ils sont sur deux lignes d'opérations importantes : celle de *Bitche — Sarre-Union — Dieuze — Moyenvic* et celle de *Sarreguemines — Puttlange — Château-Salins;* ces deux lignes ont pour objectif Nancy, qu'on laisse à gauche en quittant la Seille vers Bey, et en atteignant Custines par un chemin de grande communication qui suit la vallée de la Manchère (2 lieues) ; de Custines on rejoint facilement la route de Pont-à-Mousson à la Meuse par Marbache — Beaumont — Bouconville.

Pont-à-Mousson (8,300 hab., pont de pierres), point important à cheval sur la Moselle, qui a 120 mètres de large environ; les hauteurs sont escarpées et la vallée a un à deux kilomètres de largeur.

Sur la rive droite, la hauteur du *Château* forme une bonne position pour défendre la ville face à l'est; les Romains y avaient construit un camp retranché, comme tête de pont ; toutefois, les hauteurs de la *Forêt de Facq*, plus en avant, forment un arc de cercle très-dangereux d'où l'on pourrait couvrir de feux le plateau du château.

On peut tourner la défense de Pont-à-Mousson en franchissant la Moselle en amont, vers la ferme *Manharel*, dit le colonel de Meyer. Pont-à-Mousson est sur la ligne d'opérations importante de Sarreguemines — Puttlange — Baronville — Pont-à-Mousson — Saint-Mihiel — Bar-le-Duc, ligne principale suivie jusqu'à la Moselle par la 2e armée allemande du 8 au 16 août 1870. D'*Arnaville* se détacheront, par la vallée du Rupt de Mad, un embranchement ferré qui ira sur Thiaucourt, et un autre embranchement plus important qui ira rejoindre à Longuyon la ligne des Ardennes, en coupant la ligne *Verdun — Metz* à Conflans. Celui de Thiaucourt devait être prolongé sur Commercy ; l'autorité militaire s'y est heureusement opposée.

La Moselle coupe la nouvelle frontière, passe à *Corny* (pont en pierres), à *Ars-sur-Moselle* (5,800 hab.) où il y a un pont en pierres et un pont de chemin de fer. Les coteaux, plantés de vignes, renferment du minerai de fer qui alimente trois grandes forges. En amont d'Ars, la vallée est traversée par les ruines de l'aqueduc de Jouy, qui portait autrefois les eaux de Gorze à Metz; depuis quelques années, un aqueduc moderne les apporte par les hauteurs d'Ars et de Saint-Truphine.

Metz (55,000 hab. avant la guerre, 35,000 aujourd'hui). (Voir la planche IV.)

L'enceinte de cette place est de Vauban ; Cormontaigne construisit les deux ouvrages de *Bellecroix* et du *Fort-Moselle* ; en 1868, on avait en tête un projet grandiose de fortifications pour Metz : le mont Saint-Quentin devait recevoir une immense citadelle ; mais, vu les grosses dépenses qui devaient en résulter, on se contenta de construire quatre grands forts ; ce sont les forts de *Saint-Quentin* et de *Plappeville*, sur la rive gauche, se flanquant mutuellement à 1,500 mètres ; le fort de *Saint-Julien* et celui de *Quélcu*, sur la rive droite.

Ces forts, d'un type nouveau, ont une enceinte bastionnée carrée ou pentagonale ; l'escarpe et la contrescarpe sont maçonnées et défilées avec soin ; dans le terre-plein de l'ouvrage il y a un immense cavalier qui domine les crêtes de l'enceinte de 2 mètres environ, et qui est plein de casemates, non défensives comme dans les caponnières allemandes (il n'y a pas de créneaux), mais ayant exclusivement pour but d'abriter les casernes, magasins, citernes, munitions, etc.; ce cavalier, armé uniquement pour la lutte éloignée, est surmonté d'une batterie de grosses pièces ; si l'ennemi réussit à se rapprocher, l'enceinte entre en action. Ce principe de deux parapets distincts, ayant chacun son but différent, lutte à grande distance et lutte rapprochée, est repoussé par Vauban et aujourd'hui par Brialmont et par la majorité des ingénieurs prussiens qui ont condamné ce système de forts, jugeant qu'un double étage de feux présente un but favorable à l'artillerie ennemie, exposant d'ailleurs les défenseurs de la première enceinte aux éclats des obus qui éclatent sur le parapet du cavalier. Aujourd'hui, avec la puissance des feux courbes, il n'est pas nécessaire d'avoir des batteries hautes pour atteindre au loin les travaux de l'assiégeant; les batteries de la deuxième ligne, dit le colonel de Villenoisy, devraient bien plutôt être inférieures à celles de la première.

La Prusse complète et étend ce grand camp retranché qui a 22 kilomètres de circonférence ; à 1,300 mètres environ en avant du fort Saint-Quentin, on a construit un fort qui a la même forme que ceux de Strasbourg ; quelques batteries annexes battent le ravin de Lessy. Ce fort est relié, à droite et à gauche, à celui de Saint-Quentin par une ligne de retranchements, suivant la crète du plateau ; cette ligne est organisée pour l'artillerie et pour la mousqueterie. L'ensemble de tous les retranchements qui recouvrent le mont Saint-Quentin est appelé par les Allemands *fort du prince Frédéric-Charles.*

Le fort de Saint-Privat, que nous avions ébauché pendant la guerre, a été rasé, et un fort polygonal, comme ceux de Strasbourg, a été construit un peu plus en avant. Dans la plaine de Woippy, on devait construire un fort, mais il serait trop dominé par les hauteurs de Saulny ; on l'a remplacé par une batterie à coupoles en fer.

Metz couvre, pour l'Allemagne, les lignes principales de l'offensive française par Trèves et par Sarrebrück. C'est une place d'une importance capitale, qu'il s'agirait d'isoler au plus vite par une offensive vigoureuse vers la Sarre. Le railway de la *Veuve — Verdun — Metz* (à une voie) est terminé ; Metz est donc tête de la ligne de l'Argonne, comme Thionville est tête de la ligne des Ardennes.

Metz exige de 25 à 30,000 hommes pour sa défense ; n'étant pas sur la ligne directe des opérations, on peut la déborder par le sud, et, si sa garnison est faible, elle peut être sans désavantage pour l'offensive française ; c'est pour y jeter immédiatement des troupes que la grande ligne de la Moselle a été décrétée par l'Allemagne; le projet vient d'en être adopté (1875). Cette ligne atteindra directement Berlin par Wetzlar et Nordhausen ; elle sera de la plus grande importance.

Le railway de la Moselle suit, depuis Frouard, la rive gauche de cette rivière jusqu'à Thionville, excepté entre Ars et Metz ; une deuxième ligne, partant de Metz et suivant la rive droite, passera à Thionville et atteindra Trèves et Coblentz.

La Moselle, large de 130 mètres en moyenne, coule lentement, formant quelques îles ; entre Metz et Thionville on ne rencontre pas de pont, mais seulement quelques bacs : en amont d'*Olgy*, à *Hauconcourt* (510 hab.), à *Huckange*.

Les hauteurs de la rive gauche se sont éloignées à partir de Metz, celles de la rive droite se sont rapprochées de la rivière ; elles sont à pente douce et favorisent le passage de la rive droite à la rive gauche, opération facile vers *Malroy*, *Argancy*, où les Allemands avaient établi des ponts de bateaux pendant le blocus de Metz, à *Blettange,* à *Imeldange ;* toutefois, les chemins de la rive droite sont rares et mauvais et le pays boisé.

La Moselle, entre Metz et Thionville, est actuellement à peu près inabordable pour une armée française.

Thionville (7,400 hab. avant la guerre), sur la rive gauche. (Voir la planche V.) Elle a été fortifiée sur les plans de Cormontaigne ; elle est entourée de cinq fronts bastionnés avec demi-lunes et réduits, cavaliers dans les bastions et contregardes en avant de chacun ; les escarpes sont parfaitement couvertes à la vue ; cinq lunettes maçonnées, établies à 150 mètres en avant, et deux chemins couverts protégent les abords de cette place ; sur la rive droite une double couronne sert de tête de pont, et à 600 mètres en avant d'elle, au delà d'un bras de la Moselle, une autre double couronne renferme les magasins et les casernes de cavalerie.

Cette place, munie de rares abris blindés, de casemates nouvelles assez mal établies vers les fronts ouest, était cependant très-forte contre l'attaque régulière avec ses quatre lignes de feu ; mais elle n'était pas en mesure de lutter à grande distance contre l'artillerie de l'assiégeant, qui pouvait facilement prendre à revers les défenseurs des fronts opposés, grâce aux hauteurs de *Guentrange,* à 3,000 et 2,000 mètres sur la rive gauche, et celles d'*Ilange*, à 1,500 mètres sur la rive droite.

En 1792, après la prise de Longwy et de Verdun, Thionville résista au bombardement et refusa de capituler. « Cette énergie » excita l'enthousiasme de la nation, et les adversaires du système du bombardement pour l'attaque d'une petite place ont souvent cité cet exemple contre l'inutilité du bombardement devant l'énergie d'une population patriotique ; on oubliait de dire qu'en 1792 Thionville fut bombardée pendant deux heures, que personne ne fut tué, et que les dommages causés furent évalués à 50 francs ! Ce qui ressemble peu à ce qui se passa en 1870. Aussi, à cette époque, après vingt-quatre heures de bombardement et de pétrolisation exécutés avec des batteries de siége, la place, malgré le patriotisme incontestable de ses habitants, dut-elle capituler.

Thionville est un point d'une haute importance, où bientôt six railways vont se greffer : celui des Ardennes, de Metz (rive gauche), de Metz (rive droite), de Saint-Avold, de Trèves, de Luxembourg. On vient de décider (1875) qu'une grande gare serait construite dans l'île formée par la Moselle et le canal du Fort.

Thionville deviendra encore plus important le jour où la

ligne projetée de Trèves à Coblentz sera terminée. Ce sera la tête de la grande ligne d'opérations allemande de Berlin — Wetzlar — Coblentz — Trèves.

Le général de Moltke aurait affirmé ne pas vouloir faire de camp retranché à Thionville, vu, sans doute, la proximité de Metz ; cependant un fortin sera probablement construit sur les hauteurs d'Ilange ; il couvrira la rive droite dont on rase la tête de pont, les doubles couronnes, et commandera la jonction du railway des Ardennes avec celui de Metz (rive gauche), jonction qui peut se faire très-facilement loin du canon de Thionville.

Les Allemands, ne pouvant craindre le bombardement de la ville de la part des Français, se contentent jusqu'à présent de créer des abris blindés pour abriter leurs troupes en cas d'attaque ; tous les travaux entrepris, soit dans les divers bastions, soit à la porte de Luxembourg, n'ont pas d'autre but.

Thionville couvre Metz au nord, comme Neuf-Brisach couvre Strasbourg au sud ; ce sont les seules places que la Prusse ait conservées de notre ancien réseau, avec la citadelle de Bitche.

A partir de Thionville, la Moselle prend la direction nord-est, qu'elle conservera jusqu'au Rhin ; elle passe à :

Sierck (2,400 hab.) ; elle quitte la Lorraine, sépare le Luxembourg de la Prusse rhénane ; ses rives sont bordées de coteaux boisés et pittoresques.

Remich (2,300 hab.), sur la rive gauche, avec un pont, à 22 kilomètres à l'est de Luxembourg, d'où arrive une route.

Grevenmachern (3,000 hab.) (rive gauche), sur la route de Luxembourg à Trèves. La rive droite domine la rive gauche à un kilomètre.

Trèves (Trier) (24,000 hab.), ville tellement ancienne que son origine est encore inconnue ; son importance militaire depuis les Romains a toujours été considérable ; elle est au milieu de la corde qui réunit les deux extrémités de l'arc formé par le Rhin de Bâle à Wesel ; c'est l'objectif de toutes les routes importantes entre l'Eifel et le Hunsrück. Trois railways s'y rencontrent : celui de Luxembourg, celui de la Sarre, celui de l'Eifel (tous les trois à une voie). Cette dernière ligne a une valeur considérable, car elle met en communication deux échiquiers renommés et bien distincts, celui de la Roër et celui de la Sarre ; elle a des pentes et des courbes difficiles. Bien qu'inachevée, en 1870, elle formait la ligne de concentration de la première armée allemande; le 8me corps seul, réuni à Coblentz, suivit à pied la route de la Moselle.

Bientôt, avons-nous dit, Trèves sera relié à Coblentz par un railway, lequel se greffera à Oberlahnstein à la ligne de la Lahn.

En raison de la grande importance stratégique de Trèves, après la perte de Luxembourg, les Prussiens songèrent à fortifier cette ville qu'entoure un vieux mur, sans valeur militaire; mais sa situation topographique est peu favorable à la création d'une place forte : la rive gauche est couverte de hauteurs très-élevées et à pic; la rive droite exigerait des lignes très-étendues; on renonça donc à ce projet.

Les plateaux de la rive droite forment à quelques kilomètres en avant de Trèves une grande et belle position militaire, qui s'appuie à gauche à la Moselle, vers le Grüneberg, de front au ravin du *Rürerbach* et au plateau de *Pellingen;* cette position fait face à l'est, et s'appuie à droite à une autre belle position, celle de *Conzarbrucke,* que nous verrons sur la Sarre. Beurnonville échoua contre ces deux positions en 1792; Moreaux, en 1794, les enleva très-brillamment.

Au confluent de la Sarre il y a un large et beau pont de chemin de fer. A Trèves il y a un pont en pierres de 215 mètres dont les piles sont celles du pont construit par Agrippa (28 ans avant Jésus-Christ).

Trèves était le chef-lieu du département français de la Sarre.

Après cette ville, la Moselle, très-sinueuse, parcourt une étroite vallée dominée à droite et à gauche par l'épanouissement du Hochwald et de l'Eifel; sa largeur moyenne est de 100 à 125 mètres; sa profondeur, de 2^{m},50, rend la navigation difficile, malgré les nombreux barrages destinés à élever son niveau.

Sur chaque rive, une route, souvent interrompue, suit la vallée jusqu'à Trarbach, vallée de plus en plus pittoresque, surtout après cette petite ville. Il n'y a pas de pont entre Trèves et Coblentz.

Berncastel (2,200 hab.) et *Trarbach* (1,500 hab.) sont deux villages assez rapprochés et dans une position importante; ils se trouvent à moitié chemin de Trèves à Coblentz, et sont les points de convergence des routes de la rive gauche et de la rive droite; il y a un bac à chaque village.

Louvois, qui comprenait l'importance de Trarbach, qui commande les routes de la Moselle, fit retrancher par Vauban le mont *Royal* situé sur la rive gauche, dans une presqu'île naturellement très-forte; le traité de Ryswick obligea Louis XIV à démolir cette citadelle qui avait coûté des sommes considérables. « Ce poste, disait Louvois, mettra la frontière du roi « en telle sûreté et les électeurs de Cologne, de Mayence, et le « Palatinat en telle dépendance que cette frontière sera meil- « leure et plus aisée à défendre que n'est celle de Flandre. »

La vallée n'est plus qu'un défilé étroit, profond, escarpé, suivi par une seule route, qui est d'abord sur la rive droite, puis qui franchit deux fois la rivière au moyen de bacs.

On y trouve les villages d'*Enkirch* (2,000 hab.), de *Zell* (2,200 hab.), de *Kochem*, de *Treis*, d'où partent des chemins importants; les coteaux se couvrent de plus en plus de vignobles renommés, tandis que le fond de la vallée devient excellent et très-riche.

La Moselle finit à Coblentz.

Le fond de sa vallée est difficilement praticable à une armée, qui suivra d'ailleurs les routes des plateaux à droite et à gauche; ces plateaux sont coupés par des ravins qui donnent de bonnes positions sur ces deux routes. La route de gauche passe à Wittlich, Kaisersesch; celle de droite part du pied du Grüneberg, passe à Thalfang, Morbach, Cappel, Castellaun et traverse la forêt de Boppard. Bien que les hauteurs de la rive droite dominent la rive gauche, la route qui suit les plateaux de cette dernière est la meilleure; elle fut suivie par les alliés en 1792. En 1870, le 8me corps prussien suivit en grande partie la rive droite; les colonnes qui suivirent la rive gauche, franchirent la Moselle à Berncastel. Le chemin de fer projeté entre Trèves et Coblentz suivra les plateaux de la rive gauche

La Moselle est une importante ligne d'opérations contre la France, surtout aujourd'hui qu'elle est parfaitement couverte par Coblentz, Thionville et Metz. La perte de Luxembourg l'avait beaucoup affaiblie, car c'est de cette grande place que Trèves tirait sa force principale; en effet les troupes allemandes qui défendaient la position de Trèves avaient deux lignes de retraite assurées, l'une sur Coblentz, l'autre sur Luxembourg. Aussi dans l'attaque des positions de Trèves — Conzarbrücke, en 1792, Beurnonville fait attaquer cette dernière ligne vers Grevenmachern, et Moreaux en 1794 fait enlever Wasserbilig (au confluent de la Sûre).

AFFLUENTS DE DROITE DE LA MOSELLE.

La Moselle reçoit à droite :

1° La *Moselotte* qui descend du Rothenbach, passe à *la Bresse* (3,840 hab.), village sur la route importante parallèle aux Vosges, que nous avons déjà signalée, route de Ramonchamp — Gérardmer — le Valtin, etc.

Saulxures (3,760 hab.), où passent cette route et celle du col de Bramont qui vient de Wesserling (Alsace); celle-ci descend la Moselotte jusqu'à Remiremont, en traversant Vagney (3,150 hab.), où passe également la route de Gérardmer à Remiremont. Un fort sur les hauteurs de Vagney intercepterait ce débouché important.

La Moselotte finit à Remiremont.

2° La *Vologne* descend de la forêt de *Retournemer* au débouché du col de la Schlucht sur Munster (Alsace) ; elle traverse les lacs de *Retournemer,* de *Longemer,* formant une des plus belles et des plus pittoresques vallées des Vosges et reçoit les eaux du beau et grand lac de *Gérardmer*.

Gérardmer (6,400 hab.) est un point très-important d'où partent sept routes : celle de Remiremont par Vagney, celle de la Bresse — Ramonchamp, celle de Munster, celle du Valtin qui, près de la crête des Vosges, va rejoindre la route du col du Bonhomme au nord, celle de Saint-Dié par Anould, celle de Bruyères par la Vologne, et celle sur Épinal par le nord du lac de Gérardmer; un fort construit au nord de ce village commanderait tous ces débouchés.

La Vologne passe à *Grange,* tête du railway sur Bruyères et Arches-sur-Moselle, à *Laveline*, à *Bruyères* (2,430 hab.) situé dans une position importante au débouché de deux routes venant de Saint-Dié et allant à Épinal : l'une traverse la forêt de *Mortagne* et passe à *Brouvelieures* (combat en octobre 1870), l'autre, par Anould (combat en octobre 1870), débouche du col du Bonhomme; toutes les deux furent suivies par les colonnes de Werder après la prise de Strasbourg.

Dans la défense des diverses lignes de cette région, Bruyères couvrirait le flanc droit des opérations et devrait être très-solidement occupé. Ainsi trois lignes importantes s'y appuient: celle de la Mortagne et du plateau de Rambervillers, celle du

Durbion, celle de la grande forêt d'Épinal et du Faîte; sans l'occupation sérieuse de Bruyères, ces trois lignes seraient rapidement tournées, et, par Pouxeux et Hadol, l'ennemi couperait immédiatement la ligne de Remiremont et la ligne si importante de Vesoul.

3° Le *Durbion* prend sa source dans la forêt du Faîte, passe à *Girecourt* sur la route de Rambervillers à Épinal, et finit près de Châtel; sa vallée forme une ligne défensive très-bonne, car les plateaux au sud sont plus élevés, moins boisés, plus découverts que ceux de la rive droite, couverte en partie par la *forêt de Padoux*.

4° Autour et au nord-est de la forêt de Charmes, la petite rivière l'*Euron* trace un fossé qui détermine quelques positions importantes pour la défense de cette forêt très-épaisse et très-accidentée.

5° La *Meurthe* prend sa source au nord de Retournemer, passe au *Valtin* (510 hab.) (route de Gérardmer au col du Bonhomme), à *Fraize* (2,415 hab.), où débouche ce dernier col venant de Colmar, et où passe la route désignée ci-dessus et parallèle aux Vosges, de Ramonchamp — Gérardmer à *Velupaire* (sur la route de Sainte-Marie-aux-Mines) sur le versant occidental; à Fraize il y a un beau pont sur la Meurthe. *Anould* (route de Gérardmer — Remiremont, et route de Bruyères — Épinal).

Saint-Dié (12,315 hab.), dans une superbe position; entouré de montagnes couvertes d'arbres verts, où arrivent la route de Schlestadt (col de Sainte-Marie-aux-Mines) et celle de Strasbourg par le col de Saales; il y a un pont en pierres et la vallée est très-étroite; on trouve un pont en pierres à *Saint-Michel*, d'où part la route de Saint-Dié — Rambervillers. — *Étival* (2,000 hab.), pont en pierres et pont de chemin de fer. — A *Saint-Blaise* finit le *val Rabodeau*, suivi par une route venant de Schirmeck, et débouche une route venant de Villé — Saales.

Raon l'Étape (3,770 hab.), au pied des ruines du château de Beauregard; au débouché des deux routes venant de Schirmeck, l'une par le val *Rabodeau*, l'autre par le val *La Plaine*, toutes les deux suivies en octobre 1870 par Werder; il y eut un combat à Raon-l'Étape. La Meurthe a 60 mètres de largeur environ; on la passe sur un pont en pierres; il y a un autre pont pour le chemin de fer. Cette ligne ferrée, dont la tête est Saint-Dié, suit malheureusement la rive droite de la Meurthe après Raon-l'Étape.

La rive droite est escarpée, elle domine les pentes plus douces de la rive gauche, dont les sommets sont couverts par la forêt de Mortagne. Après Raon, la vallée s'élargit un peu, elle a de 500 à 1,800 mètres de large.

A *Thiaville* il y a un pont de chemin de fer qui permet au railway de Saint-Dié de passer définitivement sur la rive droite.

Baccarat (5,036 hab.) (pont de pierres), ses cristalleries sont renommées; cette petite ville est sur la ligne d'opérations Sarrebourg — Blamont — Baccarat — Rambervillers; la rive droite y domine un peu la rive gauche; à *Flin* (660 hab.), il y a un pont de bois; plus bas, les hauteurs de droite s'abaissent insensiblement et sont couvertes par la *forêt de Mondon*, tandis que la rive gauche devient dominante; mais cette partie de la Meurthe est peu favorable à la défensive française, la route et le railway suivant la rive droite. Le fond de la rivière se compose de sable et de gravier.

Lunéville (12,370 hab.), dans une belle plaine couverte de prairies; il y a deux ponts, dont un de voie ferrée. Cette ville est le point de convergence de nombreuses routes allant en tous sens; elle est sur la grande ligne d'opérations Strasbourg — Paris, formant à l'est une position qui peut être défendue avec profit pour une armée en retraite.

Au pied du coteau d'*Hériménil* le chemin de fer de Strasbourg — Paris passe sur la rive droite.

Blainville (1,000 hab.) avec quelques vestiges de vieilles fortifications, où commence la ligne ferrée d'Épinal (pont pour ce railway); plus bas un coude de la Moselle est coupé en deux points par le chemin de fer sur deux ponts.

Rozières (2,200 hab.) (pont en pierres); *Dombasles* (1,400 h.) au confluent du Sanon, où arrivent la route et le railway de Strasbourg, en face d'une belle position qui se lie aux plateaux élevés de la rive gauche de la Meurthe.

Saint-Nicolas (3,890 hab.) où la route de Paris passe sur la rive gauche sur un pont en bois; le chemin de fer y passe un peu plus bas en même temps que le canal de la Marne au Rhin, celui-ci sur un pont-canal.

La rive droite redevient dominante, mais elle est mal coupée de voies de communications parallèles à la rivière et peu favorable. Les pentes des collines sont couvertes de vignes.

Nancy (53,000 hab.), capitale de la Lorraine; en arrière de cette ville on trouve la belle position du plateau de Haye qui fait face à l'est; Nancy est à un kilomètre de la Meurthe qu'on peut traverser sur deux ponts en pierres. Un railway va de Nancy sur Château-Salins, un autre au sud sur Vézelise; Nancy est le point de convergence des lignes d'opérations comprises entre Sarrebrück et Strasbourg, et par suite le centre de la défense de la Lorraine en avant de la Meurthe et de la Moselle, vers la Seille.

La Meurthe finit à Frouard; elle reçoit à gauche la *Mortagne* qui prend sa source vers Bruyères, passe à *Rambervillers* (5,310 hab.), papeteries, forges, tanneries, etc.; nœud important de sept routes sur Lunéville, Charmes, Épinal, Bruyères, Saint-Dié, Raon-l'Étape, Baccarat. Ce qui ajoute à l'importance de ce point, c'est que c'est le seul, de Bruyères à Lunéville, où les communications soient bonnes et suffisantes; on ne rencontre sur la Mortagne que *Magnières* où passe le chemin de Baccarat à Bayon. La Mortagne offre quelques belles positions pour couvrir la retraite de la Meurthe à la Moselle; les routes sur sa rive droite sont rares et mauvaises.

La Meurthe reçoit à droite :

La *Vezouze* qui descend du Donon, passe à *Blamont* (2,270 hab.), avec des restes très-beaux d'un antique château; Blamont est sur la route Paris — Strasbourg; il y a sur la rive gauche la bonne position déterminée par le plateau de *Saint-Jean,* laquelle peut s'étendre sur la rive droite par le plateau de *Repaix* et ne peut être tournée que par un long détour à l'est. Un chemin de fer partant de *Cirey* (2,200 hab.) sur la Vezouze traverse Blamont et va se greffer à la ligne de Paris à Avricourt (gare française).

La Vezouze parcourt une vallée riche en prairies un peu marécageuses; elle longe la forêt de *Mondon* et celle de *Paroy*, plus importante, au nord. Elle finit à Lunéville, et ne forme pas une bonne ligne défensive pour la France, car les plateaux de la rive droite dominent généralement.

Le *Sanon* sort des lacs de *Réchicourt* (1,000 hab.); près de Réchicourt on trouve *Avricourt*, point important sur la route de Blamont à Dieuze, sur le railway Paris—Strasbourg, d'où part un railway sur Dieuze et un autre au sud sur Blamont et Cirey ; Avricourt est à l'Allemagne et touche à la frontière ; il y a une gare française au sud, pour l'embranchement de Cirey. Cette région forme un pays élevé, couvert de lacs, d'étangs, lesquels, près de *Saint-Georges,* forment une excellente et belle position militaire, qui s'appuie à droite à la vallée initiale de la Sarre, et peut s'étendre à gauche aussi loin qu'on le désire et très-favorablement, vu les étangs de *Gondrexange* et de *Lindres.*

Le Sanon forme, avec le canal de la Marne au Rhin qui suit sa rive droite, une ligne défensive importante, un obstacle très-sérieux, vu les hauteurs dominantes de la rive gauche.

Entre la Vézouze et le Sanon, il y a une superbe crête défensive qui est couverte par la grande forêt de Paroy ; cette crète se lie à droite à la position de Saint-Georges, et plus en arrière à celle de Blamont ; à gauche, elle s'appuie sur les hauteurs de Serres (rive droite), ou, plus au sud, à la position de Dombasles, qui doit être le pivot de tous les mouvements de retraite de l'aile droite jusqu'en arrière de la Meurthe ; en cas de guerre, le plateau de Dombasles devrait être immédiatement retranché, et dès aujourd'hui la forêt de Paroy, restée française, devrait être aménagée en vue d'une lutte certaine sur ses abords.

Ainsi que nous venons de le voir, la Meurthe et ses affluents forment d'importantes lignes défensives perpendiculaires aux lignes d'invasion suivantes en avant de la Moselle :

1. Saint-Avold — Château-Salins — Nancy — Toul — Pagny Saint-Dizier ;

2. Sarreguemines — Dieuze — Lunéville — Bayon — Vaucouleurs — Joinville ;

3. Deux-Ponts — Sarre-Union — Blamont — Baccarat — Rambervillers — Charmes — Mirecourt — Neufchâteau — Chaumont ;

4. Strasbourg — Schirmeck — Saint-Dié — Épinal — Adompt (sud de Mirecourt) — Lamarche — Langres. (Voir les considérations stratégiques au chapitre VIII.)

La Moselle reçoit :

6° La *Seille,* qui prend sa source dans un pays très-confus, entre Sanon et Sarre ; elle traverse le grand étang de *Lindres,* coule dans une belle vallée bordée de hautes collines et passe à *Dieuze* (3,000 hab.), où aboutit le railway Avricourt—Dieuze, et d'où part le canal des Salines jusqu'à la Sarre ; au débouché de routes importantes, celle de Sarreguemines — Puttlange — Hellimer et celle de Bitche — Fénestrange. On pourrait couvrir ces lignes de retraite en occupant à Dieuze la forêt et les hauteurs de Kœking au nord, et celles qui sont à l'ouest de l'étang de Lindres, au sud de Dieuze.

Marsal (1,170 hab.), petite citadelle entourée de 7 bastions et couverte par des inondations ; en 1870, elle reçut 35 obus et capitula.

Cette place avait pour mission de couvrir la trouée de Thionville à Bitche et la route de Strasbourg à Metz ; elle ne remplissait ni l'une ni l'autre de ces deux missions ; car ces deux lignes d'opérations peuvent s'éviter complétement ; elle est d'ailleurs à 4 kilomètres de la route de Metz — Strasbourg ; aussi est-elle déclassée par les Allemands, qui ont démoli ses fortifications en 1874. On a fait des expériences de mines, avec des préparations de dynamite et de nitro-glycérine, pour démolir les deux ouvrages détachés d'*Harraucourt* et d'*Orléans*.

Moyenvic (1,000 hab.), où passent la route de Strasbourg à Metz et celle de Sarrelouis à Lunéville ; c'est un point important qui eût facilement été commandé par un des trois fortins qu'on aurait dû établir autour de Marsal pour mettre cette place à hauteur de son rôle.

Vic (2,500 hab.) et *Burthecourt* où se réunissent les routes du bassin de la Seille pour aller vers Nancy.

Nomény, le seul point un peu important de la Seille qui ait été laissé à la France ; il est sur la route de Metz à Nancy et de Sarreguemines — Puttlange — Baronville — Pont-à-Mousson; cette dernière route coupe la Seille à *Aulnois*, où la rive gauche dominante offre de bonnes positions ; d'ailleurs, les hauteurs entre Seille et Moselle sont généralement favorables à la défensive française ; cette route a comme ligne collatérale importante la route Sarrebrück — Faulquemont — Nomény — Pont-à-Mousson ; ce sont les lignes suivies par la 2e armée allemande en 1870.

La Seille finit à Metz, dont elle inonde les fronts sud-est.

La Seille reçoit la *Petite-Seille* qui passe à *Château-Salins* (2,300 hab.), où se croisent les routes importantes de Metz à Strasbourg et de Sarreguemines à Nancy ; un railway est en construction entre Nancy et Château-Salins ; les Prussiens le prolongeront jusqu'à Sarralbe. « Au sud-est de la route de Sarreguemines à Nancy, des massifs de collines, des forêts et des étangs viennent gêner le mouvement de masses nombreuses. » (Grand état-major prussien.)

Au nord de Château-Salins, on trouve les hauteurs d'Amelécourt, à l'est celles de Merville, qui permettraient de prendre position face au nord-est ; Marsal étant démantelé, par les mêmes hauteurs de Merville et par celles de Juvelize, au sud-est de la Seille, on occuperait une autre bonne position sur la route de Fenestrange — Dieuze — Nancy, face au nord-est.

A gauche, la Seille reçoit le ruisseau de *Moncel*, qui coupe la route de Lunéville et celle de Nancy.

Sur sa rive droite sont les hauteurs de *Saint-Jean-Fontaine*, couvertes par la forêt de ce nom et formant une bonne position ; sur sa rive gauche est le plateau dominant d'*Erbéviller à Serres ;* il forme une excellente position, qui s'appuie à droite au Sanon, vers Einville, et se relie par ce point à la position de Paroy (position du Sanon); à gauche, elle s'appuie à la forêt de *Faye*, au *Grand-Mont*, et peut s'étendre, s'il est nécessaire, jusqu'à Custines sur la Moselle, par les hauteurs et la forêt de *Faulx*. C'est une immense ligne défensive qui forme un arc de cercle autour et en avant de Nancy.

Le bassin supérieur de la Seille est renommé par la grande quantité de sources salines qu'on y trouve et qui sont produites par un immense banc de sel gemme. Le bassin inférieur est d'une grande fertilité.

La Moselle reçoit :

7° La *Caner*, rivière qui finit au-dessous de Thionville, à *Kœnigsmacker* (route de Thionville — Sierk — Trèves), et dont la vallée profonde coupe la route de Sarrelouis sur Thionville, à *Kedange*, où passera le railway Thionville — Saint-Avold.

8° La *Sarre*, qui prend sa source au mont Donon ; pendant environ quatre lieues, la vallée de cette rivière est dominée par des hauteurs boisées, escarpées, qui s'abaissent en atteignant la route de Strasbourg à Paris.

Au sud de cette route les affluents n'ont aucune importance.

La Sarre passe à :

Sarrebourg (3,070 hab., rive droite), avec quelques restes de vieilles fortifications. C'est un nœud de routes très-important où passent la route et le railway Paris—Strasbourg, et d'où partent la route de Metz, celle de Sarreguemines et celle de Bitche.

Les hauteurs de la rive droite dominent et forment une bonne position face à l'est, mais la Sarre à dos ; de plus, la ligne de retraite sur la rive gauche marche à découvert, parallèlement à ces hauteurs, pendant 3 kilomètres, ce qui est très-dangereux si la retraite trop tardive s'opère par les trois ponts de Sarrebourg ; l'aile droite pourrait couvrir cette retraite et franchir la Sarre en amont au pont d'*Imling*.

Un railway suit la Sarre et va se greffer aux lignes de Sarreguemines.

Les Prussiens vont construire une ligne ferrée d'une haute importance, qui joindra Strasbourg à Metz ; elle partira de Sarrebourg et se greffera à la ligne Metz — Sarrebrück à Remilly ; elle coupera probablement la ligne Nancy — Sarralbe à Bermering, se couvrant ainsi par les positions de Baronville.

La Sarre, qui a environ 25 mètres de large vers Sarrebourg, coule dans une vallée de 200 à 250 mètres de largeur, couverte de belles prairies ; une route suit chaque rive ; le canal qui s'embranche à celui de la Marne au Rhin, au lac de Réchicourt, court parallèlement à la Sarre, d'abord à plusieurs kilomètres à l'ouest, puis en suit la rive gauche.

La Sarre passe à *Fénestrange* (1,450 hab.). Cette petite ville qui a conservé quelques débris de ses vieilles fortifications est un nœud important des routes de Deux-Ponts, de Phalsbourg, de Sarrebourg, de Dieuze. Cette dernière route traverse le pays entre Seille et Sarre, pays couvert de hauteurs boisées et de grands étangs, d'une défense facile ; la ligne de défense serait formée face à l'est, parallèlement à la Sarre par le canal de la Sarre, depuis l'étang de *Gondrexange* près d'Héming, d'où part la route sur Metz, jusqu'à celui de *Mülh-Weiher*, sur la route de Dieuze ; cette ligne est en grande partie couverte de forêts, lesquelles masqueraient les mouvements de flanc, tandis que les lacs couvriraient le front.

La vallée, plus étroite, est bordée par des hauteurs boisées, peu escarpées ; la rive gauche est souvent dominée par la rive droite, mais elle est boisée jusqu'à environ 2 kilomètres du lit de la rivière, ce qui lui donne une valeur défensive favorable face à l'est.

Sarre-Union (3,500 hab.), avec un beau pont ; cette ville, située sur la rive droite, est dominée au nord et à l'est ; elle n'est donc favorable qu'à la défensive ou offensive allemande ; la vallée s'élargit un peu et ne forme pas un obstacle bien sérieux.

La Sarre passe à :

Sarralbe (3,200 hab.) ; ce village industriel, situé au milieu de grandes prairies, forme le centre d'une bonne position en arrière de l'Albe et de la Sarre (face au nord), sur la ligne d'opérations Sarreguemines — Fénestrange — Sarrebourg. Le canal de la Sarre franchit l'Albe sur un pont-canal en tôle et en maçonnerie. Les salines de Sarralbe sont renommées.

Sarreguemines (6,850 hab.), ville industrielle avec pont sur la Sarre ; point très-important au confluent de la Sarre et de la Blies, où passe le railway de Bitche (d'Haguenau à Saint-Avold) à une voie ; un autre railway suit la rive droite de la Sarre et va, par Sarrebrück, jusqu'à Trèves ; il se continue au sud, avons-nous déjà dit, jusqu'à Sarrebourg.

Sarreguemines est une tête de ligne d'invasion pour déboucher en France, soit par Pont-à-Mousson (2e armée allemande en 1870), soit par Nancy ou par Lunéville.

La Sarre entre en Prusse Rhénane ; depuis Sarreguemines, les hauteurs de la rive droite dominent de 30 mètres en moyenne.

Sarrebrück (rive gauche, 12,000 hab.), point stratégique très-important où débouchent les railways de la Nahe et de Neustadt par Neuenkirchen, et ceux de Metz, de Trèves et de Sarreguemines.

Le faubourg de *Saint-Jean* et la gare sont sur la rive droite.

Sarrebrück est un point de passage très-favorable de la rive gauche à la rive droite ; il y a trois ponts, dont un en pierres de 166 mètres, un autre suspendu, et un troisième, à 1,500 mètres en aval, servant au passage du railway de Metz pour se greffer aux lignes de la rive droite ; il y a des chambres de mine dans les deux piles du milieu de ce pont. Sarrebrück est une ville très-industrielle, au centre d'un très-riche bassin houiller ; à partir de cette ville, la Sarre devient une ligne défensive très-importante, perpendiculaire aux lignes d'invasion comprises entre Thionville et Bitche.

La position défensive de Sarrebrück, face au nord, est très-bonne ; celle de la rive droite se relie à celle de Neuenkirchen, nous les verrons plus loin; les pentes de cette rive sont douces et atteignent les forêts à 2 kilomètres au nord.

La Sarre est une rivière de troisième ordre, difficilement naviguable; grâce à de nombreux barrages et à d'incessants draguages, ses gués ne sont plus praticables; sa profondeur moyenne est de 1^{m},20 ; après Sarrebrück, elle a 70 mètres de large. Par suite de ces barrages, la largeur de la rivière est réduite à 20 ou 25 mètres, ce qui faciliterait la construction de ponts volants pour permettre à l'infanterie de la franchir. Une route suit chaque rive.

Sarrelouis (5,000 hab., rive gauche), citadelle fortifiée par Vauban ; c'est un hexagone dont un front très-long fait face au nord-ouest à la Sarre ; un ouvrage à cornes lui sert de tête de pont sur la rive droite. Son pont en pierres est établi avec bâtardeaux pour inonder la plaine de 4 kilomètres de diamètre qui s'étend autour de Sarrelouis et qui est couverte de belles prairies.

Cette forteresse est dominée à l'ouest par la hauteur du *Lemberg*, à 3 kilomètres, et au sud par celle de l'*Emsberg*, à 1,500 mètres.

Autrefois, Sarrelouis était la tête d'opérations de la France, entre Trèves et Pirmasens, par la Nahe ; aujourd'hui, toute son importance est passée à Sarrebrück, où convergent les lignes de communication de cet échiquier, non-seulement en raison de sa situation géographique, mais encore grâce au développement industriel de cette région depuis cinquante ans.

A 2 kilomètres en arrière des hauteurs qui entourent Sarrelouis, au sud-ouest, il y a une excellente position militaire déterminée par un plateau de 140 mètres de hauteur tombant à pentes raides, coupées, déchirées, sur la vallée ; cette position, comprise entre *Bisten* (sur la Bist) et la *Nied*, a 11 kilomètres de front et fait face au nord-nord-est ; elle est à peu près inabordable, même pour un assaillant en possession de Sarrelouis ; les routes de Metz et de Thionville sur Sarrelouis s'y rejoignent au village de *Felsberg*.

Merzig (3,800 hab.), où il y a un bac ; c'est un point de passage favorable de la rive droite à la rive gauche, qui jusqu'à Merzig avait dominé. Désormais, les rives ont des berges escarpées se commandant alternativement ; la vallée est couverte de schiste argileux, et devient si étroite que la route de la rive gauche est souvent obligée de s'éloigner.

Saarburg (2,200 hab.), pont de pierres de 150 mètres de longueur ; trois croupes dominent la vallée.

Conz (1,000 hab.), village important au centre de la grande position de *Conzarbrücke,* sur les rives droites de la Sarre et de la Moselle ; relié à la rive gauche de la Sarre par un pont en pierres de huit arches, et à la rive gauche de la Moselle par un pont de pierres, également de huit arches, pour le railway ; ces ponts sont dominés par les hauteurs de la rive droite.

Nous avons déjà dit que cette position se reliait à celle de Trèves vers Pellingen.

De Sarrebrück à la Moselle, il y a 90 kilomètres; cette ligne est favorable aux opérations venant de la rive gauche, soit pour l'offensive, soit pour la défensive (Beurnonville en 1792, Hoche en 1793, Moreau en 1794, Marmont en 1814). Pour aller de cette base d'opérations à la partie du Rhin comprise entre Mannheim et Coblentz, il faut de 5 à 7 journées de marche.

Le cours de la Sarre appartient en entier à l'Allemagne depuis 1871.

La Sarre reçoit à gauche :

1° L'*Albe*, qui passe à Bermering, point de croisement probable des deux railways futurs de Metz — Strasbourg et de Nancy — Sarralbe ; elle finit à Sarralbe, après avoir reçu la *Moder*, qui passe à *Puttlange* (2,400 hab.), ville industrielle, bonne position sur la ligne de Sarreguemines à Pont-à-Mousson ou à Nancy.

2° La *Rosselle* prend sa source vers *Longeville* (1,900 hab.), où la route de Sarrebrück à Metz rencontre une excellente position défensive face au nord-est; cette position, comprise entre *Boucheporn* et *Landrefang*, est encore coupée par la route de Sarrelouis — Saint-Avold — Faulquemont — Château-Salins — Lunéville.

La vallée de la Rosselle est si étroite que les mouvements de troupes ne peuvent se faire que difficilement et seulement sur la route.

Elle passe à *Saint-Avold* (3,000 hab.), au pied du Bleyberg ; elle est suivie par le railway de Metz — Sarrebrück qui détache à *Bening* l'embranchement de Sarreguemines — Bitche — Hagueneau.

Le pays est montagneux et très-boisé ; la Rosselle passe près de *Forbach* (5,600 hab.) ; à 3 kilomètres au nord de cette ville, sont les hauts-fourneaux de *Styring-Wendel* (3,500 hab.) ; elle finit dans la Sarre, trois lieues en aval de Sarrebrück. C'est par cette vallée inférieure que la 13e division prussienne tourna la gauche de la position de *Spickeren* le 6 août 1870.

Un railway déjà commencé doit rejoindre Thionville à Saint-Avold.

3° La *Nied* comprend la *Nied française* et la *Nied allemande.* La première prend sa source au pied méridional du plateau de *Baronville*, position excellente à la jonction de la route de Sarreguemines — Puttlange — Pont-à-Mousson et de celle de Sarrelouis — Saint-Avold, — Château-Salins — Nancy, à deux lieues seulement du railway Metz — Sarrebrück.

La Nied française passe à *Remilly* (950 hab.), *Pange* (365 hab.), *Bouzonville* (2,000 hab.), où passera le railway Thionville — Saint-Avold.

C'est à partir de Remilly que, pendant le blocus de Metz, les Prussiens avaient construit une ligne ferrée sur Pont-à-Mousson, afin de rétablir les communications entre Sarrebrück — Frouard — Toul et Paris. Cette ligne, de 8 lieues de longueur, comprenant quatre grands ponts ou viaducs, dont un viaduc de 165 mètres de long, de 7 mètres de haut, et un pont sur pilotis de 93 mètres de long, a été construite en trente-cinq jours.

La Nied française, de même que la *Nied allemande*, qui passe à *Faulquemont* (1,150 hab.), est facile à traverser ; cependant elles forment sur les routes de Saint-Avold et de Sarrelouis des positions suffisamment bonnes pour que les Allemands, en 1870, s'attendissent à livrer bataille surtout sur la Nied française; aussi bien, le 12 août, 250,000 Allemands étaient-ils concentrés derrière la Nied allemande, sur un front d'environ 30 kilomètres.

Le haut bassin de la Nied est très-accidenté.

Le versant gauche de la Sarre et le bassin de la Seille forment ce que l'État-major prussien appelle le *plateau de la Lorraine-Nord;* il a 143 kilomètres de longueur de l'est à l'ouest, 98 kilomètres de largeur du nord au sud. « Dans cette région très-habitée et en général aisément praticable, les plaines largement ondulées et fertiles alternent avec un vaste système de collines très-boisées et çà et là avec des arêtes montagneuses très-abruptes ;.... les mouvements de terrain courent généralement du sud au nord et présentent à l'est leur versant le plus rapide. » (Guerre franco-allemande.)

La Sarre reçoit à droite :

1° L'*Eigel* qui sort des Vosges et passe à *Lorentzen*, débouché important des routes des Vosges.

2° La *Blies* qui prend sa source non loin de celle de la Nahe ; dans sa partie supérieure, elle a une direction parallèle à celle de la Sarre, et forme une bonne ligne défensive face au nord ; le centre de cette ligne est occupé par la petite ville de *Saint-Wendel* (2,600 hab.), très-industrielle ; le *Bosenberg* y forme une position qui domine de 200 mètres les routes de Sarrebrück et de Sarrelouis sur Birkenfeld et la Nahe. Face au sud, cette ligne de défense est médiocre.

Le railway de la Nahe suit la Blies, dont la vallée sinueuse et étroite est dominée par des berges de 100 mètres de hauteur, mais accessibles à l'infanterie ; la vallée s'élargit ensuite, les berges sont à pentes douces et découvertes.

La Blies passe à *Neuenkirchen* (2,200 hab.), point très-important où se réunissent les deux lignes ferrées de Bingen et de Neustadt ; la gare très-vaste est sur la rive gauche ; la rive droite boisée domine un peu ; on y trouve des forges remarquables. Entre Neuenkirchen et Sarrebrück, il y a un épais massif vosgien, très-ravineux, très-boisé, le *Koller-Thaler-Walder*, dont les eaux tombent dans la Moselle à Sarrebrück; il forme une position importante, couverte par la forêt du même nom, commande les débouchés de la rive droite de la Sarre, et donne à Sarrebrück une grande valeur militaire ; il a été un instant question de le fortifier.

Un nouveau railway va réunir Neuenkirchen à Sarrebrück ; il suivra le *Fischbach*.

La Blies coule à quelques kilomètres de *Hombourg* (3,600 hab.), nœud important de routes, où passe la *Kaiserstrasse*, route de Sarrebrück à Mayence ; forges importantes. Hombourg est au pied du Schlossberg qui domine de 130 mètres, avec des pentes escarpées, et forme une bonne position face à l'est et face au nord. Entre Neuenkirchen et Hombourg la rive gauche de la Blies forme une bonne position face au sud. Cette rivière passe à *Bliescastel* (1,900 hab.), où un plateau, de 150 mètres au-dessus de la vallée forme une position favorable face au nord, sur la rive droite de la Blies et en arrière du ravin du *Wurzbach*.

La Blies reçoit l'*Erbach* qui descend de l'important plateau de *Trippstadt* (12 kilomètres au sud de Kayserslautern), arrose un pays très-raviné, est suivi par l'importante route de Bitche — Pirmasens — Kayserslautern — Alzey. Il y a une deuxième route qui va de Pirmasens à Kayserslautern ; elle passe au fameux nœud de routes de *Johannes-Kreuz*, d'où l'on peut déboucher sur Kayserslautern, sur Frankenstein, sur Frankeneck-Neustadt, sur Anweiler, sur Pirmasens.

L'Erbach passe à *Deux-Ponts* (Zweibrücken) (9,000 hab.), capitale de la Bavière Rhénane, bien construite et dominée par un superbe château, au centre d'une bonne position face à l'ouest. — Une deuxième source de l'Erbach commence au sud de Pirmasens, et ravine ce plateau à l'est.

L'Erbach reçoit l'*Hornbach* qui descend du plateau de *Pirmasens* (500 hab.), petite ville bien construite avec un château solide ; c'est un nœud de routes très-importantes venant de Wissembourg, Landau, Neustadt, Kayserslautern, Deux-Ponts, Sarreguemines, Bitche. Nous indiquerons sa valeur stratégique dans les considérations générales du chapitre VIII.

L'Hornbach passe à *Hornbach* (1,900 hab.), petite ville sur une bonne position face au nord ; une autre source de l'Hornbach (appelée quelquefois le *Schwolb*) descend du plateau fortifié de *Bitche*, dont les larges casemates taillées dans le roc permirent aux défenseurs de cette place de résister avec succès contre tous les bombardements en 1870. Les Allemands rasent aujourd'hui les murs de la ville de Bitche, mais maintiennent la cidatelle, comme fort d'arrêt ; elle ferme la route et le railway très-importants de Haguenau à Sarreguemines ; de Bitche partent encore une route sur Pirmasens par Eppenbrunn, une autre sur Wissembourg, une sur Deux-Ponts, une sur Sarre-Union, une sur la Petite-Pierre et Phalsbourg ou Sarrebourg.

Bitche commande également les lignes de la Moder à l'est.

La Sarre reçoit encore à droite :

3° La *Prims* qui descend de l'Hochwald et passe au nœud de routes important de *Nonnweiler* (400 hab.); son affluent, le

Thel, arrose *Lebach* (1,100 hab.), où se coupent les routes Trèves — Sarrebrück — Sarrelouis — Birkenfeld — Bacharach.

• Tels sont les principaux affluents de droite de la Moselle ; d'immenses contreforts partant des Vosges forment entre eux des régions parfois très-montagneuses et très-coupées.

C'est d'abord le massif qui sépare les diverses sources de la Moselle, de la Moselotte, de la Vologne; puis le massif qui s'étend du Rothenbach jusqu'aux sources de la Mortagne et qu'on appelle la *forêt de la Brande* et le *Noirmont ;* il se divise en deux, l'un au nord de la Mortagne est couvert par les forêts du *Faîte* et de *Mortagne*, l'autre au sud de la Mortagne est couvert par les grandes forêts d'*Épinal*, de *Charmes* et de *Hayes ;* ce sont des plateaux importants sur lesquels se fera sans aucun doute la concentration d'une partie de l'armée française dans une guerre franco-allemande.

C'est du mont Donon que partent les hauteurs qui forment le pays accidenté de la Seille ; elles se nomment le *Grand* et le *Petit-Rougemont* entre la Vezouze et la Sarre, les hauteurs de *Facq* et de *Saint-Blaize* sur les bords de la Moselle.

L'élément qui prédomine dans les hauteurs de la Lorraine est le calcaire; dans les Vosges septentrionales, le grès rouge; dans les Vosges méridionales, le granit.

Du Hardt se détachent les larges plateaux de la rive droite de la Sarre ; ils se relèvent épais et couverts de grandes forêts entre la Moselle et la Nahe, sous le nom de *Hûnsrück ;* ce vaste massif commence au nord de Merzig sous le nom de *Hochwald*, se dirige au nord-est sous les noms de *Iderwald*, de *Soonwald* et de *Bingerwald* et finit à Bingen.

Considéré de l'ouest à l'est, le Hûnsrück se compose d'abord d'une série de plateaux de 250 mètres au-dessus du Rhin, profondément ravinés par de petits affluents de droite de la Moselle, puis de deux crêtes boisées parallèles, élevées de 550 mètres, coupées de vallées et ayant 10 kilomètres de largeur ; enfin de pentes rapides tombant en amphithéâtre sur la rive gauche de la Nahe.

La ligne de séparation entre Nahe et Moselle ne suivant pas les crêtes principales, il en résulte de profondes vallées, suivies par quelques routes transversales très-difficiles.

Les positions principales qui commandent cette région si importante sont : *Birkenfeld*, sur la route de Trèves et de Sarrelouis à Kreuznach et Mayence; *Morbach* (830 hab.), sur la route de Birkenfeld à Trarbach et sur celle de Trèves à Coblentz par les plateaux de la rive droite de la Moselle ; Morbach commande cette rive droite ; *Kirchberg* (2,600 hab.) et *Simmern* (3,000 hab.) forment deux positions qui dominent la région Trarbach — Coblentz — Bacharach ; Simmern commande le *défilé de Thiergarten*, suivi par la route de Kreuznach, à travers le Soonwald; plus au sud, *Gemund* (1,200 hab.); enfin *Rheinbœllen* (1,200 hab.), tête de l'important *défilé de Stromberg* (1,100 hab.), le premier nœud d'opérations qu'on rencontre en débouchant du Rhin par Bacharach ou Caub (1793, 1814); ces deux défilés, à travers le Soonwald, sont resserrés entre des pentes inaccessibles.

Le Hûnsrück, coupé de vallées profondes, dominé par des hauteurs élevées, couronné de forêts épaisses, est favorable à la défensive et couvre parfaitement les abords du Rhin dans cette région.

Ceinture occidentale du bassin de la Moselle. — Avant de décrire les affluents de gauche de la Moselle, il convient de parcourir rapidement les hauteurs qui leur donnent naissance.

Le versant occidental de la Moselle est limité par les monts Faucilles, qui serrent d'abord la Moselle de très-près jusqu'à Épinal, puis s'en éloignent en se dirigeant à l'ouest ; à hauteur du plateau de Contrexéville, commence un contrefort très-important qui sépare le bassin de la Moselle de celui de la Meuse ; on l'appelle :

1° Les *montagnes de la Meuse ;* c'est le même massif que nous avons déjà vu sur la rive gauche de la Meuse, comme faisant partie de la ceinture occidentale du Rhin ; il s'étend jusque sur la rive droite de cette rivière, avec les mêmes caractères que sur la rive gauche. On y trouve quelques bonnes positions défensives et de nombreuses forêts dont la principale est celle de *Saint-Amand*, au nord de la route Bayon — Neufchâteau.

2° Les *Côtes Lorraines;* cette région, dit Levasseur, est improprement appelée Argonne orientale ; dans le pays on appelle les *côtes*, la crète de 412 à 357 mètres d'altitude, qui domine le plateau compris entre Toul, Verdun et Metz; et quand on parle de l'Argonne, ce n'est jamais que de la région comprise à l'ouest de la Meuse ; à défaut d'un nom meilleur, nous appelons donc ce massif les Côtes Lorraines ; il est âpre, confus, boisé ; les vallées sont étroites, profondes ; le plateau souvent marécageux. On y rencontre de belles positions. Entre ce massif et les montagnes de la Meuse, il y a une grande dépression, le *défilé de Toul*, qui est la ligne naturelle de communications entre la Lorraine et la Champagne. C'est par ce défilé que le canal de la Marne au Rhin franchit la chaîne par un souterrain, et le railway de Paris — Strasbourg par deux tunnels.

Au nord de ce défilé, on trouve la forêt de la *Reine*, coupée d'étangs qui en favorisent la défense ; celle d'*Apremont*, traversée par la route de Pont-à-Mousson à Saint-Mihiel, et formant une excellente position ; la forêt d'*Amblouville*, au sud-est de Verdun.

Après les sources de l'Orne, cette chaîne moins abrupte se dirige vers l'est, forme un dos de pays, traversé à ciel ouvert par le chemin de fer des Ardennes, et va se relier hors de France au grand massif ardennais.

3° Les *Ardennes orientales* forment un vaste plateau compris entre la rive droite de la Meuse, de Givet à Liége et de Liége à Montjoie ; il couvre la partie septentrionale du Luxembourg, et vient sur Sedan et Mézières ; il franchit la Meuse, atteint Hirson et revient sur Givet sous le nom d'Ardennes occidentales.

Le noyau central de ce massif est dans le Luxembourg belge, aux sources de la Sûre, de l'Ourthe et de la Lesse. Ce sont des terrains de transition, dans lesquels on trouve surtout des schistes argileux et des calcaires carbonifères. C'est une alternative de plateaux marécageux (fagnes, fanges), incultes, sillonnés de vallées profondes jusqu'à 200 mètres environ ; de vastes forêts aux arbres rabougris, des landes couvertes de genêts et de bruyères tapissent le flanc de ces montagnes et le sommet des plateaux ; le pays pauvre ne produit que du seigle, de l'avoine et des pommes de terre ; les villages y sont rares.

Au nord, près de Saint-With, les Ardennes se continuent sous le nom de l'Eifel.

4° L'*Eifel* est un immense massif volcanique de 300 à 800 mètres de hauteur, plus profondément raviné que les Ardennes, couvert de sapins, de taillis impraticables, de clairières marécageuses ; la neige le recouvre durant plusieurs mois. Les vallées étroites sont seules habitées ; de petits hameaux semblent s'y cacher et « se dérober à la sauvage nature des plateaux et « des sommets. »

Les ressources y sont presque nulles ; on y récolte peu de blé, du seigle, de l'avoine, surtout de l'épeautre et des pommes de terre.

Le nœud central, qu'on appelle *plateau de Wiesenstein*, est aux sources de la Kill et de l'Our et rayonne dans plusieurs directions : au sud, entre ces deux rivières, c'est le sommet élevé du *Schnee-Eifel ;* au sud-est, c'est l'*Eifel proprement dit* qui se dirige sur Coblentz ; à l'est, c'est le *Zitterwald* qui jette vers le Rhin un épais massif, lequel forme la gauche du défilé de Remagen ; enfin, au nord, entre l'Erft et la Roër, s'épanouit un contrefort, où l'on trouve des mines de plomb considérables, qui font donner à cette région montagneuse le nom de *Bleiberg* (Blei, plomb).

En général, l'Eifel et les Ardennes, profondément ravinés, forment une région insalubre, couverte de brouillards et de neiges en hiver ; la chaleur y est très-grande en été, les orages violents ; elle se prête peu aux opérations militaires offensives et n'est favorable qu'à une armée défensive qui s'appuie au Rhin.

AFFLUENTS DE GAUCHE DE LA MOSELLE.

La Moselle reçoit à gauche :

1° Le *Madon*, qui descend des Faucilles ; il sort du lac d'*Escles*, où l'on trouve le village du même nom (1,450 hab.), sur la route de Mirecourt à Vioménil (source de la Saône), et Vesoul ; il passe à :

Mirecourt (5,480 hab.), dans une plaine entourée de collines couvertes de vignes ; nœud important de routes, où passera le railway d'Épinal à Neufchâteau.

Haroué (520 hab.), sur la route de Lunéville — Bayon — Vézelise ; en ce dernier point la route se divise : l'une passe au nord de la forêt de Saint-Amand et atteint Vaucouleurs à travers l'important défilé de *Vannes*, étroit et boisé, dont l'entrée pourra facilement être défendue grâce à la position de *Housselmont — Saulxures-les-Vannes* ; l'embranchement du sud va sur Neufchâteau ; c'est cette route que suivit, de

Lunéville à Neufchâteau, le gros du 1er corps d'armée français en août 1870, après Freschwiller. Mirecourt et Haroué sont les centres de la défense de la Moselle entre Flavigny et Épinal, défense qui se fera sur les plateaux formés par la chaîne appelée *montagnes de Mirecourt*; cette chaîne élevée, épaisse et très-favorable à la défensive dans le triangle Épinal — Charmes — Mirecourt, atteint 465 mètres de hauteur.

Les plateaux à l'ouest du Madon ne sont pas dominants; cependant cette ligne et celle de son affluent le *Brenon* offrent quelques positions qui peuvent être mises à profit; *Vézelise* (335 hab.) est dans la vallée étroite et profonde du Brenon.

2° Le *Rupt de Mad* sort de la forêt de la *Reine;* il traverse un pays couvert de lacs et d'étangs, passe à *Bouconville* (300 hab.) où sont des débris d'une enceinte fortifiée et où se bifurque la route de Pont-à-Mousson, pour aller d'une part sur Commercy, et d'autre part sur Saint-Mihiel; Bouconville est le centre d'une très-belle position militaire, couverte par les grands étangs de Bouconville, et difficile à tourner. En arrière de cette position, sur la route de Commercy, on trouve la position de *Gironville,* et sur la route de Saint-Mihiel, celle d'*Apremont* (350 hab.), déterminées par la crête des Côtes Lorraines et par la lisière de la forêt d'Apremont.

Le Rupt de Mad passe à *Thiaucourt* (1,500 hab.), au centre d'un pays viticole important et renommé, sur la route de Pont-à-Mousson à Verdun, qui rejoint la route de Metz à Verdun par Mars-la-Tour, au village de *Manheulles.* C'était la ligne d'opérations de la 2e armée allemande le 15 août 1870; le 10e corps prussien atteignait Thiaucourt ce jour-là. Le Rupt de Mad finit à *Arnaville.*

3° Le ruisseau de *Gorze* passe à *Rezonville* (550 hab.), *Gorze* (1,770 hab.), et finit à *Novéant,* parcourant une vallée boisée et pittoresque.

4° La *Mance* sort des bois de la *Cusse,* traverse ceux des *Génivaux*, sur le front de la position française du 18 août 1870, et passe près de *Gravelotte*, où la route de Metz à Verdun par Étain se détache à droite de la route directe par Mars-la-Tour; la Mance finit à *Ars-sur-Moselle.*

5° Le ruisseau de *Châtel* descend d'*Amanvillers*, est suivi par le railway de Metz à Verdun (à une voie).

Toutes ces petites rivières parcourent de profondes vallées, dans la partie inférieure de leur cours. Nous ne mentionnons ici les trois dernières qu'en raison de leur importance si grande dans les opérations autour de Metz en 1870.

6° L'*Orne* prend sa source près du village d'*Orne* (au nord-est de Verdun); il arrose *Étain* (2,645 hab.) où passe le railway Metz — Verdun, et une des deux routes entre ces deux villes. C'est un point important où convergent six routes. Les deux routes de Metz à Verdun coupent la crête des Côtes Lorraines en deux points qui forment chacun le centre d'une bonne position, la route de Mars-la-Tour à *Haudiomont* (660 hab.), et la route d'Étain ainsi que le railway à *Eix* (520 hab.); ces deux positions couvrent parfaitement Verdun à l'est. Le fort de *Bois-Brulé* (décrété en 1874) couvrira le centre de la position d'Eix. L'Orne passe à *Conflans* (530 hab.), nœud de routes et limite au sud la forêt de *Moyeuvre*, où le village de ce nom (3,200 hab.) est le centre d'un bassin houiller très-important que la Prusse a eu soin de s'annexer. La vallée est étroite, pittoresque. L'Orne reçoit à gauche les eaux du *Woigot* qui passe à *Briey* (1,900 hab.) sur la route de Metz à Longuyon; à droite, les eaux du plateau de *Mars-la-Tour* (650 hab.) et de celui de *Saint-Privat* (470 hab.).

Le railway Metz — Thionville (à une voie) franchit l'Orne sur un pont en pierres à *Richemont* (1,000 hab.), d'où part un embranchement ferré qui va jusqu'à Moyeuvre et qui doit être prolongé jusqu'à la ligne Lérouville — Longuyon, laquelle a été concédée par un décret du 13 juin 1873.

7° La *Fensch* descend du plateau de *Fontoy*, position importante (campagne de 1792), parcourt une vallée étroite, profonde, boisée, riche en minerai de fer, traverse les grands établissements métallurgiques d'*Hayange* (forges et hauts-fourneaux), et finit en amont de Thionville; elle est suivie par la grande ligne ferrée des *Ardennes*, Mézières — Thionville (à une voie).

8° La *Sure* (Sauer) prend sa source dans le Luxembourg belge, entre dans le Luxembourg hollandais à *Martelange*, bonne position, face au nord, au croisement de deux routes importantes, l'une parallèle à la frontière française, à 40 kilomètres environ (Luxembourg — Martelange — Neufchâteau — Beaumont — Maubeuge), l'autre perpendiculaire (Longwy — Arlon — Martelange — Bastogne — Liége). La vallée de la Sure a de 50 à 60 mètres de profondeur; la rivière passe à *Esch-sur-Sure*, village situé sur la rive droite et dans une profonde vallée; rien n'est pittoresque et sombre comme ces masses de rochers nus qui surplombent sur la vallée, presque à pic, et que dominent les superbes ruines du château des sires d'Esch; ce village est au croisement des routes de Namur, de Liége et d'Aix-la-Chapelle sur Luxembourg. Il y a une bonne position défensive, face au nord.

Le railway important de Liége — Spa — Luxembourg pénètre dans cette vallée, la suit un instant et la quitte vers *Ettelbrück* (2,800 hab.) qui est le milieu de la ligne de la Sure et sa partie la plus faible; on y trouve pour le railway de Liége et pour celui de Diékirch des ponts qui traversent la Sure. *Diékirch* est un village de 3,500 habitants dont les fortifications ont été rasées en 1800 et 1815.

La vallée a toujours 50 à 60 mètres de profondeur, presque à pic; deux routes la suivent, tandis que la haute Sure n'était suivie que par une seule route réellement praticable à une armée.

La rive gauche est dominante à partir d'Ettelbrück; les hauteurs de la rive droite s'abaissent insensiblement; la largeur de la rivière est de 15 à 20 mètres vers Diékirch; la Sure passe à *Echternach* (4,000 hab.), sur la route Luxembourg — Prüm — Blankenkeim — Cologne; c'est une jolie petite ville entourée d'un mur de 1^{m},50 d'épaisseur flanqué par neuf tourelles, avec un pont de 120 mètres sur la rivière.

La Sure finit à *Wasserbilig* (680 hab.), position favorable sur la rive gauche; c'est par Wasserbilig que Moreau, en 1794, tournait la position de Trèves — Conzarbrucke pour l'isoler de sa base, Luxembourg. La canalisation déjà commencée de la Sure a été abandonnée; sa profondeur maximum vers Ettelbrück est de 1^{m},50 à 2 mètres.

La Sure forme une bonne ligne défensive de 100 kilomètres de longueur, parallèle à la frontière française, à 40 kilomètres environ de distance, flanquée à droite par la Moselle, à gauche par les Ardennes et traversée en son milieu par la grande ligne d'opérations de Luxembourg aux sources de la Roër.

La Sure reçoit à droite :

L'*Alzette*, qui prend sa source près de *Tiercelet* (France), traverse une langue de terre cédée à la Prusse en 1871, et entre en Luxembourg. La commission française de défense de 1836 considérait la trouée de Tiercelet comme extrêmement vulnérable ; car, par Luxembourg, alors forteresse fédérale, l'invasion pouvait tourner toutes nos places fortes de la Meuse, de la Chiers et de la Moselle et pénétrer par Longuyon — Stenay — Vouziers en pleine Champagne. C'était la ligne d'invasion la plus courte et la plus facile de l'Allemagne avant 1867, époque où fut déclarée la neutralité du Luxembourg. La Prusse, en échange de quelques kilomètres carrés importants près de Belfort, a su nous enlever les sources de l'Alzette, c'est-à-dire le territoire d'*Aumetz* et de Rédange, dont les gisements métallifères extrêmement importants alimentent les hauts-fourneaux de Longwy; au point de vue militaire, elle nous empêche ainsi de relier Luxembourg à notre réseau ferré par la ligne de l'Alzette qui vient jusqu'à Esch.

L'Alzette passe à *Esch-sur-Alzette,* belle position militaire, face au nord, laquelle permet de couvrir la trouée de Tiercelet; elle s'appuie à gauche au mont *Soleuvre*, à droite au mont *Saint-Jean ;* de cette position on découvre la vallée de l'Alzette et la partie supérieure de celle de la Chiers. D'Esch part un embranchement ferré qui rejoint à *Bettembourg* la ligne Thionville — Luxembourg (une voie).

Le bassin supérieur de l'Alzette est praticable en tous sens aux trois armes; mais à partir d'*Hespérange* (790 hab.) la vallée devient profonde, escarpée; sur les plateaux de droite on trouve la forêt de *Grünenwald* (chênes, hêtres, pins) et les ravins des deux *Erenz*, sur ceux de gauche la forêt de *Baümbusch* et les ravins de la *Mamer* et de l'*Atter*.

Luxembourg (15,000 hab.), capitale du duché de Luxembourg hollandais. La ville est construite sur un plateau de la rive gauche, lequel domine, absolument à pic, de 67 mètres, le fond de la vallée de l'Alzette et de son petit affluent de gauche le *Petrus*.

Dans le fond de la vallée on trouve les faubourgs de *Petrus*, de *Grund*, de *Pfaffenthal*, de *Clausen*.

Du côté du plateau, la ville est couverte par trois lignes continues de fortifications et par un glacis qui servait de champ de manœuvres aux troupes prussiennes avant 1867; ce glacis est couvert d'énormes rochers à fleur de terre qui rendent la tranchée presque impossible; c'est cependant le véritable point d'attaque de Luxembourg, celui par lequel Créqui l'attaqua en

1684. Les Allemands avaient construit, en 1863, un ouvrage très-solide à 200 mètres en avant des glacis, pour flanquer le plateau. Depuis 1867, cette place devant être démantelée, on s'est contenté d'ouvrir sur le milieu de ce front, correspondant à la grande rue de Luxembourg, un immense passage de 60 mètres de largeur environ.

Sur la rive droite du Pétrus sont les ouvrages de la *gare*, qui se composent de plusieurs demi-lunes, d'une grande redoute et d'une lunette à caponnière centrale construite en 1863 près de la gare.

Sur la rive droite de l'Alzette, sont les ouvrages très-considérables du *Rham* et de la *citadelle*.

Les abords de tous les fronts saillants sont protégés par un système de mines très-considérable (il y avait 445 fourneaux).

Il faut 15,000 hommes pour défendre une telle place, qui n'est pas à l'abri du bombardement par l'ouest et par le sud.

Luxembourg est le point de convergence de neuf routes et de quatre lignes ferrées (à une seule voie) allant sur Liége, Arlon, Thionville, Trèves.

Cette place est sur la ligne d'opérations la plus courte de France à la Roër et réciproquement de Coblentz à Paris. Son importance est considérable : elle menace ou flanque les opérations par la Meuse et surtout par la Moselle ; c'est sur elle que s'appuya Villars en 1705 pour faire échouer les opérations de Marlborough, de Conz-sur-Thionville; en 1792, elle servit de base d'opérations aux alliés, et protégea très-efficacement leur retraite après Valmy; en l'absence de fortifications, la position de Trèves tirait sa plus grande force de Luxembourg. C'est ainsi que Moreau parvint en 1794 à emporter les deux positions de Trèves et de Conzarbrücke, en les isolant de Luxembourg, par la prise de Wasserbilig par la division Desbureaux.

Pour couper les communications entre Trèves et Luxembourg, il suffit d'occuper la position dominante de *Wittemberg* sur la *Syr*, petit affluent de la Moselle, dont la vallée est suivie par le chemin de fer de Luxembourg — Trèves.

Louis XIV, pénétré de la haute importance de Luxembourg, la fit prendre et fortifier par Vauban ; Louvois écrivait à ce propos : « C'est la plus belle et la plus glorieuse conquête que « le roi ait jamais faite, qui mettra notre frontière en tel état « que les Allemands ne pourront jamais attaquer le royaume

« par ce côté là. » Malheureusement, quelques années plus tard, le traité de Ryswick nous l'arracha, au grand désespoir de Vauban. Luxembourg était, il y a soixante ans, le chef-lieu du département français des *Forêts*.

L'Alzette finit à Ettelbrück.

La Sure reçoit à gauche la *Wolz* qui passe aux *Trois-Vierges*, station importante; une autre source de cette dernière rivière passe au nœud de routes important de *Ludwigshof;* la Wolz passe à *Clervaux* où domine le château des Lannoy; elle est suivie par le railway Luxembourg — Liége, qui a des pentes rapides et très-difficiles : il y a 47 ponts et 16 tunnels depuis Ettelbrück jusqu'à la frontière belge; un canal suit également la vallée jusqu'à l'Ourthe (Meuse). La Wolz reçoit la *Wilz* qui descend du plateau important où est située la petite ville de *Bastogne*, nœud de cinq routes (Arlon, Luxembourg, Liége ou Aix-la-Chapelle, Namur, Carignan). La Wilz traverse la petite ville du même nom (3,000 hab.) dominée par un château, qui est lui-même dominé par une hauteur de la rive gauche. Wilz est le centre le plus important du bassin de la haute Sure.

La Sure reçoit l'*Our* qui passe près de *Saint-With* (1,100 hab.) (Prusse), bonne position militaire sur la ligne d'opérations importante de Luxembourg — Montjoie — Aix-la-Chapelle; elle arrose *Vianden* (1,500 hab.) (pont en pierres de 35 mètres), petite ville dominée par les belles ruines d'un vieux château. Ce pays est riche en minerai de fer et de cuivre, mais ne produit que du seigle et des pommes de terre. L'Our sert de limite entre le Luxembourg et la Prusse rhénane; cette limite se continue par la Sure, puis par la Moselle jusqu'à Sierk.

La Sure reçoit encore la *Prüm* qui descend du Schnee-Eifel, et qui passe à *Prüm* (3,000 hab.), ville dominée par des berges de 100 mètres de haut; bonne position sur la route Luxembourg — Diékirch — Vianden — Prüm — Blankenheim — Euskirchen — Cologne, et sur celle également importante de Trèves à Liége ou à Aix-la-Chapelle; le pays est agricole et industriel.

Tel est le bassin si important de la Sure; il constitue le Luxembourg hollandais; c'est un pays montueux où l'on ne rencontre aucune grande plaine; la partie centrale, occupée par une accumulation de roches puissantes, de grès, de lias, est très-accidentée; des rochers ruiniformes surplombent en général le fond des vallées, dont les riches prairies et la belle culture contrastent avec la sombre ceinture des forêts de hêtres, de chênes et de sapins, qui tapissent le flanc des montagnes. Les parties nord et nord-ouest sont hérissées de massifs épais ; le sud est plus ouvert, mieux cultivé ; on y récolte surtout du blé, de l'orge, de l'avoine, des fourrages. Autrefois ces plateaux étaient couverts de belles forêts de hautes futaies ; aussi appelait-on ce pays le *département des Forêts.*

Certains sites y sont très-remarquables ; ils rivalisent de beauté avec ceux des bords du Rhin.

9° La Moselle reçoit la *Kyll,* en aval de Trèves ; cette rivière descend de l'Eifel, passe à *Hillesheim* (1,000 hab.), excellente position militaire au croisement de cinq routes et au débouché du railway de l'*Eifel* (à une voie) ; cette ligne, qui vient de Düren —Euskirchen aboutit à Trèves en suivant la Kyll. Rien n'est plus pittoresque que le pays d'Hillesheim : on ne voit de tous côtés que des cratères de volcans éteints, revêtus de forêts, tandis que des ruines de vieux manoirs dominent ces paysages sauvages. On y trouve des mines de fer importantes.

La Kyll coule au pied de murailles basaltiques très-belles ; elle passe à *Bittburg* (2,300 hab.), ville située sur un mamelon ; bonne position sur la route de Trèves à Liége ou à Aix-la-Chapelle ; c'est une ancienne citadelle que démolit Créqui en 1667.

10° La *Lieser* passe à *Wittlich* (2,700 hab.), où la route de la rive gauche, de Trèves à Coblentz, atteint les plateaux qui dominent la vallée de la Moselle et franchit la Lieser sur un pont en bois. Nous avons déjà vu que cette route était la meilleure ligne d'opérations de la Moselle, ligne coupée par cinq bonnes positions défensives, y compris celle de Wittlich, où convergent les routes des deux rives de la Moselle. La Lieser, en aval de Wittlich, a 12 mètres de largeur ; elle est guéable.

Toute cette région méridionale de l'Eifel est très-remarquable : ce sont de longs plateaux étroits, ravinés, surmontés de cônes nombreux, pour la plupart anciens cratères, formant aujourd'hui une grande quantité de lacs ; les vallées sont déchirées à pic et presque toutes impraticables ; ces vallées, d'abord larges et ouvertes à l'origine, se rétrécissent et forment des gorges profondes et étroites dans la partie inférieure du cours des rivières, jusqu'à leurs confluents. On n'y rencontre pas de plaines, sinon la grande plaine du *Mayenfeld*, près de Coblentz, où convergent toutes les grandes voies de communication de cette région; les routes sont difficiles, les chemins peu nombreux, ont de 4 à 5 mètres de largeur; le sol friable est peu praticable après la pluie. Les villages sont bâtis en pisé et en bois, la maison d'école et l'église sont seules susceptibles de défense sérieuse; sur le Rhin et sur la Moselle, les villages sont solidement construits. Le pays est très-boisé; les bois impraticables; les plateaux offrent de bonnes positions défensives, mais sans communication entre elles, donc dangereuses; elles sont petites et peu propres, comme toute la région d'ailleurs, aux opérations d'une grande armée. Les mouvements offensifs sont favorables aux opérations venant de l'ouest, car toutes les routes sont convergentes vers l'objectif Coblentz, et pour ce même motif, les opérations défensives se dirigeant vers l'ouest sont également favorables.

Après la Moselle, le Rhin reçoit à gauche :

XIII. La *Nette* qui passe à *Maïen* (5,000 hab.), ville située au fond d'un large entonnoir ; nœud de routes venant de Trèves, de Liége, d'Aix-la-Chapelle et allant sur Coblentz ou Andernach. La Nette, qui a 10 mètres de large à Maïen, n'en a que 4 près de son confluent ; elle finit en face de Neuwied ; les sommets qui dominent sa vallée sont boisés; les routes sont mauvaises par la pluie.

XIV. L'*Ahr* passe à *Blankenheim* (680 hab.); excellente position militaire, surtout face au nord-est, sur le plateau au nord de cette petite ville ; en 1794, le général autrichien Nauendorf l'occupa face au sud et la retrancha pour couvrir sa retraite vers le nord ; Blankenheim est au point de coupure des deux routes importantes Trèves — Cologne et Coblentz — Aix-la-Chapelle ; le railway de l'Eifel passe à Blankenheim.

L'Ahr, qui a 10 à 14 mètres de large, passe à *Altenahr* (400 hab.), à *Ahrweiler* (2,800 hab.), village au nord duquel est une bonne position. Ahrweiler est entouré de murailles percées de quatre solides portes. L'Ahr finit près de *Sinzig*, qui est sur un mamelon, lequel domine la plaine traversée par la route et le railway Coblentz — Cologne.

L'Ahr a une soixantaine de kilomètres de longueur ; sa vallée, très-belle, a une profondeur moyenne de 60 mètres, et 150 mètres de large dans la moitié supérieure de son cours,

1000 mètres dans la partie inférieure ; une route la suit. Les plateaux sont généralement boisés, et le flanc des hauteurs couvert de vignobles renommés, donnant le vin rouge connu sous le nom de *Ahrbleichert*.

La vallée de l'Ahr est la ligne naturelle de communication entre la Meuse et le Rhin ; c'est également une ligne défensive importante sur la route de Cologne à Coblentz ; toutefois, les ponts de cette route sur l'Ahr sont dominés par les hauteurs de Lintz, sur la rive droite du Rhin, à 1,500 et 3000 mètres de distance.

XV. L'*Erft* sort de l'Eifel, non loin de *Munster-Eifel* ; c'est un torrent guéable partout, dont la vallée, large d'abord de 400 mètres, s'élargit bientôt et atteint un kilomètre à *Euskirchen* (3,500 hab.), bonne position militaire au débouché de cinq routes (Cologne, Düren, Montjoie-Liége, Trèves, Bonn) et du railway de l'Eifel ; un embranchement en construction reliera Euskirchen avec le railway du Rhin vers Brühl. La petite ville d'Euskirchen est en partie couverte de retranchements ; à l'est, ce sont des lunettes en terre ; au nord, c'est un mur épais de 3 mètres, avec fossé.

L'Erft, qui a 40 mètres de large, passe à *Horem*, où le chemin de fer Aix-la-Chapelle — Cologne le franchit sur trois ponts et passe sous le tunnel de *Kœnigsdorf* (1,300 mètres).

A partir de *Bergheim*, où passe la route d'Aix à Cologne, la vallée, coupée de canaux et de ruisseaux, est couverte de belles prairies, et l'Erft n'est plus guéable ; il a 10 à 15 mètres de large, 2 mètres à 2 m. 50 de profondeur. A partir de *Bedburg*, l'Erft est canalisé et est suivi par le railway Düren — Neuss.

Jusqu'à *Grevenbroich*, la rive droite a dominé les plaines de la rive gauche ; parfois elle est escarpée comme un mur, à la distance de 200 à 800 mètres de l'Erft ; à Grevenbroich, les ondulations de terrain de la rive gauche dominent légèrement celles de la rive droite à la distance de 1,500 mètres ; la vallée est peu marquée. L'Erft finit à 3 kilomètres en amont de Neuss, où passe le canal du Nord qui va jusqu'à la Meuse.

L'Erft reçoit à gauche la *Naffel* qui passe près de *Zulpich* (1,700 hab.) ; ce village, bâti sur un mamelon qui domine les environs, est entouré de murs flanqués de tours ; c'est l'ancien *Tolbiac* de Clovis, qui y battit les Germains. Le railway de l'Eifel passe à Zulpich. La Naffel finit en aval de *Kerpen* (3,200 hab.), où il y a de bonnes positions sur la route de Düren — Cologne.

Entre l'Erft et le Rhin on trouve, dit Fervel, un plateau tertiaire formant comme un promontoire à base escarpée, de 25 à 30 mètres de hauteur ; il est couvert par la grande forêt de Cologne, qui a 30 kilomètres de longueur sur 4 à 5 de large; cette forêt, qui se compose de taillis et de hautes futaies, est traversée par de grandes routes très-belles, mais par de mauvais chemins. Cette forêt et les escarpements qui la limitent au sud et à l'ouest forment une excellente position défensive qui étend la sphère d'action de Cologne jusque vers Brühl et Kerpen.

Tel est le versant occidental du Rhin médian, sur lequel nous reviendrons après la description du Rhin inférieur et surtout du bassin de la Meuse, qui est le dernier affluent du versant gaulois, mais qui finit dans la région hollandaise.

CHAPITRE VI.

RÉGION INFÉRIEURE OU HOLLANDAISE.

Le Rhin franchit la frontière à *Löbith* et coule dans un pays absolument plat.

A *Pannerden*, où il se divise en deux branches, d'immenses travaux hydrauliques ont été construits pour préserver la Hollande contre les inondations du fleuve ; un fort protége ces travaux.

La branche septentrionale du fleuve conserve le nom de Rhin; celle du sud se nomme le Waal.

Le Rhin passe à *Vestervoorde*, où un fort défend le pont du chemin de fer sur l'Yssel, autre dérivation du Rhin à droite ; le pays est couvert de bruyères.

Arnheim (15,000 hab.), entourée des vieilles fortifications de Cohorn et chef-lieu de la province de *Gueldre* ; un pont de bateaux la fait communiquer avec la rive gauche.

Le fleuve laisse à droite les retranchements de *Grebbe* et à gauche ceux de *Spée*, qui défendent les écluses de cette partie importante du pays.

Utrecht (43,000 hab.), grande citadelle, dont le gouvernement hollandais fait le centre de la défense de toute la Hollande, comme Anvers est celui de la Belgique ; tous les ouvrages extérieurs ont été relevés, toutes les maçonneries ont été défilées; on les pourvoit d'abris blindés, et la ceinture des forts est étendue. Ces forts sont ceux de *Klop, Gagel, Ruigenhœck, Blauw-Kapd, Voordorp, Bilstratt;* on doit en construire un sixième. Utrecht est au centre d'une ligne défensive formée par des canaux ou dérivations, et qui va du Zuydersée à Gorkum et à Gertruydemberg, à l'embouchure de la Meuse. Utrecht est à 16 mètres au-dessus de la mer.

A partir de cette forteresse, le Rhin ne présente plus qu'un filet d'eau bourbeux qu'on appelle *Vieux-Rhin;* il passe à *Leyde* (16,000 hab.), université célèbre ; le pays est tellement coupé de canaux qu'on trouve cent quarante-cinq ponts dans la ville de Leyde.

Les eaux du Vieux-Rhin se perdaient autrefois dans ces canaux et dans les dunes ; un grand canal a été creusé à travers les dunes pour les conduire jusqu'à la mer; les grandes et belles écluses de *Kattvich* ferment le lit du fleuve pendant les hautes marées, lesquelles dépassent de 4 mètres le niveau du fleuve. C'est par les écluses de Kattvich qu'on a vidé la *mer de Harlem.*

Dérivations du Rhin. — En Hollande, le Rhin se divise en plusieurs branches ; il y en a deux principales sur chaque rive.

1° A gauche, c'est d'abord le *Waal,* qui commence à Pannerden et qui est la dérivation la plus considérable : il passe à *Nimègue*, place forte dont les fortifications sont en assez mauvais état ; le fort de *Kraijenhof* défend ses abords à l'ouest. Sur la rive droite sont les retranchements de *Lent*, qui couvrent le pont de bateaux de Nimègue. Cette place était autrefois une tête de pont importante pour la Hollande et la clef du Waal supérieur. En 1794, Pichegru profita de sa situation dans un coude du Waal pour canonner le pont de bateaux ; la panique se mit dans l'armée anglo-hollandaise et la place ne tarda pas à se rendre.

Nimègue est actuellement trop près de la frontière prussienne ; grâce à son mauvais état, elle pourrait être enlevée par un coup de main vigoureux, au début d'une guerre. Étant en dehors des lignes défensives récemment choisies pour la défense de la Hollande, Nimègue sera déclassée et ses murs démolis, moins les forts de Lent et de Kraijenhof; Nimègue est à l'extrémité nord du railway de la rive gauche du Rhin.

D'immenses digues encaissent le Waal, tandis que de belles et vastes prairies s'étendent à droite et à gauche à 8 ou 10 pieds au-dessous du niveau du fleuve. Le Waal laisse à droite le poste fortifié d'*Ochten* qui, avec quelques ouvrages plus au nord, couvre la partie la plus étroite du Betuwe entre Waal et Rhin.

Avec la Meuse, le Waal forme l'île de *Bommel*, pays très-fertile, défendu par le fort *Saint-André* à l'est, au sud par celui de *Crèvecœur* qui relie l'île à Bois-le-Duc, à l'ouest par les *forts de Vüren* et de *Lœvestein* et par la citadelle de *Gorkum* (Gorichem). Au nord de Gorkum, la position retranchée d'*Asperen* couvre l'intervalle entre le Waal et le Leck ; sur la rive gauche du Waal il y a, en face de Gorkum, la petite place de *Voudrichem*.

L'île de Bommel est un bastion qui couvre la ligne du Waal; on y trouve la petite ville de *Bommel* (3,000 hab.), où passe le railway de Namur à Amsterdam, lequel traverse ainsi l'île de Bommel ; le fort de Crèvecœur couvre le pont de la Meuse.

Le Waal finit dans les îles de Zélande par le *Biesboch*, autrefois pays très-peuplé, qu'une inondation de la Meuse engloutit presque complétement avec 72 villages et 100,000 habitants (1421); 22 de ces villages sont encore sous les eaux, et longtemps, dit Duruy, on vit la flèche des clochers pointer au-dessus des vagues.

Le Waal constitue la barrière la plus solide de la Hollande contre les invasions du sud ; Louis XIV la tourna en 1672, par l'est, vers Emmerich ; il tourna ensuite la ligne de l'Yssel en repassant le Rhin à Tolhuis, entre le Waal et l'Yssel, ce qui lui permettait de déboucher dans l'importante région du Bétuwe, sans de trop grosses difficultés.

En 1794, Pichegru franchit le Waal sur la glace.

2° Le *Leck* est une dérivation considérable qui commence à *Wyck* ; il est traversé par le railway Namur —.Bois-le-Duc — Utrecht — Amsterdam ; le pont du chemin de fer est protégé par le fort d'*Erverdingen*, sur la rive gauche du Leck, et par celui de *Honswijk*, sur la rive droite.

Deux autres forts plus à l'ouest couvrent le canal qui joint le Leck à Utrecht.

Le Leck passe à *Vianen*, à *Nieuport*, à *Rotterdam* (114,000 h.), port florissant, un des meilleurs de l'Europe, d'où part au nord-ouest un canal qui passe à *Delft* (16,000 hab.), ville forte ayant un arsenal considérable et une manufacture d'armes importante, à *La Haye* (S' Gravenhage) (50,000 hab.), grande et belle ville, d'un air pur et très-sain, contrairement à Amsterdam ; c'est à La Haye que résident la cour et les États-généraux; au nord-ouest de La Haye sont les bains de mer de *Scheveningue*, le rendez-vous de tout le high-life néerlandais.

Un railway suit le canal, passe à Leyde, à *Harlem* (22,000 h.), et va jusqu'au Helder.

Les dérivations de droite sont :

1° L'*Yssel*, qui est une dérivation artificielle faite par Drusus jusqu'à la rivière d'Yssel, au moment d'entreprendre ses pointes hardies contre les peuplades germaines des bords de la mer du Nord.

L'Yssel passe à *Doesburg* (2.500 hab.), citadelle sur la rive droite ;

Zutphen (10,000 hab.), petite place où la grande ligne ferrée de l'Allemagne du Nord (Berlin — Magdebourg — Hanovre — Osnabrück — Zutphen — Arnheim) franchit l'Yssel, et où le railway de l'Yssel passe sur la rive droite jusqu'au Zuydersée ;

Deventer (11,000 hab.), place forte ;

Zwoll (11,000 hab.), chef-lieu de la province d'*Over-Yssel* ; place forte où passe la ligne hollandaise Rotterdam — Utrecht Zwoll — Leuvarden. Ces quatre places qui défendent la ligne de l'Yssel sont assez mauvaises et sans abris voûtés ; Zwoll est la meilleure et la plus importante.

L'Yssel est la première ligne défensive de la Hollande contre l'Allemagne ; il finit dans le Zuydersée en aval de *Kampen* ; son embouchure est embarrassée de sables et de bas-fonds.

Cette ligne importante est loin d'avoir la valeur défensive qu'on lui accorde en Hollande ; en été, on trouve des gués faciles entre Doesburg et Zutphen ; en hiver, il y a fortement à craindre la gelée ; de plus, le railway de l'Yssel suit la rive droite de cette rivière, dont la largeur en certains points n'atteint pas 100 mètres. Le pays, à l'est de l'Yssel, forme de grandes plaines sablonneuses, boisées et parfois marécageuses ; à l'ouest on ne trouve que canaux, bois et marais.

Contrairement aux autres rivières de la Hollande, les rives de l'Yssel ne sont pas basses ; la rive gauche domine généralement la rive droite, mais parfois c'est le contraire, ce dont saura certainement profiter l'attaque, d'autant plus facilement que de nombreux coudes de la rivière faciliteront la concentration des feux des batteries.

2° Le *Vecht* part d'Utrecht ; sa rive droite est couverte par cinq fortins, la rive gauche par un seul ; il traverse la petite forteresse de *Weesp* et finit dans le Zuydersée à *Muiden*, petit port fortifié, non loin du *Naarden*, petite place.

Une branche du Vecht finit à *Amsterdam* (261,000 hab.), capitale de la Hollande ; cette grande ville, construite sur pilotis et sur 90 îlots, compte 280 ponts ; elle forme un demi-cercle coupé par trois grands canaux concentriques : le canal du Roi, le canal du Prince, le canal des Seigneurs, tous les trois réunis entre eux par une foule de petits canaux. C'est un des ports les plus commerçants du globe : il y entre 3,500 navires par an. Elle n'a pour le moment d'autre défense que les inondations qu'on peut y tendre très-facilement.

Le golfe sur le bord duquel est bâti Amsterdam se nomme l'Het (l'Y) ; il se prolonge très-loin à l'ouest. Un canal était facile à faire en ce point entre le Zuydersée et la mer du Nord ; mais il s'agissait de couper une dune sur une côte occidentale, contre laquelle les dangereux vents du nord-ouest chassent violemment les eaux de la mer ; les Hollandais avaient toujours reculé devant un tel projet qui devait ouvrir une brèche à l'Océan ; ce n'est que depuis quelque temps qu'ils se sont enfin décidés : un beau canal a été creusé, d'immenses écluses ont été construites, et bientôt le port d'Amsterdam ne sera plus qu'à 25 kilomètres de la mer du Nord pour les navires les plus forts.

Déjà Amsterdam était relié à cette mer par le *canal du Nord*, qui aboutit au Helder ; ce canal a 80 kilomètres de longueur, 42 mètres de largeur ; deux frégates peuvent y marcher de front ; il est accessible aux navires du plus fort tonnage, et leur évite la traversée dangereuse du Zuydersée.

Le *Helder* est un port fortifié en face l'île de *Texel* ; Napoléon y avait fait construire en 1811 des établissements maritimes considérables ; plusieurs forts défendent les abords du Helder : le fort du *Prince héritier*, celui de l'*Amiral Dirks*, celui de *Kijkduin*, ainsi que les grandes batteries de côtes de *Kaaphoofd* et de *Vierhoofd*. Cette forteresse ne peut fermer l'entrée du Zuydersée que grâce au concours d'une flotte, car la passe est très-large et la côte du Texel n'est pas fortifiée.

Sur la côte du Zuydersée on trouve le port militaire de *Medenblick* et celui de *Hoorn*, le mieux abrité des vents du nord-ouest.

Entre l'Yssel et le Vecht, il y a une petite rivière, l'Eem, qui finit dans le Zuydersée et qui est couverte par quelques retranchements ; on doit construire des fortins pour protéger les ponts des deux railways qui la coupent ; on en fera ainsi une ligne de défense passagère qui protégera la retraite des troupes hollandaises après la défense de l'Yssel, et couvrira leur déploiement derrière le Vecht.

Les côtes de la Hollande sont au-dessous du niveau de la mer de $0^m,70$ en moyenne ; des dunes hautes de 15 à 30 mètres empêchent la mer d'envahir le pays ; avec leurs sommets mamelonnés, elles ressemblent de loin à une chaîne de collines. Depuis le moyen âge, il semble que ces côtes s'abaissent continuellement, tandis que celles de Suède s'élèvent très-sensiblement. Il y a des dunes sur la côte depuis Rotterdam jusqu'au Helder ; les îles de la Zélande n'en ont pas ; partout où il n'y a pas de dunes, on les a artificiellement remplacées par d'immenses digues de 15 mètres de hauteur, sur 40 mètres de largeur à la base. L'embouchure de tous les fleuves est éclusée afin que la haute mer ne puisse pénétrer dans leur lit ; les fleuves sont eux-mêmes hautement endigués afin de pouvoir contenir les eaux des inondations fluviales.

Lorsque les vents du nord-ouest soufflent avec violence, les eaux de la mer s'engouffrent dans les golfes de la côte ; si ces vents duraient longtemps et coïncidaient avec une grande crue du fleuve, il y aurait danger imminent de rupture des digues.

« La Hollande est continuellement entre ces deux périls de l'Océan et de ses fleuves. Que la tempête gronde avec le vent du nord et une marée de syzygie, que ses fleuves lui arrivent grossis par les pluies, ... tous, hommes, femmes et enfants courent aux digues. Tout le monde, là, est ingénieur, sous peine de mort. » (Duruy. Introduction générale à l'*Histoire de France*.)

Dans l'intérieur de ce pays si bas, on rencontre de grands et profonds marais qu'on appelle *polders*, dont le niveau est souvent à 5 mètres au-dessous du niveau des basses-eaux ; les Hollandais s'efforcent de les dessécher ; en quinze ans ils ont endigué, vidé et desséché la mer de Harlem, dont le sol, de 18,000 hectares, nourrit aujourd'hui 100,000 habitants ; ce résultat est si remarquable qu'ils espèrent, dit-on, dessécher le Zuydersée. Par suite de travaux analogues et incessants, ils gagnent environ 3 hectares par jour sur l'Océan.

Le pays est coupé de canaux sans nombre qui servent pour les communications et pour l'irrigation ; les digues sont en terre, en pierres et en bois.

Les routes suivent les canaux ou les digues qui bordent les rivières et les polders ; elles sont faites en briques et bordées d'arbres (chênes, hêtres, tilleuls, saules) ; à la moindre pluie, les chemins ruraux sont défoncés et très-difficiles. Les véritables chemins de communication, dit Lavallée, sont les canaux, liquides en été, gelés en hiver ; ces canaux ne sont pas creusés dans le sol, qui est souvent plus bas que la mer ; ils sont en relief et l'eau y circule entre deux murs ; des écluses permettent facilement d'inonder le pays, ce qui oblige de cheminer sur les digues, ainsi qu'il arriva à l'armée de Luxembourg, en 1672.

Tous ces canaux, digues et marais, forment des obstacles considérables contre l'invasion ; toutefois, il faut pour cela une hauteur d'eau convenable ; en cas de grande sécheresse, cette hauteur serait insuffisante, ainsi qu'il arriva en 1672 ; de même, en cas de gelée, l'invasion pourrait passer sur la glace, comme Pichegru en 1794. Aussi bien les Hollandais, ne comptant que médiocrement sur les inondations, ont construit déjà depuis longtemps une grande quantité de forts et de petites places pour mieux assurer ces inondations et protéger les passages principaux des rivières, canaux et digues. (Voir la fin du chapitre suivant, pour la suite de la description de cette région.)

CHAPITRE VII.

MEUSE.

Le Rhin hollandais reçoit à gauche un grand affluent, la Meuse, dont le bassin appartient presque en entier à la région gauloise.

La *Meuse* prend sa source dans le plateau de Langres, près du village de Meuse (département de la Haute-Marne) et de l'important plateau de *Montigny*, où débouche une route de la Saône venant de Bourbonne-les-Bains et où passe la grande ligne d'opérations Sarrebourg — Rambervillers — Charmes — Mirecourt — Lamarche — Montigny — Langres (ou Chaumont si on veut tourner Langres) ; cette position, placée sur la rive gauche de la Meuse et à une lieue d'elle, domine la rive droite ; cette crête importante fait suite aux crêtes non moins importantes de Chalindrey — Montlandon — Plesnois, qui coupent très-favorablement les lignes d'opérations venant de la Saône. De même elle se lie avec les hauteurs de la rive gauche de la Meuse jusqu'à Neufchâteau ; ces hauteurs présentent deux crêtes, l'une près de la Meuse, dominée par la rive droite à partir de Léniseul jusqu'à Neufchâteau, l'autre plus à l'ouest, à 4 kilomètres de la Meuse et formant un excellent front de bataille.

La vallée, d'abord large, se rétrécit de plus en plus, jusqu'à *Bourmont* (870 hab.). La Meuse arrose ensuite :

Neufchâteau (3,775 hab.), où passe le railway important de *Chaumont-Pagny* et d'où partira le railway concédé de *Neufchâteau — Mirecourt — Épinal,* ligne urgente ; un autre railway ira de Neufchâteau à Gondrecourt, où doit aboutir à la fin de cette année (1875) l'embranchement *Gondrecourt — Nançois-le-Petit* (sur la ligne Paris — Strasbourg) ; ce railway mettra ainsi Bar-le-Duc et Épinal en communication immédiate ; il sera terminé en 1879.

Neufchâteau forme un nœud de routes très-importantes, qui vont sur : 1° Pont-Saint-Vincent — Nancy; 2° Mirecourt — Épinal; 3° Contrexéville — Darnay — Vesoul ; 4° Langres ; 5° Chaumont; 6° Joinville par Grand. On comprend toute l'importance d'un tel point ; c'est le centre de la défense de la ligne de la Moselle entre Toul et Épinal.

Les montagnes de la Meuse à l'ouest sont coupées par le long défilé de *Liffol*, qui donne passage aux lignes Chaumont — Neufchâteau.

La rive droite jusqu'à Neufchâteau forme de bonnes positions face à l'est en arrière du Mouzon, affluent de la Meuse. L'ennemi qui aura franchi la Moselle abordera probablement la Meuse en aval de Neufchâteau, où la rive droite devient de plus en plus dominante. Les ponts de Maxey (près de *Domrémy*), de Brixey, de Sauvigny, lui faciliteront cette opération ; il évitera ainsi la ligne du Mouzon au sud, et le massif de Vannes et de Blénod au nord.

La Meuse passe à *Vaucouleurs* (2,670 hab.), où débouchent les deux défilés de Vannes et de Blénod, c'est-à-dire les routes de Bayon — Haroué — Vannes, et Toul — Blénod, sur Joinville et Troyes ; ces défilés sont importants et d'une défense facile, grâce aux escarpements orientaux de ces plateaux boisés. Les deux rives sont très-accidentées, couvertes de bois et la rivière a une largeur d'environ 80 pas (en une demi-heure on y construirait un pont) ; on y trouve le pont de Vaucouleurs, celui de Saint-Germain ; on aperçoit à droite les forêts de *Rigny* et de *Saint-Germain* ; à gauche la grande forêt de *Vaucouleurs*.

La Meuse, suivie sur sa rive droite par le railway de Neufchâteau, atteint *Pagny* (1,000 hab.) au débouché du col de Toul, à 10 kilomètres de cette place.

Ce que nous avons dit relativement aux hauteurs de la Meuse en amont de Neufchâteau, pour la défense de cette région, se retrouve en aval de cette ville. La défense sérieuse sera faite sur la deuxième crête à l'ouest, c'est-à-dire à environ 5 à 6 kilomètres de la Meuse, sur la ligne Chermisey — Vouthon — Epiez (c'est-à-dire sur les lisières orientales des forêts de Vaux, de Gondrecourt, du bois de Neuville), et par la lisière de la forêt de Vaucouleurs ; les bois qui couvrent les avant-plateaux devraient immédiatement être aménagés de façon à ne pas gêner la défense des lignes en arrière, tout en permettant la défense pied à pied des abords de ces positions, c'est-à-dire des avant-plateaux eux-mêmes (bois du Mont, bois de Coussey).

Le débouché de Pagny est dominé par la rive droite ; le railway Paris — Strasbourg passe près de Pagny, sous deux tunnels, l'un de 700 mètres, l'autre de 1100 ; le canal de la Marne au Rhin passe également sous un tunnel de 1200 mètres.

La défense du col de Toul sera faite, soit en avant sur les crètes qui vont de Blénod au sud jusqu'à Bruley au nord, soit en arrière par la forêt de Vaucouleurs, la côte Saint-Jean (où était un camp romain), au N.-E. de Void, et la forêt de Commercy.

La Meuse passe à *Troussey* (pont), à *Void*, où se coupent la route Paris — Nancy et celle de la Meuse, laquelle suit la rive gauche de cette rivière depuis sa source jusqu'à Saint-Mihiel.

Commercy (rive gauche) (4,200 hab.), sur la route de Pont-à-Mousson à Ligny — Saint-Dizier, laquelle se joint à la route de Paris — Strasbourg à *Saint-Aubin*, aux sources de l'Aire, affluent de l'Aisne.

Après la défense des Côtes Lorraines sur les belles positions de Bouconville et de Gironville que nous avons déjà signalées sur cette route, on pourra encore défendre la forêt de Commercy sur la rive gauche.

La vallée est large, très-sinueuse, et couverte de belles prairies ; le fond de la Meuse est du sable calcaire. En amont de Commercy, le railway Strasbourg—Paris, qui a passé sur la rive gauche à *Issey*, la suit jusqu'à Lérouville (700 hab.) (pont en pierres), et se dérobe à gauche pour gagner la vallée de l'Ornain par Bar-le-Duc et celle de la Marne à Vitry.

De Lérouville part le railway de la Meuse, qui ira rejoindre à Sedan la ligne des Ardennes ; la partie Lérouville — Verdun est terminée ; celle de Verdun à Sedan le sera à la fin de cette année (1875) ; elle devait d'abord suivre en partie la rive droite, mais l'autorité militaire a très-heureusement obtenu qu'elle ne suivrait que la rive gauche.

La Meuse passe à *Sampigny* (pont à un kilomètre), à *Saint-Mihiel* (4,285 hab.), sur la rive droite ; cette petite ville est dominée par des hauteurs escarpées, très-rapprochées. La Meuse, qui a 125 pas de large, fait un coude à l'est, lequel, avec les hauteurs dominantes de la rive droite, fournit d'excellents points de passage ; il y a un pont à Saint-Mihiel, plus deux en amont et deux en aval, à petite distance.

Saint-Mihiel est au débouché de deux routes importantes : l'une vient de Metz par Corni, Gorze ; l'autre de Pont-à-Mousson par les positions de Bouconville et d'Apremont. Un fortin sur le haut du plateau appelé camp des Romains, au sud de Saint-Mihiel, commanderait la vallée et les croupes environnantes, par conséquent les routes si importantes de Saint-Mihiel. Ces routes traversent la Meuse et franchissent l'Argonne par le défilé escarpé et très-boisé de *Rupt*. A partir de Saint-Mihiel, la route de la Meuse suit la rive droite jusqu'à Sedan ; la vallée, toujours couverte de prairies, s'élargit un peu.

Verdun (10,740 hab.) est entourée de dix bastions, à cheval sur la Meuse, qu'on traverse sur deux ponts (voir planche V) ; une grande citadelle pentagonale domine la ville et ses abords à l'ouest, mais est dominée par les hauteurs de *Belleville* (dites de Saint-Michel), sur la rive droite, et par celles de *Glorieux* et de *Saint-Barthélemy*, sur la rive gauche. En 1870, elle soutint énergiquement deux bombardements et ne tomba qu'après la chute de Metz.

On vient de décider les fortifications des hauteurs de Verdun (1874), particulièrement celles de la rive droite, et notamment la position de *Bois-Brûlé*, entre la route et le chemin de fer d'Étain, à environ 6 kilomètres à l'est de Verdun.

Verdun est au débouché de routes très-importantes, venant de Metz, de Pont-à-Mousson, de Longwy ; le railway de l'Argonne (La Veuve — Sainte-Menehould — Metz) y traverse la Meuse sur un pont en aval de la place, après avoir franchi le défilé des *Islettes* : ce défilé ne devient réellement difficile que dans le bassin de la Seine, entre l'Aisne et l'Aire son affluent, où se trouve la grande forêt de *l'Argonne*. En partant de Verdun, cette forêt peut être abordée par deux routes principales, celle des Islettes par Clermont, et celle plus au nord par Varennes, d'où deux routes coupent la forêt, celle de la *Chalade* et celle de *Vienne-le-Château*, plus au nord. Entre Verdun et la forêt, il y a la position de *Nixéville — Sivry-la-Perche — Esnes*, qui coupe les routes de Clermont et de Varennes ; elle a 15 kilomètres de longueur, des abords découverts, le centre en avant de la forêt de *Hesse*.

Le forêt de l'Argonne sera facilement défendue ; il est probable que l'ennemi la tournera par le sud, par *Brizeaux*, partie la plus ouverte ; pour atteindre Brizeaux on marchera sur Souilly par Villers ou Dugny-sur-Meuse, en amont de Verdun, et de Souilly on s'avancera par Fleury-sur-Aire. Cette route rejoint la route Sainte-Menehould — Châlons près de Gizaucourt ; la position de *Villers-en-Argonne* permettra d'y contenir l'ennemi ; elle est comprise entre la forêt de l'Argonne au nord et celle de *Belval* au sud ; les ailes s'étendraient jusque dans ces deux forêts, en arrière des étangs de cette région.

Le colonel prussien de Meyer prétend que l'armée défensive devra gagner Châlons aussitôt l'Argonne perdue, le pays compris entre Sainte-Menehould et Châlons n'étant d'aucune valeur défensive. Nous y trouvons, au contraire, des mouvements de terrain assez accentués, longs et découverts, qui aujourd'hui sont très-favorables à la défensive ; par exemple la ligne de hauteurs *Minaucourt — Hans — Valmy — Gizaucourt — Herpont.*

La Meuse, en amont de Verdun, est assez difficile à franchir, vu les hauteurs escarpées et boisées de cette région (forêt de Souilly) ; c'est par la ligne d'opérations de Pont-à-Mousson — Saint-Mihiel—Pierrefitte — Chaumont-sur-Aire — Brizeaux, que l'ennemi tournera Verdun et la forêt de l'Argonne, au plus près.

Au contraire, en aval de Verdun, les passages de la rivière seront favorables, car la Meuse offre de nombreux coudes ; de plus, les communications sur la rive gauche sont assez rares et mauvaises, ce qui sera défavorable à la concentration rapide de la défense sur le point de passage choisi, tandis que la rive droite, coupée de petites vallées, dissimulera facilement les préparatifs et les mouvements de l'attaque. On trouve des ponts à *Consenvoye* (700 hab.), *Vilosnes* (530 hab.), *Dun* (1,000 hab.) (rive droite), d'où part une route qui va sur Varennes — *la Chalade* — Sainte-Menehould.

Après Dun, la Meuse baigne le pied de la côte de *Châtel*, à gauche, et entre dans une large plaine ; on aperçoit au loin à droite la grande forêt de *Wèvre*, à gauche la forêt de *Dieulet*, d'où l'avant-garde prussienne déboucha le 30 août 1870, pour surprendre le 5e corps français à *Beaumont*. La rive droite domine jusqu'au confluent de la Chiers.

Stenay (2,500 hab.), tanneries et forges ; point important au débouché des routes de Longuyon, de Montmédy et du défilé de l'Argonne de la *Croix-aux-Bois*, par Buzancy, sur Vouziers, passant au sud de la forêt de Dieulet.

Mouzon (2,100 hab.) ; comme Stenay, c'est une ancienne place démantelée par Louis XIV ; Mouzon est sur la ligne d'opérations importante de Carignan — Neufchâteau — Bastogne — Houffalise, sur Liége ou Aix-la-Chapelle, ligne qui, à l'ouest, va sur Beaumont — Buzancy — Grand-Pré ; c'est le défilé des Argonnes, dit de *Grand-Pré*.

Sedan (14,345 hab.), place forte, dont les fortifications sont assez étendues ; à l'est, elles vont jusque sur le plateau de la Garenne ; à l'ouest, elles forment la tête de pont de *Torcy* sur la rive gauche.

Cette place, dominée de tous côtés, est au débouché de l'importante ligne ferrée des Ardennes sur la Meuse, et sur la ligne d'opérations Reims — Rethel — le défilé du *Chêne populeux* — Sedan — Bouillon — La Marche — Liége.

On vient de concéder le chemin de fer de Sedan à Bouillon. Le railway de la Meuse part de Sedan pour atteindre Verdun — Lérouville; près du pont de Bazeilles, où le railway des Ardennes franchit la Meuse, il vient se greffer, à cette dernière ligne.

Bazeilles était un beau village industriel ; il a été saccagé et brûlé et les habitants ont été fusillés par les Bavarois, dans la journée de Sedan ; il est presqu'entièrement reconstruit.

Donchéry. Le 31 août 1870, les 11e et 5e corps prussiens passèrent sur le pont de Donchéry pour couper l'armée française de sa ligne de retraite sur Mézières.

La vallée de la Meuse se resserre.

Mézières (4,310 hab.). Cette place est construite sur la corde d'un arc formé par la rivière, et sur la rive droite; elle a 2 têtes de pont sur la rive gauche ; une au sud, qu'on appelle l'*ouvrage à cornes de Champagne*, et qui entoure le faubourg de Pierre ; l'autre au nord, appelée *tête de pont d'Arches*, qui fait communiquer Mézières avec *Charleville* (12,675 hab.), ville industrielle.

Mézières est dominée à 1,000 et 1,500 mètres à l'est par les hauteurs du *Saint-Laurent*, au sud par celles de *Mohon* ; c'est par là que les Prussiens la bombardèrent en 1870 ; les habitants se réfugièrent dans Charleville, mais cette ville ouverte fut également bombardée et Mézières capitula le 1er janvier 1871. Mézières est à l'intersection de deux lignes ferrées très-importantes : 1° celle de Reims — Rethel — Mézières — Givet — Namur ; 2° celle de Lille — Avesnes — Hirson — Mézières — — Sedan — Longuyon — Thionville.

Des deux places de Mézières et de Sedan, il y en a certes une d'inutile; Mézières a une position plus importante ; cependant, à moins d'étendre très-loin les forts à construire, elle n'intercepterait pas longtemps la ligne des Ardennes, car en dix jours l'ennemi pourrait construire un tronçon de Flize à Boulzicourt. La forteresse de Sedan vient d'être déclassée (août 1875).

La Meuse passe à *Nouzon* (5,160 hab.), pont suspendu et établissements métallurgiques importants; à *Monthermé* (2,600 hab.), où il y a des fonderies importantes. La vallée devient très-étroite, le paysage est accidenté et très-varié, les hauteurs ont de 350 à 400 mètres d'altitude.

Fumay (4,565 hab.), centre considérable d'ardoisières ; les montagnes sont à pic, épaisses, couvertes de forêts ; la vallée est hérissée de rochers.

Givet (5,100 hab.), forteresse à cheval sur la Meuse ; ses fortifications s'étendent sur les deux rives, tandis que la citadelle de *Charlemont*, en amont sur la rive gauche, domine la vallée de 340 mètres.

La Meuse sort de France, entre en Belgique après s'être creusée un passage difficile à travers le massif ardennais ; elle passe à *Dinant* (3,800 hab.).

Namur (22,000 hab.) ; de ses anciennes fortifications, formant sept fronts bastionnés sur la rive gauche de la Sambre et de la Meuse, de la citadelle et du fort Guillaume dans l'entre-Meuse-et-Sambre, il ne reste que la citadelle située sur un rocher élevé, dans l'angle formé par la Meuse et la Sambre. C'était autrefois la clef de tout le pays entre ces deux rivières ; Louis XIV, qui attachait un grand prix à sa possession, vint en diriger lui-même le siége. Namur était l'ancien chef-lieu du département français de Sambre-et-Meuse. C'est encore aujourd'hui un nœud de voies ferrées extrêmement importantes : 1° sur Hasselt — Bois-le-Duc — Amsterdam ; 2° sur Bruxelles ; 3° sur Maubeuge — La Fère — Paris ; 4° Dinant — Givet — Mézières ; 5° La Marche — Neufchâteau — Arlon — Luxembourg — Trèves ; 6° Liége — Aix-la-Chapelle — Cologne.

La Meuse a 135 mètres de largeur à Namur.

Huy (9,000 hab.), tanneries et poudreries ; dans les environs il y a des mines de fer et de houille ; un railway projeté ira de La Marche à Landen et coupera au nord de la Meuse la partie des collines de Belgique appelée la *Hesbaie*, dos de pays de 200 mètres d'altitude, couvert d'un fertile limon.

Liége (102,000 hab.). C'est la plus grande ville de la Meuse, la plus importante, la plus industrielle ; elle est renommée par ses nombreuses manufactures d'armes ; elle est mal défendue par une mauvaise et ancienne *citadelle* au nord-ouest, et à l'est par le fort de la *Chartreuse*.

Brialmont propose de la fortifier solidement afin d'enlever à l'Allemagne et à la France toute velléité de violer la neutralité belge dans une guerre franco-allemande ; car Liége, par son importance, commande toute la ligne de la Meuse de Mézières jusqu'à Roërmonde.

De Liége partent des railways : 1° sur Bruxelles ; 2° le long de la Meuse en aval jusqu'à Venloo ; 3° sur Spa — Luxembourg (à une voie) ; 4° sur La Marche ; 5° enfin sur la ligne de Paris à Berlin par Maubeuge — Namur — Aix — Cologne — Hanovre —Magdebourg. Liége était le chef-lieu du département français de l'Ourthe.

Sur la gauche, le pays est couvert de collines élevées, sablonneuses, arides ; à l'est du col de Verviers, c'est le même caractère ; ailleurs, le pays est plat, riche en pâturages, et, vers le sud, couvert de forêts immenses.

Maëstricht (rive gauche), capitale du Limbourg hollandais (22,000 hab.). C'est encore une très-forte place, avec une citadelle sur le plateau de Saint-Pierre. Les Hollandais en ont commencé le démantèlement à l'ouest ; cette place était autrefois la clef de la Meuse inférieure et des abords de la Hollande, pour les opérations venant du sud ; il fallait ou la prendre ou la bloquer avant de pénétrer plus avant.

Roërmonde (9,000 hab.) (draps, toiles, papier), à la Hollande, au confluent de la Roër ; cette petite ville est encore entourée de vieux murs.

Venloo (6,000 hab.), place forte hollandaise sur la rive droite; le fort *Saint-Michel*, sur la rive gauche, lui sert de tête de pont; il y a un pont de bateaux. Les railways de la Meuse (en amont) et ceux de Bréda et de Dusseldorf y convergent.

Tout ce pays est plat, couvert de ruisseaux et de canaux qui constituent sa principale et sa plus sérieuse force défensive.

Grave, rive gauche (3,000 h.), avec un fortin sur la rive droite.

La Meuse se joint au Waal vers l'île de Bommel.

AFFLUENTS DE DROITE DE LA MEUSE.

La Meuse reçoit à droite:

1° Le *Mouzon*, qui descend du plateau important de *La*

Marche. C'est une bonne position face à l'est, sur la route déjà citée de Charmes — Mirecourt — Langres, et sur celle de Bourbonne-les-Bains à Neufchâteau. Nous avons également signalé les positions formées par les hauteurs de la rive gauche dans la partie inférieure de son cours, entre le Mouzon et la Meuse.

2° Le *Vair* passe à *Contrexéville*, sur la route importante de Vesoul — Darney — Neufchâteau ; il longe à l'est la forêt de *Neufay*, qui forme une excellente position défensive permettant de couvrir Neufchâteau.

Au sud de cette forêt débouchent vers Neufchâteau les routes de Bourbonne, de Vesoul et de Mirecourt, entre les positions du Mouzon et la forêt de Neufay ; entre ces deux positions, on trouve une série de mamelons et de plateaux sans étendue, mais dominants, depuis *Châtenoy* jusqu'à *Beaufremont* (380 hab.), lesquels permettaient de défendre favorablement cet important débouché.

Les Côtes Lorraines sont tellement rapprochées de la Meuse qu'on ne rencontre aucun affluent important avant la Chiers.

3° La *Chiers* a deux sources : la première, à l'ouest, descend du plateau d'*Arlon* (4,300 hab.), chef-lieu du Luxembourg belge, grand commerce de grains et de fer ; c'est le point de passage de deux lignes importantes : une ligne d'opérations, Longwy — Arlon — Bastogne — Liége, et une ligne de communications parallèle à la frontière, à environ 40 kilomètres, Remich (sur Moselle) — Luxembourg — Arlon — Neufchâteau — Dinant ; trois railways arrivent à Arlon : celui de Namur, celui de Luxembourg et celui de Longuyon — Longwy.

La deuxième source de la Chiers commence au mont Soleuvre, où nous avons déjà signalé une excellente et grande position pour couvrir la trouée de Tiercelet ; elle entre en France en traversant le centre d'une autre belle position défensive face au nord, c'est la position du *Titelberg* ; le mont Titus, ancien camp romain, domine le centre de cette position, qui s'étend à droite et à gauche, à cheval sur la vallée de la Chiers et à une lieue en avant de la frontière française.

Longwy (3,210 hab.), petite forteresse hexagonale, régulièrement bastionnée par Vauban, avec lunettes sans réduits, sur un plateau qui domine la vallée de 114 mètres ; sur le front d'attaque principal (au nord-ouest), on a établi deux cavaliers et un ouvrage à cornes, et en 1863 on a creusé des galeries de mines; trois des bastions ont des casemates sous le terre-plein. Les hauteurs du mont du *Chat* et de Méxy prennent d'écharpe et à revers le front d'attaque; c'est par le mont du Chat que les Prussiens l'ont bombardé en 1870. Le pays est très-riche en minerais de fer.

Longuyon (1,830 hab.), nœud de routes importantes sur Virton (Belgique), Luxembourg, Thionville, Metz par Briey, Verdun; la ville est située entre deux tunnels où passe le railway des Ardennes; de Longuyon part l'embranchement Longuyon – Longwy—Arlon. Les fortifications de Longwy seraient plus utiles à Longuyon.

La vallée de la Chiers est étroite, sinueuse, boisée; et pendant environ une lieue la rivière sert de limite à la France et à la Belgique.

Montmédy (rive droite), 2,020 hab.; Médy bas est entouré d'un vieux mur avec tours; Médy haut est sur un rocher triangulaire qui domine la vallée de 67 mètres; il est entouré de 8 bastions dont les hauts revêtements sont en rochers, et de 6 demi-lunes. Malgré une défense très-active de sa garnison, elle dut capituler, le 13 décembre 1870, à la suite d'un bombardement de trente-six heures. Montmédy est à l'intersection de la route de Sedan à Thionville avec la route importante de Reims — Vouziers — La Croix-aux-Bois — Stenay — Montmédy — Virton – Arlon et de la route de Verdun par Damvillers.

Le railway des Ardennes passe à Montmédy, au pied duquel il franchit un tunnel et suit ensuite presque constamment la rive droite de la Chiers. Les fortifications de Montmédy devraient être étendues, de façon à fermer complétement et pour plusieurs mois la ligne des Ardennes, laquelle, dans l'état actuel, serait ouverte en peu de jours; la veille de sa reddition devenue nécessaire, Montmédy ferait sauter le tunnel qui est au pied de la forteresse.

Carignan (2,090 hab.), ancienne citadelle où passe la route Vouziers — Beaumont — Mouzon — Carignan — Neufchâteau — Bastogne — Liége ou Aix-la-Chapelle. Entre Mouzon et Carignan cette route traverse un faîtage, une crête importante formant une bonne position soit face au nord-est, en se ménageant de nombreux passages sur la Meuse, soit face au sud-ouest contre le débouché de Beaumont.

Douzy où la grande route de la Meuse traverse la Chiers pour atteindre Sedan, et où passera le railway de la Meuse.

La Chiers reçoit à gauche la *Grune* qui sort du plateau d'*Aumetz*, riche en minerais de fer, et qui forme une belle position militaire sur la route de Thionville à Longwy; ce plateau est aujourd'hui à la Prusse. Au sud-ouest d'Aumetz on trouve le plateau également important de *Audun-le-Roman* (550 hab.) (France). La Grune est suivie par le railway des Ardennes, qui débouche de la vallée de la Fensch; elle finit à Longuyon. La vallée de la Grune, avec le plateau d'Audun-le-Roman et celui de Fontoy, forme une ligne défensive importante, en arrière de la trouée de Tiercelet; elle fut successivement occupée par les Français et par les alliés en 1792.

L'*Authain* prend sa source au lac de *Gondrecourt*, passe à *Spincourt* (480 hab.), à *Marville* (1,400 hab.), village autrefois fortifié sur la route de Longuyon à Stenay et à Montmédy.

Le *Loison* passe à *Mangiennes* (route de Verdun à Longuyon), à *Jametz* (790 hab.) (route de Verdun à Montmédy).

Entre Montmédy et Jametz il y a un large plateau qu'on pourra défendre favorablement, avant de se retirer derrière le Loison pour défendre la forêt de Wèvre, laquelle couvre les débouchés de Dun et de Stenay.

A droite, la Chiers reçoit la *Thonne* qui passe à *Virton*, petite ville belge où se croisent quelques routes importantes (celles de Montmédy, de Longuyon, d'Arlon).

La Meuse reçoit :

4° La *Semoy*, qui descend du plateau d'Arlon; c'est la vallée la plus tortueuse, la plus tourmentée, la plus boisée qu'on puisse rencontrer; c'est la région ardennaise la plus épaisse, la plus ravineuse.

La Semoy passe à *Florentville*, où elle est coupée par la ligne d'opérations que nous venons de voir de Carignan à Bastogne — Liége, et où passe la route d'Arlon à Sedan. Elle passe à *Bouillon* (2,800 hab.), dans une gorge profonde, dominée par un vieux château, lui-même dominé par les hauteurs environnantes, sur la ligne d'opérations de Sedan à Liége.

La Semoy finit à Monthermé, laissant au nord de Virton la forêt d'*Ethe*, et celle de *Chiny* au nord de Florentville; entre

Bouillon et Sedan, sur la frontière française, on trouve les forêts de *Francheval*, du *Dos du Loup*, et de *Sedan* par où s'échappèrent quelques débris du désastre de Sedan.

La Semoy reçoit la *Vierre* qui passe à *Neufchâteau*, nœud des routes importantes de Carignan à Liége, d'Arlon à Dinant ou Givet, et où passe le railway Luxembourg — Arlon — Namur.

La Semoy est une ligne défensive importante qu'on ne peut traverser que sur sept à huit points, grâce au pays qui est complétement haché et raviné sur ses deux rives. Ces points sont Habay, Rulles, Breuvanne (Jamoigne), Florentville, Herbeumont, Bouillon, Membre. Dans le déploiement de la première armée belge en 1870, d'Arlon jusqu'à Beaumont (près Maubeuge), cette ligne fut occupée. Le général en chef de cette armée, le général Chazal, écrivait à ce sujet : « Le passage de la Semoy « ne pouvait être tenté par des troupes, avec quelques chances « de succès, qu'en sept endroits, que j'avais fait barricader et « solidement occuper par des détachements des trois armes, « placés en deçà de la rivière. » Les avant-postes et la cavalerie légère étaient postés sur la rive gauche, les soutiens sur la rive droite, dans les forêts qui longent la vallée, et en arrière, vers le railway, les divers corps de troupe ; tel était le déploiement de cette armée destinée à faire respecter la neutralité belge.

5° La *Lesse* prend sa source au plateau de *Saint-Hubert* qui est le noyau central des Ardennes, traverse un pays couvert de forêts et finit près de Dinant.

6° L'*Ourthe* a deux sources : l'une descend également du plateau de Saint-Hubert, l'autre, au nord-est, passe à *Houffalise*, où la route d'Arlon se bifurque pour aller sur Liége et sur Aix-la-Chapelle.

La vallée de l'Ourthe est très-étroite, sinueuse, bordée d'escarpements très-élevés ; le pays est sauvage et couvert de bois. La région comprise entre l'Ourthe et la Lesse est triste, inculte ; on l'appelle *Famenne*, le pays de la famine. A l'est de l'Ourthe, entre cette rivière et l'Amblève, on trouve le plateau des *Tailles* (650 mètres) aux abords escarpés. L'Ourthe ne traverse aucune ville et finit à Liége ; sa vallée inférieure est suivie par l'embranchement ferré de Liége à *La Marche*. La Marche est un point important où passe le railway Arlon — Namur et la route Sedan — Liége. L'Ourthe reçoit à droite l'*Amblève* qui descend du plateau de *Bullingen*, position très-importante, où convergent les routes de la Chiers et de la Moselle (en amont de Trèves), qui vont sur Aix-la-Chapelle, et d'où part une route sur Liége.

Malmédy (4,500 hab.), ville industrielle et commerçante, à l'est de la belle position de *Francorchamps;* ses tanneries sont renommées. L'Amblève quitte la Prusse, entre en Belgique, où elle est coupée à *Stavelot* par le railway Luxembourg — Liége ; elle passe à *Ayvailles,* victoire des Français en 1794 ; en amont d'Ayvailles on trouve le gué de Sougnes par où la division Hacquin franchit la rivière, pour tourner les hauteurs de Sprimont.

L'Ourthe reçoit la *Vèdre* qui arrose une charmante vallée ; elle passe à *Eupen* (12,000 hab.), ville industrielle (draps, cuirs), bien massée, facile à défendre ; c'est un nœud de routes importantes qui appartient à la Prusse. La plaine coupée et couverte en tous sens est difficile pour la cavalerie et l'artillerie. La Vèdre entre en Belgique, passe à *Limburg,* ancienne capitale du duché de Limbourg.

Verviers (25,000 hab.), ville industrielle ; *Pépinster,* où les deux railways Aix — Liége, Luxembourg — Liége se rejoignent non loin de *Spa,* ville d'eaux minérales renommée. La vallée de la Vèdre est suivie par la ligne ferrée Liége — Aix, qui est la grande ligne ferrée de Paris à Berlin ; on n'y rencontre que tunnels et viaducs.

Le bassin de l'Ourthe a une grande importance dans toutes les opérations entre la Meuse et le Rhin, au nord de la Moselle; c'est une très-forte ligne défensive appuyée à gauche à la Meuse, à droite au massif des Ardennes et plus au nord à celui également important de l'Hohe-Venn.

L'*Hohe-Venn* est un pâté montagneux qui appartient au massif ardennais et qui en est la partie la plus élevée ; ses sommets dénudés ont 500 à 700 mètres de hauteur, ils sont couverts de tourbières et donnent naissance à des vallées divergentes, dont les gorges escarpées, profondes, boisées, également couvertes de tourbières, parfois dangereuses, constituent autour du massif principal des obstacles très-sérieux. Ce massif, autrefois impraticable, est aujourd'hui plus accessible; néanmoins il forme un appui excellent sur le flanc des opérations qui, de France, cherchent à déboucher dans les riches plaines de la Roër et du Rhin. Dans ce cas, il convient d'occuper deux points : Bullingen et *Francorchamps* ; cette dernière position, à l'ouest de Malmédy, est facile à retrancher grâce aux tourbières des sources de la Roër ; du sommet de cette position élevée on découvre un horizon magnifique.

Si une armée allemande débouchait du Rhin entre Coblentz et Cologne sur Trèves — Thionville, elle devrait occuper très-solidement la position de Blankenheim, que nous avons vue à l'est du noyau principal de l'Eifel, afin de couvrir son flanc droit contre une armée ennemie qui menacerait d'opérer par le bassin de l'*Ourthe*.

La Meuse reçoit :

7° La *Roër* qui prend sa source dans l'Hohe-Venn et l'Eifel ; elle passe à *Montjoie* (3,500 hab.) (fabriques de draps), où les routes du sud, sur Aix-la-Chapelle, la franchissent sur deux ponts en pierres ; un vieux château en ruines domine sur la rive gauche.

La gorge de la Roër est étroite, sinueuse, couverte de pins et de taillis fourrés; la rivière sort de ce massif épais à *Kreutzau* ; c'est par ce point que, le 20 octobre 1794, la gauche de la position autrichienne fut tournée par une division française.

Duren (10,000 hab.), ville très-industrielle (draps, papiers) sur la rive droite; la grande ligne ferrée Liége — Aix — Cologne traverse la Roër à Duren sur un pont de six arches ; la rivière a 40 mètres de large.

De Duren partent deux railways importants, celui de Neuss — Dusseldorf au nord et celui d'Euskirchen — Trèves au sud. Aussi bien cette ville est-elle la clef de la Roër ; elle est bien massée, difficile à enlever, au pied de pentes rasantes (15^m) et découvertes ; sur le sommet, c'est un large plateau également découvert ; cinq routes sur la rive droite, trois sur la rive gauche, convergent à Duren. Son importance est telle, qu'après la perte de Luxembourg, la Prusse a songé un instant à fortifier Duren ou Euskirchen, également important pour arrêter l'invasion qui déboucherait de l'Eifel ; sous ce dernier rapport seulement Euskirchen serait préférable.

Juliers (4,000 hab.), petite place à moitié démantelée, au milieu d'une plaine marécageuse, insalubre, fertile ; à 1,500 mètres sur la rive gauche il y a une mauvaise tête de pont, seule partie des fortifications laissée intacte, et en avant sur la route d'Aix, la position importante d'*Aldenhoven* (1,200 hab.);

sur le plateau de la rive droite est la forêt de *Juliers*, au nord de laquelle passe la route d'Aix — Juliers — Cologne ; plus au nord est le plateau découvert de *Mersch ;* ce sont d'excellentes positions rasantes.

Linnich (1,600 hab.) (rive gauche), trop loin de la rive droite qu'il faut gagner par un long défilé ; aussi bien ce point ne fut-il pas occupé par les Autrichiens pendant la bataille de la Roër, en 1794 ; ils n'occupèrent, en cette partie de la ligne de la Roër seulement, que la rive droite d'où ils ne purent être débusqués.

Le railway Aix — Creveld — Ruhrort franchit la Roër à *Brachelen.*

La Roër finit à Roërmonde ; cette rivière importante, navigable nulle part, est guéable partout ; mais sa vallée est sillonnée de canaux qui la rendent presque infranchissable ; les ponts sont construits sur pilotis ; la rive droite, élevée de 15 à 30 mètres sur le fond de la vallée, domine la rive gauche. La Roër est donc une excellente ligne de défense pour les Allemands ; en 1794, malgré l'intrépidité de Kléber à gauche, de Lefebvre contre Linnich, de Championnet contre Aldenhoven — Juliers, de Schérer contre Duren à droite, cette position ne put être entamée après une journée de combat ; le soir seulement la division Hacquin déborda l'ennemi par Kreutzau ; les Autrichiens battirent en retraite et Jourdan eut l'honneur de la victoire.

Cette grande position a 60 kilomètres de longueur ; chacune des positions particulières qui la composent doit, comme la position elle-même, être débordée par le sud.

La Roër reçoit l'*Urft* qui arrose *Call* (200 hab.), où passe le railway de l'Eifel, et *Gemund* (1,100 hab.), non loin du nœud de routes très-important de *Schleiden.*

Elle reçoit à gauche l'*Inde* qui passe à *Stolberg* (7,000 hab.), petite ville dominée par un solide château, lui-même dominé par les deux rives ; cette ville industrielle contient de grandes usines métallurgiques. Il y a 5 ponts sur la rivière ; l'Inde passe à *Eschweiler* (5,000 hab.), sur la rive gauche, avec 4 ponts et de grandes usines ; la rive droite domine.

La Roër reçoit la *Wurm* (warm, chaud), formée par plusieurs sources d'eaux chaudes, dont l'une passe à *Aix-la-Chapelle* (Aachen, 63,000 hab.), ancienne capitale des Gaules sous

Charlemagne, chef-lieu du département français de la Roër avant 1814, renommée par ses belles eaux thermales. C'est une ville ouverte, dominée au nord par le Louisberg (67^m). A Aix passe le railway de Liége à Cologne ; il en part le railway de Maestricht — Anvers, et celui de Gladbach — Creveld ; ce dernier suit la Wurm qui passe à :

Heinsberg (2,000 hab.), village entouré de vieux murs et dominé de 10 mètres par les hauteurs environnantes ; c'est une des quatre positions de la Roër, où la route de Maestricht à Dusseldorf coupe la Wurm, les canaux et la Roër sur une longue suite de ponts.

Tout le bassin de la Roër est riche, industriel et d'une importance considérable sur la grande ligne d'opérations de la région gauloise vers l'Allemagne du Nord. « Les nombreuses ondulations de ce pays forment des positions solides et commodes ; de plus, le mode de culture qui est tout couvert de fermes isolées, d'épaisses broussailles, de champs et de jardins bordés d'avenues, d'arbres, de fossés et de canaux boueux, ajoute encore, malgré le grand nombre de routes, à la force défensive dont la nature a doté cette région et en fait un point de résistance opiniâtre. » (De la Fruston.)

La Meuse reçoit encore à droite la *Niers*, qui prend sa source entre Roër et Erft, et passe près de *Rheidt* (4,000 hab.), ville industrielle, dominée de toutes parts ; dans le bassin de la Niers, on trouve *Gladbach* (20,000 hab.), industrielle (draps, toiles, tanneries), point important sur le railway d'Aix-la-Chapelle à Dusseldorf, d'où part un railway sur Venloo, et *Vierzen* (8,000 hab.), ville industrielle, avec un railway sur Creveld—Ruhrort ; le canal du nord, de Neuss à Venloo, passe près de Vierzen. La Niers court parallèlement à la Meuse et se jette dans cette rivière en Hollande.

AFFLUENTS DE GAUCHE DE LA MEUSE.

Les montagnes de la Meuse et l'Argonne sont tellement rapprochées de la Meuse qu'on ne trouve aucune rivière importante dans ces deux régions ; nous citerons seulement :

1° Le *Fluent*, qui borde à l'ouest la forêt de Vaucouleurs et qui est suivi jusqu'à *Mauvage* par le canal de la Marne au Rhin, lequel franchit le faîtage des montagnes de la Meuse sous le tunnel de Mauvage (4,890 mètres) pour atteindre l'Ornain, affluent de la Marne;

2° Le *Bar* qui passe à *Buzancy* (870 hab.), au milieu de belles prairies où se réunissent les deux routes de Stenay et de Mouzon, et au débouché du défilé de Grand-Pré, de celui de la Croix-aux-Bois, enfin d'une route venant de Verdun par Montfaucon et Bantheville ; cette dernière fut suivie par la garde prussienne et le 4e corps les 27, 28, 29 août 1870.

Entre les deux routes de Stenay et de Mouzon, on trouve la forêt de Dieulet, dominée par les hauteurs de la rive droite de la Meuse ; entre cette forêt et Buzancy, on rencontre le *Bois des Dames* et celui de *Belval*, sur les abords d'un long plateau qui domine ce pays et qui permettrait de couvrir les défilés de Grand-Pré et de la Croix-aux-Bois.

Le Bar passe près du *Chêne-Populeux* (1,550 hab.), où convergent la route de Dun par Buzancy, celles de Sténay et de Mouzon par *Beaumont*, et enfin la route de Sedan à Rethel ; c'est le défilé du *Chêne-Populeux*.

Le Bar, suivi sur sa rive gauche par le canal des Ardennes (de l'Aisne à la Meuse), finit en aval de Donchéry ; sur la rive gauche entre le Chêne et Mézières, il y a une région très-montueuse couverte par la *forêt de Mazarin*, et qui forme de bonnes positions face à l'est en arrière du double fossé, le Bar et surtout le canal des Ardennes. Ce fut dans le bassin de cette petite rivière, dans le triangle Vouziers — Stenay — Sedan, que s'accomplit en sept jours le triste drame militaire qui devait aboutir à la navrante catastrophe de Sedan (1er septembre 1870).

3° La *Vence* passe à *Launois* (1,300 hab.), bonne position sur la route de Mézières à Reims ; le railway des Ardennes suit cette rivière entre Mézières et Rethel ; les coteaux sont boisés ; la vallée possède de nombreuses forges et hauts-fourneaux.

4° Le *Véronin* prend sa source, sous le nom d'*Eau blanche*, vers *Rocroy* (3,000 hab.), citadelle pentagonale sur un plateau de 395 mètres de hauteur ; bombardée, elle capitula en janvier 1871.

Le Véronin traverse la grande forêt de la *Thierrache*, qui donne son nom à toute cette région, passe à *Marienbourg* (600 hab.), citadelle entourée de quatre fronts bastionnés, démantelée ainsi que *Philippeville* (1,200 hab.), qui est plus au nord, sur l'*Hermeton ;* ces deux places ont été enlevées à la France en 1815, si bien que l'Oise prend sa source en Belgique ; cette trouée, la plus vulnérable, la plus rapprochée de Paris, n'est couverte que par la neutralité belge.

Marienbourg est sur la ligne d'opérations ferrée de Paris — Soissons — Laon — Vervins — Hirson — Chimay — Marienbourg — Givet ou Charleroi.

5° La *Sambre* prend sa source au nord-ouest du plateau de *la Capelle,* nœud de routes très-important (route de Bruxelles — Mons — Maubeuge — Avesnes — la Capelle — Laon ; route de Mézières à Arras ; route de Saint-Quentin).

Elle traverse la *forêt de Nouvion,* est atteinte à *Oisy* par le canal de la Sambre, qui vient de l'Oise, passe à *Landrecies* (4,000 hab.), place forte sur la rive droite avec une tête de pont sur la rive gauche dont les hauteurs dominent toute la place. La Sambre passe à *Aulnoys,* où le railway important de Lille — Hirson — Mézières (à une voie) coupe cette rivière.

Maubeuge (11,000 hab.), place forte sur la rive gauche, sur la ligne d'opérations Paris — Bruxelles, au nord-est de la grande forêt de *Mormal,* qui occupe la rive gauche dominante jusqu'à Landrecies.

Maubeuge est à la bifurcation de 2 railways et de 5 routes ; c'est pour la France la tête de pont la plus favorable pour manœuvrer sur la Sambre ; elle a toujours été tête de nos lignes d'opérations en Belgique. Elle est trop près de la frontière pour en faire un grand camp retranché; mais on devrait y construire 3 fortins qui l'abriteraient contre le bombardement.

Le railway Paris — Saint-Quentin — Busigny — Landrecies — Maubeuge est la grande ligne de Cologne — Berlin, par Liége et Aix-la-Chapelle ; jusqu'à *Berlaimont,* il a suivi la rive gauche ; il la coupe trois fois en amont de Maubeuge et 9 fois avant d'arriver à Charleroi.

La Sambre entre en Belgique à *Erquelines,* passe à *Thuin* (3,500 hab.), à *Marchiennes,* à *Charleroi* (15,000 hab.); cette ville était autrefois un point très-important, le seul point de passage de la Sambre entre Maubeuge et Namur, et la tête de pont nécessaire pour être maître des deux rives de la Sambre ; aujourd'hui les nombreux ponts du chemin de fer (il y a 14 ponts entre Charleroi et Namur) permettent de franchir cette rivière très-facilement et partout.

La Sambre finit à Namur; elle est navigable, profonde, cependant guéable en certains points en été; les escarpements de sa rive gauche sont favorables à la défensive belge.

La Sambre reçoit à droite l'*Helpe* qui passe à *Avesnes* (4,000 hab.), place forte déclassée depuis 1867, sur la ligne d'opérations de Paris à Bruxelles, sur le railway Lille — Hirson — Mézières. Cette région, entre Sambre et Meuse, est l'extrémité des Ardennes; elle est très-accidentée, sillonnée de coupures profondes, couvertes de larges forêts, surtout au sud : forêts de Croÿ, de la Thierrache, de Saint-Michel de Trélon et de Chimay.

Le pays compris entre Douai et Aix-la-Chapelle, c'est-à-dire les bassins de la Scarpe, de la Haisne (affluents de l'Escaut), de la Sambre et d'une partie de l'Ourthe, constituent un vaste bassin houiller très-important qu'on appelle *bassin houiller du Hainaut;* après celui du pays de Galles, c'est le plus riche que l'on connaisse, dit Duruy. Malheureusement il se présente en France dans des conditions moins avantageuses; ainsi entre Aix-la-Chapelle et Mons, il est presque à fleur de terre; à Condé, il est à 40 mètres sous terre; à Valenciennes, à 80 mètres; à Aniche, à 120 mètres; quelques sondages nouveaux permettent d'espérer retrouver le gisement dans le Pas-de-Calais.

Par sa direction, la Sambre n'est pas une ligne défensive pour la France, tandis qu'autrefois elle formait une bonne ligne pour la Belgique, vu les plateaux de sa rive gauche; Mons commandait le débouché entre Sambre et Escaut. Dans une guerre franco-allemande sur cette région, la Sambre reprendrait de l'importance, les deux armées devant se tenir au plus près de la ligne Namur — Liége ainsi que nous le verrons dans les considérations stratégiques de la région gauloise.

Contrairement aux autres pays, en Belgique les lignes d'opérations les meilleures suivent les plateaux et non les vallées, trop basses, trop coupées et souvent marécageuses. On évitera ces régions basses, celles du nord-ouest surtout, en opérant par la région comprise entre Haisne et Sambre; la meilleure base à prendre, depuis le démantèlement des places frontières belges, serait *Mons — Charleroi*, par le nœud de railways de *Monlawetz.*

Contre la défensive adoptée par la Belgique, il conviendrait de se porter rapidement sur Malines, qui serait le premier poste à enlever avant d'aborder Anvers.

6° Le *Jaar* passe à *Tongres* (4,000 hab.), ancien chef-lieu de la province du Limbourg belge (aujourd'hui c'est Hasselt), nœud de routes ferrées très-important; César avait choisi Tungri pour son centre d'opérations dans cette région. Le Jaar finit dans les fossés de Maëstricht.

7° La *Dommel* sort des marais de *Peer*, reçoit plusieurs affluents, entre autres l'*Aa* qui sort du marais de *Peel ;* elle parcourt un pays plat, coupé de ruisseaux et de marécages, arrose *Eindhoven* où passe le railway Hasselt — Bois-le-Duc, d'où part celui de Venloo, et où aboutit le canal de la Meuse à la Dommel ; cette rivière passe à *Boxtcr*, d'où part un railway sur Bréda ; elle passe à *Bois-le-Duc* (22,000 hab.), chef-lieu du Brabant hollandais, place forte défendue par une citadelle, deux forts et des inondations ; elle doit être déclassée et démantelée, étant en dehors du système de défense nouvellement adopté.

La Dommel finit vers l'île Bommel, au fort *Crèvecœur*. Elle est suivie par le railway Namur — Hasselt — Bois-le-Duc — Bommel — Utrecht — Amsterdam.

La Meuse, affluent du Rhin inférieur, appartenant presqu'en entier à la région médiane, à la région gauloise, nous ne signalerons ses propriétés stratégiques qu'au chapitre VIII, qui est spécial à cette dernière région.

Les eaux du Waal et de la Meuse se jettent dans la mer du Nord en formant une grande quantité d'îles basses protégées par d'immenses dunes et par des digues.

Ces îles constituent une province hollandaise, la *Zélande;* les divers estuaires compris entre les îles septentrionales forment ce qu'on appelle les *bouches de la Meuse*, ceux plus au sud sont les *bouches de l'Escaut*.

Sur la côte on trouve la citadelle de *Gertruydemberg*, place forte, avec ouvrages avancés, qui prend une importance très-grande pour couvrir le flanc droit de la grande ligne défensive Muiden — Utrecht—Gertruydemberg ; plus à l'ouest, *Moerdyk*, où un vaste pont permet au chemin de fer de Bréda de passer ce bras de mer pour atteindre l'île de *Beyerland ;* plus au sud, l'embouchure de la *Merck*, petite rivière qui passe à *Bréda* (15,000 hab.), ville très-forte, défendue par une citadelle et des marais; siége de l'académie de guerre, de l'école de marine et de l'école si importante du *Watterstatt* pour les *ingénieurs des digues*. Cette place est déclassée depuis quelques années, en raison du nouveau système de défense de la Hollande.

Une dérivation canalisée de la Merck passe à *Klundert*, ville forte (2,400 hab.). Sur la côte on trouve la forteresse de *Vilhemstadt* (1,700 hab.), mauvais port ; cette forteresse, avec ses forts de *Hel* et de *Ruyter*, va devenir le centre de la défense de l'embouchure de la Meuse.

Berg-op-Zoom (10,000 hab.), place forte, bâtie moitié sur une hauteur, moitié sur le bord de la mer ; ses inondations et les beaux ouvrages, construits par Cohorn en 1688, la rendaient très-forte ; déclassée comme Bréda, elle est déjà en partie démantelée.

Les îles principales de la *Zélande* sont : *Beyerland*, avec le port important de *Dordrecht* (25,000 hab.) ;

L'île de *Woorn*, où l'on trouve le port d'*Helvoet-Sluys* qui a les plus beaux chantiers de la marine hollandaise, le port fortifié de *Brielle*, où naquit Trompp, qui battit 32 fois les Anglais. On a projeté de construire un fort en face de Brielle sur la hauteur de *Rozenbourg* et d'augmenter les fortifications de la place elle-même ; Brielle couvrirait ainsi cette embouchure de la Meuse. Un fort construit près de *Horn* couvr[illegible] passage plus au sud, le *Haringsvliet*.

Le chemin de fer de Bréda à Rotterdam passe la Meuse à Moerdyk, traverse Dordrecht et atteint Rotterdam après avoir franchi trois bras de mer sur de beaux ponts ; on doit construire un fort à Moerdyk pour protéger le beau pont qui franchit le *Hollands-Diep* ;

L'île d'*Over-Flake*, avec l'ancienne et mauvaise citadelle de *Gorree*, et à l'extrémité orientale le fort *Prince Frédéric*, qui défend le passage dit de *Volkerak*, au sud-est d'Over-Flake ;

L'île *Schouven* avec le port de *Ziriksee*, qui peut recevoir les plus forts navires ;

Les deux îles *Nord-Beveland*, *Sud-Beveland* ;

L'île *Valcheren*, malsaine ; au centre de l'île est le chef-lieu de la province de Zélande, *Midelburg* (15,000 hab.) ; au sud, sur la côte le grand port militaire de *Flessingue* (8,000 hab.), qui peut contenir 80 vaisseaux de ligne ; c'est le principal port militaire de la Hollande et la patrie de Ruyter.

Flessingue commande les bouches de l'Escaut.

La Zélande a les mêmes caractères que le reste de la Hollande ; toutefois il n'y a pas de dunes ; les digues seules arrêtent l'Océan.

Nous terminerons la description de la Hollande par celle qui a été faite par Clausewitz ; elle est très-importante au point de vue militaire :

« Le sol est sec et consiste en prairies sèches, ou en champs cultivés. Il est traversé par un certain nombre de petits fossés d'irrigation et de drainage plus ou moins profonds et larges.

Des canaux plus grands, destinés à l'irrigation, au drainage et à la navigation, et dont le lit est endigué, sillonnent le pays dans toutes les directions possibles et sont assez larges pour ne pouvoir être franchis que sur des ponts.

La surface du sol de toute la région inondable est située sensiblement au-dessous du niveau de la mer et par conséquent au-dessous du niveau des canaux.

Il en résulte qu'en perçant les digues, en établissant des barrages, et en levant les écluses, on peut mettre sous l'eau le sol lui-même, de telle sorte que les chemins situés sur les plus hautes digues restent seuls secs et que les autres sont tout à fait submergés, ou du moins tellement amollis par l'humidité qu'on ne peut plus s'en servir. Dans le cas où l'inondation ne dépasse pas 3 ou 4 pieds de haut, ce qui permettrait de le traverser à gué sur de courts espaces, les petits fossés dont il a été question ci-dessus et qu'on ne voit pas s'y opposeraient encore. Ce n'est que là où ces fossés ont une direction définie, de telle sorte qu'on peut marcher entre deux d'entre eux sans en rencontrer d'autre, que l'inondation cesse d'être un obstacle absolu. Encore faut-il remarquer que cette particularité ne se présentera que sur des espaces de terrain de fort peu d'étendue, et qu'elle ne pourra être utilisée que pour des besoins tactiques tout à fait spéciaux.

De tout ce qui précède il résulte :

1° Que l'assaillant ne dispose que d'un nombre plus ou moins restreint de voies d'accès, lesquelles, situées sur des digues assez étroites et bordées ordinairement à droite et à gauche d'un fossé plein d'eau, constituent un passage fort resserré ;

2° Que toute disposition défensive sur une pareille digue

peut être, avec une rapidité extraordinaire, rendue inexpugnable;

3° Mais que le défenseur, dont le champ est ainsi limité, est obligé de se borner à une défense passive et d'attendre son salut de la résistance passive;

4° Qu'il ne s'agit pas ici d'une ligne de défense unique, fermant le pays comme une simple barrière, mais que le défenseur, ayant partout pour protéger ses flancs la même difficulté d'accès que l'assaillant, peut continuellement installer de nouveaux postes et remplacer ainsi une partie perdue de la première ligne de défense par une nouvelle. On pourrait dire qu'ici comme aux échecs le nombre des combinaisons est inépuisable. » (Voir plus loin, pour le reste de la Hollande et son organisation défensive.)

CHAPITRE VIII

CONSIDÉRATIONS STRATÉGIQUES SUR LA RÉGION GAULOISE.

Après la description du versant occidental du bassin du Rhin il nous reste à résumer les propriétés stratégiques de sa région principale, la région gauloise.

La ligne du Rhin médian forme comme une immense courtine, flanquée par les deux autres régions, courtine formidable qui, aux premiers siècles de notre ère, servit longtemps de barrière contre les invasions des Barbares.

La région gauloise est divisée en deux parties par l'épais massif schisteux appelé le Hardt, le Hunsrück et l'Eifel, massif qui se prolonge sur la rive droite du Rhin par le Taunus et le Westerwald, lesquels divisent également en deux parties la région germanique du Rhin.

Cet imposant massif de la rive gauche forme une région haute et difficile, par laquelle on domine les opérations de cette rive; pour s'en assurer la possession les Allemands l'ont retranché d'une façon formidable par la création des grandes forteresses de Mayence et de Coblentz; ces places fortes, à cheval sur le Rhin, forment comme le réduit des massifs montagneux des deux rives, lesquels constituent ainsi comme une immense tête de pont double, qui donne aux Allemands une prépondérance réelle sur toute la région gallo-germanique ; tête de pont tellement redoutable que les écrivains militaires allemands, depuis quarante ans, affirment que le Rhin est pour nous inabordable de front par cette région.

La ligne d'opérations qui permettrait de l'atteindre par cette région même est celle de la Moselle par Trèves ; elle va se buter contre Coblentz, laissant à gauche l'Eifel et Cologne menaçants, à droite le Hunsrück, Mayence et toutes les lignes du Palatinat ; au contraire elle est courte, bien couverte et bonne pour une invasion sur le sol gaulois ; elle a été souvent suivie dans ce sens.

Reste donc la région au nord de ce massif, et celle au sud qui permettent d'aborder le Rhin ; nous allons les examiner successivement.

La région du nord est comprise entre le Rhin, depuis le défilé de Remagen jusqu'en Hollande, et la frontière française, des sources de la Sambre à celles de la Chiers.

Les Prussiens ayant les deux rives du Rhin, ont fait de ce fleuve une grande ligne défensive et offensive très-forte par la création du camp retranché de Cologne, et par la forteresse de Wesel.

La région au nord de Wesel, sur les deux rives, est marécageuse, couverte de tourbières ; les communications y sont difficiles ; les grandes armées modernes l'éviteront certainement.

Entre Wesel et Cologne, on trouve les points importants de Ruhrort et de Dusseldorf, têtes des grandes lignes ferrées de l'Allemagne du Nord, par lesquels on peut aborder la ligne défensive du Rhin ; mais outre que, depuis quatre ans, les Prussiens échelonnent sur cette région quelques fortins pour couvrir les points de passage principaux, on remarquera combien dangereuse serait pour une armée française une opération sur Dusseldorf, si elle ne parvenait d'abord à bloquer le camp retranché de Cologne, qui menace immédiatement sa ligne d'opérations.

Au sud de Cologne on trouve un point très-important, Bonn, que protégent très-mal quelques débris d'anciennes fortifications discontinues ; c'est un point de convergence de lignes importantes, et de passage favorable du Rhin, où César, Drusus, Charlemagne franchirent ce fleuve, et par où l'on atteint sur la rive droite la grande ligne ferrée de Wetzlar —

Giessen — Cassel — Gotha — Erfurt — Leipzig — Wittemberg — Berlin, qui est la grande ligne méridionale de l'Allemagne du Nord. De plus, on peut aborder Bonn sur la rive gauche par l'embranchement ferré de Brühl — Euskirchen, qui le relie aux lignes de la Meuse et de l'Eifel. Aussi Bonn est-il considéré par les Allemands comme le point faible du Rhin dans cette région. La vallée de la Meuse est la ligne d'opérations la plus courte et la meilleure pour aborder cet échiquier, car cette vallée est non-seulement riche, bien peuplée, mais encore couverte d'un réseau de lignes nombreuses ; cette ligne d'opérations est d'ailleurs parfaitement appuyée à l'est et au sud-est par le Hohe-Venn, l'Eifel et les Ardennes, au nord par le pays marécageux de la Meuse inférieure. Trois lignes ferrées permettraient d'opérer par la vallée de la Meuse :

1° (Paris — Compiègne) — Maubeuge — Charleroi — Landen — Hasselt — Maestricht — Dusseldorf (à 2 voies en France seulement).

2° (Paris — Soissons — Hirson) — Marienbourg — Charleroi — Namur — Liége — Maestricht (à une voie, excepté de Paris à Soissons).

3° (Reims) — Mézières — Givet — Namur — La Marche — Liége — Aix-la-Chapelle — Cologne (à 2 voies en France et en Prusse seulement).

Cette grande ligne d'opérations, reliée à celle de la Moselle par la place de Luxembourg, aujourd'hui neutre, est favorable à l'offensive allemande ; car, en quelques jours, une armée allemande concentrée à Aix-la-Chapelle pourra atteindre la frontière française, vers les sources de l'Oise, et de là, en dix jours de marche, arriver sous Paris, sans rencontrer des lignes défensives bien fortes, sinon celle de l'Aisne, dont le cours inférieur présente une vallée de plus de 1,200 mètres de largeur moyenne, avec des berges d'environ 100 mètres de haut. Toutefois cette ligne sera facilement débordée à l'est ou à l'ouest, si des citadelles plus solides que celles qui existent actuellement n'en rendent les abords plus difficiles, et de telles manœuvres plus dangereuses.

Pour l'offensive française les difficultés sont grandes, en raison de cette forte base défensive, le Rhin, contre laquelle il faudra nécessairement se heurter, après avoir emporté les positions de Bullingen et de Francorchamps pour s'assurer l'appui de l'Hohe-Venn et de l'Eifel, puis enlevé les lignes de la Roër et de l'Erft. Bien que Bonn soit le point faible de cette ligne du Rhin, l'occupation de cette position n'est pas moins très-difficile pour une armée française, entre les deux camps retranchés de Coblentz et de Cologne qui donneront toute liberté de manœuvres à l'ennemi. Les forces allemandes pourraient en effet se concentrer dans le camp retranché de Coblentz, déboucher sur la rive gauche de la Moselle, attaquer le flanc droit de l'armée française vers l'Ahr et Blankenheim, forcer celle-ci à faire face au sud-est, c'est-à-dire à découvrir sa ligne d'opérations qui serait compromise à la suite d'un seul échec. Cet échiquier nord de la région gauloise a certainement une très-grande importance, et dans une guerre de la France contre la Westphalie, le Hanovre, ou même l'Allemagne du nord, en supposant neutre le bassin du Mein et Mayence, la ligne de la Meuse est certainement la principale ligne d'opérations; mais dans une guerre franco-allemande, elle ne peut être qu'une ligne secondaire, et cela, dit Brialmont, malgré l'opinion d'un illustre historien, M. Thiers, qui affirme, dans son *Histoire de la Révolution*, que la vallée de la Meuse est la ligne d'opérations principale dans une guerre de la France contre l'Allemagne. Si, en 1792, 1793 et surtout 1794, cette ligne avait une aussi grande importance, c'est que les armées alliées avaient comme premier objectif la défense des Pays-Bas qui appartenaient à l'Autriche, et qu'elles occupaient cette région.

Il est en effet bien évident qu'une telle ligne d'opérations serait très-dangereuse, en présence d'une concentration des forces allemandes vers Mayence; car, ainsi que le dit M. de Moltke dans son *Mémoire* de 1868, non-seulement « on forcerait l'ennemi (les Français) à faire face au sud pour livrer « une bataille décisive, mais encore la distance entre Bruxelles « et Cologne est plus grande qu'entre Cologne et Mayence, « Kayserslautern ou Trèves, ce qui permettrait d'apparaître en « temps utile sur notre Rhin inférieur. »

D'ailleurs, vu la situation politique de l'Europe, vu la neutralité de la Belgique, il n'y avait aucun doute que nous ne rejetions cette ligne d'opérations en 1870. Donc, en raison de cette considération politique, qui existe toujours, heureusement pour la France, et en raison des considérations stratégiques, c'est-à-dire: 1° la grande obliquité de cet échiquier relativement à la ligne d'opérations naturelle, ligne *Paris — Berlin* ; 2° la force considérable du Rhin qu'il faudrait briser à grande distance de notre première base offensive, en découvrant en partie notre ligne d'opérations ; 3° les difficultés de l'offensive française pour atteindre Berlin par l'Allemagne du Nord, nous croyons pouvoir affirmer que dans une guerre franco-allemande, la France ne choisira jamais une telle ligne d'opérations.

Quelques écrivains belges, convaincus, ou dans le but d'entraîner l'opinion publique à une réorganisation nécessaire de leur loi sur le recrutement, sont d'avis que la Meuse est la seule ligne par laquelle la France puisse aborder l'Allemagne. Pour que les armées françaises pussent s'élancer sur une telle ligne d'opérations, il leur faudrait une audace, que la victoire seule pourrait légitimer ; Napoléon Ier le tenterait peut-être, grâce à son génie et à sa confiance.

D'ailleurs il faudrait violer la neutralité, non-seulement de la Belgique, mais de la Hollande, et prendre Luxembourg, pour empêcher les Allemands de s'en emparer ; c'est donc avec ces deux puissances à dos qu'il faudrait aborder Cologne ! Tout autre serait la situation, si l'alliance belge et hollandaise nous permettait de prendre une base sérieuse sur Anvers — Rotterdam, ou mieux sur le Zuidersée.

Toutefois, il convient de ne pas oublier que le premier objectif allemand, dans une guerre contre la France, est le bassin de la Seine, et que la ligne de la Meuse permet de l'atteindre directement et par son côté le plus faible, en tournant les lignes de la Moselle, de la Meuse et de l'Argonne. Il y a donc lieu de se préoccuper de cette éventualité, soit dans la répartition des camps retranchés ou forteresses à construire dans le bassin de la Seine, soit dans la direction générale à donner aux opérations sur cet échiquier. Pour répondre à ce dernier objet, il résulte de l'expérience acquise par les campagnes de 1792 et 1794 : 1° que les opérations offensives ou défensives des armées françaises dans cette région s'appuieront constamment à droite, aux Ardennes, à l'Hohe-Venn, à l'Eifel ; 2° que les attaques principales doivent être dirigées de ce côté, sans crainte de se laisser déborder à gauche, l'ennemi prenant alors, dit Jomini, une position très-dangereuse, le dos tourné vers la mer ; 3° que Liége est la clef de toutes les opérations franco-allemandes en Belgique.

Depuis 1871, les Belges se préoccupent beaucoup de l'ingression allemande par la vallée de la Meuse, les armées allemandes tournant ainsi toutes les défenses que la France accumule vers sa frontière de l'Est ; aussi Brialmont propose-t-il de fortifier Liége ; cette ligne d'opérations serait ainsi absolument fermée.

Les Allemands avaient prévu le cas où, respectant la neutralité belge, les armées françaises chercheraient à atteindre l'échiquier de la Roër par le sud, par l'Eifel, en partant de Trèves ; n'ayant plus la place de Luxembourg pour dominer une telle ligne d'opérations, ils avaient songé à créer un camp retranché soit à Trèves ou à Bittburg, soit à Euskirchen ou à Düren. Mais pour pouvoir opérer dans de bonnes conditions dans un pays aussi pauvre et difficile que l'Eifel, il eût fallu pouvoir relier au réseau ferré français le railway de l'Eifel, railway à une voie, à pentes et contours peu favorables aux gros transports, qui va de Trèves à Düren. Or, on ne pouvait le relier à Thionville que par Luxembourg, dont on eût dû violer la neutralité. Cette année (1875) Thionville et Trèves seront reliés par un railway, au grand avantage des Allemands.

Il est admis par les écrivains militaires que l'objectif principal de l'offensive française dans une guerre contre l'Allemagne est le bassin du Mein, bassin par lequel on coupe l'Allemagne en deux parties, et d'où l'on peut déboucher immédiatement au cœur même de ces deux parties. Or la clef du bassin du Mein est Mayence. Mayence devait donc être le premier objectif de l'offensive française avant 1870 ; non pas pour en faire le siége immédiat, mais du moins pour y atteindre la concentration des armées ennemies, troubler une telle opération et se rapprocher de la vallée du Mein que l'on eût envahie après la première et grande victoire.

Pour atteindre Mayence, il faut opérer dans l'échiquier méridional de la région gauloise : celui compris entre la Moselle et le Rhin, de Bingen à Huningue.

Avant 1870, les Allemands possédaient les deux rives de cette partie du Rhin, en aval de la Lauter ; aussi en firent-ils une base défensive et offensive redoutable par la construction de quatre forteresses, Mayence, Germersheim, Rastadt, Landau.

Les armées françaises ne pouvaient déboucher que par le Rhin alsacien, entre Huningue et l'aval de Strasbourg, mais en face de la muraille de la Forêt-Noire, et loin de la concentration des armées ennemies.

Par Maxau, on débouchait entre Germersheim, tête de pont sur le Rhin, et Rastadt, sorte de tête de pont couvrant les défilés septentrionaux de la Forêt-Noire ; c'était se résoudre au moins à un siége immédiat.

Enfin il restait un point faible, signalé comme tel par les écrivains militaires allemands : *Manheim*. Cette ville, loin du canon de Mayence et de celui de Germersheim, au débouché d'une très-importante ligne d'opérations, Sarrebruck — Neustadt, est, de plus, admirablement située pour permettre de prendre une vigoureuse offensive sur la rive droite, et atteindre, par le Necker, la vallée du Mein, aussitôt toutefois que les premières opérations de la rive gauche assureront la possession de cette rive.

Était-il possible, en 1870, que les armées françaises, rapidement mobilisées, franchissent immédiatement le Rhin, avant d'avoir livré des combats sur la rive gauche? A notre avis, non.

Sous Louis XIV, si les armées françaises envahissaient aussi facilement la rive droite, c'est que non-seulement la France possédait Landau et Sarrelouis, lesquels suffisaient alors pour arrêter les armées qui pouvaient menacer l'Alsace ou la Lorraine, mais encore le plus souvent nous étions en possession de Philipsbourg, du fort Vauban, de Vieux-Brisach, de la tête de pont d'Huningue, et même de Fribourg.

Ce ne fut que la prise de Kehl qui permit à Villars d'exécuter sa brillante campagne de Souabe en 1703, et grâce encore à l'alliance de la Bavière.

Pendant la révolution française, nous avions Huningue, Kehl, Landau, Mayence ; l'avantage était évidemment de notre côté. En tous cas, jamais l'invasion de la rive droite, à moins d'alliances sur cette rive, ne s'est faite avec succès ou profit, si nous n'étions maîtres de la rive gauche ; à quoi servit la marche de Custine sur Francfort en 1792, quand les armées alliées opéraient encore sur la région gauloise ?

Depuis longtemps déjà, les Allemands se préoccupaient d'assurer leur concentration sur cette région, car ils prétendent, avec raison, que la rive gauche du Rhin domine stratégiquement la rive droite.

Si les armées françaises franchissaient le Rhin, elles abandonnaient donc cet avantage aux armées allemandes, sans grand profit, à moins de pouvoir atteindre les diverses colonnes ennemies en concentration sur la rive droite, cas prévu par M. de Moltke dans son mémoire de 1868, donc en grande partie écarté. Dans ce cas, les Allemands concentrés vers Mayence envahissaient la rive gauche, et, menaçant immédiatement notre flanc gauche, nous forçaient à repasser le Rhin précipitamment, c'est-à-dire à exécuter au début de la guerre une fausse et déplorable manœuvre.

Fallait-il qu'une partie de l'armée française seulement franchît le Rhin, sous prétexte de décider l'Allemagne du Sud en notre faveur? Mais après les conférences antérieures qui avaient eu lieu à Berlin entre les deux Allemagnes, l'Allemagne du Sud était parfaitement fixée sur le parti qu'elle avait à prendre, en cas de guerre franco-allemande ; si bien que, la guerre étant déclarée le 19 juillet, le 20, la Bavière se déclarait contre nous ; et le 27, toute son armée était mobilisée sous les ordres du prince royal de Prusse qui vint ce même jour en prendre le commandement à Munich !

Ainsi donc ce premier objectif n'eut certainement pas été atteint, et la situation stratégique qui en résultait pour nous était très-mauvaise ; car l'armée française était divisée en deux parties, séparées par un immense fleuve, sur lequel toutes les têtes de pont appartenaient à l'ennemi, et lui donnaient ainsi une position centrale admirable, grâce à laquelle nous eussions été bien plus facilement écrasés. « Notre supériorité s'accroîtra « encore notablement sur le point *décisif,* si les Français se « laissent aller à tenter des expéditions contre les côtes du nord « ou contre l'Allemagne du Sud. » (Mémoire de M. de Moltke.)

Il y a soixante ans, les réseaux stratégiques étant très-incomplets, les grandes armées manœuvraient nécessairement sur des lignes d'opérations éloignées les unes des autres, afin de pouvoir vivre, se ravitailler, s'approvisionner facilement ; chaque armée de 150,000 hommes avait besoin d'un échiquier indépendant ; les grandes concentrations d'armées étaient très-difficiles, le plus souvent impossibles ; toutefois les généraux actifs et de génie, comme Napoléon et le prince Charles, ont souvent su profiter d'une telle division des forces ennemies par des concentrations jusqu'alors inconnues ; leurs victoires ont affirmé la nécessité des grandes concentrations, lesquelles sont de nos jours devenues réalisables, grâce aux lignes ferrées qui sillonnent les divers échiquiers européens. Aujourd'hui le principe de la concentration de trois ou quatre armées sur un même échiquier devient presque absolu dans la première période d'une campagne, où il faut d'abord saisir la victoire ; les armées marcheront en « sentant le coude », afin de pouvoir concentrer 3 à 400,000 hommes au jour de la première bataille, de la lutte décisive, qui doit être le premier objectif du véritable homme de guerre, disent Napoléon et Gouvion-Saint-Cyr.

Avant de manœuvrer, de se diviser, il faut donc absolument se concentrer, débuter par un coup de tonnerre ; une immense prudence d'abord, la hardiesse ensuite. « Il faut frapper de « grands coups et savoir ensuite se diviser à propos pour pro- « fiter de la victoire. » (JOMINI.)

En raison de la possession par l'Allemagne de toutes les têtes de pont du Rhin, la concentration des armées allemandes pouvait donc avoir lieu sur la rive gauche du Rhin, et nous imposait par conséquent la concentration de toute notre armée sur la même région, région qui comprend l'Alsace, la Lorraine et le Palatinat rhénan.

Ce théâtre de guerre présente au nord des propriétés particulières, dont quelques-unes ont été mises en évidence par le général X. dans le *Journal des sciences militaires* d'avril 1873.

Le long de notre ancienne frontière, la vallée de la Sarre forme une large zone basse, d'un accès facile, couverte d'excellentes lignes défensives et protégée par de bonnes positions.

Au delà se relèvent deux des massifs montagneux qui divisent la région gauloise, le Hardt et le Hunsrück-Hochwald ; ils sont épais, boisés, d'un accès difficile ; à gauche et à droite de ces deux masses montagneuses, il y a trois débouchés stratégiques importants et faciles, celui de la plaine du Palatinat, celui du bassin de la Nahe, celui de la Moselle ; mais ces débouchés communiquent très-mal entre eux, pendant leur passage entre les massifs, et n'ont de communication facile qu'au nord, au delà des défilés, et au sud vers la zone basse de la Sarre.

Pour une armée qui suit ces trois lignes d'opérations, un instant isolées, il importe de déborder le massif le plus rapidement possible et d'atteindre au nord ou au sud la zone sur laquelle les communications sont rétablies.

Une armée française qui s'avancera dans cette région doit donc chercher à occuper surtout Kayserslautern, et sur la Moselle, si elle opère par cette ligne, Trarbach ; tandis que, pour arrêter la marche d'une armée allemande qui s'engage dans ces trois défilés, il lui faudrait occuper Pellingen, Neukirchen, Pirmasens.

Louis XIV et Louvois, ayant saisi les propriétés défensives de cette région, s'emparèrent de Luxembourg, de Sarrelouis, de Landau, de Trarbach, pour être maîtres des débouchés; Vauban retrancha ces divers points ; mais le déplorable traité de Ryswick (1696), alors que la France n'était nullement vaincue, nous enleva Luxembourg, Trarbach, Philipsbourg, Bitche, Kehl, Fribourg et les têtes de pont d'Huningue et de Fort-Louis. Vauban, au désespoir, écrivait à Racine: « Nous per« dons à jamais l'occasion de nous borner par le Rhin, nous « n'y reviendrons plus. » De ces trois débouchés stratégiques, celui du milieu, celui de Sarrebrück, — Kayserslautern — Manheim est le plus important; c'est la véritable ligne militaire par laquelle on doit atteindre la vallée du Mein; c'est pour cela que les Allemands voulaient, par la création d'une forteresse à Hombourg ou à Sarrebrück, à l'ouest du Hardt, fermer ce débouché stratégique naturel entre la région gauloise et la région germanique.

C'est par lui que la Lorraine subissait autrefois le plus d'influences allemandes; c'est ainsi que l'idiome allemand atteignit la Sarre, où le roman le contint jusqu'aux environs de Thionville.

Le Hardt a une valeur militaire considérable ; bien que très-boisé et mal percé, son importance est très-grande ; il domine et commande toute la plaine du Palatinat. Il y a sous ce rapport une solidarité stratégique remarquable entre la plaine et les hauts plateaux, en raison des vallées qui descendent du Hardt, qui en permettent l'accès et dont les thalwegs, dans la plaine, forment parfois de bonnes lignes défensives. La solidarité est telle qu'elle exige absolument que les armées qui y opèrent soient sous un unique commandement ; c'est à ce défaut d'unité que sont dues les défaites de Custine en 1793.

Le Palatinat rhénan (le Hardt et la plaine du Rhin) peut être divisé stratégiquement en trois parties, parallèles à l'ancienne frontière française :

La première partie, au nord, comprend tout le pays (montagne ou plaine) dont les routes aboutissent à *Kirchembolanden ;* la deuxième, plus au sud, a pour centre et pour point de convergence de routes *Kayserslautern ;* enfin la troisième partie, au sud, est coupée par les routes qui convergent sur *Pirmasens.* Kirchembolanden, Kayserslautern et Pirmasens sont les clefs respectives de chacune de ces parties.

Par Kirchembolanden, une armée française tient les lignes de la Pfrimm jusqu'au Rhin ; il en serait de même pour une armée allemande, laquelle occuperait toutefois la position de Mannheim un peu plus au sud, celle sur laquelle la 2me armée allemande devait se concentrer en cas de marche rapide de l'armée française en 1870.

Par Kayserslautern, point extrêmement important, on domine les opérations jusqu'à la Nahe et et jusqu'au Rhin, par les lignes de l'Isenach et du Spirebach; Kayserslautern commande donc les deux débouchés stratégiques de l'est.

Par Pirmasens, on commande tout le pays entre Deux-Ponts et le Rhin par la vallée de la Queich et par celle de la Lauter.

Les lignes de la Lauter n'ont donc de valeur que par la possession de Pirmasens; si, en 1793, Custine n'est pas inquiété sur la Lauter par Wurmser qui vient d'occuper Pirmasens, c'est que Wurmser était avec 30,000 hommes seulement dans une très-critique position en face de Custine, qui pouvait concentrer 60,000 hommes, ce que ce général ne sut pas faire.

Bitche, dans la région des Vosges, jouit de propriétés analogues relativement aux plaines de la Basse-Alsace; il commande les lignes de la Sauer et de la Moder. Wurmser ayant commis l'imprudence de s'établir jusque sur la Zorn, sans l'occupation de Bitche, contre lequel les Prussiens avaient échoué, fut rapidement débusqué de ses lignes retranchées, par l'attaque vigoureuse de Hoche sur son flanc droit.

En 1794, les alliés occupent Kayserslautern et la ligne du Spirebach, les Français Pirmasens et la ligne de la Queich ; ces derniers enlèvent Kayserslautern, les alliés abandonnent immédiatement le Spirebach et vont occuper les bonnes positions de la Pfrimm.

Une armée française qui opère dans la plaine du Palatinat est tenue à une offensive vigoureuse, sous peine de laisser à l'ennemi le temps d'aller passer le Rhin en amont et sur ses derrières, ce dont fut menacé Custine au début de sa retraite, et ce qui eut lieu pendant la bataille de la Lauter, par un corps ennemi qui passa vers Seltz.

Les diverses propriétés stratégiques d'une région ne sont pas immuables et subissent parfois de nombreuses variations, en raison des changements apportés dans le réseau des voies de communication ; c'est ainsi que, depuis cinquante ans, beaucoup de points ont gagné, d'autres perdu de leur valeur, par la création des lignes ferrées. Toutefois une région a toujours une valeur positive ou négative au point de vue militaire ; c'est cette valeur qu'il s'agit de saisir, et dont la connaissance est indispensable à tout chef d'armée pour grouper ses masses et assurer ses combinaisons stratégiques.

Si, en 1870, nous n'avons pas su mettre à profit les propriétés stratégiques ou tactiques des diverses lignes ou positions de l'échiquier que nous venons de voir, combien les Allemands en ont agi autrement, soit en prévoyant leur concentration sur des points déterminés, soit en nous devançant sur des positions qu'ils connaissaient mieux que nous, et que nous n'avons pas eu le talent d'occuper, par exemple les lignes de la Sarre, celles de la Moselle, etc.

Nous pensons qu'en raison des propriétés stratégiques que nous venons de signaler sur cet échiquier, en 1870, les armées françaises auraient dû se porter rapidement sur le plateau de Trippstadt, occupant Kayserslautern et Pirmasens ; elles eussent ainsi commandé la plaine du Palatinat, tout en occupant une position centrale excellente relativement à la concentration des trois armées allemandes, vers Trèves, Mayence, Spire.

Le traité de Francfort (1871) nous a fait une situation stratégique extrêmement grave et difficile, situation qui nous amène à l'étude de la région supérieure ou méridionale de cet échiquier, c'est-à-dire de la région lorraine.

En avant de l'immense et formidable ligne du Rhin de près de 600 kilomètres de longueur, appuyée sur sept forteresses, et que sillonneront 12 canonnières cuirassées, lesquelles pourront remonter le Rhin jusqu'à Brisach, et la Moselle jusqu'à Thionville ; en avant d'une ligne aussi redoutable, l'Allemagne possède aujourd'hui deux vastes bastions offensifs dans notre propre pays : *Metz* et *Strasbourg*, réunis par une courtine formée par la Sarre avec Sarrelouis, et par le railway de Haguenau-Sarreguemines avec Bitche.

Strasbourg a une puissance considérable ; lorsqu'elle appartenait à la France, avec une seule rive, elle n'avait qu'une valeur purement défensive; par la possession des deux rives, elle acquiert une valeur offensive remarquable, qui triple sa puissance ; par sa possession, l'Allemagne acquiert une porte d'invasion parfaitement assurée sur la région gauloise supérieure.

Le camp retranché de Metz couvre les opérations allemandes vers les Ardennes; il menace immédiatement l'offensive française vers la Sarre, et la contient nécessairement au sud de la ligne Strasbourg-Metz jusqu'au jour d'une grande victoire.

Le front défensif de la France contre ce front allemand se divise en trois parties :

1° Le front de Belfort ;

2° Le front de la Meurthe ;

3° Le front des Côtes lorraines.

Le front de Belfort est compris entre la Suisse et le ballon d'Alsace ; il est extrêmement resserré entre un pays neutre et une région montagneuse épaisse. Belfort couvre la dépression, le débouché stratégique qu'on appelle la trouée de Belfort. Mais, ainsi que nous l'avons déjà dit, ce grand camp retranché est fâcheusement trop rapproché de la frontière et dans une zone tellement étroite, qu'une grande armée ne saurait y exécuter sans danger des opérations défensives : la moindre fausse manœuvre entraînerait cette armée sur le terrain neutre ou dans le camp de Belfort (le camp attire et soutient toutes les faiblesses).

Le front de la Meurthe va du ballon d'Alsace à Frouard ; il comprend les Vosges méridionales, c'est-à-dire jusqu'au Donon, et les diverses lignes défensives parallèles à la Meurthe au nord et au sud de celle-ci, jusqu'à la Moselle et la Meuse.

Ces lignes défensives ont une importance considérable qui exige une étude régionale complète ; elles se composent de nombreuses positions que nous avons déjà signalées pour la plupart, et qui peuvent être en partie occupées, suivant les phases de la lutte dans l'échiquier lorrain.

Ces lignes défensives sont :

1° La belle position de Baronville—Morange, qui se prolonge par des crêtes favorables, par le canal de la Sarre et les grands étangs de cette région jusqu'à Sarrebourg.

Elle permet de couper le railway Metz — Sarrebrück vers Faulquemont, celui de la Sarre, celui de Sarguemines—Nancy (concédé entre Château-Salins, Sarreguemines), et toutes les routes qui du Palatinat débouchent en Lorraine;

2° Les hauteurs de Pont-à-Mousson, celles d'Amelécourt et de Morville au nord et à l'est de Château-Salins; la position à l'ouest et au sud de l'étang de Lindres, enfin la belle position de Saint-Georges;

3° Les hauteurs de Sainte-Geneviève, celles de Serrières, la position de Saint-Jean-Fontaine (au sud de Marsal); Réchicourt-la-Petite; les hauteurs de Xousse entre Sanon et Vezouze (à l'est de la forêt de Paroy, à cheval sur le railway de Paris); la position de Blâmont et de Mont-Saint-Jean;

4° Le plateau de Faulx, le Grand-Mont, la position d'Erbévillers-Serres; la belle position du Sanon, à droite encore Blâmont.

Cette ligne est la plus forte et la plus importante, car elle couvre Nancy, le cœur de la Lorraine; elle est entièrement sur le territoire français, on peut donc la préparer à l'avance avec beaucoup de soins; il importerait beaucoup de pouvoir y prévenir l'ennemi;

5° Avec la même ligne en avant de Nancy, la droite peut se replier derrière la Vezouze, ligne assez médiocre, puis derrière la Meurthe, en couvrant encore Lunéville;

6° Les hauteurs de Sainte-Geneviève, devant Nancy, de Buissoncourt, de Dombasles; celles de Rozières-sur-Meurthe; la ligne de la Mortagne, avec le plateau de Rambervillers et Bruyères;

7° Le plateau des Hayes (on découvre Nancy), la ligne de la Moselle;

8° Toul, la ligne du Madon, jusqu'à Mirecourt, la crête des Faucilles jusqu'à Remiremont,

9° Toul, les hauteurs de Blénod, le défilé de Vannes, la forêt de Neufay, les hauteurs de Beaufremont, la ligne du Mouzon; Cette ligne est appuyée par Toul et directement par deux de ses forts nouveaux, celui d'Ecrouves et celui de Domgermain;

10° La ligne de la Meuse, par les positions de Lérouville, la forêt de Commercy, la côte Saint-Jean, la forêt de Vaucouleurs, la position de Montigny, laquelle se relie très-bien à droite aux positions de Plesnois, de Montlandon et de Chalindrey, dans la vallée de la Saône.

Telles sont les grandes lignes défensives du plateau de la haute Lorraine ; elles sont trop rapprochées pour pouvoir être toutes utilisées ; toutefois il convient d'organiser toutes celles qui sont sur notre territoire, en vue d'une lutte pied à pied, car il est probable que c'est sur cet échiquier important que se joueront un jour les destinées de la France.

Le front des Côtes Lorraines va de Frouard à Longuyon, ou plutôt de Frouard à Pont-à-Mousson et de cette ville à Montmédy.

Au sud de ce front, on trouve l'important plateau de Bouconville, avec les positions de Pévenelle, de l'Avant-garde, de Gironville, de Bouconville et d'Apremont.

Ce plateau, flanqué au nord et au sud par les forteresses de Verdun et de Toul, est le pivot de la défense de la Lorraine ; c'est sur lui que s'appuient neuf des dix lignes défensives que nous avons citées ci-dessus.

Au nord de ce plateau on trouve les positions d'Haudiomont, d'Eix, de la forêt de Wèvre, et plus en arrière la Meuse et l'Argonne ; mais, plus au nord encore, la ligne d'opérations des Ardennes, commandée par Metz et Thionville, est très-mal couverte par Montmédy.

Tel est notre front défensif vis-à-vis de l'Allemagne ; il doit être immédiatement organisé : 1° pour favoriser la concentration de nos armées, en améliorant notre réseau stratégique ferré ; 2° pour soutenir la défensive la plus opiniâtre, par la construction de forteresses, de fortins, d'ouvrages demi-permanents et de lignes passagères.

Il est inutile de reprendre les discussions d'autrefois contre le faux principe des trois lignes de forteresses en échiquier, nécessaires pour couvrir une frontière, principe qui était attribué à tort à Vauban, auquel il était imposé par Louvois, ainsi qu'on le constate par les derniers écrits du grand ingénieur, théorie de d'Arçon, de Noizet-Saint-Paul et du cours de Noizet (1859) à l'école de Metz.

Un tel principe, si contraire à la grande guerre et déjà battu en brèche par Turenne, le maréchal de Saxe, Frédéric, Napoléon, Marmont, Jomini, Rogniat, Gassendi, Sainte-Suzanne, Paixhans, etc., est définitivement écarté depuis 1870.

A la forteresse, considérée comme obstacle matériel, obstacle qui n'arrête rien qu'à portée de ses canons, on substitue la forteresse, pivot d'opérations, sur laquelle la défensive peut appuyer toute sa lutte. On conserve cependant encore la citadelle, obstacle matériel, dans certains cas spéciaux, tels que pour s'assurer la possession d'une voie ferrée, ou de cols importants et qui ne peuvent être tournés facilement.

Quels sont, d'après notre situation géographique actuelle, les opérations les plus rationnelles, les plus probables, en raison desquelles l'organisation défensive du pays doit être préparée rapidement ?

Vu le principe de concentration nécessaire des armées, que nous avons fait ressortir plus haut, il convient d'abord de réduire le plus possible notre front d'opérations, donc de concentration.

Or nous avons dit que la zone d'opérations autour de Belfort était trop étroite pour qu'une armée pût y manœuvrer facilement et sans danger ; du reste, cette zone est telle qu'on peut facilement la fermer par des obstacles matériels, ce qui permettra d'utiliser ailleurs l'armée qui serait nécessaire pour défendre cette région.

Belfort couvre déjà le principal débouché, et sur ce camp s'appuiera une ligne de quelques forts qui commanderont chaque débouché. Nous pensons que c'est à cette idée qu'a obéi la commission de défense en décidant la création de 4 forts au sud de Belfort : un fort sur le *mont Vaudois* (à Héricourt), un deuxième sur le *mont-Bard* (sur le Doubs, au sud-ouest de Montbéliard), un troisième sur l'extrémité du *Lomont*, à Pont-de-Roide, le quatrième à Blamont ; ces deux derniers couvriront la route suivie en 1871 par Verder, qui tournait Besançon par le nord, tandis que Manteuffel le tournait par le sud. Le fort du *Salbert* protégera la région au nord de Belfort, moins la route de Mulhouse à Lure par Giromagny qui est plus au nord. Ainsi la trouée de Belfort sera fermée et toutes les masses françaises pourront se concentrer sur les deux autres fronts.

Pour couvrir l'aile droite des opérations qui auront lieu sur le plateau lorrain, il est nécessaire que les Vosges soient rendues infranchissables à l'ennemi ; or il y a onze routes qui descendent de la frontière allemande sur le versant lorrain ; les fermer toutes au moyen de forts serait trop onéreux, et d'ailleurs sans gros profit ; car l'ennemi, sachant cette frontière pareillement couverte, ne s'en occuperait pas et détruirait les routes du versant alsacien, afin que nous ne puissions nous-mêmes en profiter ; dès lors nous arriverons à un résultat tout aussi bon en minant sur chaque route deux ou trois ouvrages d'art, qu'on ferait sauter aussitôt la déclaration de guerre ; ce qui assurerait notre flanc droit.

C'est ainsi qu'en 1870, les Allemands avaient envoyé à Oberkirch une compagnie de pionniers dont la mission était de faire sauter la route du Kniebis et celle de la Kinzig, dans le cas où les Français franchiraient le Rhin. De même, en 1859, une section du génie français fut envoyée en Valteline pour couper la route du Stelvio, si les Autrichiens débouchaient de ce côté, alors que l'armée franco-sarde s'avançait vers le Mincio.

Par suite de telles dispositions, la frontière entre le Donon et la Suisse serait rendue impraticable à l'ennemi : résultat si important, en raison de la proximité de Strasbourg, le principal débouché de toutes les réserves allemandes.

Il reste, comme front d'attaque, le front compris entre le mont Donon, Pont-à-Mousson et Montmédy.

La concentration des troupes françaises sur la route de Metz à Verdun et au nord de cette route serait défavorable et même dangereuse : défavorable, car elle ne pourrait aborder la Moselle qu'en face de Metz et de Thionville, qui commandent toute cette région ; or nous avons déjà dit qu'une armée française ne pouvait opérer dans cette direction ; la concentration en face de cette ligne serait donc exclusivement défensive, donc mauvaise. De plus, elle est dangereuse, car l'armée française risquerait beaucoup d'être refoulée vers le nord, sur la frontière belge, ainsi que nous le montrerons plus loin, ou bien d'être rejetée, du moins en partie, dans le camp retranché de Verdun trop rapproché. Donc, au point de vue défensif comme au point de vue offensif, la concentration des forces françaises dans cette région serait défavorable et dangereuse.

Par contre, cette ligne est très-favorable aux opérations de l'ennemi : elle est parfaitement couverte par Metz et Thionville, et aucune citadelle française sérieuse ne peut actuellement l'arrêter plus de quarante-huit heures. Par Fontoy, Longuyon, Stenay ou Dun, l'ennemi tournerait ainsi très-facilement toutes les lignes de défense de la Lorraine.

En principe, on doit éviter d'attirer l'ennemi sur la région qui lui est le plus favorable ; or l'offensive est forcée de chercher l'armée défensive, car une victoire lui est nécessaire dès le début de ses opérations pour pouvoir manœuvrer ensuite avec hardiesse : « Chercher la principale armée ennemie et l'attaquer là où on la trouvera » (Mémoire de 1868 de M. de Moltke), tel sera toujours le premier objectif de l'offensive. L'armée française ne se concentrera donc pas dans cette région ; mais il faut absolument la couvrir, et Montmédy est dans la meilleure position pour remplir cette mission. Ses forts s'étendraient de la frontière belge jusqu'à Stenay (la côte orientale de Stenay est à 11 kilomètres de Montmédy, à vol d'oiseau). Il y a urgence dans la création de cette forteresse, au moins pour fermer la porte des Ardennes à peu près complétement ouverte.

Dès lors on voit que le front d'opérations est compris entre Verdun et le Donon (à vol d'oiseau, 130 kilomètres).

Ce front est parfaitement couvert par les diverses lignes défensives que nous avons citées, lignes qui s'appuient presque toutes au plateau de Bouconville, pivot de la défense de la Lorraine. On devrait donc retrancher solidement ce plateau, sur lequel on combattra nécessairement. Quelques ouvrages demi-permanents créés immédiatement permettraient plus tard d'y organiser solidement d'excellentes et très-fortes positions, flanquées par Toul et Verdun.

La concentration des troupes françaises pourra s'effectuer sur cette région et sur celle de Belfort par *dix lignes ferrées*, lorsque les tronçons actuellement en construction seront terminés.

Ces lignes sont :

1° Calais — Lille — Hirson — Mézières — Sedan — Montmédy (à une voie) ;

2° Le Havre — Rouen — Amiens — Laon — Reims — Mézières — Sedan — Verdun (à deux voies entre Le Havre et Amiens, entre Reims et Mézières ; il faudrait une deuxième voie entre Sedan et Mézières pour ne pas gêner la ligne précédente) ;

3° Cherbourg — Caen — Évreux — Asnières — Argenteuil — Saint-Denis — Chantilly — Senlis — Crépy — Soissons — Reims — Sainte-Menehould — Verdun (à deux voies de Caen à Chantilly, et de Crépy à Reims) ;

4° Brest — Rennes — Le Mans — Versailles — Paris (ceinture nord) — Épernay — Châlons — Nancy (à deux voies depuis Rennes) ;

5° Nantes — Tours — Vendôme — Paris (ceinture sud) — Nogent-sur-Seine — Troyes — Chaumont — Pagny — et jusqu'à Nancy avec la deuxième voie de la ligne précédente (à deux voies de Nantes à Tours et de Paris à Troyes) ;

6° Bayonne — Bordeaux — Poitiers — Tours — Orléans — Étampes — Juvisy — Villeneuve-Saint-Georges — Melun — Joigny — Nuits-sous-Ravière — Châtillon-sur-Seine — Chaumont — Neufchâteau (avec une deuxième voie nécessaire entre Bricon et Chaumont, entre Chaumont et Neufchâteau, pour ne pas gêner la ligne précédente) (cette ligne est à deux voies de Bordeaux à Nuits-sous-Ravière) ;

7° Tarbes — Auch — Agen — Périgueux — Limoges — Moulins — Nevers — Autun — Epinal — Dijon, par la ligne de l'Ouche, en construction — Langres (à deux voies de Moulins à Nevers) ;

8° Foix — Toulouse — Figeac — Aurillac — Clermont — Moulins — Digoin — Chagny — Dijon — Vesoul — Epinal — Rambervillers (deux voies de Clermont à Moulins, de Chagny à Dijon);

9° Perpignan — Montpellier — Nîmes — Avignon — Valence — Lyon — Châlon — Besançon — Vesoul — Belfort (à deux voies de Narbonne à Châlon) ; la ligne de Besançon — Vesoul est en construction ;

10° Saint-Jean-de-Maurienne — Chambéry (Grenoble-Lyon ou par Culoz) — Bourg — Besançon — Montbéliard — Belfort.

Ainsi, parmi ces dix lignes de concentration, deux atteignent le front de Belfort, les huit autres débouchent sur les deux autres fronts.

A défaut de création de lignes nouvelles ou de tronçons importants qui pourraient facilement donner 12 lignes de concentration, il importerait du moins de mettre les lignes existantes à deux voies, car beaucoup sont à une seule, mais sont construites pour pouvoir en recevoir une deuxième ; les dépenses ne seraient pas très-fortes. Il importerait encore d'organiser toutes ces lignes en vue d'embarquements rapides et considérables, c'est-à-dire avec de grandes gares militaires et des stations de ravitaillement de toute sorte, etc., etc.

Nous ne devons pas oublier qu'en 1870 la concentration des troupes allemandes, sur le Rhin, se fit par 9 lignes ferrées et que ce nombre doit être augmenté, d'après les projets de 1873.

Autrefois le morcellement politique de l'Allemagne nuisait beaucoup à son réseau ferré au point de vue militaire ; aucune idée stratégique n'avait été même discutée lors de la création des railways allemands ; aujourd'hui, au contraire, l'intérêt militaire prime tous les autres et l'état-major prussien s'occupe avec beaucoup de soins de l'amélioration et du développement du réseau stratégique de l'empire allemand. Ce travail sera certainement terminé avant la fin de 1876. Du Rhin pour atteindre la frontière française, les Allemands auront alors 11 lignes qui se grefferont aux railways de la rive droite.

Ces lignes seront (1) :

1° Cologne — Düren (ou Bruhl) — Euskirchen — Bittburg — *Trêves* — *Thionville* — Metz (à une voie) ;

2° La ligne de la Lahn, *Coblentz* — *Trarbach* — *Trêves* — Sarrelouis (vu son importance on la fera sans doute à deux voies) ;

3° Bingen — Kreuznach — Neukirchen — Saarbrück — Metz (à deux voies de Neukirchen à Metz) ;

4° Mayence — *Alzey* — *Kayserslautern* — Hombourg — Neukirchen — Saarbrück (par la deuxième voie) — Sarreguemines — Sarralbe (à deux voies de Kayserslautern à Saarbrück) ;

5° Mannheim — Neustadt — Kayserslautern — et de là Hombourg par la deuxième voie de la ligne précédente — *Deux-Ponts* — *Sarreguemines* — Sarrebourg ;

6° Mannheim — Neustadt (par la deuxième voie) — Wissembourg — Haguenau — Bitche — Sarreguemines (à deux voies de Mannheim à Haguenau) ;

7° Le railway de la Kinzig — Strasbourg — Saverne — Sarrebourg ;

8° Fribourg — Brisach — *Colmar* — Mulhouse ou *Saverne* par Baar — Wasselonne, projetée ;

9° Une nouvelle ligne franchira le Rhin en amont de Huningue ; elle doit contourner le canton de Bâle par Schopfheim et aller se relier à la ligne du Danube sans toucher à la Suisse ; elle atteindra Mulhouse ;

10° Ligne nouvelle projetée entre *Germersheim* — *Landau* — *Deux-Ponts* — *Sarreguemines* ; avec un pont fixe sur le Rhin à Germersheim ;

(1) Les lignes en *italiques* sont projetées.

11° Mannheim — Schifferstadt — *Germersheim* — *Lauterbourg* — *Saverne.*

Ainsi, quant au nombre de voies ferrées, nous ne sommes pas supérieurs à ce que seront les Allemands; il importe de ne pas perdre de vue un tel fait, car leurs lignes ne sont guère plus longues que les lignes françaises (1).

La concentration des troupes françaises s'effectuera donc surtout en arrière du front Verdun — Saint-Dié ; et leur premier objectif devrait être, si l'ennemi leur en laissait le temps :

1° de déborder Metz, afin de l'isoler et de le réduire ainsi à un rôle purement défensif. « Le camp retranché de Metz n'atteindra toute sa valeur que lorsqu'il sera occupé par une force suffisante pour servir de base aux mouvements offensifs. » (Le général prussien von Hanneken.) ;

2° de se porter en masse entre les deux principaux points de concentration allemande.

Quels seront ces points de concentration ? Si nous tenons compte des lignes ferrées qui seront faites à la fin de 1876, cette concentration pourra se faire sur quatre points :

Thionville — *Metz* ;

Sarreguemines ;

Saverne ;

Mulhouse.

Nous ne croyons pas que cette dernière région, couverte par nos nouvelles fortifications et trop éloignée de la concentration principale, soit menacée au début des hostilités; le jeu allemand est plus serré.

Les 7e et 8e corps se concentreront sur Thionville ; mais la masse principale (la deuxième armée) se groupera vers Sarreguemines — Sarrebruck, où cinq lignes doivent converger, formant au moins sept voies de concentration ; la troisième armée allemande se concentrera vers Saverne, où trois railways doivent aboutir, c'est-à-dire au moins cinq voies. De telle sorte

(1) On se fait souvent illusion sur la longueur des lignes allemandes par rapport aux lignes françaises :

De Brest à Frouard il y a................	968	kilomètres.
De Berlin à Frouard, par Cassel..........	851	»
De Bayonne à Frouard, par Paris.........	1210	»
De Posen à Landau........	1050	»
De Kœnigsberg à Saarbrück	1435	»

que la concentration des deux masses principales de l'armée allemande s'effectuera à environ trois jours de marche l'une de l'autre, deux jours au moins.

Mais nous devons supposer également que grâce à son recrutement exclusivement régional, la mobilisation allemande sera plus rapide, sa concentration plus prompte ; dès lors il convient que, dès la déclaration de guerre, trois ou quatre divisions de cavalerie française se déploient sur cet échiquier et se portent jusqu'à la Sarre, y exécutant de véritables raids, coupant toutes les voies ferrées, quitte à gêner nos opérations ultérieures si nous forcions l'ennemi à la retraite.

En raison de ce qui vient d'être exposé, l'armée française, divisée en trois armées (1), devrait se concentrer : une armée, celle de gauche, sur le plateau de Bouconville, entre Verdun et Toul ; la deuxième sur le plateau des Hayes ; la troisième sur celui de Rambervillers.

Telles sont les régions les plus favorables de concentration des quatorze corps d'armée que la France doit immédiatement mettre en ligne, afin de pouvoir en présenter au moins dix sur le champ de bataille où se jouera peut-être son sort.

Il convient maintenant de relier ce système défensif de la Lorraine à la défense générale de la France.

Après la ligne défensive de la Meuse, le pivot de la défense, qui se trouvait à gauche, passe à droite ; c'est le camp retranché de Langres qui sera le pivot de la défense du plateau de la Haute-Marne ; le front défensif prendra la direction sud-est — nord-ouest, parallèle aux lignes nouvelles de l'Ornain, de la Saulx, de la Marne, de la Suize, de l'Aujon, de l'Aube, etc., dans le bassin de la Seine.

D'après la direction de notre ligne générale de retraite, on voit que nous abandonnons la ligne directe sur Paris ; il convient d'expliquer un tel fait :

Pour déterminer d'avance les meilleures lignes de retraite des armées françaises, vaincues sur le plateau lorrain, il est nécessaire de connaître l'objectif de l'invasion.

Depuis 1815, les écrivains militaires allemands, entre autres

(1) Des 19 corps français, 2 seront maintenus à Paris, 1 à Lyon, 1 en Algérie, 1 sur le front de Belfort; il reste 14 corps d'armée à mettre en ligne.

Clausewitz, le plus renommé, ont recherché avec soin les divers objectifs d'une invasion allemande sur le sol français. Après Paris, tête de la France, ils ont tous considéré Orléans comme un objectif essentiel, par lequel on isole cette tête des deux tiers du territoire français ; fait d'autant plus important que l'invasion prive ainsi de toutes les ressources de ce territoire les armées françaises, lesquelles concentrent naturellement leur défense dans le bassin de la Seine, ce qui était logique lorsque Paris n'était pas fortifié.

L'objectif de l'invasion allemande a donc toujours été 1° d'atteindre Paris ; 2° de couper l'armée française des ressources qu'elle peut retirer du centre et du midi de la France.

Déjà, dit Fervel, en 1814, aux conférences de Frankfort, Schwartzemberg proposait de marcher avec son armée sur le plateau de la Haute-Marne et de là sur Orléans, tandis que l'armée de Silésie et celle du Nord marcheraient sur Paris. En 1870, de Moltke, élève de Clausewitz, mais jouant plus serré, rapproche ses lignes d'opérations, pour vaincre d'abord dans un engagement décisif; mais aussitôt la victoire obtenue, il cherche à déborder notre droite pour nous refouler vers le nord : « l'idée principale qui se dégage du plan allemand se « traduit, dès les premières opérations déjà, par une tendance « évidente à refouler le gros des forces ennemies au nord de « leurs communications avec Paris. » (Guerre franco-allemande.)

Ainsi, après la première grande bataille gagnée, les Allemands ont toujours tendu vers ce double objectif : enlever Paris et isoler vers le Nord les armées françaises.

Notre objectif défensif est donc d'empêcher l'ennemi d'atteindre ces résultats ; or Paris étant solidement fortifié, et ne pouvant être enlevé par l'ennemi qu'après de longues opérations (guerre de 1870), l'armée française n'a plus à couvrir cette ville qui se couvre elle-même (les deux corps d'armée qui y sont formeront, dès le début de la guerre, le noyau de l'armée de Paris pour la défense de ce camp retranché).

Il est d'autant moins utile de se préoccuper de couvrir Paris, que les Allemands sont à peu près décidés à ne pas recommencer un pareil siége. Déjà, avant 1870, le général Hartmann, qui commandait le deuxième corps bavarois, et d'autres généraux allemands soutenaient qu'il était très-dangereux de bloquer Paris ; il a fallu en effet que toutes nos armées fussent prisonnières ou bloquées pour qu'une telle opération ait pu réussir.

Pour la prochaine guerre, les plans allemands semblent donc laisser Paris de côté pour atteindre rapidement Orléans.

Deux projets sont en discussion, dit le colonel Poullet.

L'un, de Clausewitz, opère par trois lignes éloignées: une armée passant par les Ardennes couperait l'armée française de Paris et des places du Nord ; une autre envahirait la Haute-Saône pour couvrir le flanc gauche de l'armée principale qui marcherait sur la Champagne et sur Orléans.

Le deuxième projet est plus serré : il n'y aurait d'abord qu'une seule masse; après une grande victoire, on manœuvrerait pour atteindre les objectifs du projet précédent.

Il importe donc à tout prix que l'armée française ne se laisse pas refouler dans le camp de Paris, ni couper du centre de la France. Pour cela, il convient de choisir une ligne d'opérations qui permette d'assurer cet objectif de la défense.

Après le plateau lorrain, la France possède encore trois régions montagneuses extrêmement favorables à la défensive, pourvu toutefois qu'elles soient convenablement aménagées par la création de routes et de railways nécessaires. Ces régions sont : le plateau de la Haute-Marne, celui du Morvan, celui de l'Auvergne.

Le plateau de la Haute-Marne est d'une grande importance : il est à cheval sur les bassins de la Saône, du Rhin et de la Seine; Damitz le considère comme la clef du bassin de la Seine ; c'est sur ce plateau, dit Fervel, que les alliés, battus en 1814, se rallièrent pour reprendre l'offensive ; c'est également sur cette région qu'en 1815 Napoléon désirait concentrer toutes ses réserves, pour combattre l'armée austro-russe qui atteignait Nancy, après qu'il aurait écrasé l'armée anglo-prussienne dans les plaines de la Belgique.

Le plateau du Morvan, tactiquement très-favorable à la défensive, est, quant à sa valeur stratégique, à cheval également sur trois bassins, celui de la Seine, celui de la Saône et celui de la Loire. On l'a souvent considéré comme le réduit du nord de la France, réduit contre lequel la fortune de César faillit se briser à Alésia.

Le massif volcanique de l'Auvergne, ou grand plateau central de la France, est plus particulièrement le réduit du Midi ; il est très-important, à cheval sur les bassins du Rhône, de la Loire et de la Garonne. « L'Auvergne, par sa constitution géologique et par le caractère que le sol a donné à ses habitants, a été pour la France ce que la Suisse est pour l'Europe, une sorte de forteresse centrale. C'est elle qui a été le foyer de la résistance contre Rome et César. » (Duruy.)

Ces trois massifs montagneux sont reliés entre eux par l'arête orographique de la France, laquelle offre elle-même quelques bonnes lignes défensives.

La défense s'appliquera donc à utiliser les propriétés défensives de ces régions, et à les atteindre successivement, si c'est nécessaire, en s'appuyant constamment à l'arête orographique ; c'est le système défensif en partie développé par le commandant Ferron, du génie français.

Ce système de retraite, dit retraite latérale, a été fréquemment discuté : le maréchal de Saxe reprochait aux généraux de Louis XIV d'avoir repoussé de front les invasions de la fin de ce règne, au lieu de l'avoir fait de flanc. Napoléon était partisan d'un tel système, pourvu que la capitale, premier objectif, fût à l'abri d'un coup de main ; sa marche sur Saint-Dizier en 1814 est une retraite latérale ; mais Paris ne pouvait alors supporter une attaque sérieuse, et si la capitale eût été fortifiée, nul doute que, dès le début, Napoléon n'eût ainsi opéré contre l'une des armées ennemies ; il eût du moins achevé Blücher avant de se retourner contre Schwartzemberg, qu'il aurait toujours eu le temps d'aborder. Si, en 1812, Moscou avait été fortifié, l'armée russe eût exécuté, dès Smolensk, la marche latérale qu'elle fit après la prise de la capitale, et Napoléon n'aurait jamais pu y arriver.

Le prince Charles disait également : « Il est des circonstances « où il vaut mieux s'établir à une certaine distance sur les « flancs ; de plus, il faut choisir un point tel, que si l'ennemi le « néglige, ce point soit plus près de sa ligne d'opérations qu'il « n'est lui-même du but qu'il se propose ; outre cela il faut « que ce but soit susceptible d'une bonne défense. »

Sa marche latérale, en 1809, après Ratisbonne, lui permit de réorganiser son armée ; Jomini et Marmont affirment que si Lintz avait été fortifié, Napoléon ne pouvait atteindre Vienne.

Gouvion Saint-Cyr dit : « Il n'est jamais prudent de résister

« de front dans la crainte de recevoir une bataille que l'ennemi « a tant d'intérêt de livrer au début de son invasion, dont une « victoire est comme le préliminaire indispensable. »

Brialmont est également partisan des retraites latérales, pourvu que l'objectif principal de l'invasion soit fortifié ; car dans ce cas, dit-il, la défense a un champ plus vaste pour ses manœuvres défensives.

Paris étant fortifié, rien donc ne saurait s'opposer à l'exécution de telles opérations défensives pour les armées françaises. Mais ces manœuvres exigent, dit le prince Charles, beaucoup de réflexion, de vues profondes, et de jugement.

Ainsi, le bassin de la Seine offre à l'armée française, en retraite, trois lignes d'opérations : celle au nord de la Marne : elle nous a conduits à Sedan ; celle sur la capitale fortifiée, sur laquelle l'ennemi manœuvrera de façon à nous refouler vers le nord ou dans Paris ; enfin la troisième sur le midi de la France : cette dernière nous permet de profiter de toutes nos régions défensives, d'être en communication avec l'Espagne et l'Italie, soit pour négocier, soit pour prendre contre elles et l'Allemagne la position centrale si favorable en stratégie.

Toutefois, dans l'art de la guerre, il n'y a rien d'absolu, et ce serait une faute d'arrêter d'avance une seule ligne de retraite, sans se préoccuper des autres régions de l'échiquier ; au lieu de l'indéterminé qu'une défense active et rapide peut présenter sur un large échiquier, l'objectif de l'ennemi deviendrait parfaitement simple et déterminé. Il y a donc lieu d'étendre la zone défensive afin de pouvoir multiplier ses combinaisons ; et si l'arête orographique de la France est la plus favorable comme direction de retraite, il importe de ne pas oublier qu'une offensive hardie et vigoureuse de la part de l'ennemi pourrait peut-être parvenir à nous l'enlever, ce qui anéantirait nos projets de défense. C'est pour répondre à une telle situation et permettre de soutenir vers le nord les solutions si diverses du problème de la défense nationale, que nous croyons nécessaire la création d'un camp retranché au nord de la Marne. A cette ligne rendue formidable de Besançon — Dijon — le Morvan — Montereau — Paris — que l'armée défensive doit atteindre après la défense du plateau de la Haute-Marne, nous voudrions voir ajouter *Soissons*. On sait toute l'importance qu'eut cette ville, en 1814, où elle fut assiégée trois fois, et combien

Napoléon eut à regretter de ne pas y avoir une place solide.

Pour la défense de la première crête circulaire autour du bassin de Paris, ligne de Laon — Reims — Epernay — Vertus — Sézanne — Nogent, crête qui offre quelques bonnes positions, la place de Soissons, située un peu en arrière, conviendrait parfaitement comme point d'appui, comme Montereau au sud. Reims est trop en avant, et fait partie de la ligne elle-même. Par sa position, le camp retranché de Reims entraînerait nos armées au nord de la Marne, ligne dangereuse; tandis que le camp de Soissons n'entrera en ligne de compte que lorsque nos armées rompues devront entièrement découvrir Paris; pendant qu'elles se replieront sur Montereau et le Morvan, les divisions de l'armée territoriale flamande, picarde et normande se concentreront à Soissons. Cette ville d'ailleurs est sur deux lignes d'opérations principales : 1° celle de Thionville — Mézières — Reims — *Soissons* — Paris; 2° celle de Cologne — Liége — Namur — Hirson — Laon — *Soissons* — Paris. Nous avons déjà vu que l'Aisne est la seule ligne défensive sérieuse sur cette dernière ligne d'invasion; le camp retranché de Soissons lui donnerait donc une force considérable. Brialmont considère Soissons comme un point stratégique très-important; de Meyer (de l'état-major prussien) le déclare également, ajoutant qu'avec deux ou trois fortins échelonnés vers le sud, Soissons tiendrait tous les passages de la Marne entre Epernay et Paris; Sironi considère Soissons comme la clef de l'Aisne.

Cette place, disons-nous, serait le point de concentration de toute l'armée territoriale du nord, du nord-ouest et du département de la Seine; sa défense se relierait immédiatement à celle de Paris (105 kil.), à celles du bassin de la Somme et du bassin de l'Escaut, pour appuyer les opérations d'une armée du Nord contre l'investissement de Paris, opérations qui pourraient alors sans danger prendre pour objectif les belles positions de Dammartin, de Montgé, de Monthyon, sur la ligne de retraite de l'ennemi. Reims est trop à l'est pour être utilisé par une armée de la Somme contre une armée qui bloque Paris. D'ailleurs, si nous voulons être maîtres du secteur compris entre la Marne et l'Oise, il est indispensable que nous ayons une tête de pont double sur l'Aisne, dans la région de Soissons.

Toutes ces considérations nous paraissent suffisantes pour que Soissons soit choisi pour former le grand camp retranché qui est nécessaire au nord de la Marne.

CHAPITRE IX.

DIVISIONS POLITIQUES DU VERSANT OCCIDENTAL DU BASSIN DU RHIN.

Nous avons déjà vu que la Confédération helvétique possédait tout le versant occidental du Rhin supérieur. La France, la Belgique, la Hollande et l'empire allemand se partagent le bassin médian et le bassin inférieur.

§ I. — *France.*

La *France*, par les traités de 1815, avait déjà perdu ses limites naturelles, le Rhin, que lui avait assurées le traité de Campo-Formio, en 1797.

Grâce à l'empereur de Russie, l'Europe, coalisée en 1815, lui avait maintenu une partie du Rhin, malgré Blücher et le prince Charles, qui déclaraient que l'Allemagne du Sud était ouverte à l'invasion française si on laissait à la France Strasbourg et l'Alsace. De Lauterbourg, la frontière suivant une ligne capricieuse vers le nord-ouest, passait au nord de Bitche, coupait la Sarre en aval de Sarreguemines, nous enlevait la vallée inférieure de cette rivière, coupait la Moselle en aval de Sierk, passait au nord de Longwy, courait parallèlement à la Chiers, coupait la Meuse au-dessous de Givet en faisant un grand coude vers le nord, donnait à la Belgique les sources de l'Oise, le pays de Chimay, Philippeville, coupait la Sambre en aval de Maubeuge, passait au nord de la forêt de Mormal, et continuait dans cette direction jusqu'au nord de Dunkerque.

Après la guerre désastreuse de 1870-71, le traité de Frankfort enleva à la France l'Alsace et une partie de la Lorraine et lui donna la frontière suivante :

En partant du district de Porrentruy, cette frontière suit les collines de Valdieu, le faîtage restant à l'Allemagne, puis les Vosges méridionales jusqu'au Donon ; elle court ensuite suivant la ligne de séparation des eaux de la Sarre et de la Vezouze pendant une vingtaine de kilomètres, laissant Blâmont à 4 kilomètres et à la France, Réchicourt à l'Allemagne ; elle coupe le Sanon au village de la Garde (allemand), suit un contrefort du versant de gauche de la Seille, atteint celle-ci en aval de Vic (allemand), la suit jusqu'à 2 kilomètres en aval d'Aulnois (allemand), laisse à la France le canton de Nomény (c'est la seule ville des bords de la Seille qui soit restée française) ; elle atteint la Moselle vers Pagny-sur-Moselle (français), la suit jusqu'à 1500 mètres de Novéant (allemand), laisse à la Prusse le ravin de Gorze, Vionville, Rezonville, Gravelotte, Verneville, Saint-Ail, Sainte-Marie-aux-Chênes, Montois-la-Montagne, les hauts-fourneaux de Moyeuvre et la plus grande partie de la forêt de ce nom, la position militaire de Fontoy et la riche vallée métallurgique d'Hayange ; enfin le territoire d'Aumetz et ses minerais, puis une langue de terrain comprise entre Tiercelet (français) et la frontière luxembourgeoise.

Les débris du département de la Moselle, restés à la France, forment un arrondissement dont le chef-lieu est Briey ; le département de la Meurthe a également perdu deux sous-préfectures, Sarrebourg et Château-Salins ; ces deux lambeaux de départements ont été réunis pour former le département de *Meurthe-et-Moselle*, avec Nancy pour chef-lieu, Briey, Toul, Lunéville, pour sous-préfectures.

Le morceau très-petit du département du Haut-Rhin qui est resté à la France a conservé le nom du département et a pour chef-lieu Belfort, sans autre arrondissement. Le département des Vosges est resté intact, il compte toujours pour chef-lieu, Épinal ; pour sous-préfectures Neufchâteau, Mirecourt, Remiremont, Saint-Dié.

La région ainsi cédée à l'Allemagne ne compte pas moins de 1,629,000 habitants, dont 230,000 ont opté pour la nationalité française et ont par conséquent dû quitter le sol natal. Cette émigration était devenue nécessaire pour beaucoup de fonctionnaires sans fortune, et pour les familles qui voulaient dérober leurs enfants au service militaire allemand. Les autres habitants ont bien fait de rester dans leur beau pays, afin de ne pas l'abandonner aux convoitises et aux influences des vainqueurs ; qu'ils conservent précieusement leur sainte affection pour la France ; le patriotisme est le sentiment le plus favorable aux libertés comme à la grandeur d'un peuple.

— Depuis 1872, le service militaire est obligatoire et personnel en France ; chaque homme (excepté ceux qui jouissent de dispenses, d'engagements conditionnels, etc., etc.) doit :

5 ans dans l'armée active.
4 ans dans la réserve.
5 ans dans l'armée territoriale.
6 ans dans la réserve de l'armée territoriale.
Total : 20 ans.

Les hommes compris dans la réserve de l'armée active peuvent être exercés, durant leur séjour dans la réserve, deux fois, pendant 4 semaines chaque fois.

Les premiers numéros des listes de tirage de chaque canton sont envoyés dans l'armée de mer ; ils font 5 ans de service actif, 2 ans de réserve, et passent dans l'armée territoriale.

Les listes de recrutement comprennent chaque année environ 300,000 jeunes gens.

En 1872, sur ce nombre il y avait :

30,000 infirmes,
85,000 dispensés,
28,000 désignés pour le service auxiliaire.
Il restait pour le service 152,000 hommes.

L'effectif de l'armée en temps de paix, y compris les cadres, les personnels administratifs, la gendarmerie, etc., est d'environ 450,000 hommes.

Afin de ne pas dépasser ce chiffre, les 152,000 hommes désignés pour le service sont divisés en deux portions : 90,000, formant la première portion, font 5 ans; 55,000 hommes, de la deuxième portion, ne doivent faire qu'une année. Le ministre peut renvoyer ces derniers au bout de six mois ; ce qu'il fait chaque année, afin de pouvoir appeler plus de monde dans la première portion, celle dans laquelle se recrutent les cadres.

En temps de guerre, tous les dispensés du service en temps de paix sont appelés, moins ceux dispensés conditionnellement (prêtres, instituteurs, etc.).

Depuis le 24 juillet 1873, la France est divisée en 18 régions, occupées chacune par un corps d'armée.

Les quartiers généraux des corps d'armée, des divisions des diverses brigades, sont :

NUMÉROS des corps d'armée — Ils peuvent être changés.	QUARTIERS GÉNÉRAUX des corps d'armée.	NUMÉROS des divisions	QUARTIERS GÉNÉRAUX des divisions.	des brigades d'infanterie.		des brigades de cavalerie.	des brigades d'artillerie.
1er	Lille	1re	Lille	Lille.	Cambrai.	Lille.	Douai
		2	Arras	Arras.	Saint-Omer.		
2	Amiens.	3	Amiens	Soissons.	Beauvais.	Compiègne.	La Fère.
		4	Sedan.	Givet.	Sedan.		
3	Rouen	5	Paris	Paris.	Paris.	Evreux.	Versailles.
		6	Rouen.	Rouen.	Caen.		
4	Le Mans	7	Le Mans.	Laval.	Le Mans.	Chartres.	Le Mans
		8	Paris	Paris.	Paris.		
5	Orléans.	9	Paris	Paris.	Paris.	Vendôme.	Orléans.
		10	Orléans	Auxerre.	Blois.		
6	Châlons-sur-Marne.	11	Nancy.	Nancy.	Verdun.	Verdun.	Châlons.
		12	Reims.	Mézières.	Troyes.		
7	Besançon	13	Langres.	Belfort.	Chaumont.	Vesoul.	Besançon.
		14	Besançon	Lons-le-Saulnier	Lyon.		
8	Bourges	15	Dijon	Dijon.	Lyon.	Dijon.	Bourges.
		16	Bourges.	Bourges.	Nevers.		
9	Tours.	17	Châteauroux	Châteauroux.	Paris.	Tours.	Poitiers.
		18	Tours	Tours.	Angers.		
10	Rennes.	19	Saint-Brieuc.	Saint-Brieuc.	Rennes.	Dinan.	Rennes.
		20	Saint-Servan.	Cherbourg.	Paris.		
11	Nantes	21	Nantes	Nantes.	La Roche-s.-Yon	Pontivy.	Vannes.
		22	Brest	Paris.	Lorient.		
12	Limoges	23	Limoges.	Limoges.	Paris.	Limoges.	Angoulême.
		24	Périgueux.	Angoulême.	Brives.		
13	Clermont-Ferrand.	25	Lyon	Lyon.	Lyon.	Moulins	Clermont.
		26	Saint-Etienne	Saint-Etienne.	Roanne.		
14	Lyon	27	Grenoble	Grenoble.	Chambéry	Vienne.	Grenoble.
		28	Lyon	Lyon.	Gap.		
15	Marseille.	29	Nice.	Toulon.	Bastia.	Marseille.	Valence.
		30	Avignon.	Nimes.	Privas.		
16	Montpellier	31	Montpellier	Montpellier.	Rodez.	Carcassonne.	Castres.
		32	Perpignan.	Perpignan.	Albi.		
17	Toulouse	33	Montauban.	Agen.	Cahors.	Montauban.	Toulouse.
		34	Toulouse	Toulouse.	Auch.		
18	Bordeaux.	35	Bordeaux	La Rochelle.	Bordeaux.	Libourne.	Tarbes.
		36	Bayonne.	Mont-de-Marsan	Pau.		

L'Algérie forme une région spéciale avec le 19e corps d'armée.

Chaque corps d'armée comprend deux divisions d'infanterie (à deux brigades), une brigade de cavalerie, une brigade d'artillerie, un bataillon du génie, un bataillon de chasseurs à pied, un escadron du train des équipages militaires.

La brigade d'infanterie et la brigade de cavalerie comptent deux régiments chacune.

La brigade d'artillerie se compose également de deux régiments dont le premier à 13 batteries :

3 à pied.
8 montées (4 par division d'infanterie).
2 montées de dépôt, et de sections de munitions.

Le second à 13 batteries :

8 montées, } formant les batteries de corps, dites de réserve.
3 à cheval, }
2 montées, de dépôt et de sections de munitions.

— Par la loi des cadres promulguée en mars 1875, l'armée française compte :

INFANTERIE.

144 régiments d'infanterie à 4 bataillons (de 4 compagnies) et 2 compagnies de dépôt. (En temps de guerre la compagnie aura 4 officiers.)
30 bataillons de chasseurs à 4 compagnies, plus une de dépôt.
4 régiments de zouaves à 4 bataillons de 4 compagnies, plus une de dépôt.
3 régiments de tirailleurs algériens à 4 bataillons de 4 compagnies, plus une compagnie de dépôt.
1 légion étrangère de 4 bataillons à 4 compagnies.
3 bataillons d'infanterie légère d'Afrique.
5 compagnies de discipline.

CAVALERIE.

77 régiments de cavalerie dont :

12	régiments	de cuirassiers	à 5 escadrons.	formant 18 brig. de 2 rég. pour les 18 corps d'armée; plus des brig. et des divisions indépendantes.
26	id.	de dragons	id.,	
20	id.	de chasseurs	id.,	
12	id.	de husssards	id.,	
4	id.	de chasseurs d'Afrique	à 6 escadrons,	
3	id.	de spahis	id.	

19 escadrons d'éclaireurs volontaires.
8 compagnies de cavaliers de remonte.

ARTILLERIE.

38 régiments d'artillerie, soit 19 brigades à 2 régiments.
2 régiments de pontonniers à 14 compagnies chacun.
10 compagnies d'ouvriers d'artillerie.
3 compagnies d'artificiers.
57 compagnies de train d'artillerie, soit 3 par brigade d'artillerie.

GÉNIE.

4 régiments de sapeurs-mineurs; le régiment comprend 5 bataillons de 4 compagnies, une compagnie de dépôt, une compagnie d'ouvriers de chemin de fer, une compagnie de sapeurs-conducteurs.

TRAIN DES ÉQUIPAGES MILITAIRES.

20 escadrons à 3 compagnies.
22 sections de secrétaires d'état-major et du recrutement.

— L'*armée territoriale* compte des troupes de toutes armes. Elle comprend 145 régiments d'infanterie; chaque subdivision de région fournit un régiment à 3 bataillons de 4 compagnies, et un cadre de compagnie de dépôt.

Le régiment a le même cadre que le régiment de l'armée active, mais il est commandé par un lieutenant-colonel.

Chaque région fournit un régiment d'artillerie et un certain nombre de compagnies du train d'artillerie, un bataillon du génie, un escadron du train des équipages, et un nombre d'escadrons de cavalerie en rapport avec les ressources en chevaux de la région.

Le costume des soldats de l'armée territoriale est le même que celui de l'armée active ; comme signe distinctif, sur le devant du collet de la tunique il y a deux morceaux de galons blancs et un bouton de chaque côté.

En cas de mobilisation, l'armée territoriale peut faire partie de l'armée active.

Le recrutement de l'armée française est fait sur tout le territoire, pour l'armée active ; pour les réserves et pour l'armée territoriale, il est fait par région.

§ II. — *Belgique.*

La *Belgique* a pour frontières dans le bassin du Rhin: 1° la frontière française que nous avons indiquée depuis Longwy jusqu'au nord de la forêt de Mormal ; 2° à l'est, elle est séparée du duché de Luxembourg par une ligne courbe qui de Longwy atteint Martelange sur la Sure, et se prolonge suivant le faîtage des Ardennes jusqu'aux sources de la Wolz; 3° au nord-est, c'est la frontière prussienne qui passe entre Stavelot et Malmédy, suit la crête de l'Hohe Veen, et arrive non loin d'Aix-la-Chapelle; 4° au nord, la frontière hollandaise suit la Meuse, prenant toutefois autour de Maëstricht une zone de quelques kilomètres sur la rive gauche; avant d'atteindre Roërmonde, la frontière tourne à l'ouest et va, par une ligne sinueuse, finir au sud de la Zélande.

Au point de vue ethnographique, la Belgique est divisée en deux parties par une ligne qui de Menin aboutirait à Tongres : au nord-ouest, c'est la région *flamande*, pays plat, riche, extrêmement peuplé et admirablement cultivé. Au XVe siècle, la Flandre était une brillante contrée, féconde en artistes, jalouse de ses libertés, dont la capitale était Gand, alors une des villes les plus séduisantes d'Europe.

Au sud-est, c'est la région *wallonne* dont une partie est comprise dans le bassin du Rhin ; c'est un pays plus varié, plus beau ; le sol y est moins bien cultivé, mais il renferme des richesses minérales et un bassin houiller remarquable. Le Wallon est de race française, il parle français (jusqu'à Liége, Verviers); la partie belge du bassin du Rhin est donc sympathique à la France, et sans les grandes fautes commises depuis Louis XIV inclusivement par notre politique extérieure, ce beau pays ferait certainement partie du territoire français.

Politiquement la Belgique comprend dans le bassin du Rhin: la province de *Luxembourg*, chef-lieu Arlon ;

La province de *Namur*, chef-lieu Namur ;

Une partie du *Hainaut*, chef-lieu Mons ;

La province de *Liége*, chef-lieu Liége, et la province du *Limbourg* belge, chef-lieu Hasselt (autrefois Tongres).

Les autres provinces belges sont :

Le *Brabant*, chef-lieu Bruxelles, la capitale du royaume ;

La *province d'Anvers* , chef-lieu Anvers ;

La *Flandre orientale*, chef-lieu Gand ;

La *Flandre occidentale*, chef-lieu Bruges.

Le gouvernement de la Belgique est une monarchie constitutionnelle représentative : le pouvoir appartient au ministère; le roi règne, mais ne gouverne pas ; les deux chambres sont électives.

La Belgique est relativement un des pays les plus peuplés de la terre ; elle compte environ 5 millions d'habitants répartis sur 30,000 kilomètres carrés, soit 166 habitants par kilomètre carré (il n'y en a que 70 en France). La culture y est très-belle, très-développée ; les industries métallurgiques et manufacturières très-brillantes.

Le commerce belge est très-important ; ses importations atteignent le chiffre de ses exportations ; leur total monte à 2 milliards 700 millions par an.

La Belgique est une contrée déclarée neutre par les puissances européennes, mais qui, pour faire respecter sa neutralité et assurer son indépendance, a constamment tenu son armée à hauteur des progrès accomplis.

L'effectif de cette armée sur le pied de paix est de :

3,200 officiers.
41,500 hommes.
7,200 chevaux.
160 canons.

L'effectif de guerre doit atteindre 120,000 hommes, auxquels viendraient s'ajouter 100,000 gardes civiques mobilisés. (En 1870, la Belgique n'a pu mobiliser que 85,000 hommes.)

L'armée permanente comprend :

INFANTERIE.

1 régiment de carabiniers à	4 bataillons actifs, 2 bat. non actifs,	plus une compagnie par régiment formant dépôt.
1 régiment de grenadiers, 3 régiments de chasseurs, 14 régiments de ligne,	3 bataillons actifs, 1 non actif,	

Le bataillon est à 4 compagnies ; la compagnie a 4 officiers.

CAVALERIE.

2 régiments de chasseurs à cheval, 2 régiments de guides, 4 régiments de lanciers,	4 escadrons actifs. 1 escadron de renfort.

ARTILLERIE.

7 régiments :	4 régiments d'artillerie de campagne. 3 régiments d'artillerie de siége.

Et les compagnies spéciales de pontonniers, artificiers, etc.

Chaque régiment de campagne comprend 9 à 10 batteries, chaque régiment de siége 17 batteries

GÉNIE.

1 régiment.

Les compagnies spéciales de chemin de fer, télégraphes, etc.

TRAIN.

7 compagnies.

Par décret du 30 mars 1874,. cette petite armée est ainsi répartie: INFANTERIE. 1re *division*, quartier général à Gand, composée de la 1re brigade (Bruges), 1er et 2e de ligne, et de la 2e brigade (Gand), 3e et 4e de ligne. — 2e *division*, quartier général à Anvers; 3e brigade (Anvers), 5e et 6e de ligne; 4e brigade (Anvers), 7e et 8e de ligne. — 3e *division* (Liége) ; 5e brigade (Namur), 9e et 10e de ligne ; 6e brigade (Liége), 11e et 12e de ligne. — 4e *division* (Bruxelles ; 7e brigade (Gand), 13e et 14e de ligne; 8e brigade (Tournay), 1er et 2e régiments de chasseurs à pied, et 9e brigade (Bruxelles), 3e régiment de chasseurs à pied, le régiment de grenadiers et le régiment de carabiniers. — CAVALERIE. 1re *division* (Bruxelles), 1re brigade; 1er et 2e régiments de chasseurs à cheval ; 2e brigade (Bruxelles), 1er et 2e régiments de guides. — 2e *division* (Louvain); 1re brigade (Namur), 1er et 2e lanciers ; 2e brigade (Mons), 3e et 4e lanciers. — ARTILLERIE. Une *inspection générale* à Bruxelles, composée de la 1re brigade (Gand), 1er et 2e régiments ; 2e brigade (Bruxelles), 3e et 4e régiments; 3e brigade (Anvers), 5e, 6e et 7e régiments. — GÉNIE. Le régiment à Bruxelles.

Les autorités militaires belges, fort au courant de la situation militaire de l'Europe et de l'organisation nouvelle des armées, ont fait tous leurs efforts pour faire proclamer le service obligatoire par les chambres belges ; mais l'esprit de routine et d'égoïsme a jusqu'ici prévalu.

Ces mêmes autorités ont obtenu, depuis quelques années, une réforme complète dans le système défensif général de leur pays ; revenant sur le vieux système des forteresses en échiquier, on a démantelé toutes les places fortes belges et concentré la défense sur Anvers, dont on a fait un immense camp retranché ; la position de ce réduit est excellente, car elle s'appuie à la mer, qui peut ainsi facilement apporter les secours d'une puissance maritime amie. Pour étendre l'action d'Anvers jusqu'à Bruxelles, et soutenir plus facilement la défense du sol pied à pied en avant de ce camp retranché, on lui construira des places avancées : Lierre, Malines, Termonde, sont très-bien situées pour cela et seront têtes des inondations de toute cette région. Depuis quelque temps, il est question de ne pas limiter la défense exclusivement sur Anvers : on retrancherait alors le camp de Béverloo,

Ce système défensif a surtout été établi contre la France, dont la politique inspirait de grandes méfiances, depuis 1859.

Les événements de 1870-71 ont absolument changé la situation; les sympathies naturelles des deux peuples se sont réveillées ; il importe qu'elles s'affirment de plus en plus et avec la plus entière loyauté. Que nous aspirions à reconquérir un jour nos provinces perdues, c'est tout ce que la France peut ambitionner sans jamais attenter à l'indépendance belge. C'est ainsi que la situation est comprise en Belgique ; mais on est convaincu que s'il n'y a rien à craindre désormais de l'ambition française, un danger autrement grave a surgi à l'horizon, en présence des prétentions non plus seulement prussiennes, mais allemandes, à reconstituer l'empire de Charlemagne.

§ III. — *Hollande*.

La *Hollande* compte dans la région gauloise un assez large territoire.

D'abord une enclave, le *duché de Luxembourg*, dont le chef-lieu est Luxembourg ; nous connaissons ses limites belges et françaises ; sa frontière prussienne commence à la trouée de Tiercelet, va jusqu'en aval de Sierk, suit la Moselle jusqu'au confluent de la Sure, puis celle-ci jusqu'à l'Our, remonte cet affluent jusqu'au milieu de son cours et se termine aux sources de la Wolz.

Le Luxembourg n'appartient pas à la Hollande, mais au roi de Hollande, qui en est le grand-duc ; au point de vue politique et administratif, ce duché est donc indépendant ; il a son gouvernement, son organisation militaire spéciale. Depuis 1815, le duché de Luxembourg faisait partie de la confédération germanique, la ville de Luxembourg était place fédérale avec garnison prussienne, et tout le duché appartenait au roi des Pays-Bas.

Après 1830, la Belgique reçut une part du Luxembourg avec

Arlon ; le reste du duché fut conservé au roi de Hollande, et continua d'être attaché à la confédération germanique. Après 1867, cette confédération ayant été détruite par la Prusse l'année précédente, il fallut l'intervention de la France et la médiation de l'Angleterre pour forcer les Prussiens à quitter la place de Luxembourg. Cependant ces derniers ne renoncent ni à cette place ni au duché lui-même, si importants aux points de vue commercial, industriel et militaire; en attendant l'heure favorable, ils cherchent par tous les moyens possibles à se saisir du marché et des intérêts luxembourgeois, afin d'imposer un jour à ce pays la nécessité de se livrer à eux ; déjà ils possèdent l'exploitation des lignes ferrées et des douanes du duché, et en refoulant la frontière française plus à l'ouest, s'ils nous ont ainsi maintenu, comme limitrophes, en possession de nos droits d'intervention diplomatique en cas d'annexion, du moins, en diminuant notre contact avec ce pays, ils espèrent en éloigner l'influence française et le germaniser de plus en plus.

Le roi de Hollande est encore *duc de Limbourg* et possède une grande partie de ce duché avec Maëstricht comme chef-lieu ; le Limbourg faisait aussi partie de la confédération germanique.

La frontière hollando-prussienne, c'est-à-dire orientale, descend au nord vers Roërmonde, court parallèlement à la Meuse à une lieue et demie environ sur la rive droite, jusque près de Nimègue, coupe le Rhin vers Löbith, décrit un grand arc en se rapprochant de l'Ems, vers Rheine, et se dirige au nord vers le golfe de Dollart, tout le cours de l'Ems restant à l'Allemagne.

Le royaume de Hollande, dont la capitale officielle est Amsterdam, comprend dix provinces administratives :

Groningue,	chef-lieu	Groningue.
Frise,	id.	Leuwarden.
Over-Yssel,	id.	Zwolle.
Gueldre,	id.	Arnheim.
Utrecht,	id.	Utrecht.
Hollande septentrionale,	id.	Harlem.
Hollande méridionale,	id.	La Haye.
Zélande,	id.	Middelbourg.
Dreuthe,	id.	Assen.
Brabant septentrional,	id.	Bois-le-Duc.

La monarchie est constitutionnelle, avec deux chambres,

dont une nommée par le roi, l'autre élue ; les députés de cette dernière ont un mandat de trois ans ; leur remplacement se fait par tiers chaque année.

La Hollande a 3,700,000 habitants. Grâce à son ancienne splendeur, elle a conservé de brillantes colonies où elle compte 20 millions de sujets. Aussi entretient-elle une marine militaire relativement forte : 135 navires de guerre montés par 9000 marins ; mais son armée européenne est faible.

Elle comprend :

8 régiments d'infanterie à 4 bataillons de 6 compagnies (armés du fusil Beaumont).
5 régiments de cavalerie légère (armés de la carabine Remington).
1 régiment d'artillerie de campagne, pouvant atteler 12 batteries (pièce de 8 à chargement par la culasse).
1 régiment d'artillerie de forteresse.
2 bataillons du génie.

Les hommes de l'armée permanente sont désignés par le sort; ils font cinq ans de services coupés de nombreux congés; en cas de défense nationale, le service n'est obligatoire que dans la milice, de vingt-cinq à trente ans; en temps de paix, on peut convoquer cette milice pour quelques exercices, pendant les cinq premières années.

En temps de guerre, l'armée hollandaise, grâce à cette milice, peut s'élever à 150,000 hommes.

En 1873, le ministre de la guerre, convaincu, avec raison, de la nécessité de créer une puissante armée, capable de sauvegarder l'indépendance des Pays-Bas, avait préparé une loi militaire basée sur le service obligatoire ; le projet, comme en Belgique, n'a pu trouver grâce devant l'indifférence des chambres bataves ; il a été repoussé, et avec lui toute la réorganisation projetée.

Malgré la richesse commerciale de la Hollande (2 milliards 500 millions, exportation et importation comprises, toutes les deux à peu près égales), malgré ses belles industries et ses grandes colonies, pour soutenir une situation aussi considérable et une organisation administrative aussi forte et nombreuse que celle qui existe dans ce pays, les impôts y sont considérables, 272 francs par famille, c'est-à-dire autant qu'en France.

La Hollande est habitée par des Frisons et des Hollandais, d'origine allemande, on les appelle *Bas-Allemands* (Nieder-Deutschen), ils se nomment eux-mêmes *Duitch*.

C'est aujourd'hui le pays le plus immédiatement convoité par la Prusse qui, par ses nombreux ports, ses excellents marins et ses belles colonies, acquerrait ainsi une force considérable et deviendrait une puissance maritime de premier ordre, objectif actuel de l'Allemagne ; son influence s'étendrait dès lors sur toute la surface du globe, particulièrement en Amérique et en Australie, que peuplent incessamment les nombreuses émigrations allemandes.

Cette idée de l'annexion de la Hollande à l'empire allemand a fait déjà tant de chemin en Allemagne, que la majorité des Allemands, dont le sentiment national est aujourd'hui si gonflé, la considère comme probable avant peu de temps. Ils prétendent que la Hollande étant de race germaine doit entrer d'elle-même dans le courant de la grande idée de l'unité germanique, pour participer à ses bienfaits, à sa puissance et à sa gloire ; l'intérêt même de la Hollande lui en fait une nécessité, disent-ils ; et si, malgré cela, elle voulait encore s'exclure de cette unité, c'est un devoir pour l'Allemagne de l'y contraindre, afin de couvrir sa frontière ouverte de ce côté ; frontière par laquelle la France et l'Angleterre alliées pourraient se ruer sur Berlin. D'ailleurs est-il besoin de motiver leurs prétentions ; ils veulent leur *Vater Rhein* jusqu'à la mer, et ils l'auront, affirment-ils !

Le gouvernement hollandais se préoccupe beaucoup d'une telle situation, et travaille incessamment à organiser un solide système défensif.

La première ligne de défense de la Hollande contre l'Allemagne est celle de l'Yssel, laquelle est bien loin d'avoir la force de Düppel, que les Allemands enlevèrent si vigoureusement en 1864 ; malgré tous les retranchements qu'on pourra construire sur cette ligne et qui ne feront que diviser les forces de la défense, la ligne restera très-faible.

C'est pour cela que l'état-major hollandais, tout en maintenant quelques forts sur la ligne de l'Yssel pour couvrir les passages principaux et pour assurer une inondation qui demandera toujours trop de temps, s'est décidé à reculer jusqu'à Utrecht sa base défensive, déterminée par une large ligne d'eau, qui va du Zuydersée aux îles de la Zélande, la ligne *Muiden — Utrecht — Gorkum — Gertruydemberg* ; un système complet d'écluses perfectionnées a été créé à Utrecht, afin que les abords de cette ligne puissent être inondés rapidement avec les eaux du

Rhin; celles de la mer ne rempliraient que les bas-fonds de cette région. On y a construit un bassin de retenue qui renferme en permanence les eaux nécessaires à une partie de la ligne ; enfin Utrecht est devenue une place de premier ordre, au centre de la ligne de défense qui, de Muiden à Gertruydemberg, comprendra plus de 30 forts ou forteresses.

Comme avant-ligne précédant cette ligne de défense, on organise celle de l'Eem, dite ligne de *Grebbe* et d'*Ochten*, du Zuydersée au Waal. Enfin, en arrière de toutes ces lignes retranchées, la défense se concentrera dans la province de Hollande septentrionale, au nord de la mer de Harlem desséchée, derrière l'*Het*, golfe d'Amsterdam. Toute cette région est inondable par les eaux de la mer, mais on veut éviter à tout prix de telles inondations qui anéantiraient la richesse du pays ; aussi pour assurer la défense de cette région, le projet comporte la création d'une trentaine de forts autour d'Amsterdam et de l'Het. L'entrée du Zuydersée sera assurée par le Helder, celle de la Meuse par Brielle et Willemstadt, et pour rester relié à la Belgique, on maintient les retranchements de la région de Flessingue, bien qu'excentriques et trop éloignés des lignes défensives concentriques adoptées. Cette organisation défensive, qui doit être achevée en huit ans, doit coûter environ 60 millions de francs. Toutefois, une telle organisation exige un développement de forces militaires supérieur à celles de la Hollande ; nous avons vu que le projet de réorganisation militaire, conséquence forcée d'un tel système défensif, avait été repoussé par les chambres bataves ; elles ont également repoussé le projet de création d'une flotte cuirassée, indispensable pour soutenir la lutte dans un pays essentiellement maritime.

D'après quelques écrivains militaires allemands, quelques bateaux de charbon coulés près de Westervoorde ou d'Arnheim suffiraient pour barrer le fleuve et le faire refluer dans le Waal et dans l'Yssel, ce qui empêcherait les inondations projetées en avant d'Utrecht, surtout à l'époque des basses eaux ; d'ailleurs on pourrait attendre un hiver rigoureux et, comme Pichegru, franchir tous les obstacles sur la glace.

Le but du gouvernement hollandais est de pouvoir résister au moins quinze à vingt jours, lesquels, ajoutés aux quinze jours nécessaires à la mobilisation allemande, donneraient un grand mois, pendant lequel les puissances étrangères auraient le temps de prendre des mesures et d'intervenir.

Mais l'Allemagne compte ne faire qu'une bouchée de la Hollande; elle n'envisage, il est vrai, que les obstacles matériels qui pourraient entraver sa marche victorieuse; elle oublie qu'elle aurait affaire à une nationalité puissante et énergique, pleine d'un vigoureux patriotisme, qui se défendra avec tout le désespoir d'un peuple qui lutte pour sauver son existence même.

Nous venons de voir les parties respectives de la région gauloise qui reviennent à la France, à la Belgique et à la Hollande ; le reste appartient à l'empire allemand, dont nous parlerons à la suite de la description du versant oriental du bassin du Rhin.

TITRE II

Versant oriental du bassin du Rhin.

CHAPITRE X.

CEINTURE ORIENTALE DU BASSIN DU RHIN.

Le bassin du Rhin est limité à l'est par :

1° Les *Alpes Grises* ou des Grisons; c'est un immense massif extrêmement épais et très-élevé (2300 mètres de hauteur moyenne) qui sépare le haut bassin du Rhin de la vallée de l'Inn, affluent du Danube, c'est-à-dire la *Via-Mala* de l'*Engadine*. Elles se détachent du massif du Maloïa par le mont *Septimer*, son extrémité septentrionale, et vont jusqu'au mont *Selvretta*, nœud montagneux très-remarquable d'où se détachent : 1° à l'ouest, la chaîne du *Rœtikon;* 2° à l'est, celle de l'*Innthal*, qui sépare la vallée de l'Inn de celles du Lech et de l'Iser, affluents du Danube ; 3° les Alpes d'Algau. Les Alpes Grises ne sont traversées que par trois mauvaises routes, que nous verrons plus loin.

2° Les *Alpes d'Algau* et du *Vorarlberg* atteignent à leur origine jusqu'à 3000 mètres, en conservant tous les caractères alpestres de la chaîne précédente ; elles sont sauvages et profondément découpées et s'abaissent assez rapidement en se rapprochant du lac de Constance; les neiges disparaissent alors pour faire place à de belles forêts, les vallées s'élargissent et deviennent fertiles. C'est encore du gneiss et du micachiste jusqu'au col de l'Arlberg ; tandis qu'au nord c'est du trias et du lias.

3° Le *plateau de Constance*, improprement appelé Alpes de

Constance ; il commence à hauteur du lac, formant une série de hauts plateaux d'une altitude moyenne de 1000 mètres, à pentes douces et d'un accès très-facile. Aussi cette région n'a-t-elle rien d'alpestre, pas même de montagneux. Elle est très-peuplée, très-bien cultivée, irrégulièrement tourmentée, coupée de nombreuses routes et de voies ferrées ; c'est la région naturelle de communication entre la Suisse et l'Allemagne, une des portes d'invasion les plus favorables de la rive gauche à la rive droite du Rhin et réciproquement.

4° La *Forêt-Noire* (Schwartz-Wald) est une grande et superbe chaîne, très-importante, de 200 kilomètres de longueur. Elle a 80 kilomètres de largeur à hauteur du Feldberg, son principal massif ; au nord, elle a environ 40 kilomètres de large. Elle est parallèle aux Vosges, et à peu près à la même distance du Rhin que celles-ci ; elle en a d'ailleurs tous les caractères et la même composition géologique (gneiss et granit).

Cette chaîne peut être divisée en trois parties :

La partie méridionale, qui est la plus élevée, s'étend jusqu'à Freudenstadt, à hauteur de Strasbourg ; ce sont des montagnes de 900 mètres de hauteur, de forme arrondie, couvertes de forêts de sapins très-épaisses, avec de rares clairières ; les sommets les plus élevés, sur lesquels on trouve des marécages infranchissables, conservent leurs neiges une grande partie de l'année ; de profondes vallées coupent les crêtes en tous sens; le massif le plus élevé est le *Feldberg* (1495 mètres) au sud ; il est presque constamment couvert de neige, et de son sommet chauve on jouit d'un panorama splendide.

Au nord de Freudenstadt, c'est le Schwartz-Wald moyen formé de hauts plateaux de grès bigarré, ondulés, traversés par d'étroites vallées et couverts de pâturages et d'assez maigres cultures d'avoine.

Au nord de Pforzheim, de Carlsrühe, c'est la région inférieure de la Forêt-Noire ; elle ne se compose que de collines de 4 à 500 mètres de hauteur ; c'est un dos de pays qui se relève près de Heidelberg par quelques sommets granitiques, lesquels sont comme le commencement de l'Odenwald.

Le versant occidental de la Forêt-Noire est plus accidenté que le versant oriental ; les vallées, peu habitées dans les hautes régions, sont au contraire très-populeuses dans les régions inférieures ; elles sont couvertes de riches prairies et forment un pays extrêmement pittoresque. Le bétail y est nombreux ; on y trouve peu de chevaux, peu de céréales et beaucoup de pommes de terre.

5° Les *Alpes de Souabe* ne font pas suite à la Forêt-Noire, mais se greffent à elle sur son versant oriental, au milieu du Schwartz-Wald méridional, vers les sources du Necker ; elles ont une direction générale sud-ouest-nord-est et se prolongent jusque vers les sources de la Tauber. Suivant leurs divers caractères on leur donne différents noms :

Tout d'abord elles forment comme une large dépression par où passent la route et le railway des sources du Necker à celles du Danube ; c'est le *Baar*, contrée stérile. Elles se relèvent ensuite, sous le nom de *Heuberg* (montagne de foin) ; c'est la partie la plus élevée de la chaîne ; elle atteint 1000 mètres, et est couverte d'assez bons pâturages.

Vient ensuite une longue série de plateaux de 6 à 700 mètres de hauteur qui va jusqu'aux sources du Jaxt et qu'on appelle le *Rauhe-Alp ;* c'est un pays aride, nu, coupé de ravins profonds, plus escarpé, plus sauvage et plus montagneux au nord que vers le sud ; le sommet est un immense plateau sans eaux, couvert de pierres blanchâtres, de maigres pâturages que broutent des chèvres et des moutons; çà et là on rencontre quelques forêts. Les villages y sont rares, et le sol ne produit que du seigle et de l'avoine ; les vallées au contraire sont riches en vergers, fertiles, bien cultivées, mais souvent manquent d'eau en été; les défilés, très-étroits, sont parfois de véritables fissures.

La partie méridionale vers Ulm s'appelle *Hochstrasse* ; elle est moins âpre, moins aride, plus facilement cultivable.

A l'est, vers Nordlingen, s'épanouit en pentes adoucies, vers le Danube et la Wernitz son affluent, la région des Alpes de Souabe qu'on appelle le *Herdtfeld* ; cette région bien cultivée, très-boisée, possède de nombreuses crêtes favorables à la défensive, entre autres la position de Neresheim, au sud de cette petite ville (victoire de Moreau en 1796).

Les routes des Alpes de Souabe sont nombreuses, mais souvent mauvaises, vu la nature calcaire du sol, qui est de formation jurassique. Le soulèvement des Alpes de Souabe est en effet le même que celui qui forme le Jura ; ces deux chaînes ont une direction analogue et se raccordent parfaitement par l'extrémité du Jura helvétique, par le Randen (rive droite du Danube) et le Heuberg; aussi bien appelle-t-on souvent les Alpes de Souabe le Jura franconien, et certes avec beaucoup plus de raison, car elles n'ont aucun caractère alpestre.

6° Le *Steiger-Wald* se joint à la précédente chaîne vers les sources de la Tauber. Il a, comme ceinture du bassin du Rhin, une direction nord-ouest-sud-est ; il est montueux, sauvage, raviné ; sa crête est étroite et couverte de larges forêts ; son versant oriental est plus accessible que le versant occidental, lequel forme comme l'extrémité méridionale du haut plateau de Franconie, qui comprend tout le haut bassin du Mein, plateau élevé, accidenté, boisé et très-important, situé entre les bassins du Rhin, du Danube et de l'Elbe.

7° Le *Fichtel-Gebirge* a pour centre le massif principal du grand plateau franconien, que domine le sommet de l'*Ocksenkopf* (1000 mètres), nœud important d'où se détachent, au sud-ouest, un pays montueux qui vient se relier au Steiger-Wald, et auquel on a souvent étendu le nom même du massif, au sud-est, les monts de Bohême, au nord-est, les monts Métalliques, au nord-ouest, les montagnes de Franconie, et d'où s'écoulent le Mein, la Naab, l'Eger et la Saale.

Le Fichtel-Gebirge est une région granitique, très-peuplée, accidentée, couverte de bois sur les hauteurs, coupée de profondes mais assez rares vallées et de nombreux ravins; les communications y sont nombreuses mais très-difficiles par les temps humides, excepté par les grandes chaussées.

Les chaînes de montagnes que nous venons de voir font partie de la ligne de séparation des eaux de l'Europe.

8° Les *montagnes de Franconie* (Franken-Wald) forment un large plateau, composé de hauteurs à pentes adoucies, couvert de cultures et sillonné de routes ; sa hauteur moyenne est de 450 mètres ; ses sommets les plus élevés atteignent 600 mètres et sont couverts de larges forêts. Vers le nord et l'est, ses pentes sont abruptes et rocheuses sur les rives de la Saale (affluent de l'Elbe) et forment ainsi comme l'escarpement septentrional du plateau de Franconie ; au sud, il est profondément raviné par les petits affluents du Mein ; ce ne sont pas des sommets proprement dits, mais une succession de plateaux allongés, dont les vallées sont très-peuplées et couvertes de prairies ; les routes carrossables y sont nombreuses. Placé entre le massif de l'Ocksenkopf et les montagnes de la Thuringe, le Franken-Wald forme entre eux comme une dépression qui est la ligne naturelle de communications, le débouché stratégique de l'Allemagne du Nord sur l'Allemagne du Sud et réciproquement (Gustave-Adolphe, Napoléon).

9° Le *Rhön Gebirge*, de formation granitique, est une région pauvre, peu habitée, couverte de laves et de basaltes ; le sol pierreux y est stérile, les communications difficiles et rares ; le climat est dur, les neiges s'y maintiennent longtemps ; les pentes inférieures sont généralement sans escarpement ; on y trouve des forêts et des terrains cultivés.

La partie orientale comprise entre la Werra, l'Ulster, son affluent, et la Saale franconienne (affluent du Mein) est généralement plate, inculte, couverte de broussailles, de rochers et de marécages, sans routes praticables entre Meiningen et la Saale. On l'appelle le *Vorder-Rhon* ; vient ensuite le *Hohe-Rhon* qui est la partie la plus élevée, formant une large crête à l'est de Fulda, dominée par le Heilige-Kreusberg (le saint mont de la Croix) (960 mètres), où l'on prétend que commencèrent les premières prédications du christianisme en Allemagne.

10° Le *Vogel-Gebirge* commence à l'ouest de Fulda et va jusqu'aux sources de la Lahn. On a donné le nom de *Vogel* à toute cette chaîne du nom du *Vogelsberg* qui la domine en son milieu. Le Vogelsberg est un massif volcanique analogue à celui de l'Auvergne. C'est, dit Levasseur, le plus considérable que l'on connaisse sur le globe, et la partie la plus sauvage, la plus triste de l'Allemagne centrale; on la nomme *Sibérie hessoise*, car le froid y dure toute l'année. Ses sommets sont incultes et couverts de roches basaltiques ; les pentes nord sont boisées, celles du sud cultivées et coupées de vallées fertiles où l'on trouve de beaux pâturages, peu de routes, quelques filons de fer, un peu de houille et des eaux sulfureuses. Le Vogelsberg atteint 753 mètres.

11° Le *Rothaar-Gebirge* est une masse montagneuse qui atteint jusqu'à 800 mètres de haut ; elle est âpre, pierreuse, coupée de vallées étroites, profondes ; les plateaux y sont de peu d'étendue, couverts de bois et de prairies ; les communications difficiles.

Le noyau central de ce massif est entre les sources de la Ruhr, de la Lenne et de l'Eder (affluent du Wéser).

13

12° L'*Egge-Gebirge* commence vers les sources de la Dimmel (affluent du Wéser) et va jusqu'aux sources de l'Ems ; il est formé par de fortes collines de 500 mètres de hauteur ; au sud, il est couvert par la grande forêt de *Ringelstein*, d'où partent les contreforts qui courent entre la Ruhr et la Lippe.

Ses pentes sud sont escarpées et tombent à pic sur la Ruhr ; au nord, il s'abaisse insensiblement ; son revers oriental est abrupte. De nombreuses routes traversent cette région.

13° Le *Teutoburgerwald* tourne au nord-ouest ; ce sont des collines boisées de 4 à 500 mètres de hauteur, avec des pentes orientales plus escarpées que celles qui sont à l'ouest ; les deux versants sont profondément ravinés par des vallées transversales (c'est en petit la charpente du Jura), ce qui rend les communications difficiles entre les deux versants. Le sommet du Teutoburgerwald est couvert de bruyères et d'épaisses forêts de chênes ; sa crête est coupée par deux brèches principales : l'une à l'est, celle de *Bielefeld* où passe la grande ligne ferrée de l'Allemagne du Nord (Aix-la Chapelle — Hanovre — Berlin) ; la deuxième à l'ouest, celle d'*Iburg* où passe la route de Munster (capitale de la Westphalie) à Osnabrück.

Un contrefort important va presser le Weser en amont de la citadelle prussienne de *Minden* (aujourd'hui déclassée) et former avec les hauteurs de la rive droite ce qu'on appelle *les portes de Westphalie*.

Le Teutoburgerwald n'appartient au bassin du Rhin que par quelques sommets près de l'Egge-Gebirge, par ce qu'on appelle le *Lippische-Wald* ; il sépare plutôt le bassin du Wéser de celui de l'Ems. Entre l'Ems et le Rhin il n'y a qu'un pays faiblement montueux où l'on distingue les collines du *Baumberg* et celles de l'*Hohe-Marck*.

Plus au nord on ne trouve plus que de vastes plaines sablonneuses, couvertes de dunes et d'immenses marais séparés entre eux par des chaussées qui sont inabordables même aux piétons dès qu'arrive l'humidité.

Ces plaines vont jusqu'à la mer et forment une zone basse de 100 kilomètres de largeur environ, qui s'étend sur tout le littoral de la mer du Nord, zone triste, le plus souvent stérile, surtout à l'ouest.

CHAPITRE XI

VERSANT ORIENTAL DU RHIN HELVÉTIQUE.

Affluents de droite de la région helvétique.

Le Rhin supérieur reçoit à droite :

I. L'*Albula*, qui descend des Alpes Grises à travers une vallée très-âpre ; elle passe au nœud de routes de *Tiefenkasten* et finit en aval de Thusis dans le Rhin postérieur.

Une route part de Thusis, suit la vallée de l'Albula, passe à Tiefenkasten, *Bergün*, se rétrécit quoique toujours carrossable et franchit un premier défilé extrêmement difficile, durant lequel la route est taillée dans le roc, puis le *défilé du Diable*, le plus triste des Alpes, enfin le *mont Albula*, pour descendre dans la vallée de l'Inn, atteignant cette rivière à *Ponte*, dans l'Engadine. Cette route fut suivie par les Autrichiens et par les Français en 1799 et en 1800 ; une voie romaine franchissait déjà le col de l'Albula.

Une autre route meilleure part de Coire, coupe la précédente à Tiefenkasten et franchit les Alpes Grises par le *col de Julier* pour déboucher sur *Sylva Plana* dans l'Engadine ; jusqu'au XVe siècle, c'est-à-dire jusqu'à la construction de la route du Splugen, cette route était la voie militaire et commerciale la plus courte entre l'Italie et l'Allemagne, par l'Engadine et la route du *Maloïa*, qui va des sources de l'Inn à Chiavenna (bassin de l'Adda).

Ce col est le moins exposé aux avalanches, le plus vite débarrassé des neiges d'hiver ; la route a de 4 à 5 mètres de largeur ; de Sylva Plana on peut immédiatement, par le col de *Bernina*, déboucher sur *Tirano*, clef de la Valteline (haut Adda).

On peut, en suivant la route de Coire-Tiefenkasten, éviter le col de Julier, en prenant à *Stalla* la route à droite ; elle franchit le massif du Maloïa par le *col du Septimer* et permet de déboucher en Italie sans traverser l'Engadine.

L'Engadine est la vallée supérieure de l'Inn, jusque vers Martinsbrück, où commence le Tyrol (Autriche). En aval de Martinsbrück débouche la route importante du col de Roscha, qui fait communiquer l'Inn et l'Adige ; le fort de *Nauders* la couvre près de son débouché sur l'Inn. L'Engadine fait partie du canton des Grisons, depuis 1635, époque à laquelle elle fut brillamment enlevée aux Autrichiens par le duc de Rohan, ambassadeur français en Suisse.

Ce pays est tellement froid qu'il y gèle parfois en été ; en mai 1799, l'artillerie française franchit sur la glace les lacs de la vallée.

II. Le *Landquart* descend du Selvretta; un sentier très-difficile permet d'atteindre l'Engadine par ses sources ; sa vallée belle, pittoresque et très-fertile, est appelée le *val Prettigau* ; elle est suivie jusqu'à *Kloster* par une route, qui en ce point tourne au sud pour atteindre la vallée du Davos, affluent de l'Albula, et celle de l'Albula, à 2 kilomètres en amont de Tiefenkasten. De Davos on peut atteindre l'Engadine par deux sentiers qui traversent les cols de *Fluela* et de *Scaletta*, et Coire par le sentier de *Strela*.

De hauts massifs dominent le pays entre le Landquart et l'Albula ; les deux sommets les plus élevés sont le *Hochwang* (2170 mètres) et le *Rothhorn* (2985 mètres).

III. L'*Ill* tombe des glaciers du Selvretta ; sa haute vallée est suivie par un sentier qui permet aux piétons d'atteindre l'Engadine à *Guarda*.

Au dessous de *Pattenen* commence la belle vallée de *Montafun*, couverte de belles prairies et de superbes forêts de sapins.

L'Ill passe à *Bludenz*, autrefois fortifié.

Feldkirch (3,000 h.), petite ville industrielle entourée de rochers qui en font une forteresse naturelle; un contrefort, l'*Ardetzenberg*, coupe la vallée comme une muraille; l'Autriche l'a fortifié depuis 1848, de même que le *Schellenberg*, autre contrefort plus élevé que le premier. Cette position, appuyée au sud par des marais, est considérée comme inexpugnable. Feldkirch est la clef de toute la vallée de Montafun, c'est-à-dire de la porte occidentale du Tyrol. La route du Vorarlberg au Tyrol remonte l'Ill jusqu'à Bludenz, suit la vallée de l'*Alfenz*, son affluent, et franchit les Alpes du Vorarlberg au *col de l'Arlberg*, pour atteindre l'Inn vers Landeck ; cette route, construite en 1787, est bonne, mais rendue impraticable par les neiges en hiver.

Le *Vorarlberg* est une région montagneuse qui forme un district autrichien, compris entre la Suisse, la Bavière, la principauté de Lichtenstein et le Tyrol ; son chef-lieu est Brégenz.

Entre l'Ill et le Landquart, c'est-à-dire entre la vallée de Montafun et le val Prettigau, se détache du Selvretta l'importante chaîne du *Rhœtikon* dont la hauteur moyenne est de 2,500 mètres ; cette chaîne se termine à pic sur le Rhin, par le massif du *Luziensteig* qui, avec le Churfisten de la rive gauche, étreignent le fleuve dans le défilé de Luziensteig, que nous avons déjà suivi.

Plusieurs sentiers font communiquer le val Prettigau avec la vallée de Montafun ; le principal est celui de *Scesa Plana*.

IV. La rivière de *Brégenz* (Bregenzer Ach) descend des Alpes d'Algen, et finit près de Brégenz dans le lac de Constance ; son bassin forme une belle vallée, par laquelle on peut atteindre la route de l'Arlberg, au pied du col, à *Stüben*; ce chemin important, mais exposé aux avalanches, permet de tourner la vallée de Montafun et Feldkirch par le nord ; de plus il traverse la vallée initiale du Leck (affluent du Danube), le Thannberg, dans laquelle on peut ainsi pénétrer ; un autre chemin, qui part près d'*Au*, permet également d'atteindre, par cette vallée, celle de l'Iller (affluent du Danube).

Les rives septentrionales du lac de Constance forment de nombreuses et belles plaines fertiles, dont les collines sont couvertes de maisons, de villages et de châteaux.

Sur ces rives nous avons déjà vu Brégenz, Lindau ; de Lindau (Bavière) partent la route et le railway Lindau — Kempten — Augsbourg ; ces deux voies, qui atteignent l'Iller à Kempten, lancent chacune un embranchement au nord, par la vallée de l'Iller, jusqu'à Ulm. Le railway Lindau — Augsbourg servit en 1870 à la concentration de 1er corps bavarois.

Plusieurs petites rivières tombent dans le lac de Constance ; les deux principales sont :

V. Le *Schussen* qui prend sa source dans le plateau de Constance, arrose *Aulendorf* (1,200 hab.) où passent : 1° le railway Friedrichshafen — Ulm ; 2° l'embranchement ferré de Herbertingen — Kisley — Isny, lequel joint les deux lignes d'opérations ferrées du lac de Constance sur Ulm. D'Aulendorf partira encore un railway sur Stokach. Cette petite ville, que domine un château, est donc un point très-important dans cette région formée de hauts plateaux sans crêtes bien définies (le railway d'Ulm pénètre, par la vallée de la Riss, dans le bassin du Danube, sans tunnel, ni tranchée sérieuse).

Le Schussen passe à *Ravensburg* (3,500 hab.), petite ville industrielle (cotons), dominée par les ruines de l'ancien château des Guelfes, rivaux des Gibelins (Hohenstaufen). Ce beau pays est couvert de nombreux châteaux. La vallée du Schussen est suivie par le railway de Friedrichshafen — Ulm, lequel, dans le bassin du Danube, atteint Biberach (entourée de vieux murs) et Ulm, grand camp retranché, la clef de toute la région supérieure du Danube, et de son premier bassin pour les armées françaises ; on ne peut, dit Napoléon, s'avancer au delà sans être en possession de cette forteresse. Cinq lignes ferrées y convergent ; sa gare importante, située dans l'enceinte fortifiée, a le matériel nécessaire pour pouvoir organiser simultanément cinq trains militaires.

Par ses sources le Schussen se lie à la Riss et forme avec celle-ci une ligne défensive importante entre le lac et le Danube, ligne dont la clef est Biberach au nord, Aulendorf au sud.

VI. La *Stokach* sort par une source considérable d'une ligne de collines calcaires qui la séparent du Danube; elle passe à Stokach (1,800 hab.), point de convergence des routes de Suisse et de Souabe ; six routes y débouchent. On passe nécessairement à Stokach pour tourner par le sud la vallée initiale du Danube. Le chemin de fer de Schaffouse à Ulm, presque achevé, passe à Stokach, Maeskirch ; un autre railway projeté ira de Stokach à Aulendorf, ce qui donnera deux lignes ferrées allant de Stokach sur Ulm ; cette dernière ligne sera parallèle à la route de terre si célèbre, où l'on trouve les positions importantes de *Wald*, *Pfuilendorf*, *Osterach*, *Saulgau* ou *Aulendorf*, etc.

On comprend combien Stokach, déjà d'une importance stratégique si grande, acquiert de valeur ; sa position tactique est assez mauvaise ; cependant Jourdan l'ayant mal attaquée en 1799 y fut battu ; Moreau l'enleva vigoureusement en 1800 par son aile droite (Lecourbe) et s'ouvrit ainsi la route du bassin du Danube.

Cette région est coupée de ravins et de marécages. La ligne

de la Stokach se lie au nord avec celle de l'*Ablach*, affluent du Danube, et forme avec elle une excellente ligne défensive, que Jourdan défendit avec vigueur, mais sans succès, avant la bataille de Stokach.

VII. L'*Aach* finit également dans le lac de Constance ; il arrose *Engen* (2,300 hab.), point important où convergent de nombreuses routes, et où passe le railway de Constance à Stuttgard ; c'est le centre et la clef de la ligne la plus favorable à occuper pour défendre l'entrée du haut bassin du Danube, ligne qui va du lac de Constance au Danube, dans la partie la plus étroite de cette zone. La position tactique d'Engen est dominée au sud par le sommet du *Hohenhoven*, qui en est la clef (victoire de Moreau en 1800).

L'Aach arrose *Singen* (1,600 hab.), débouché des routes de Stokach et d'Engen, où passe le grand railway du Rhin (rive droite) et d'où part le chemin de fer si important de Stuttgard (à une voie); cette ligne, arrivée au Danube, se bifurque, et les deux bifurcations se rejoignent à Rottweil en passant l'une par Tuttlingen à l'est, l'autre par Villingen à l'ouest. Ce chemin de fer laisse à l'est un pays plat, mais, à l'ouest, ce sont des hauteurs importantes qui vont s'élevant graduellement. On remarque surtout de nombreux pics coniques qui dominent les environs et qui supportent des ruines de châteaux célèbres. Le mamelon du *Hohentwiel*, à l'ouest de Singen, était fortifié par une redoute en 1800; le château de Hohentwiel, qui occupait le sommet du mamelon, fut démoli à cette époque. Ce mamelon rocheux domine tout le pays environnant ; c'est à son pied qu'est la jonction des deux chemins de fer de Bâle et de Stuttgard.

VIII. Le *Wutach* descend du Feldberg (Foret-Noire), traverse le *lac Titi*, passe à *Neustadt* (1,700 hab.), au débouché, par le *val d'Enfer*, de la route de Fribourg sur Danaueschingen (Danube) ; près du lac Titi, part de cette route un embranchement à droite qui va sur Schaffouse par le plateau important de *Bonndorf*; sur ce plateau passe la route qui va de Bâle — Saint-Blaise sur Geisingen (Danube). Le Wutach se dirige à l'est, puis tourne brusquement au sud, et parcourt une vallée très-étroite, mal peuplée ; il finit dans le Rhin un peu en amont de Waldshut. Dans la moitié inférieure de son cours, celle qui va du nord au sud, il est suivi par la route de

Waldshut à Geisingen, route qui reste sur la rive droite du Wutach; elle est donc badoise, car cette rivière, dans cette région, sert de limite à la Suisse et au grand-duché de Bade.

Entre l'Aach et le Wutach il y a les hauteurs du *Randen*, qui viennent presser le Wutach près de son grand coude, et former en ce point les positions importantes du *Blumberg*, sur la route de Danaueschingen — Schaffouse et sur les deux routes qui de Bâle atteignent Engen ou Tuttlingen ; l'une, indiquée ci-dessus, suit le Wutach inférieur; l'autre, par Saint-Blaise et Bonndorf.

Après le Wutach, d'autres petites rivières coupent les lignes d'opérations de Bâle sur Schaffouse; les plus importantes sont :

IX. L'*Alb*, qui descend du Feldberg, et arrose *Saint-Blaise* où passe la route importante, qui de Schœnau va sur Bonndorf et de là au Danube, et d'où part une route qui passe au sud du *Hochkopf* et, par la vallée du *Wehra*, atteint à *Wehr* la route de Huningue à Waldshut par Lœrrach ; non loin de Saint-Blaise, partent encore une route qui va sur Waldshut et une autre qui suit l'Alb, jusqu'à Albbrüch, au confluent de l'Alb et du Rhin.

X. La *Wiese* descend aussi du Feldberg, passe à *Todtnau*, à *Schœnau* où débouchent une route venant de Fribourg, une de Brisach par Staufen, une troisième de Mulheim, celle de Saint-Blaise, que nous venons de voir et qui va jusqu'au Danube, enfin la route de la vallée elle-même. Elle arrose *Lœrrach* (2,500 hab.), point important par lequel on peut tourner au nord le canton suisse de Bâle.

Un railway part de Bâle et remonte la vallée de la Wiese jusqu'à Lœrrach et *Schopfheim* (1,700 hab.), village industriel.

Tout le pays de la rive droite compris entre Constance et Bâle est très-accidenté et très-boisé ; on y rencontre à chaque pas des obstacles sérieux. « Autant sont régulières et riantes les lignes que présente le versant ouest des montagnes de la *Forêt-Noire*, autant cet autre versant est aride et tourmenté ; on y voit entremêlés des bois de sapins et des terrains mal cultivés, des bouts de plaine et des collines qui semblent sortir de terre sans raison et dont il est impossible de découvrir les ramifications ou les liaisons entre elles. » (ROBERT D'ORLÉANS), *Une visite à quelques champs de bataille de la vallée du Rhin.*) Toutefois c'est une région éminemment stratégique, car ces obstacles ne constituent pas un véritable rempart, comme la Forêt-Noire ; ils ne sont jamais inabordables, et on peut d'ailleurs toujours tenter de les tourner ; par elle on évitera donc la Forêt-Noire que Villars aborda de front et qui présente de telles difficultés qu'il dut livrer une quinzaine de combats pour se rendre maître de ses passages. Cette région forme ainsi comme une ligne naturelle d'ingression, et pour la France la véritable clef de la Bavière; par cela même, c'est la ligne d'opérations la plus directe contre Vienne; Ulm est trop éloigné et ferme mal ce débouché. Depuis 1815, il a été question de fortifier ou Tuttlingen ou Rottweil, mais les avis étant partagés, la question a été remise.

La vallée du Danube en amont d'Ulm est très-étroite et encaissée; c'est un défilé profond, dangereux, où l'on trouve une trentaine de ponts.

Ce qui gênera le plus les opérations dans toute cette région, c'est le territoire suisse de la rive droite du Rhin, dont la neutralité couvre les accès principaux. Si cependant on devait opérer par cet échiquier, tout en respectant cette neutralité, on pourrait marcher : 1° par Huningue — Lœrrach — Wehr — Waldshut et remonter le Wutach, la route restant badoise ; cette ligne fut suivie par le corps de Moreau en 1800; 2° par Fribourg — Schœnau — Saint-Blaise — Stulhingen (sur le Wutach), route que suivit le corps de Saint-Cyr à la même époque ; 3° enfin par le val d'Enfer, comme le corps de Sainte-Suzanne dans cette marche remarquable, après que les corps précédents auraient débordé la Forêt-Noire et dégagé ce val. On s'établirait sur la ligne de Blumberg — Donaueschingen, pour opérer par la ligne Engen — Stokach — Mœskirch, etc. De même, si nous avions à défendre cette région dans un mouvement de retraite, il faudrait, après la ligne Donaueschingen — Blumberg (ligne qui sans la neutralité suisse irait jusqu'à Schaffouse), occuper en arrière la ligne défensive Wœrenbach — Loffingen — Bonndorf — Stulhingen et le Wutach jusqu'à Thiengen, etc.

Un tel échiquier est en général peu favorable à l'offensive, car le front défensif compris entre le Danube et la Suisse est très-étroit, par conséquent favorable à la défense du pays. Les Allemands se proposent d'augmenter sa valeur défensive en fortifiant le mamelon de Hohentwiel, et en construisant sur le lac de *Constance* une petite flottille de canonnières cuirassées, qui stationnerait vers l'île *Mainau* ; afin d'utiliser cette région dans leur offensive contre la France, ils vont faire une ligne ferrée qui passera au nord du canton de Bâle, et qui, de Schopfheim, suivra le Rhin, remontera la rive droite du Wutach et aboutira à Danaueschingen..

Le versant oriental du Rhin supérieur appartient en partie : 1° à la Suisse par le canton des Grisons jusqu'au défilé du Luziensteig ; 2° à la principauté de Lichtenstein ; 3° à l'Autriche par le Vorarlberg; 4° à la Bavière par une étroite zone qui comprend le port de Lindau et toute la ligne ferrée d'Augsbourg ; 5° au Wurtemberg ; 6° au grand-duché de Bade, de Constance à Bâle, moins le canton de Schaffouse et le district de Bâle sur la rive droite qui sont à la Suisse.

Le *Vorarlberg* ne forme avec le Tyrol qu'un seul gouvernement administré par un gouverneur général ; chacune de ces deux provinces a sa diète particulière, dont le président est en même temps représentant de l'autorité souveraine ; on l'appelle le Landeshauptmann (capitaine du pays).

Avant 1866, le service militaire de ces provinces était essentiellement indépendant ; depuis cette époque les compagnies franches ont été supprimées, et le pays est rentré dans le droit commun. D'après la loi austro-hongroise de 1870, les jeunes gens doivent 3 ans de service actif, 7 ans de réserve, 3 ans de landwehr ; toutefois cette landwehr, pour ces deux provinces, est désignée sous le nom de *tirailleurs nationaux*, et, contrairement aux autres pays de la monarchie austro-hongroise, où le landsturm ne comprendra que des engagés volontaires, le landsturm du Tyrol et du Vorarlberg sera composé de tous les hommes de 18 à 45 ans qui ne feront pas partie de l'armée active et de la landwehr.

Ce landsturm, organisé en temps de paix, se divise en deux bans; le deuxième ban, de 39 à 45 ans, est chargé de la défense exclusive de son propre district ; le premier ban, de 18 à 39, de la défense de ce même district et des districts limitrophes.

Le contingent fourni par le Tyrol et le Vorarlberg est exclusivement affecté au recrutement du *régiment des chasseurs tyro-*

liens, *empereur François-Joseph;* ce régiment compte 7 bataillons de guerre à 4 compagnies, 7 bataillons de réserve et un dépôt. Contrairement aux autres régiments de la monarchie, ce régiment ne change pas de garnison, et reste dans le pays ; un seul bataillon est envoyé à Vienne ou dans les environs, et change tous les ans.

La landwehr forme 10 bataillons de tirailleurs nationaux et 2 escadrons de tirailleurs à cheval ; cette organisation étant régionale, la province est divisée en 10 subdivisions ; le Vorarlberg n'en forme qu'une seule. En temps de guerre, ces 10 bataillons se dédoublent et en forment 20, dont 10 de campagne, 10 de réserve.

Un conseil de défense a mission d'organiser la défense du pays en temps de guerre.

Le duché de *Lichtenstein* n'a aucune valeur politique. Nous avons déjà vu que son territoire n'a que 4 lieues carrées ; il faisait autrefois partie de la confédération germanique ; mais son prince, qui possède une grande fortune territoriale en Autriche et habite Vienne le plus souvent, a suivi la politique autrichienne et ne fait plus partie de la ligue allemande.

CHAPITRE XII

VERSANT ORIENTAL DU RHIN MÉDIAN OU RÉGION GERMANIQUE.

La Forêt-Noire jette sur la rive droite de la Wiese son contrefort le plus méridional, dont l'épanouissement forme le pays montueux de *Kandern* sur la rivière *Kander*, et vient presser le Rhin, pour en favoriser le passage de la rive droite à la rive gauche par les points que nous connaissons déjà de Marckt, Kems, Rheinweiler, Bellingen.

Une armée française qui aura franchi le Rhin et qui voudra couvrir ses ponts vers Huningue ou sur ces points divers profitera, suivant la direction de l'attaque, des positions *Schliengen— Kandern* (Moreau en 1796), de *Schlechtenhausen — Lœrrach*, ou *Schliengen — Kandern — Lœrrach*.

La position de Schliengen a acquis une nouvelle importance : elle couvre les deux tunnels et les profondes tranchées du railway du Rhin près d'*Efringen*.

En face d'Huningue, on trouve la station de *Léopoldshohe* où aboutit l'embranchement ferré qui réunit les deux railways du Rhin par dessus le pont qu'on vient d'achever en amont d'Huningue.

Le Rhin reçoit à droite :

I. La *Klemme*, petite rivière qui descend du mont *Belchen* (1,415 mètres), passe à *Mulheim* (2,500 hab.), au débouché de la belle et pittoresque vallée de la Klemme dans la plaine, vallée suivie par une route qui atteint la Wiese près de Schœnau ; la Klemme finit à *Neuenburg*, point favorable pour passer sur la rive gauche (passage de la division Schmelling en octobre 1870).

La rive gauche de cette rivière est haute et dominante; elle forme ainsi une bonne ligne pour une armée qui se replie sur Huningue.

II. La *Neumagen* descend du Feldberg, passe près de *Staufen* où le général Hoffmann, en 1848, battit l'armée de l'insurrection badoise ; le railway du Rhin la franchit à *Krotzingen* sur un pont en pierre de 106 mètres de long. Sa vallée supérieure, comme celles de toutes les rivières de la Forêt-Noire, est étroite, escarpée, profondément encaissée, et finit à deux lieues en amont de Brisach.

III. L'*Elz*, dont la vallée est très-encaissée, est une rivière torrentueuse, qui déborde souvent. Elle passe à *Elzach* où débouchent trois routes qui viennent de la vallée de la Kinzig à l'est et au nord, à *Bleibach* d'où part une route importante qui remonte le *Simonswalderthal*, et franchit le col de *Furtwangen* (2,100 hab.) pour atteindre Wœrenbach, de là Villingen ou Danaueschingen.

L'Elz sort de son étroite vallée à *Waldkirch*, passe à *Emmendingen*, point important, formant une bonne position au pied des dernières pentes de la Forêt-Noire, se reliant à celle également importante de *Kenzingen* (2,600 hab.), plus en aval sur l'Elz, pour appuyer la droite d'une armée qui descend la vallée du Rhin.

L'Elz finit en face de Rheinau, après avoir reçu la *Dreisam* dont l'étroite vallée, connue sous le nom de Hœllenthal ou *val d'Enfer*, est suivie par la route de Fribourg à Donaueschingen (deux journées de marche); nous avons vu qu'avant d'atteindre Neustadt, cette route détachait à droite une bifurcation vers Schaffouse.

Cette vallée, très-pittoresque, est constamment dominée par de hautes collines boisées; en 1703, Villars prétendait ne pas être assez diable pour traverser le val d'Enfer, que Moreau suivit en 1796 pour effectuer sa retraite.

La Dreisam passe à *Fribourg* (29,000 hab.), autrefois fortifié; cette ville est située au pied du *Schlossberg* et du *Johannisberg*, extrémités occidentales du *Rosskopf.* Fribourg, en arrière de la Dreisam et du canal latéral à cette rivière, forme une excellente position face au sud-ouest (victoire de Condé et de Turenne en 1644).

Le railway du Rhin, qui a suivi le fleuve de très-près, s'en écarte vers Schliengen pour atteindre Fribourg, d'où part un embranchement sur Brisach; cet embranchement laisse au nord les hauteurs volcaniques du *Kaisersthul* (trône de l'empereur), qui sont isolées au milieu de la plaine de Brisgau qu'elles dominent de 600 mètres environ, et au sud celles moins importantes du *Tuni.*

Ces hauteurs forment une excellente position qui couvre Brisach contre une attaque qui remonterait la vallée.

La Dreisam finit dans l'Elz en aval de *Riegel* (1,800 hab.), point de jonction du canal de l'Elz et de celui de la Dreisam, qui est appelé le *canal Léopold;* Riegel a trois passages sur ce canal, au pied du mont Saint-Michel, extrémité septentrionale du Kaisersthul.

Les dernières pentes de la Forêt-Noire arrivent jusqu'à *Ettenheim* à deux lieues du Rhin, en face de Rheinau; une route part de Rheinau où l'on construit un pont sur le Rhin, arrive à Ettenheim et à travers la Forêt-Noire atteint la Kinzigthal près d'Haslach; c'est à Ettenheim que, le 15 août 1804, fut traîtreusement enlevé le duc d'Enghien, qui devait être fusillé dans les fossés du donjon de Vincennes.

IV. La *Kinzig* descend du plateau de *Loosburg* (Wurtemberg) à l'est des crêtes principales de la Forêt-Noire; une route importante la suit et atteint Freudenstadt.

Elle passe à *Schillach*, d'où part un chemin carrossable sur Villingen; à *Hausach* (1,200hab.), village industriel, où passe le railway (à une voie) de la Kinzigthal, lequel vient d'être achevé jusqu'à Villingen où il se relie au railway Schaffouse — Stuttgard. C'est à hauteur de Hausach que la Kinzig franchit la principale crête de la Forêt-Noire.

Hausach est très-important ; il est sur la grande route de Kehl à Villingen ; après ce village, cette route tourne au sud-est, pénètre dans la belle et gracieuse vallée, le *Gutachthal*, que domine le château d'*Hornberg* (1,000 hab.), et y est parfois taillée dans le roc. Le railway de la Kinzig suit également cette vallée ; sa construction a demandé beaucoup de temps ; on compte vingt-huit tunnels entre Hausach et Villingen. La route passe à *Triberg*, tourne à l'est, atteint *Saint-Georgen* et Villingen ; l'ancienne route, qui passait plus au sud, permet d'atteindre Wœrenbach ; de Tryberg part une route au sud sur Furtwangen, laquelle se prolonge jusqu'au val d'Enfer près de Neustadt ; une autre route vient, avons-nous déjà vu, de la vallée de l'Elz ; d'Hausach part un bon chemin qui remonte la vallée du *Wolfach*, traverse la petite ville de *Rippoldsau* (eaux minérales renommées) et va se greffer à la route de Kniebis.

La Kinzig passe à *Haslach*, où débouchent une route venant d'Elzach, et une deuxième venant d'Ettenheim.

La vallée s'élargit un peu, la rivière devient flottable ; elle sort des montagnes à *Offenbourg* (4,000 hab.), ville industrielle où le railway du Rhin franchit la Kinzig sur un beau pont en treillis, et d'où part celui de la Kinzigthal.

Offenbourg, à trois heures du Rhin, à l'entrée de cette vallée (Kinzigthal), est un point stratégique important. La ville possède un beau château et est entourée d'un vieux mur. Les environs sont couverts de beaux vignobles.

La Kinzig finit à *Kehl* (1,500 hab.), en face de Strasbourg. Cette petite ville, fondée par les Français au XVIIe siècle, fut fortifiée par Vauban ; ses fortifications furent rasées au traité de Bâle ; on commença à les relever en 1796. L'énergique défense de Desaix (1796-1797) lui fit éprouver des pertes considérables ; elle a été démantelée en 1815, car elle était d'une conquête facile pour les Français, vu la proximité de Strasbourg ; elle devenait dès lors pour eux une excellente tête de pont pour déboucher en Allemagne, tête de pont difficile à reprendre pour les Allemands.

Après la construction du grand pont du chemin de fer Strasbourg—Kehl, on avait construit un petit ouvrage en maçonnerie qui protégeait le mécanisme du pont tournant et les galeries de mine destinées à le faire sauter. Ces galeries servirent en 1870 : les Allemands firent sauter le pont.

Aujourd'hui que Strasbourg est à la Prusse, on a construit trois forts sur cette rive :

1° Un fort à *Bodersweier*, au nord sur la route de Rastadt : c'est le fort *Blumenthal* ;

2° A *Kork*, sur la Kinzig, le fort *Bose*, couvrant le centre du front et l'embranchement ferré de Strasbourg à *Appenweier* (1,500 hab.), c'est-à-dire au railway du Rhin ; Appenweier est une gare importante ;

3° A *Eckartsweier*, plus au sud, le fort *Kirchbach* couvrant l'espace entre Rhin et Kinzig, sur la *Schutter*, affluent de cette dernière.

La Schutter passe à *Lehr* (9,000 hab.), ville industrielle et commerçante, reliée au railway du Rhin par un embranchement de quatre kilomètres, au débouché d'une route qui vient de la Kinzigthal, et au commencement de la route qui remonte la vallée de la Schutter, par laquelle on pourrait opérer sur le flanc d'une armée qui occuperait le Kaisersthul et Brisach.

V. La *Rench* est une petite rivière qui descend du mont *Kniebis* (1,084 mètres) ; c'est par le col de Kniebis que passe la route de Stuttgard à Strasbourg par Freudenstadt. Cette haute région est encore couverte par quelques vieux retranchements élevés par les Suédois pendant la guerre de Trente ans (Schwedenschanze) ; ils furent relevés pendant la campagne de 1796 ; les débris les plus importants, le *fort Alexandre*, le *fort Kniebis* et le *fort Rossbühl*, ont une valeur médiocre.

La route suit la vallée de la Rench, envoyant à gauche deux chemins qui atteignent la vallée de Rippoldsau ; la vallée de la Rench, remarquable par ses nombreux établissements de bains, est très-étroite, torrentielle, sauvage ; un railway la suivra bientôt ; il ira d'Appenweier à Stuttgard.

La Rench passe à *Oppenau* (2,000 hab.), par où on commande toutes les routes qui débouchent dans la vallée supérieure (il y en a six) ; *Oberkirch* (2,000 hab.), où la route du Kniebis quitte la vallée pour se diriger sur Appenweier — Strasbourg. En 1870, une compagnie de génie allemande stationnait à Oberkirch, dès le début de la guerre ; elle avait pour mission de couper les routes du Kniebis et de la Kinzig, si les Français envahissaient la rive droite.

La Rench passe ensuite à *Renchen* (2,700 hab.), point important où le railway du Rhin la franchit sur un pont de 25 mètres de longueur. Elle finit dans le Rhin presque à hauteur du confluent de la Zorn (rive gauche).

VI. L'*Acher* descend du lac *Mummel*, suit une étroite vallée, où débouche une route venant de Freudenstadt par Baïersbronn, et atteint la plaine à *Achern* (2,800 hab.), qui ferme par conséquent ce débouché ; le railway du Rhin franchit l'Acher sur un pont de 24 mètres.

A deux kilomètres au nord d'Achern on trouve *Sasbach*, où un monument rappelle le lieu sur lequel Turenne fut frappé par un boulet en 1675.

L'Acher passe à *Stolhofen* et finit en face le fort Vauban.

Le railway du Rhin, qui, de Bâle à Mannheim, s'appelle le railway badois, suit constamment le pied de la Forêt-Noire, il passe à *Bühl* (2,800 hab.), au débouché de la Bühlerthal, qui est suivie par une route qui va se greffer à celle de la Murg à Forbach.

VII. La *Murg* prend ses sources à l'est de la Forêt-Noire et du Kniebis, comme la Kinzig, et au nord de cette dernière. Une de ses sources, sous le nom de *Vorbach*, passe à *Freudenstadt* (4,500 hab.), ville du Wurtemberg située sur un des plateaux les plus élevés de la Forêt-Noire, plateau extrêmement important, où convergent presque toutes les routes de la Forêt-Noire, entre Kinzig et Murg inclusivement ; les deux principales sont celle de Strasbourg à Stuttgard par le Kniebis que nous avons vue, et celle de Rastadt à Rottweil par la vallée de la Murg elle-même.

Les deux sources de la Murg se réunissent à *Baiersbronn* où elle a déjà 10 mètres de large ; c'est dans ce village que débouche la route de la vallée de l'Acher.

La rivière passe à *Gernsbach* (2,500 hab.), jusqu'où arrive un railway qui vient de Rastadt et qu'on doit prolonger jusqu'à Freudenstadt ; à Gernsbach débouchent deux routes venant de Baden à travers la chaîne pittoresque du *Staufenberg* ; une troisième route part de Gernsbach et atteint Pforzheim au nord par Herrenalb ; un autre chemin permet d'atteindre Wildbad, et de là Calw, tête de railway direct sur Stuttgard.

Gernsbach est donc un point important que dominent les hauteurs environnantes ; la vallée se resserre encore en dessous de cette ville, mais s'élargit ensuite avant d'arriver à *Kuppenheim* (1,600 hab.), où elle atteint la plaine ; ce village, qui ferme l'entrée de la vallée, est au pied du *Schwaberg* qui domine de 60 mèt.

Au-dessous de Kuppenheim, le railway du Rhin passe la Murg sur un pont de 60 mètres.

Rastadt (8,000 hab.), sur la rive droite de la Murg, qui a 18 mètres de largeur, a une importance très-grande par sa position au milieu de la plaine badoise, au débouché de la Murgthal, en face d'un affaissement sensible à pentes douces de toute la chaîne du Schwartzwald; les Allemands ne pouvant construire une forteresse en face de Strasbourg, choisirent Rastadt, et le 26 avril 1841, la Diète décréta ses fortifications (voir le plan II). Elles comprennent une enceinte continue et quelques fortins ; les fronts des parties basses, c'est-à-dire ceux à fossés pleins d'eau, sont bastionnés, à courtine brisée formant un faible saillant ; les flancs sont également brisés ; il n'y a pas d'escarpe maçonnée; les bastions détachés sont fermés à la gorge par un mur crénelé et par un réduit casematé demi-circulaire à trois étages de feux.

Les fronts des parties hautes sont polygonaux, d'une nature particulière, que nous ne pouvons détailler ici, avec escarpe à la Carnot et contrescarpe maçonnée en avant des saillants ; la contrescarpe est à galerie crénelée ; les glacis étroits n'ont de chemins couverts qu'en avant des saillants. Cette enceinte est séparée de la ville par un mur crénelé, flanqué par quelques réduits casematés. Des onze lunettes réparties sur ses abords, celles de Rheinau au nord, celles de Mühlbach à l'ouest, sont seules à 1,000 mètres de l'enceinte ; celles de la gare et celles du front d'attaque sont plus rapprochées de cette enceinte, mais toujours à un kilomètre environ de la ville.

Ce défaut, le même que nous avons signalé pour Germersheim, ne permet pas à Rastadt d'être un camp retranché d'une grande valeur ; les parties basses sont en grande partie inondables ; le front d'attaque est sur la région élevée, c'est-à-dire du côté de la route de Kehl et de Baden ; ce front de la place s'appelle *fort Léopold*.

D'après Brialmont, le défaut capital de Rastadt, c'est l'insuffisance des masques couvrants, dont aucun ne soustrait la maçonnerie aux feux plongeants ; les lunettes détachées n'ont pas des escarpes assez élevées, et il n'y a pas de galeries de mine pour la défense passive. Les ouvrages avancés sont mal disposés pour favoriser un retour offensif.

En raison de la possession de Strasbourg, les Allemands ne songent pas à développer la puissance de Rastadt, qui a d'ailleurs une force réelle, mais qu'on peut très-facilement bombarder.

La Murg est flottable dans les 2/3 de son cours : on en a canalisé le tiers inférieur ; son lit est rocailleux. Cette double ligne de la Murg et de son canal, suivie sur la rive droite par le railway de la Murgthal, appuyée au centre par Rastadt, forme depuis Gernsbach, qu'il faudrait occuper, une ligne défensive importante face au sud.

La Murg reçoit l'*Oos* qui descend du *Badenerhohe*, et qui passe à *Baden-Baden* (7,000 hab.), ville d'eaux minérales autrefois les plus fréquentées de l'Europe ; chaque année 50,000 étrangers venaient non-seulement admirer les sites remarquables de cette délicieuse et fraîche vallée, que dominent les ruines du vieux château de Baden, mais surtout savourer la grande variété des plaisirs de cette petite ville où tout le high-life européen se donnait rendez-vous. Depuis la guerre de 1870, les Français, dans un noble sentiment de patriotisme, se sont avec raison éloignés de ce pays ; les habitants de Strasbourg ne sauraient oublier que, pendant trente-deux jours, les canons badois vomirent le fer et le feu sur leur malheureuse cité.

L'Oos finit à Rastadt ; un railway partant de Oos, petite ville sur le railway du Rhin, remonte la vallée jusqu'à Baden.

Dans la plaine badoise, du Kaiserstuhl à la Murg, on ne trouve aucune ville ; le pays est bas, couvert de bois, coupé de dérivations ; les rivières, dont les eaux sont belles et fraîches, descendent de la montagne, d'abord torrentueuses et souvent dangereuses, puis atteignent la plaine où elles s'écoulent lentement, dérivent parallèlement au Rhin et n'ont par suite qu'une valeur défensive médiocre ; l'Elz, la Kinzig, la Rench et la Murg ont seules une valeur très-grande, par les débouchés importants qu'elles ouvrent sur le Danube et sur le Necker. Avant 1870, l'état-major badois avait reconnu avec soin les positions de l'Oos, de la Murg et de la *Feder* qui coule à 3 kilomètres au nord de Rastadt, afin de couvrir la retraite de la division badoise par Gernsbach, Herrenalb.

VIII. L'*Alb* prend sa source dans le massif du *Rossberg* (870 mètres), et passe à *Herrenalb*, que traverse la route de Gernsbach à Pforzheim. Les sommets de la Forêt-Noire s'abaissent à 400 mètres. L'Alb sort des montagnes à *Ettlingen* (4,500 hab.), ville manufacturière (sucre, coton, papier) ; on y trouve la poudrerie principale du duché de Bade et le dépôt des approvisionnements de l'armée.

L'Alb passe à *Carlsrühe* (25,000 hab.), capitale du grand-duché de Bade; c'est une ville moderne, située au milieu de la grande forêt du *Hartwald* qui commence au nord de Rastadt et va jusqu'à hauteur de Spire ; elle a donc 48 à 50 kilomètres de longueur et 4 à 6 de large; entre elle et la Forêt-Noire, la plaine est couverte de belles prairies.

Carlsrühe a acquis une importance militaire sérieuse, vu les railways qui y aboutissent; outre le railway du Rhin qui y passe, il part un embranchement à une voie sur Mannheim, plus près du fleuve; un autre sur Maxau, lequel traverse le Rhin sur un pont de bateaux et va jusqu'à Bergzabern, coupant le railway de la rive gauche du Rhin à Windden ; enfin, une troisième ligne à l'est qui, par la Forêt-Noire et Pforzheim, relie Carlsruhe à la grande ligne de Brüchsal — Stuttgard — Munich (à deux voies).

Carlsruhe possède un arsenal militaire considérable ; sa gare est très-importante vu le matériel qui y est accumulé. La position tactique de Carlsrühe n'est pas défendable.

IX. La *Pfinz* parcourt une vallée sinueuse dans un pays très-accidenté, boisé, difficile, et débouche dans la plaine à *Durlach* (5,000 hab.), petite ville au pied du *Thurnberg*, importante par ses marchés de grains ; le railway du Rhin y passe, et c'est de ce point que part l'embranchement Carlsrühe — Pforzheim, lequel remonte la vallée de la Pfinz jusqu'à *Singen*, puis celle du Mühlbach, et franchit la crête de la chaîne (340 mètres) sous un tunnel de 900 mètres, pour déboucher sur Pforzheim ; cette ligne a deux voies. La route de Stuttgard à Carlsrühe passe à Pforzheim et suit la vallée de la Pfinz. Durlach est donc un point important à occuper, dès les premières opérations dans cette région. Le pays compris entre Durlach, Sollingen et Vessingen a des pentes argileuses, rapides, des bois infranchissables à cause de l'épaisseur du taillis ; la défense y est très-favorable, et les opérations d'un détachement important presque impossibles. La Pfinz finit dans le Rhin en amont de Germersheim.

X. La *Saal* prend sa source au pied du plateau de *Maul-*

bronn ; le village wurtembergeois de Maulbronn est sur la route et non loin du railway de Stuttgard à Brüchsal, lesquels suivent la vallée de la Saal à partir de *Bretten* (3,200 hab.), village badois où débouchent encore une route venant d'Heilbronn, une autre venant de Würtzbourg.

La vallée, très-encaissée, forme comme un ravin ; la Saal passe à *Heidelsheim* (2,300 hab.), pays de vignobles.

Brüchsal (7,400 hab.), ville très-importante, où passe le railway du Rhin, et d'où part la grande ligne de Stuttgard, du Danube et de Vienne.

Ce railway entre dans la vallée de la Saal, par un tunnel de 126 mètres, remonte cette vallée, franchit la ligne de faîtage sous un tunnel de 400 mètres ; il a deux voies, et sa pente dans cette vallée est de 1/100. La gare de Bruchsal est considérable ; on peut y organiser cinq trains militaires en même temps.

La Saal se divise en deux branches, dont l'une finit vers Philippsbourg, l'autre vers Spire.

Cette rivière, comme les précédentes, n'a aucune importance militaire dans la plaine, qui continue à être boisée et coupée de dérivations.

XI. Le *Necker* prend sa source dans les Alpes de Souabe, au pied du plateau de Schwenningen, non loin des sources du Danube.

Il coule d'abord vers le nord, dans un pays ravineux, très-boisé ; il passe à *Rottweil* (4,500 hab.), ancienne citadelle, devant laquelle de Guébriant fut tué en 1640 ; nœud de routes importantes allant sur la Kinzigthal, sur Villingen, sur Tuttlingen, sur Tubingen, sur Freudenstadt, où débouchent les deux railways de Constance ; l'un passe par Tuttlingen et parcourt le défilé de *Spaichingen* ; l'autre, plus long, passe plus à l'ouest par Villingen et par la dépression des Alpes de Souabe, que nous avons déjà signalée ; ces lignes sont à une voie. Rottweil est donc un point stratégique important ; il a été question, il y a quelques années, d'en faire une grande citadelle. La vallée est extrêmement étroite ; en amont et en aval de *Sulz* (1,700 hab.), le railway du Necker (à une voie) traverse plusieurs fois la rivière sur des ponts en fonte ; on y trouve également plusieurs tunnels.

Horb (19,000 hab.), pont de bois ; railway nouveau de Nagold — Calw — Pforzheim.

Rottenburg (6,200 hab.) ; un pont en pierres, et un autre en treillis pour le railway, qui y franchit deux tunnels.

Ce pays est très-industriel ; la vallée s'est maintenue jusqu'à ce point très-étroite, n'ayant parfois que quelques centaines de mètres ; les vallées latérales sont profondes. Le Rauhe-Alp à l'est, le *Schonbuch* à l'ouest dominent cette région, surtout au-dessous de Rottenburg, où la vallée devient riche et bien cultivée.

Tübingen (10,000 hab.), université célèbre ; les bâtiments de cette université dominant la ville et la gare, leur occupation serait très-importante pour défendre la ville. A Tübingen passent la route de Stuttgard à Rottweil par Hechingen, celle de Carlsrühe — Pforzheim — Tübingen — Reutlingen pour atteindre Riedlingen ou Ulm sur le Danube ; un railway va de Tübingen sur Hechingen — Bahlingen. A Tübingen, le Necker a 40 mètres de large et $1^{m},50$ de profondeur. Cette région est très-fertile ; le pays est couvert de larges forêts.

Nürtingen (4,000 hab.), pont de bois, nœud de routes ; en aval on trouve plusieurs gués, entre autres celui de Ober-Bihingen, praticable à l'infanterie.

Plochingen (1,800 hab.), village important, sur la grande ligne ferrée de Bruchsal — Stuttgard — Ulm — Munich — Vienne, et d'où part la ligne du Necker sur Rottweil — Constance, ligne que nous venons de suivre et qui est très-favorable à la concentration des armées allemandes, sur un débouché quelconque de la Forêt-Noire. La gare de Plochingen est donc importante ; elle est dominée par les hauteurs de la Fils et du Necker qui ont 180 mètres au-dessus de la vallée. A Plochingen on peut traverser le Necker sur un pont de bois de 60 mètres de largeur, tandis que le railway de Rottweil franchit la Fils sur un pont en fonte de 120 mètres.

Esslingen (10,000 hab.), pont de pierres ; dans une situation pittoresque.

Stuttgard (60,000 hab.), capitale du royaume de Wurtemberg, à 3 kilomètres du Necker, dans une petite vallée entourée de collines couvertes de vignes ; cette contrée donne beaucoup de vin, l'eau y est mauvaise ; l'imprimerie est la grande industrie de Stuttgard.

Cette ville est un point stratégique d'une grande importance : c'est le centre de tout le bassin du Necker, où convergent toutes les grandes lignes de cette région ; les railways sont : celui de Bruchsal à Ulm, celui de Schaffouse ou Constance par Rottweil, celui de Nordlingen — Augsbourg — Munich, celui d'Heilbronn — Mannheim. Les bâtiments de la gare sont grandioses. Stuttgard est donc le point de concentration de toutes les ressources du pays, le centre de résistance de tout le bassin du Necker.

Cannstadt (6,000 hab.) est le port de Stuttgard ; le Necker y devient navigable ; un grand pont de chemin de fer de 240 mètres le franchit. Cannstadt a des eaux minérales renommées. La position de Cannstadt est très-bonne, car elle couvre les deux lignes d'opérations de la Rems et de la Fils.

Ludwigsburg (13,000 hab.), à 2 kilomètres du Necker ; école militaire du Wurtemberg, fonderie de canons, arsenal, manufactures de draps, non loin de la vieille citadelle de *Hohen-Asberg*, située sur un piton de 400 mètres de hauteur, et aujourd'hui une prison d'État.

Lauffen (4,200 hab.), dont les ruines du château occupent une île rocheuse.

Heilbronn (15,000 hab.), ville industrielle, très-commerçante, située sur la rive droite, au centre de nombreuses lignes de communications: railway de Mannheim — Heilbronn — Nordlingen — Donauwerth — Augsbourg — Munich ; ligne sur Stuttgard ; embranchement le reliant vers Adelsheim à la ligne Mannheim — Würtzbourg ; les deux grandes routes Mannheim — Donauwerth et Carlsrühe — Wurtzbourg s'y coupent.

La navigation y est également très-importante ; il y a, outre le Necker, deux canaux latéraux à cette rivière.

Un pont en fer met en communication Heilbronn et sa gare qui est sur la rive gauche ; le railway passe ensuite sur la rive droite en aval, par un pont en fer de 120 mètres, et détache à l'est le railway de Nordlingen qui passe sous un tunnel de 500 mètres de longueur.

Le Necker a 66 mètres de large à Heilbronn ; en amont de cette ville, la vallée est parfois très-étroite, et le railway très-resserré entre la rivière et les escarpements de la vallée.

Ce pays, d'une fertilité remarquable, est couvert de vignes.

Wimpfen (2,200 hab.), chef-lieu d'une petite enclave hessoise, où le railway de Mannheim quitte la vallée du Necker, pour aller directement sur Heidelberg, laissant à droite, à

Jaxtfeld, un embranchement qui va rejoindre à Adelsheim la ligne Heidelberg — Wurtzbourg.

Le Necker quitte ensuite le Wurtemberg, et entre dans le grand-duché de Bade.

A *Neckarelz*, il est franchi sur un pont en treillis de 340 mètres par le railway Mannheim — Wurtzbourg, non loin de *Mosbach* (2,300 hab.), où passe également ce railway, lequel, avant d'arriver à Adelsheim, traverse plusieurs tunnels, dans ce pays tourmenté qu'on nomme déjà l'Odenwald.

Eberbach (3,800 hab.), sur la route de Heidelberg à Wurtzbourg et sur celle de Frankfort à Stuttgard.

Le Necker tourne à l'ouest, traverse la région montagneuse et très-pittoresque comprise entre la Forêt-Noire et l'Odenwald, région dans laquelle sa vallée et celles de ses affluents sont profondes.

Heidelberg (15,000 hab.), située au débouché du Necker dans la plaine du Rhin, entre les deux croupes boisées du *Kœnigsthul* au sud et du *Heiligenberg* au nord, au pied de la première; c'est de ces hauteurs que Tilly la bombarda en 1628. Heidelberg est une des plus anciennes et des plus célèbres universités de l'Europe. Les ruines d'un immense et vieux château renommé dominent la vallée d'une centaine de mètres.

C'est un point stratégique d'une haute importance qui est le complément nécessaire de Mannheim, et qu'il faut occuper aussitôt le passage du Rhin en face de cette dernière, car Heidelberg est la tête de toutes les lignes de la plaine du Rhin (rive droite) et commande l'entrée de la vallée du Necker, par où débouchent le railway de Wurtzbourg, celui de Stuttgard et celui de Nordlingen. Le railway du Rhin arrive directement sur Heidelberg, tourne brusquement à l'ouest se dirigeant vers Mannheim et sur la rive gauche du Necker, ce qui est précieux pour défendre cette ligne importante face au nord. Le Necker a 100 mètres de largeur à Heidelberg, 135 mètres à Mannheim.

A Friedricksfeld le railway du Rhin reprend brusquement sa direction au nord et coupe le Necker à *Ladenburg* (2,500 hab.), petite ville fortifiée, entourée de vieux murs, armés de quelques canons; c'est pour protéger le pont du Necker par cette artillerie qu'on a cru devoir faire parcourir un long détour au railway du Rhin, au lieu de lui faire franchir le Necker à

Heidelberg. Le pont de Ladenburg a 230 mètres de longueur, grâce à des endiguements considérables qui contiennent le Necker, lequel, dans la plaine, s'étend jusqu'à 400 mètres de largeur ; cette rivière finit à Mannheim.

Le Necker forme une belle masse d'eau, flottable pour radeaux dès Rottweil, et navigable à Cannstadt (Stuttgard). En mars, les eaux atteignent leur hauteur maximum, en octobre elles sont très-basses ; son lit est formé de sable et de gravier, ses ponts pour routes de terre sont en bois, et le plus souvent couverts d'un hangar contre la neige.

Le Necker reçoit à gauche :

1° L'*Ammer* qui passe à *Herrenberg*, nœud de routes important pour la défense de la ligne du Nagold, face à l'ouest ; le railway de Kehl à Stuttgard déjà commencé passera à Herrenberg ; l'Ammer finit à Tübingen.

2° L'*Enz* sort du lac Popel, à l'est de la vallée de la Murg, parcourt une vallée étroite, profonde, boisée, et arrose *Wildbach* (2300 hab.), où passe la route de Stuttgard sur Gernsbach ; c'est la voie de terre la plus directe de Baden à Stuttgard. Wildbach est tête d'un railway qui va jusqu'à Pforzheim, et qui relie ainsi ce pays d'eaux minérales aux lignes badoises et wurtembergeoises.

L'Enz entre en pays de Bade, passe à *Pforzheim* (9000 hab.), ville manufacturière (draps, forges), située sur la rive gauche que domine la rive droite au confluent du Nagold ; c'est un point important où débouchent huit routes et où passe l'embranchement ferré de Carlsruhe à Mühlacker, reliant Carlsruhe à la grande ligne Brüchsal — Stuttgard.

L'Enz, flottable à Pforzheim, rentre de nouveau en Wurtemberg, arrose *Mühlacker* (1,500 hab.), où passe le railway Brüchsal — Stuttgard, et où arrive le railway de Carlsruhe ; c'est le centre d'un commerce de vins important. Dans sa gare très-vaste on peut organiser simultanément huit trains de marchandises.

Bietigheim (3,000 hab.), d'où part l'embranchement ferré qui rejoint la ligne de Brüchsal à Heilbronn.

L'Enz finit à *Besigheim* (2,500 hab.), après avoir parcouru une vallée profonde, pourvue de plusieurs passages. Il reçoit plusieurs affluents dont le plus important est le *Nagold*, lequel naît au nord de Freudenstadt, passe à *Nagold*, nœud de routes importantes, suit une vallée très-profonde, passe à *Calw* jusqu'où arrive un railway venant de Stuttgard, railway qui rejoint ainsi celui qui suit la vallée du Nagold, de Pforzheim à Horb, sur le Necker; c'est un railway nouveau.

- La ligne du Nagold coupe les routes de Strasbourg à Stuttgard, formant sur ces lignes d'opérations une bonne ligne défensive.

3° L'*Elsenz* coule dans une large vallée, passe à *Eppingen* nœud de routes important entre Bruchsal et Heilbronn.

Sinzheim (3,000 hab.), avec deux ponts sur l'Elsenz; victoire de Turenne en 1674; le railway Mannheim — Heidelberg — Heilbronn -- Nordlingen, lequel suit la vallée de l'Elsenz depuis le Necker, passe à Sinzheim; comme nœud de routes, cette ville est un point important.

Meckesheim (1,100 hab.), d'où part la ligne ferrée de Wurtzbourg. L'Elsenz finit à *Neckergemund* (2,300 hab.), que dominent les ruines du château de Reichenstein; Neckergemund et Meckesheim sont deux points importants comme débouchés des railways du Necker sur Heidelberg, sur le revers oriental des dernières pentes de la Forêt-Noire, et au pied méridional de l'Odenwald.

Le Necker reçoit à droite :

1° L'*Eyach* qui passe à *Bahlingen*, nœud de routes du Necker au Danube et tête d'un railway qui va sur Hechingen et Tübingen; à *Haigerloch* (1,500 hab.), au pied d'un mamelon surmonté d'un château qu'entourent de hautes murailles. Ce pays couvert de rochers a un aspect très-pittoresque. Dans la vallée de l'Eyach on trouve encore les bains renommés de *Imnau*.

2° La *Starzel* descend par une vallée profondément encaissée du Rauhe-Alp, passe à *Hechingen* (3,500 hab.), entourée de vieux murs, nœud de routes importantes du Necker au Danube avec un railway la reliant à celui du Necker, ancienne capitale de la principauté de Hohenzollern-Hechingen. A une lieue au sud de cette ville, on aperçoit le château de *Hohenzollern*, situé sur une montagne conique de 873 mètres de hauteur; c'est le berceau de la maison royale de Prusse, qui en a fait relever les ruines en 1851. Cette principauté, et celle plus au sud de Hohenzollern-Sigmaringen, ont été achetées par la Prusse en 1850.

3° L'*Eschaz* descend du mamelon où est construit le château moderne de Lichtenstein qui appartient aux princes de Bavière ; il parcourt une vallée très-encaissée et traverse la petite ville industrielle de *Pfüllingen* (3,600 hab.).

Reutlingen (15,000 hab.), ville industrielle, commerçante (draps et cuirs) ; bains sulfureux, au pied du pic isolé de l'Achalm (710 mètres) ; gare très-grande ; les coteaux sont couverts de riches vignobles. Le railway du Necker fait un coude vers le sud pour atteindre cette ville importante qui commande les débouchés du Rauhe-Alp.

4° La *Lauter* coule au fond de la belle vallée de *Lenningenthal;* elle passe à *Kircheim* (2,000 hab.), qu'un petit railway relie à la ligne du Necker. Cette vallée un peu marécageuse est au débouché d'une route d'Ulm à Stuttgard.

5° La *Fils* naît au nord du plateau de *Feldstetten*, comme la rivière précédente ; Feldstetten est un nœud de routes très-important au centre du Rauhe-Alp.

La Fils passe à *Wiesensteig*, coule à l'est, suivie par une route, puis tourne à l'ouest à hauteur de *Geislingen* (2,300 h.), petite ville importante sur la route et le railway d'Ulm à Stuttgard — Bruchsal ; ce railway a des pentes très-raides, surtout en descendant vers Ulm, où il atteint la pente 1/45.

Geislingen forme, sur cette ligne stratégique de premier ordre, une belle position très-importante, sur la crête étroite et escarpée du Rauhe-Alp ; c'est par la profonde vallée du *Thierbach*, que cette ligne atteint la vallée de la Fils, au-dessous de Geislingen.

La vallée de la Fils est très-profonde, avec des berges rocheuses, élevées et abruptes ; elle commence à s'ouvrir un peu et devient moins sauvage vers *Gœppingen* (5,500 hab.), petite ville industrielle (draps).

La rivière, qui a l'aspect d'un torrent, s'élargit près de son confluent, et devient profonde ; ses bords y sont marécageux ; ses eaux limpides et belles finissent vers Plochingen, dont nous avons déjà signalé l'importance.

6° La *Rems* prend naissance au nord du Aalbuch, passe à *Gmünd* (7,000 hab.), entourée de ses vieux murs flanqués de tours. La vallée n'est qu'une gorge étroite où courent la route, le railway et la rivière.

La Rems arrose *Schorndorf* (4,000 hab.), avec un château à l'est.

Cette rivière qui finit à *Neckarems* a peu d'eau, et n'est flottable qu'en avril ; son cours est lent. Sa vallée, confuse et difficile en amont, devient large et fertile au-dessous de Schorndorf ; elle est suivie par l'embranchement ferré de Stuttgard à Goldshofe qui rejoint la ligne Bruchsal — Ulm à celle de Mannheim — Nordlingen — Donauverth.

Les vallées de la Fils et de la Rems furent suivies en 1796 par Moreau pour atteindre le prince Charles à Neresheim ; elles furent également suivies par la masse principale de la grande armée en 1805. Sur les crêtes qui séparent ces deux vallées on aperçoit, dominant les environs, le sommet du *Hohenstaufen* (600 mètres), où sont le village et l'ancien château de ce nom, berceau de l'illustre maison de Hohenstaufen, qui donna sept empereurs à l'Allemagne, et fut la tête du grand parti Gibelin contre les Guelfes.

Pour aller de Stuttgard à Nordlingen, on peut suivre les deux vallées de la Fils ou de la Rems ; par celle-ci, on a le railway Stuttgard — Goldshofe — Nordlingen ; par la première, le railway de Stuttgard à Ulm jusqu'à Süssen ; à partir de ce point, on suivra la route de *Neresheim* (1,000 hab.), (victoire de Moreau, 1796), par *Heidenheim* (3,000 hab.), nœud de routes très-importantes. Ces deux villages appartiennent au bassin du Danube.

Nordlingen, situé aussi dans le bassin du Danube, est un point d'une importance militaire de premier ordre, au débouché de deux railways venant du bassin du Necker et de deux autres venant du bassin du Mein, en face de ce que les Allemands appellent la grande trouée du Danube, dont nous parlerons plus tard.

7° Le *Kocher* prend sa source entre l'Aalbuch et l'Herdtfeld, traverse *Aalen* (2,900 hab.), où passent le railway de Wertheim (Main) à Heidenheim et celui de Stuttgard à Nordlingen ; ces deux lignes n'en font qu'une entre Aalen et Goldshofe ; elles n'ont qu'une voie.

Au-dessous d'Aalen, le Kocher traverse les grandes forges de *Wasseralfingen*, et passe à *Hall* (7,000 hab.), sur la rive droite ; un pont de 40 mètres réunit cette ville à son faubourg de la rive gauche ; elle est sur le railway Mannheim à Nordlingen.

Ce pays est couvert d'importantes salines.

Le Kocher reçoit un petit affluent, l'*Ohr*, qui passe à *Œhringen* (3,500 hab.), où le railway précédent traverse la vallée sur un beau viaduc ; cette petite ville est dominée par le château des princes de Hohenlohe.

8° La *Jaxt* sort du Herdtfeld, passe à *Ellwangen* (4,000 hab.), ville où se tiennent d'importants marchés de chevaux et située sur la route et le railway de Heidelberg — Nordlingen ; en 1805, le corps de Soult suivit cette route de Heilbronn — Rosenberg — Ellvangen — Nordlingen — Hoppingen.

Krailsheim (3,100 hab.), nœud de routes importantes de Stuttgard ou Heilbronn à Anspach, de Marienthal à Ulm ou à Nordlingen, où passe le railway Heidelberg — Nordlingen, et où se greffe celui de la Tauber sur Wertheim (à une voie) ; un embranchement doit être fait de Krailsheim à Anspach jusqu'à Nuremberg. En 1805, le corps de Davoust arrivant de Heidelberg passait à Krailsheim et débouchait par Dinkelsbuhl sur Neubourg (Danube).

La Jaxt très-torrentueuse atteint 35 mètres de largeur ; sa vallée est sauvage.

La Jaxt et le Kocher sont parallèles et parfois à une demi-lieue seulement l'un de l'autre ; leurs vallées sont profondes ; le pays entre les deux vallées est rocheux, très-raviné, fortement escarpé dans toutes ses pentes ; aussi les communications y sont difficiles et se font par d'étroits chemins. Ces deux rivières finissent vers Wimpfen. Le pays au nord de la Jaxt est plat.

Le bassin triangulaire du Necker est un pays très-varié, à la fois sauvage, fertile et bien cultivé ; l'industrie y a pris de grands développements. De nombreuses routes et railways le traversent en tous sens ; il forme la partie centrale, le cœur du royaume de Wurtemberg. Au point de vue militaire, le Necker ne forme une bonne ligne défensive qu'entre Heidelberg et Mannheim ; de Heilbronn à ses sources, c'est un fossé étroit, profond, formant une ligne défensive passable, mais qu'on franchira facilement, grâce à ses nombreux détours et aux passages faciles et également très-nombreux.

Par sa direction et par suite de l'accessibilité du Rauhe-Alp, son bassin forme une excellente ligne d'opérations permettant de tourner la muraille de la Forêt-Noire par le nord (voir au chapitre XIV).

Au-dessous de Mannheim, la plaine du Rhin appartient à la Hesse. La Forêt-Noire s'est abaissée jusqu'à 300 mètres de hauteur, au sud du Necker ; au nord de cette rivière le pays se relève fortement sous le nom de *Odenwald* ; c'est une chaîne parallèle au Rhin, de 60 kilomètres de longueur, qui s'étend en largeur de Heidelberg jusqu'à Neckarelz, formant un massif épais au milieu du pays de *Starkenburg* ; ses sommets très-confus atteignent 600 mètres. On y trouve des granits, des porphyres, du calcaire et du grès ; des forêts de sapins, de hêtres et de chênes entrecoupées de prairies et de champs cultivés couvrent les parties élevées ; le réseau de routes y est très-complet, les habitations un peu dispersées ; la traversée en est difficile, mais on peut facilement le tourner.

Les pentes occidentales sont généralement raides et finissent en terrasses, couvertes de forêts, de vergers et de vignes. Les pentes orientales sont plus faiblement ondulées et moins raides ; elles s'étendent jusque sur les bords de la Tauber formant le pays de *Bauland*. C'est une série de plateaux, hauts de 300 mètres, mais sans crête saillante, ni ravins profonds ; ces plateaux vont jusqu'au Steiger-Wald, reliant ainsi l'Odenwald à la ceinture orientale du Rhin.

Au nord-est, vers le Main, les pentes sont abruptes et élevées ; au nord, vers Frankfort, ce sont des collines à pentes très-douces se terminant par de larges plaines boisées jusqu'au Main.

Entre l'Odenwald et le Rhin, il y a une belle et riche plaine, couverte de vergers et de vieilles ruines pittoresques à l'est, de prairies, de bois et de villages à l'ouest, jusqu'au Rhin. Au pied occidental de l'Odenwald, passent le railway du Rhin et la grande route de Frankfort, la *Bergstrasse*.

Le Rhin reçoit dans cette région :

XII. La *Weschnitz* qui prend sa source vers le plateau important de *Lindenfels* où se croisent plusieurs routes ; elle parcourt, du nord au sud, une jolie vallée très-boisée, sort des montagnes à *Weinheim* (6,000 hab.), ville dominée par le château de Windeck, et entourée de vieux murs avec tours ; puis elle tourne au nord, passe non loin de *Heppenheim* (4,600 hab.), petite ville entourée également de murs et dominée par les ruines de la vieille forteresse de *Starkenburg*, laquelle a donné son nom à toute cette province hessoise ; Turenne l'assiégea deux fois en vain (1645-1674). A une lieue de la rivière on rencontre, sur le railway du Rhin, *Bensheim* (5,000 hab.), d'où un embranchement ferré part pour atteindre Worms.

XIII. Le *Darm* passe à *Darmstadt* (33,000 hab.), capitale du grand-duché de Hesse-Darmstadt. Le railway du Rhin passe à Darmstadt et aboutit à Frankfort ; un embranchement va sur Mayence, un autre sur Aschaffenburg, un sur Worms. La gare, qui domine la ville à l'ouest, est vaste et pourvue d'un matériel considérable ; Darmstadt a donc une importance réelle dans cette région.

XIV. Le *Main* a deux sources, le *Main blanc* qui descend des pentes septentrionales de l'Ocksenkopf, et le *Main rouge* qui sort des pentes méridionales du même massif.

Le Main blanc passe à une lieue environ de *Neukenmarck*, sur le railway bavarois qui va se greffer aux lignes saxonnes dans le bassin de la Saale, à la ville bavaroise de Hof (10,000 hab.) ; cette dernière ville est un nœud de routes très-importantes, c'est une véritable tête d'ingression de Bavière en Saxe. Le railway franchit le Frankenwald par des pentes difficiles (1/40) et par une tranchée très-profonde dans le granit ; il descend vers la Saale, par des pentes plus douces. De Neuenmarck part le railway Bayreuth — Ratisbonne.

Le Main blanc coule dans un pays très-montagneux et difficile ; il passe à *Kulmbach* (4,500 hab.), jolie ville, entourée de murs, située entre deux montagnes, sur l'une desquelles domine l'ancienne forteresse de *Plassenburg* qui sert de prison.

Le Main rouge qui vient du sud passe à *Kreussen* où se réunissent les deux routes d'Amberg et de Nuremberg sur Bayreuth.

Bayreuth (17,000 hab.), ville importante, entourée de vieux murs, point de convergence des routes de la Saale, de la Bohême, du Danube et du Main.

Les deux Main se réunissent au pied du château de *Steinhausen*.

Le Main suit une direction générale est-ouest en formant vers le sud trois immenses coudes ; il passe à *Hochstædt*, d'où part un embranchement ferré qui va sur Kronach ; à *Lichtenfels* (2,400 hab.), point très-important, dominé au sud par la colline élevée du Goldberg, où passe le railway de Franconie en Saxe, de Bamberg à Hof, et d'où part la ligne de la Werra qui va se greffer à Eisenach à la grande ligne du sud de l'Allemagne du Nord.

Le Main descend vers Bamberg qu'il laisse à huit kilomètres. Cette partie de la vallée du Main est très-étroite, c'est la seule qui soit dominée par de hautes montagnes, surtout sur la rive gauche, de Lichtenfels à *Hallstadt;* en aval de cette petite ville, un beau pont de pierre (193 mètres) permet au railway du Main de franchir cette rivière pour atteindre Bamberg.

La vallée devient assez plate ; vers *Zeil,* les collines escarpées se rapprochent à 1,500 mètres du fleuve sur la rive droite; Zeil, avec les ruines de son ancienne forteresse, la *Schmachtemberg,* permettrait de défendre ce défilé, où passent la route et le railway du Main. Cette rivière a 70 mètres de large et devient navigable après le confluent de la Regnitz. Sa vallée, un peu marécageuse, forme la plaine de la *Au.*

Schweinfurt (8,000 hab.), position importante pour l'armée qui débouche de la Saxe ; Gustave-Adolphe la fortifia et s'en fit une base solide pour opérer contre l'Allemagne du Sud ; il reste quelques débris de ses vieilles fortifications et de ses fossés; elle est dominée au nord par les hauteurs du *Hainberg.* Il y a un pont de pierres sur le Main. De Schweinfurt part l'embranchement ferré de Kissingen, qui doit être prolongé jusqu'à Meiningen (Weser).

Le Main se dirige vers le sud ; les berges de la rive droite sont hautes. Le plateau compris dans ce deuxième coude de la rivière est élevé; il est coupé par le railway du Main, qui atteint le point culminant vers la station de *Seligenstadt* (2,800 hab.), ancienne petite place forte.

La rive droite forme ainsi une bonne position face à l'est sur la route de Nuremberg à Wurtzbourg, position bonne pour l'arrière-garde d'une armée, mais non pour une armée entière, car elle peut être débordée facilement au nord et au sud, ne laissant que le pont de Wurtzbourg et celui de Heidingsfeld pour toute retraite à l'armée défensive, à moins d'occuper le débouché du nord vers Schweinfurt, ce qui étendrait beaucoup la ligne de bataille ; ce qui valut à Jourdan la perte de la bataille qu'il engagea en 1796, Lefebvre, placé à Schweinfurt ne pouvant accourir soutenir le point d'attaque choisi plus au sud par le prince Charles.

Kitzingen (5,800 hab.), petite ville entourée de murailles, pont de 300 mètres de longueur, et plus au sud pont du railway de Nuremberg.

Ocksenfurt, avec un pont sur le Main.

Heidingsfeld (3,200 hab.), point où le railway de Wurtzbourg—Heidelberg franchit le Main sur un pont de 250 mètres, avec voie pour les piétons. Le railway Ingolstadt—Wurtzbourg y aboutit également et passe sur le même pont; cette dernière ligne, réunissant Wurtzbourg, Ingolstadt et Munich, a une valeur militaire très-grande.

Wurtzbourg (28,000 hab.), ville très-importante, bien que, comme place forte, elle ne soit pas à hauteur de son rôle, qui est de couvrir la ligne du Main. Ses murs élevés sont bastionnés; la citadelle de *Marienberg*, située sur la rive gauche, la domine de 133 mètres, mais elle est elle-même mal défilée. Un pont de 180 mètres de long fait communiquer le vieux Wurtzbourg sur la rive droite avec la rive gauche.

Au nord de la ville, l'enceinte a reçu une forte brèche pour le service de la nouvelle gare. A Wurtzbourg passe le railway du Main, tandis que le railway de Nuremberg, celui d'Anspach — Ingolstadt, et celui de Heidelberg en partent.

Les environs de cette intéressante ville, ancienne capitale de l'évêché de Wurtzbourg, État de l'empire germanique, forment une plaine fertile, couverte de vignobles renommés.

Dans cette région, le Main a 120 mètres de large en moyenne; depuis Bamberg, il est dominé par de fortes collines qui gênent peu les communications; après Wurtzbourg, le pays redevient montagneux jusqu'à Aschaffenbourg; les berges sont escarpées et rocheuses, la vallée s'ouvre entre le Spesshart et l'Odenwald, dans le granit et le grès rouge; le pays est riche en vignobles.

Le railway du Main, qui a deux voies entre Wurtzbourg et Aschaffenbourg, suit de près la rivière jusqu'à Lohr.

Karlstadt (2,600 hab.), petite ville entourée de murs, avec un bac.

Gemunden (1,600 hab.), excellente position au pied d'une colline élevée que couronnent les ruines du château de Schorenberg; elle est au confluent de la Saale, que le railway du Main traverse sur un beau pont.

Lohr (4,000 hab.); à partir de ce village, le railway du Main va directement sur Aschaffenbourg à travers le Spesshart, dont la crête est atteinte par des pentes de 1/50, et traversée sous un tunnel. Deux rives boisées dominent la petite ville de Lohr.

Wertheim (5,000 hab.), à l'extrémité sud-est du dernier coude du Main, ville entourée de murailles, dominée par des collines que couronnent les ruines d'un vieux château. C'est la seule ville des bords du Main qui appartienne au grand-duché de Bade, dont elle forme l'extrémité septentrionale. Le Wurtemberg ne touche pas au Main, lequel appartient à la Bavière jusqu'en aval d'Aschaffenbourg.

Un railway part de Wertheim, passe un tunnel de 1,200 mètres, remonte la vallée de la Tauber et se greffe à Crailsheim au railway Mannheim — Heilbronn — Nordlingen ; on doit le prolonger jusqu'à Aschaffenbourg par la vallée du Main.

Aschaffenbourg (9,000 hab.), ville fort ancienne qui déjà servit de tête de pont aux Romains en avant de l'Odenwald. Sa position sur le Main, sur les lignes de Wurtzbourg à Frankfort, lui donne une importante valeur militaire ; elle est sur la rive droite, avec un pont de pierres sur le Main.

Le railway du Main y débouche du Spesshart par la petite vallée de l'*Aschaff;* un autre railway en part et va sur Darmstadt et Mayence (à deux voies), après avoir franchi le Main en aval d'Aschaffenbourg sur un pont en pierres de 190 mètres. Victoire des Prussiens sur les Austro-Hessois (juillet 1866).

A *Dettingen*, l'infanterie française, en 1740, fut surprise dans son attaque par une violence inaccoutumée du feu de mousqueterie de l'ennemi ; celui-ci avait en effet inventé la *cartouche*, invention, dit le général Favé, qui modifia la tactique de l'infanterie, son déploiement, son ordre de bataille : l'ordre mince sur trois rangs prit la place de l'ordre profond sur six rangs.

Le Main quitte bientôt la Bavière et entre en Hesse ; sa vallée devient plate.

Hanau (17,000 hab.), ville très-importante, qui était la deuxième de l'électorat de Hesse-Cassel, lequel a été pris par les Prussiens en 1866. Elle est au confluent de la Kinzig, au débouché par cette vallée de la grande route sud de l'Allemagne du Nord, de Leipzig à Mayence, ligne suivie aujourd'hui par un chemin de fer ; les Français battirent les Bavarois, en 1813, sur la rive droite de la Kinzig.

Offenbach (10,000 hab.), ville industrielle sur la rive gauche, avec un pont de bateaux.

Frankfort (75,000 hab.), sur la rive droite ; ancienne ville libre et capitale de la Confédération germanique depuis 1815 ; la Prusse s'en est emparée en 1866. C'est une des villes les plus belles et les plus curieuses de l'Allemagne ; elle est très-commerçante. Un beau pont surmonté de la statue de Charlemagne la relie à son faubourg appelé *Sachsenhausen*, près duquel les Saxons furent écrasés par cet empereur franc que les Prussiens germanisent autant que possible, pour créer un précédent à l'ambition de leur souverain et pour flatter l'amour-propre allemand. Frankfort est situé dans un pays plat, accessible de tous côtés ; ses vieilles fortifications sont démolies ; c'est un point stratégique très-important en raison des nombreuses lignes ferrées et autres qui y convergent :

1° Le railway, rive droite du Rhin, y passe en franchissant le Main, en aval, sur un beau pont en grès du Necker, de 320 mètres de longueur ; une travée mobile permet aux bateaux voiliers de remonter jusqu'à Frankfort ; 2° le railway du Main ; 3° le railway sur Mayence (rive gauche) ; 4° le railway de Giessen — Cassel (très-important, (à deux voies), et d'autres plus petits pour les villes environnantes.

Les deux grandes foires annuelles de Frankfort ont une grande renommée en Allemagne.

Le Main laisse à gauche de grandes forêts et finit dans le Rhin à Mayence, avec une largeur de 250 mètres. En raison de ses nombreux coudes, sa pente est faible, son cours lent ; les fortes pluies le font souvent déborder dans son cours inférieur. A vol d'oiseau, des sources du Main à Mayence, il y a 200 kilomètres, le cours en a 600 ; on y trouve de nombreux ponts ; son lit est en général profond, encaissé ; les gorges y sont nombreuses.

Le Main reçoit à gauche :

1° La *Rednitz* (ou Regnitz), qui descend du Steiger-Wald ; elle coule d'abord au sud-est, arrose *Anspach* (13,000 hab.), ville entourée de murailles, sur le railway et la route de Wurtzbourg — Ingolstadt — Munich et sur la route Nuremberg — Stuttgard. C'est la première de ces routes que suivit le corps de Marmont en 1805.

La Rednitz tourne au nord, parcourt une large vallée que bordent des montagnes moyennes, sans former de défilé sérieux.

Schwabach (10,000 hab.), au pied d'une croupe élevée, sur

la route et le railway de Nuremberg à Nordlingen, par Gunzenhausen, petite ville sur l'Altmühl (affluent du Danube), d'une importance militaire très-grande, au point de croisement des deux principales lignes ferrées de la Bavière : 1° le railway Louis, qui va de Lindau à Hof, en passant à Augsbourg — Donauwerth — Nordlingen — Gunzenhausen — Nuremberg — Bamberg — Hof; 2° le railway Wurtzbourg — Anspach — Gunzenhausen — Ingolstadt — Munich.

Près de Schwabach, le premier de ces railways franchit la Rednitz sur un beau pont en pierres de 209 mètres de longueur.

Fürth (18,000 hab.), ville industrielle et commerçante.

Erlangen (13,000 hab.), entourée d'un mur; les hauteurs de droite dominent la vallée; entre elles et la Rednitz passent la route, le railway de Bamberg, le canal de Louis, à travers une plaine un peu marécageuse.

Forcheim (4,000 hab.), ville entourée d'une enceinte bastionnée, dominée par les hauteurs de droite ; forges importantes.

Après Forcheim, les hauteurs de la rive droite s'éloignent un peu ; leurs pentes occidentales sont couvertes par la forêt du *Haupt-Moorwald*, qui est sillonnée par de nombreuses routes, et bornée au nord par un grand nombre d'étangs.

Bamberg (25,000 hab.), belle ville en amphithéâtre, dominée par le sommet de l'Altemberg à l'ouest, sur lequel sont les ruines du château de ce nom ; à Bamberg, il y a plusieurs ponts sur la Rednitz et de nombreuses fabriques de draps et de cuirs ; c'est dans ses environs, très-fertiles, que Jourdan fut battu en 1796. C'est un point important qui commande le débouché que la Rednitz ouvre vers le Danube.

La Rednitz reçoit à gauche l'*Aisch*, ruisseau dont les prairies basses et un peu marécageuses coupent les deux lignes importantes de Wurtzbourg à Nuremberg et à Ingolstadt ; la première est coupée à *Neustadt*. A partir d'*Hochstadt*, l'Aisch coule entre de faibles collines.

Au nord de cet affluent, l'épanouissement du Steiger-Wald va presser le Main et le forcer à reprendre pendant quelque temps sa direction normale de l'est à l'ouest ; cette région est ravinée par les trois *Eberbach*, dont celui du milieu est suivi par la route Wurtzbourg — Bamberg ; le pays est très-cultivé et très-peuplé.

A droite, la Rednitz reçoit la *Pegnitz*, qui prend sa source vers celle du Main rouge ; elle passe à *Pegnitz* sur la route Nuremberg — Bayreuth ; *Hersbrück*, sur la route et le railway de Nuremberg à Amberg — Ratisbonne ; *Lauf*.

La haute vallée de la Pegnitz est âpre, étroite, avec des berges souvent abruptes et rocheuses ; le pays est élevé, coupé de ravins ; ce caractère montagneux disparaît avant d'arriver à Nuremberg.

Nuremberg (65,000 hab.), à cheval sur la Pegnitz, sur laquelle sept ponts en pierres permettent de communiquer d'une rive à l'autre. Nuremberg est entourée de vieux murs bien conservés, flanqués de grosses tours, et d'un fossé de 15 mètres de profondeur et de 30 mètres de large ; dix portes étroites donnent accès dans la ville. Au nord, sur un rocher isolé, domine l'antique château burgrave du xe siècle, le *Richsveste* ; la gare est en dehors de la ville et au sud ; Nuremberg possède un arsenal très-important ; c'est la ville la plus industrielle, la plus commerçante de la Bavière. Deux grandes lignes ferrées s'y croisent : 1° le railway Louis, de Lindau à Hof ; 2° celui de Wurtzbourg à Ratisbonne par Amberg, lequel se prolonge directement sur Passau — Lintz — Vienne ; une troisième ligne est projetée entre Nuremberg et Crailsheim, afin de relier cette ville au réseau wurtembergeois. Nuremberg a une grande importance militaire ; c'est la clef de tout le bassin de la Rednitz, par lequel on peut opérer vers la Saxe, vers la Bohême ou vers le bassin du Danube, par Ratisbonne ou par Nordlingen ; c'était le pivot des opérations de Gustave-Adolphe.

A Nuremberg débouche le *canal Louis*, lequel met en communication les eaux du Danube et celles du Main par l'Altmühl et la Rednitz. Il a 18 mètres de largeur au niveau de l'eau, 1m,50 de profondeur.

La Pegnitz finit à Furth ; les communications sont difficiles dans son cours supérieur, mais son cours inférieur parcourt des plaines sablonneuses couvertes par la grande *forêt royale*.

La *Wiesent* finit à Forcheim après avoir traversé un pays très-accidenté, ses berges sont abruptes et rocheuses.

2° La *Tauber* descend des étangs de *Leutviller* en Wurtemberg; elle traverse le district bavarois de *Rothenburg* (8,000 hab.), petite ville importante, entourée de hautes murailles et de fossés flanqués de tours ; la ville est triste, laide, le pays pittoresque ; à Rothenburg passent une des routes de Wurtzbourg à Nordlingen, et une des routes de Heilbronn à Nuremberg ; une route va sur Stuttgard.

Cette région est très-importante : elle est tête des vallées de la Tauber, de l'Aisch, de la Rednitz. de l'Altmühl, de la Wernitz; les écrivains militaires allemands considèrent cette région comme la porte de l'Allemagne du Sud, ils l'appellent la *trouée du Danube.*

La Tauber tourne à l'ouest, pénètre en Wurtemberg, y arrose *Marienthal* (Mergentheim), (3,000 hab.), où Turenne fut battu par Merci en 1645. Il avait oublié de désigner en arrière des cantonnements de son armée une position défensive, pour y rallier ses divers corps, en cas d'attaque inopinée de l'ennemi.

Le railway Wertheim — Crailsheim passe à Marienthal, ainsi que la route Stuttgard — Wurtzbourg, et la route de Heidelberg à Wurtzbourg, dont le railway vient couper la Tauber à *Lauda* (duché de Bade), sur un pont tubulaire de 42 mètres.

Marienthal et Lauda sont donc deux points importants. Les hauteurs de *Kuhruhe*, sur la rive gauche, dominent la vallée.

Tauber-Bischofsheim (2,300 hab.); ce village est dominé par sa gare et surtout par les hauteurs de gauche.

La vallée étroite dès l'origine se rétrécit encore après Bischofsheim. Le railway de la Tauber y est très-resserré et y décrit des courbes très-accentuées; le pays est boisé et devient difficile.

La Tauber finit à Wertheim ; en général ses berges sont élevées et raides, aussi y trouve-t-on peu de passages favorables; elle atteint 30 mètres de largeur. Sa vallée inférieure est couverte de beaux vignobles.

3° Le *Mümling* ravine l'Odenwald, passe à *Erbach* (2,000 h.), où convergent les routes de Heidelberg, de Frankfort, d'Aschaffenbourg, de Westheim et du Wurtemberg; *Michelstadt* (2,700 hab.), la plus ancienne ville de l'Odenwald.

Le Main reçoit à droite :

1° La *Rodach* qui est formée par trois sources venant du Franken-Wald et qui se réunissent vers *Kronach* (4,000 hab.), petite ville bavaroise entourée de vieux murs, possédant une manufacture d'armes; dans les environs on trouve le château de *Rosenberg* et des mines de houille importantes. Deux routes vont de Kronach sur la Saale, l'une à Saalburg, l'autre à Saalfeld par les vallées de la Rodach; un petit embranchement ferré vient du railway du Main jusqu'à Kronach et va jusqu'à *Stockheim*.

Les hautes vallées des sources de la Rodach sont très-étroites ; en amont de Kronach elles s'élargissent, les forêts s'éloignent et la vallée est désormais couverte de larges et belles prairies.

2° L'*Itz* prend sa source au pied de Blussberg à l'opposé de la Werra (Weser), passe à *Cobourg* (11,000 hab.), ville industrielle, capitale du grand-duché de Saxe-Cobourg, dominée par l'ancienne forteresse de *Veste-Cobourg*. A Cobourg passe le railway de la Werra (de Lichtenfels à Eisenach) ; une route importante joint encore Cobourg à Saalfeld à travers le Franken-Wald. Cette région est fertile.

3° La *Saale franconienne* prend sa source dans le Rhone-Gebirge, dans le plateau du Hassberg; elle passe à *Kœnigshofen* où se coupent la route de Schweinfurt sur Meiningen et celle de Bamberg sur Fulda. *Neustadt* où débouche la route de Meiningen à travers le Rhone-Gebirge, et où passera le railway en construction de Schweinfurt-Meiningen. La Saale pénètre dans une vallée montueuse aux berges escarpées, passe à *Kissingen* (2,500 hab.), eaux minérales renommées, jusqu'où arrive le railway de Schweinfurt, et au débouché d'une route de Fulda. Les Prussiens y battirent les Bavarois le 10 juillet 1866. La vallée est entourée de montagnes qui la dominent de 150 à 200 mètres. La Saale sort de ce pays tourmenté vers *Hamelburg* (3,000 hab.), pont et château, et finit à Gemunden par un cours de 35 mètres de largeur environ.

4° La *Kinzig* prend sa source dans le Rhone-Gebirge, au pied du Kinsberg, sur le versant opposé aux sources de la Fulda (Weser); elle passe à *Schlüchtern* (2,000 hab.), nœud de routes, où débouchent celle de Fulda et le railway Leipsig — Eisenach — Bebra. C'était la grande ligne d'opérations de Napoléon en 1813.

Gelnhausen (4,800 hab.), ville commerçante; les ruines de son beau château byzantin sont dans une île de la Kinzig ; de Gelnhausen part un railway sur Giessen. Jusque-là le pays est fortement accidenté, et la vallée, qui était bordée de rochers à pic, s'ouvre de plus en plus ; la Kinzig traverse la forêt de

Lamboï et finit dans le Main à Hanau avec une largeur de 35 mètres ; toute cette vallée, qui appartenait à la Hesse électorale, a été prise par les Prussiens en 1866.

5° La *Nidda* descend du Vogel-Gebirge par une vallée initiale très-étroite, où l'on trouve *Nidda,* sur la route de la Kinzig à Giessen ; elle passe à *Assenheim* où les hauteurs disparaissent, coule alors dans une vallée plate pour finir dans le Main en aval de Frankfort.

A Assenheim, la Nidda reçoit un affluent, le *Wetter*, qui prend sa source près de *Grünberg*, position importante où convergent les routes de la Lahn, de Frankfort, de la Kinzig, de la Fulda, de Cassel, et où passe le railway de Giessen à Fulda. Le Wetter baigne le pied oriental du Taunus, que suit également le railway Frankfort — Giessen, en passant à *Friedberg*. Cette région forme ce qu'on appelle la *Wetterau ;* elle est d'une grande fertilité, et s'étend de Giessen à Hanau.

Un autre petit affluent de droite de la Nidda descend du Taunus, formant au pied de cette chaîne la vallée d'*Hombourg* (6,000 hab.), chef-lieu du landgraviat de Hesse-Hombourg, dont les eaux minérales et les salons de jeu ont une grande renommée ; le landgraviat appartient à la Prusse depuis 1866.

Entre la Kinzig, la Saale et le dernier grand coude du Main on trouve un pays rude et très-montueux, c'est le *Spesshart,* massif montagneux qui se greffe au faîtage du Rhin au Rhone-Gebirge, vers les sources de la Kinzig, dont il serre d'abord la vallée de très-près. Cette chaîne a 100 kilomètres de longueur sur 25 de large ; son point culminant a 620 mètres de haut, près de la route d'Aschaffenbourg à Wurtzbourg ; elle semble être la suite de l'Odenwald, dont elle a la constitution géologique (granit, porphyre, grès, calcaire).

Ce sont des hauteurs aplaties, juxtaposées, très-boisées (le hêtre y domine), coupées de nombreuses vallées à berges escarpées, qui se déversent dans le Main ; la région est froide, pauvre et peu peuplée. Le Spesshart ne forme d'obstacle sérieux que par ses grandes forêts et les escarpements des vallées ; il est âpre, ne produit que des pommes de terre et quelques fruits ; il est assez habité, surtout au nord et au sud d'Aschaffenbourg, près du Main.

Le bassin du Main, par sa direction de l'est à l'ouest, par son accessibilité de tous les côtés, est la ligne naturelle de communication entre la région germanique et la région gauloise supérieure, c'est-à-dire le Palatinat, l'Alsace, la Lorraine.

Elle est donc d'une importance considérable au point de vue militaire ; c'est le cœur de l'Allemagne et sa partie la plus faible, partie dominée par la région gauloise vers laquelle elle s'ouvre largement. Par elle on atteint la grande voie de l'Allemagne du Sud, le Danube, et celle de l'Allemagne du Nord, l'Elbe.

C'est à ce titre que le bassin du Main doit être le premier objectif de l'offensive française dans une guerre franco-allemande, objectif dont la clef est la région comprise entre Mayence — Frankfort — Heidelberg — Mannheim, région dominée par le camp retranché de Mayence.

Par sa direction, et surtout en raison de ses immenses coudes, le Main ne forme qu'une ligne offensive, et n'a aucune valeur défensive. De tout temps, cette ligne a été facilement enlevée : Gustave-Adolphe, le prince Charles en 1796, Falkenstein en 1866, l'ont assez prouvé. Elle est donc favorable à l'ingression française. (Voir plus loin le chapitre XIV.)

Avant de suivre le cours des divers affluents de droite du Rhin, en aval du Main, par suite de la nature extrêmement accidentée de cette région, nous décrirons d'abord les contreforts importants qui les séparent.

Le *Taunus* est un massif schisteux, avec une longue crête quartzeuse ; il se détache du Vogel-Gebirge, et sépare d'abord le bassin de la Lahn de celui du Main, près de la vallée du Rhin. A l'origine ce sont des plateaux peu accentués, qui descendent au sud vers Friedberg, et qui se relèvent brusquement vers ce point, pour aller s'épanouir à pic sur le Rhin vers Bingen, Bacharah, sous le nom de *Rheingau*, en face de Hunsrück, et former avec lui le premier défilé du Rhin. Son point culminant, le *Feldberg*, atteint 881 mètres ; sa hauteur générale est de 500 mètres. Ses pentes sont douces, mais ravinées assez à pic par les rivières qui en descendent. Ses sommets boisés et ses superbes ruines lui donnent un aspect très-pittoresque ; il est très-peuplé.

Le *Wester-Wald* se détache du Rothaar-Gebirge, vers les sources du Sieg ; il forme le massif montagneux compris entre le Sieg et la Lahn jusqu'au Rhin, massif important dont la hauteur moyenne est 500 mètres, mais qui atteint jusqu'à 864 mètres. Cette région est pauvre, froide, boisée et abondante en sources minérales; ses pentes vers la Lahn, au sud-est, sont raides et souvent escarpées ; vers le Sieg, elles sont plus douces. De nombreuses vallées ravinent ce massif, dont l'épanouissement vers le Rhin, sous le nom de *Sieben-Gebirge* (les sept monts), forme avec l'Eifel, de la rive gauche, le deuxième et splendide défilé du Rhin, le défilé de Remagen.

L'*Ebbe-Gebirge* est un massif compris entre le Sieg et la Ruhr; il se détache également du Rothaar-Gebirge ; c'est une chaîne à faîte étroit, dont le versant sud-est est escarpé sur la vallée de la Bigge; il s'épanouit à l'ouest et au sud sous le nom de montagnes du *Sauerland* sur les deux rives de la Wipper et jusqu'à 5 à 6 kilomètres des bords du Rhin entre Bonn et Dusseldorf ; le Sauerland est un large plateau triste et sauvage, riche en houille.

Le *Lenne-Gebirge* est un massif élevé qui court entre la Ruhr et son affluent la Lenne, avec des pentes raides sur cette rivière, et douces vers la Ruhr.

Le *Haardstrang* se détache de l'Egge-Gebirge, court entre la Ruhr et la Lippe, formant une chaîne de 250 à 300 mètres de hauteur, nue et sans bois, qui va s'épanouir vers Mulheim en collines de 100 mètres de haut, connues sous le nom de *Halweg*.

Toute cette région, de la Lahn à la Ruhr, est une suite de montagnes âpres, rocheuses, profondément disloquées et ravinées ; les vallées sont resserrées, taillées à pic dans le roc; les plateaux y sont étroits, peu cultivés, très-peuplés, et les chemins difficiles.

Le Rhin reçoit :

XV. La *Lahn*, qui descend de l'*Ederkopf*, sommet important du Wester-Wald, d'où sortent l'Eder (affluent du Weser) et la Sieg.

La Lahn coule dans une vallée étroite et rocheuse, d'abord vers l'est, puis vers le sud ; la vallée s'élargit un peu, passe à *Marburg* (9,000 hab.), point important où débouche le railway de Leipzig — Cassel — Coblentz, lequel par Giessen et Wetzlar atteint Frankfort ou Cologne. Les coteaux de cette jolie vallée sont boisés, parfois cultivés.

Giessen (15,000 hab.), point extrêmement important, où passe le railway de Cassel—Coblentz, et d'où partent un railway sur Frankfort, un autre sur Gelnhausen (Kinzig), un autre sur Fulda ; les environs sont beaux et fertiles. Giessen appartient à la Hesse-Darmstadt; c'est le chef-lieu de la province de *Hesse supérieure*.

Wetzlar (5,600 hab.), où la Lahn a 35 mètres de large, est un autre point important d'où se détache un railway sur Cologne. Ce railway suit la vallée d'un petit affluent de la Lahn, la *Dill*, et passe à *Dillenburg* (hauts-fourneaux de fer et de cuivre). C'est à Wetzlar que mourut Hoche, en 1797, empoisonné, dit-on, comme Moreau, en 1794, devant Luxembourg. Wetzlar formait, avant 1866, une enclave prussienne.

La Lahn passe à *Weilburg* (2,000 hab.), où existe un beau château ; on trouve dans les environs de l'argent, du fer et du cuivre. La Lahn est rendue navigable grâce à un canal creusé dans son lit, dont le fond est du gravier. Plusieurs routes franchissent cette rivière à Weilburg, dont une de Frankfort à la vallée du Sieg, par Hombourg — Usingen. Le Taunus et le Westerwald resserrent dès lors très-profondément la vallée, qui est pittoresque, fertile et très-riche; les berges sont tellement abruptes qn'on ne peut aborder la rivière, en certains points, que par des brèches artificielles.

Limburg (3,000 hab.), entourée de murailles, où débouchent deux routes très-importantes venant du sud : 1° celle de Frankfort par *Kronberg* (2,000 hab.), dominée par les débris de la citadelle de Kœnigstein que les Français ont démolie en 1796 ; elle franchit le Taunus au pied du Feldberg ; 2° celle de Mayence, qui passe à *Wiesbaden* (16,000 hab.), eaux minérales renommées, au pied méridional du Taunus, capitale de l'ancien duché de Nassau, lequel comprenait la plus grande partie du bassin de la Lahn et qui a été pris par les Prussiens en 1866. Le duché de Nassau et l'électorat de Hesse-Cassel forment ensemble, avec Frankfort, la province prussienne de Hesse. La route franchit le Taunus par le défilé de la *Platte*, que domine un château de chasse très-beau.

La Lahn passe à *Nassau* (1,100 hab.), où sont les ruines du château de Nassau, berceau de la famille de Nassau et d'Orange (pont en fil de fer); c'est le débouché d'une quatrième route à travers le Taunus, route qui de Wiesbaden franchit le col de la *Hohe-Wurzel*, atteint *Alte-Schanze*, où arrive encore un chemin carrossable des bords du Rhin, de *Eltville ;* cette route passe à *Langenschwalbach*, dont les eaux minérales sont si efficaces, dit-on, contre la stérilité; c'est la route de Mayence à Coblentz. Toutes ces routes forment la ligne d'opérations de la rive droite du Rhin, celle suivie en 1795, 1796, 1797, par les armées françaises. De ces quatre routes, les deux qui sont au milieu et qui débouchent sur Limburg sont les meilleures, car de tout ce versant septentrional du Taunus, c'est la vallée de l'Ems (affluent qui finit à Limburg) qui est la plus ouverte. Les pentes nord et sud du Taunus, dans cette partie jusqu'à Bingen, sont profondément déchiquetées. Cette ligne importante va recevoir une valeur militaire nouvelle par la création d'une ligne ferrée, qui de Mayence arrivera à Limburg, et se prolongera jusqu'à Betzdorf sur le Sieg, où elle se reliera à toutes les lignes de l'Allemagne du Nord.

La Lahn passe à *Ems* (2,500 hab.), dont les eaux bicarbonatées sont si renommées.

Lahnstein, où la Lahn finit dans le Rhin, un peu en amont de Coblentz, avec une largeur de 70 mètres environ. Nous avons vu que le railway de la Lahn se greffe au railway du Rhin de la rive gauche en franchissant le Rhin sur un pont en fer, en amont de Coblentz.

Le bassin de la Lahn a une importance militaire très-grande, non-seulement comme ligne défensive sur la ligne d'opérations parallèle au Rhin (il y a des ponts dans chaque ville ci-dessus désignée), mais encore comme ligne offensive du Rhin vers le bassin du Weser, par le railway de la Lahn et deux routes qui partent de Saint-Goar et de Bacharah sur le Rhin pour atteindre la vallée du Weser, par des affluents de ce fleuve; ainsi : 1° Bacharah — Langenschwalbach — Idstein — Butzbach — Grünberg — Asfeld — Hersfeld — *Bebra* (nœud de railways importants) ; 2° Saint-Goar — Wetzlar — Giessen — Marburg — Neustadt — Cassel.

En général, le bassin de la Lahn n'est pas très-fertile, mais il est bien cultivé ; vers le Rhin, où le climat est très-doux, on y trouve des vignobles renommés.

XVI. La *Vied* coule dans le massif même du Wester-Wald, et passe à *Altenkirchen*, où Marceau fut tué en 1796 ; c'est un nœud de routes importantes.

Cette vallée très-tortueuse est sans débouché ; ses berges élevées s'abaissent vers le confluent de la Vied avec le Rhin pour former la plaine de Neuwied. Entre la Lahn et la Vied s'étale la forêt du bas Westerwald, sur les hauts plateaux escarpés, sauvages et rocheux de *Montabaur*, que traverse la route de Coblentz à Limburg.

XVII. Le *Sieg* sort de l'Ederkopf, coule dans une vallée sinueuse et très-escarpée, bordée de hautes berges, et passe à *Siegen* (7,000 hab.), ville industrielle (forges).

Betzdorf, point important où la ligne Wetzlar — Cologne entre dans la vallée du Sieg, qu'elle suit jusque près de Bonn, et d'où part le railway si important de Betzdorf — Siegen — Hagen (à une voie), reliant les deux lignes ferrées de Cologne et de Coblentz sur Berlin. C'est à Betzdorf que doit aboutir le chemin de fer projeté de Mayence — Wiesbaden — Limburg.

A partir de *Blankenburg* la vallée s'élargit, les montagnes basaltiques s'éloignent ; c'est bientôt un pays de plaine jusqu'au Rhin où elle a 35 mètres de largeur. Elle devient navigable à *Siegburg* (3,500 hab.) ; non loin de cette ville, le chemin de fer qui suit la vallée se greffe au railway du Rhin (rive droite). A Siegburg finit un affluent du Sieg, l'*Ager*, qui descend de l'Ebbe-Gebirge, passe à *Neustadt*, et est suivi par une route qui atteint la Lenne et la Ruhr. Le Sieg possède de nombreux gués et ponts.

XVIII. La *Wipper* prend sa source vers l'extrémité occidentale de l'Ebbe-Gebirge, coule vers le nord-ouest dans une vallée extrêmement accidentée, passe à *Wipperfürth*, nœud de routes important.

Elle tourne à l'ouest, passe à *Elberfeld*; cette ville, avec *Barmen* qu'elle touche, compte 120,000 habitants. C'est une ville nouvelle, essentiellement industrielle, dans un centre houiller important; on y fabrique surtout des soieries, velours, cotons, dentelles, etc. Ces deux villes s'étendent pendant 10 kilomètres sur les bords de la Wipper.

Cette rivière incline au sud-ouest, et passe non loin de *Solingen* (10,000 hab.), manufactures d'armes blanches ; grossie par une foule de petits affluents, elle devient navigable, et passe à l'ouest de *Remscheid* (18,000 hab.), ville manufacturière toute nouvelle (fers, aciers, etc.). La Wipper traverse un des pays les plus peuplés, les plus industrieux de l'Allemagne, et finit à *Mühlheim* (6,500 hab.), ville industrielle.

XIX. La *Ruhr* descend du Ast-Berg dans le Rothaar-Gebirge; elle coule rapidement au nord dans une étroite vallée, entre le Rothaar et le Haardstrang, tourne à l'ouest, et devient navigable après le confluent de la Lenne; mais elle l'est déjà en amont grâce aux barrages artificiels.

Elle arrose *Meschede* (2,000 hab.), où passent une route de Bonn à Paderborn, et un railway qui suit la Ruhr jusqu'à *Schwerte* où il s'embranche à la grande ligne Dusseldorf — Paderborn — Magdebourg — Berlin. Ce railway vient d'être prolongé jusqu'à Warburg. Il passe, ainsi que la Ruhr, à *Arnsberg* (6,000 hab.). La Ruhr passe à une lieue de *Hagen* (8,000 hab.), ville industrielle (draps), sur la ligne Dusseldorf — Paderborn — Berlin, où vient se greffer le railway de Betzdorf — Siegen.

Witten (4,000 hab.), ville industrielle, commerçante (grains, fers), sur un embranchement qui relie la ligne Dusseldorf — Paderborn — Berlin à celle Ruhrort — Hamm — Hanovre — Berlin.

Steele, nœud de petits railways, près d'*Essen* (30,000 hab.), manufactures d'armes et superbes fonderies de M. Krupp, au centre d'un riche bassin houiller ; fabriques de draps, toiles, machines à vapeur, etc.

Mülheim (9,000 hab.), fonderies.

Duisburg (22,000 hab.), ville manufacturière entre Ruhr et Rhin, dans une jolie position.

La Ruhr finit à Ruhrort que nous avons déjà cité comme le meilleur port et le meilleur ancrage du Rhin.

La Ruhr reçoit à gauche :

1° La *Lenne*, qui descend du versant méridional du *Astberg* dans le Rothaar ; elle est suivie par une importante route qui vient de Cassel par Naumburg, Korbach, Medebach, et passe à *Alt-Hundeint*, point important où la rivière tourne vers le nord-ouest ; cette route se bifurque, celle du sud va sur Cologne par Olpe, l'autre va sur Elberfeld ou Essen.

A Alt-Hundeint débouche également le railway Betzdorf — Siegen, lequel suit la vallée de la Lenne jusqu'à sa jonction à la ligne Cologne — Paderborn.

La Lenne passe à *Altena* (5,000 hab.), ville industrielle (fers, aciers), près d'*Iserlohn* (18,000 hab.), ville industrielle (fers, aciers, soierie), située dans un pays pittoresque.

Le confluent de la Ruhr et de la Lenne est dominé par le massif du *Hardei* (rive droite de la Ruhr) sur lequel le célèbre Saxon Witikind avait son château-fort et résista plus de trente ans à Charlemagne.

La Ruhr reçoit à droite :

1° La *Mœhne*, qui descend du plateau de Brilon, dans l'Egge-Gebirge ; elle passe à *Brilon* (3,800 hab.), ville industrielle (mines et forges), nœud de routes importantes. Sa vallée est resserrée entre le Haardstrang au nord et le plateau de *Arnsberger-Wald* au sud ; elle finit à Neheim.

2° L'*Emsche* descend du pays montagneux de l'Hardei, passe au pied du plateau où est située la ville de *Dortmund* (?5,000 hab.), manufacturière (toiles), où passe la grande ligne ferrée Ruhrort — Hamm — Hanovre — Berlin (à deux voies) ; l'Emsche traverse un pays montueux et vient finir dans un bras de la Ruhr près de Ruhrort.

Un affluent de l'Emsche passe à *Bochum* (12,000 hab.), ville industrielle.

Le bassin de la Ruhr est très-peuplé, couvert de manufactures et d'usines importantes ; le pays est essentiellement industriel, grâce au terrain carbonifère de toute cette région.

La rivière forme, dit Levasseur, la limite septentrionale de cette masse de plateaux de roches cristallines, hautes de 4 à 500 mètres en moyenne, dont le Main est la limite méridionale et que le lit du Rhin sépare des plateaux tout semblables de la rive gauche du fleuve.

XX. La *Lippe* descend du *Romersberg*, à l'extrémité septentrionale de i'Egge-Gebirge. C'est dans cette région, vers le point de jonction de l'Egge-Gebirge avec le Teutoburgerwald qu'on suppose qu'Arminius anéantit les légions de Varus, l'an 9 ; un hameau du nom de *Romerfeld* (champ des Romains) semble en indiquer le champ de bataille (1).

La Lippe arrose *Lippspringe*, sur la route Paderborn — Detmold — Minden.

Elle passe non loin de *Paderborn* (12,000 hab.), ville entourée de murailles, point important où convergent sept à huit routes, et où passe la grande ligne Dusseldorf — Kreiensen — Halberstadt — Magdebourg — Berlin (à deux voies).

Lippstadt (6,000 hab.), centre d'un grand commerce de blé et de bestiaux ; nœud de routes.

La vallée est peu accidentée, sinueuse ; le cours est lent, les

(1) Les Allemands viennent d'ériger à Detmold une immense statue à Arminius, pour glorifier la victoire des Germains contre les races latines.

rives basses et souvent marécageuses ; elle a 15 mètres de large à Lippstadt, et y devient navigable.

Hamm (12,000 hab.), entourée de vieux remparts, est encore protégée par le fort Ferdinand ; ancienne capitale du comté de Marck. C'est un point très-important, où passe la grande ligne Ruhrort—Hanovre—Berlin, et d'où part la ligne ferrée de l'Ems par Munster — Rheine — Emden. Un premier railway la relie à la ligne Dusseldorf—Paderborn à *Soest* (10,000 hab.), ville située dans une plaine très-fertile, et entourée de vieux murs flanqués de tours ; un deuxième railway la relie à cette même ligne à *Unna* (6,000 hab.). En 1672, Turenne gagna un combat à Unna, un autre à Soest.

Haltern (2,500 hab.), où passe l'embranchement de Munster à Essen — Ruhrort, et d'où partira le railway de Wesel ; Munster (25,000 hab.), dans le bassin de l'Ems, est la capitale de la Westphalie prussienne, et le chef-lieu militaire du 7e corps prussien.

Dorsten, nœud de routes.

La Lippe finit à Wesel ; bien qu'ayant un volume d'eau assez considérable, elle est guéable partout ; elle reçoit à gauche l'*Alm*, qui passe à *Büren*.

Le pays entre Ruhr et Lippe est une zone calcaireuse, riche en substances minérales, appuyée sur un terrain houiller qui d'Essen et de Mulheim va jusqu'au Rothaar-Gebirge. Dans toute cette région, qui fait partie de la Westphalie prussienne, on trouve jusqu'à 1700 mines.

Au nord de la Lippe, les *collines de Lippstadt* et celles de l'*Hohe-Mark* et du *Baumberg* séparent cette rivière du bassin de l'Ems et de la région hollandaise du Rhin.

CHAPITRE XIII

VERSANT ORIENTAL DU RHIN INFÉRIEUR.

La région orientale du Rhin inférieur est très-étroite ; comme affluent du Rhin, il n'y a que l'*Yssel* qui prend sa source au pied des collines de Hohe-Mark, traverse un pays marécageux, passe à une lieue au nord de Wesel et va finir à Doesburg, dans la dérivation du Rhin qui a pris son nom, l'Yssel.

A Zwolle finit encore dans l'Yssel, le *Vecht*, qui prend sa source vers Munster, dans les collines de Baumberg; il traverse un pays ouvert, bien cultivé, très-fertile, dont les collines d'*Ulsen* seules accidentent un peu les plaines.

Le Vecht reçoit à droite les eaux des grands *marais de Bourtange*, dont le sol est impraticable en temps de pluie; après de longues sécheresses, il supporte des voitures légères; il n'est réellement praticable que par le froid. Le Vecht passe près de *Kœverden*, citadelle hollandaise sur la route de Westphalie en Frise. Les marais de Bourtange écoulent surtout leurs eaux au nord et à l'ouest par des canaux; à l'ouest, c'est par le canal de Drenthe qui passe à *Meppel*. Cette ville est le centre de routes importantes, où passent le railway Zwolle — Leuwarden, et le nouvel embranchement de Meppel — Groningue.

Sur la côte nord-ouest de la Frise, on trouve le port de *Harlingen* (8,000 hab.), ville forte, dont les chantiers sont importants.

Nous citerons encore de la région hollandaise, pour en compléter la description, deux petites rivières qui finissent dans la mer du Nord : la *Leuver*, qui passe à *Leuvarden* (25,000 hab.), ville entourée d'un fossé et d'un simple rempart en terre, chef-lieu de la Frise, pays où l'on trouve plus d'eau que de terre, et une excellente espèce de chevaux de trait.

L'*Hunsé* qui coule non loin d'*Assen* (1,200 hab.), chef-lieu de la province de Drenthe, où passe le railway Meppel — Groningue, et qui arrose *Groningue* (35,000 hab.), chef-lieu de la province de Groningue; c'est une ville fortifiée, jusqu'où remontent les petits navires; un canal la relie à l'Ems, un autre au *golfe de Dollart*, au port hollandais de *Delfsul*.

La Leuver et l'Hunsé finissent toutes les deux dans le *golfe de Leuver*.

Toute cette région orientale de la Hollande est couverte de tourbières et de sables, d'un aspect triste et souvent désolé, malgré les travaux incessants des intrépides habitants de la Frise et de la Drenthe pour fertiliser ces marais tourbeux qu'ils dessèchent constamment. Ils y récoltent surtout du seigle et du sarrazin.

Deux routes importantes débouchent de l'Allemagne du

Nord, vers Assen, l'une est défendue par les retranchements et les marécages de *Nieuwe*, au nord des marais de Bourtange, l'autre plus au sud, défendue par Bourtange même. La ligne stratégique principale est le railway Groningue — Leer — Oldenbourg — Brême, lequel doit être continué jusqu'à Hambourg; cette ligne est encore fermée par la citadelle de Nieuwe.

Au sud des marais de Bourtange, passe la ligne ferrée la plus directe d'Allemagne en Hollande : Hanovre — Minden — Osnabrück — Rheine (ligne de Munster à Emden) — Zutphen — Arnheim — Utrecht — Amsterdam. Comme routes, il y a : 1° celle de Munster ou de Rheine à Zutphen ; 2° celle de Munster à Doesburg ; 3° de Wesel à Arnheim, avec le chemin de fer du Rhin, couverts tous les deux par le fort de Westervoorde.

Sur cette frontière, aucune citadelle ne couvre l'Allemagne, sauf Minden sur le Weser, laquelle est déclassée depuis 1873. La première ligne défensive allemande est l'Ems, mais surtout les grands marais de Bourtange et de Grenz-Moor.

C'est par cette région que Drusus fit ses premières invasions sur le sol germanique, grâce à l'appui d'une flotte qui, par l'Yssel, qu'il avait relié au Rhin, débouchait du Zuydersée vers les côtes de la mer du Nord.

CHAPITRE XIV

CONSIDÉRATIONS STRATÉGIQUES SUR LA RÉGION GERMANIQUE.

La *région germanique* du bassin du Rhin est, de toute l'Allemagne, la plus belle, la plus riche, la plus industrielle, et la plus peuplée ; d'immenses forêts, parsemées de prairies, couvrent les sommets de sa charpente orographique ; les plaines sont larges, bien ouvertes ; le sol solide est généralement favorable aux opérations militaires.

Nous avons vu que le massif du Hardt-Hunsrück-Eifel, qui divise la région gauloise en deux parties, se prolongeait par le Taunus et le Wester-Wald sur la région germanique et divisait également celle-ci en deux.

Des Ardennes aux montagnes de Bohême c'est un même soulèvement schisteux très-ancien qui domine tout le nord de l'Europe occidentale, et à travers lequel le Rhin est parvenu à se frayer un lit. C'est, dit-on, l'une des premières régions habitées de l'Europe ; l'immense *forêt hercynienne* qui la recouvrait presque en totalité allait des Sudètes à Ruhrort et à la Forêt-Noire ; c'était une forêt sombre et impénétrable, la terreur des hordes étrangères, où se réfugiaient les peuplades germaines sédentaires. « Nul, dit César, ne peut se vanter d'avoir vu où elle commence et où elle finit. »

Aujourd'hui encore, le quart du sol allemand est couvert de forêts (dix millions d'hectares) ; les principales essences sont le chêne, puis le hêtre, le frêne, l'orme, le peuplier, le pin, le sapin, enfin les arbres fruitiers ; l'Allemagne est la seule région de l'Europe où les forêts aient été sagement conservées et aménagées (1).

Cette longue chaîne montagneuse, qui va du Taunus aux Sudètes, divise toute l'Allemagne en deux parties dont les caractères sont bien différents :

L'*Allemagne du Nord* n'est variée, riche et bien peuplée que dans la région montagneuse, ou seulement accidentée, c'est-à-dire jusqu'aux deux tiers environ de la distance du faîtage orographique à la mer ; le dernier tiers, ou zone maritime, est essentiellement sablonneux, parsemé de larges marais que séparent des chaussées boueuses, impraticables par les pluies ; il est couvert de quelques bouquets de bois de sapins, de bruyères et de landes stériles, excepté dans la partie orientale du Holstein et sur les collines du Mecklembourg près de la mer. Cette zone est très-basse ; si l'Océan, dit O. Reclus, s'élevait de 150 mètres, il couvrirait toutes ces immenses plaines.

Les côtes de la mer du Nord sont encore plus basses, les grands ports y sont rares, les débarquements très-difficiles. Les navires ne peuvent aborder que quelques *fiords* (golfes), aujourd'hui couverts de forts et de batteries armés de puissants calibres : la *Jahde*, *Imsum*, *Blexen*, *Cuxhaven* ; partout ailleurs ils doivent se tenir au large, pour éviter les hauts-fonds. A la rigueur, on pourrait, dit le capitaine Bourelly, de l'état-major français, débarquer les troupes sur les îles

(1) Notre Code forestier est à réviser entièrement si nous voulons ménager un peu la valeur productive de notre sol.

frisonnes, et de là les transporter à terre avec des petites embarcations ; mais elles ne trouveraient que les pauvres ressources de la Frise orientale et de l'Oldenbourg, des marais et des communications très-difficiles ; de plus, en cas de défaite et de gros temps qui empêcherait le retour à bord, ces troupes risqueraient beaucoup d'être jetées à la mer.

L'*Allemagne du Sud* est la région la plus riche ; ses plaines couvertes de cultures, ses montagnes vêtues de sapins, et la grande chaîne des Alpes, sous son manteau de neige, lui donnent le caractère le plus varié, le plus beau et l'un des plus pittoresques de l'Europe ; on y trouve toutes les céréales possibles et des vignobles renommés.

Quant à la région rhénane, elle est, avons-nous dit, divisée en deux par le Taunus et le Westerwald.

La partie septentrionale, comprise entre ce massif et la Hollande, forme un échiquier très-important qui a pour front défensif le Rhin, couvert au sud par le massif lui-même et par Coblentz, au centre et au nord par Cologne et Wesel.

Au nord de Wesel, entre cette place et Munster, les collines du Hohe Mark et de Baumberg coupent, très-favorablement pour la défensive, les seules lignes d'opérations praticables de cette région, lignes qui, formant parfois de longs défilés entre des zones marécageuses, empêcheraient le déploiement d'une armée; le pays est couvert de tourbières. Plus au nord de grands marécages rendraient les opérations des armées modernes difficiles ; d'ailleurs, si l'objectif est Berlin, l'ingression par cet échiquier serait obligée d'aborder les grands fleuves de l'Allemagne du Nord par leur partie inférieure, c'est-à-dire par la plus large, la plus difficile à forcer.

Au sud de Wesel il y a deux grandes lignes d'opérations : celle de la Lippe et celle de la Ruhr.

Sur la première, Drusus, qui la suivit, éleva le fort d'*Aliso* ; Charlemagne y fonda plus tard la citadelle de Paderborn ; quelques années après, cet empereur, revenant de Roncevaux, accourt contre Witikind, passe le Rhin au-dessous de Cologne, remonte la Lippe, écrase les Saxons sur l'Aa, et atteint l'Elbe où il crée des citadelles pour arrêter les invasions et comprimer les insurrections saxonnes (780).

Ces deux lignes d'opérations sont encore très-bonnes, grâce surtout aux deux railways qui les suivent, en passant l'un (à deux voies) par Ruhrort — Hamm — Hanovre — Magdebourg — Berlin; l'autre (à deux voies) par Dusseldorf ou Cologne, Hoxter — Halberstadt — Magdebourg (à une voie entre Seesen et Oscherleben); la première passe sous le canon de Minden, forteresse déclassée depuis 1873; toutes les deux rencontrent la grande citadelle de Magdebourg. On peut éviter cette place, au nord par Hanovre — Lehrte et la nouvelle ligne de Stendal — Berlin; au sud par Halberstadt — Bernbourg — Dessau — Berlin. Mais l'action stratégique de Magdebourg s'étend sur toute la ligne formée par la Saale inférieure et par l'Elbe inférieur.

Parallèlement à ces voies ferrées, il y a 2 routes principales :

1° Wesel — Haltern (qu'on peut atteindre par Ruhrort) — Munster — le défilé de Bielefeld ou celui d'Iburg; elle coupe le Weser en amont des Portes de Westphalie, en tournant Minden, atteint Hanovre — Brunswick, etc.

2° Duisburg — Essen — Dortmund — Unna — Soest — Paderborn; elle coupe le Weser à Hoxter (où Charlemagne gagna une grande bataille sur les Saxons) — Halberstadt au pied nord du Harz, etc.

Cet échiquier est favorable aux opérations militaires: mais l'offensive, qui aurait ainsi l'avantage de se rendre immédiatement maîtresse d'un pays aussi industriel et riche que le bassin de la Ruhr, devrait nécessairement s'emparer de la ligne du Rhin pour en faire sa base d'opérations indispensable; il lui faudrait ensuite aborder de front les régions défensives importantes du Teutoburgerwald, de l'Egge-Gebirge, du Weser, large et marécageux, du Harz et de l'Elbe; actuellement ces deux grandes lignes d'opérations sont commandées à leurs deux extrémités par Cologne et par Magdebourg.

Plus au sud, on trouve les lignes d'opérations du Sieg et de la Lahn; celle-ci, de beaucoup la plus importante, fait suite au débouché de la Moselle, mais elle est absolument sous le canon de Coblentz. Ces lignes aboutissent toutes les deux à Giessen, point stratégique de la plus haute importance qui permet de rayonner en tous sens par voies ferrées: Cologne, Coblentz, Frankfort, Gelnhausen, Fulda, Cassel.

La ligne de la Lahn étant fermée par Coblentz, on pourrait atteindre Giessen par le railway Bonn — Siegburg — Wetzlar; ou par l'échiquier du sud, par Frankfort.

Si Cologne était pris ou bloqué, c'est par Giessen qu'on couvrirait le flanc droit de toutes les opérations dans l'échiquier septentrional de la région germanique, en même temps qu'on masquerait Coblentz.

De Giessen partent deux grandes lignes d'opérations ferrées sur Berlin :

1° L'une, par Cassel — Gottingue — Nordhausen — Halle, traverse l'Elbe au pont de *Roslau* en face de Dessau, loin du canon de Magdebourg et de Wittemberg, autrefois les seuls points de passage de cette région (1). Elle a deux voies de Giessen à Gottingue.

2° L'autre plus au sud, à deux voies, passe à Fulda, Bebra ; Eisenach — Gotha — Leipzig — Dessau ou Wittemberg (entre Giessen et Fulda, il n'y a qu'une voie); cette ligne rencontre la place forte d'Erfurt, déclassée en 1873.

A ces deux railways nous ajouterons les deux routes principales de :

1° Cologne — Olpe — Meschede — Arolsen — Cassel ; de Bonn ou de Dusseldorf on peut atteindre facilement cette route ; elle coupe de nombreuses rivières qui forment de bonnes positions, favorables à la défensive, traverse le Weser à Allendorf où le pays est fortement accidenté et difficile, passe à Heiligenstadt, où l'on trouve le railway Cassel — Halle, qu'on suit de très-près, Nordhausen (pays riche, fertile), gravit les faibles hauteurs du Stolberg, franchit la Saale à Halle, ou plus au nord à Bernbourg, et l'Elbe au pont de Roslau.

2° La route de Bonn — Altenkirchen — Hachenbourg — Herborn — Wetzlar — Giessen — Gruneberg — Fulda où elle se réunit à la grande ligne d'opérations centrale de Paris à Berlin par Eisenach — Gotha — Erfurt — Leipzig — Wittemberg — Berlin; elle est constamment en contact avec le railway Fulda — Bebra — Eisenach — Leipzig.

Outre les nombreuses routes, lignes de communications reliant les lignes d'opérations de l'échiquier que nous venons de parcourir, entre la Lippe et la Lahn, il y a quatre railways qui assurent cette liaison précieuse :

(1) Wittemberg, en amont de Magdebourg, et non le pont de railway de Wittemberg en aval.

1° Hamm — Hagen — Betzdorf — Giessen — Frankfort (à deux voies seulement entre Giessen et Frankfort) ;

2° Paderborn — Cassel — Bebra (à deux voies entre Cassel et Bebra) ;

3° Hanovre — Gottingue (à deux voies) ;

4° Le railway de la Saale et de l'Elbe inférieur (à deux voies).

Toutes ces lignes d'opérations et de communications traversent un pays montagneux, raviné, d'une défense facile ; toutefois depuis cinquante ans il est parfaitement percé de nombreuses routes et railways, aussi est-il partout accessible ; le sol, formé de grès, est très-résistant, ce qui permet de manœuvrer facilement hors des routes.

Tels sont les débouchés stratégiques de l'échiquier nord de la région germanique ; pour atteindre l'Elbe on voit qu'ils sont obligés de traverser tout un bassin secondaire, celui du Weser, ainsi que les deux régions montagneuses qui le limitent à l'ouest et à l'est. Ces lignes d'opérations sont longues, difficiles ; au nord, les difficultés sont grandes en raison des pays montueux de la Hesse septentrionale, du plateau de l'Eichsfeld, entre Gottingue et Nordhausen, de la largeur du Weser et de l'Elbe et de la forteresse de Magdebourg, qui commande cette dernière ligne de défense ; au sud, il faut traverser le *haut plateau de Hesse*, couvert de villages fortifiés, de forêts épaisses ; couper par la droite les vallées profondes de la Fulda et de la Werra, franchir les défilés de Thuringe, en laissant à gauche le Harz menaçant.

Les difficultés sont donc grandes pour opérer dans cet échiquier, le plus pauvre de l'Allemagne, et dont la viabilité est entravée par de nombreuses hauteurs boisées ; aucune armée considérable n'a opéré par cette région. Dans une guerre franco-allemande, le principal obstacle serait évidemment la formidable ligne du Rhin, appuyée sur Coblentz et Cologne, ligne dont il faudrait s'assurer la possession nécessairement avant d'opérer au loin sur la région germanique ; de plus, ainsi que nous l'avons déjà signalé dans les considérations stratégiques sur la région gauloise, cet échiquier serait trop oblique, donc dangereux, relativement à la ligne normale d'opérations Paris — Berlin.

Si autrefois Charlemagne opérait par cet échiquier, c'est que son centre d'action était Aix-la-Chapelle.

Si Turenne l'envahit en 1672, c'est qu'il venait de Hollande et que son premier objectif était de couvrir nos alliés, l'évêque de Munster et l'électeur de Cologne.

Si d'Estrées franchit le Rhin à Wesel en 1757, c'est que son objectif est le Hanovre, et d'ailleurs si Frédéric n'avait eu toute l'Europe sur les bras, au lieu d'acheter l'inaction du duc de Richelieu, il eût facilement coupé ce général de sa base d'opérations.

Aujourd'hui, dans une guerre franco-allemande, la France étant réduite à ses seules forces, c'est-à-dire sans l'alliance belge et hollandaise, cette ligne d'opérations trop excentrique est impraticable, car il faudrait violer la neutralité de la Belgique et de la Hollande, et aborder Cologne rendu formidable, en laissant *derrière soi* Metz et Strasbourg.

En cas d'alliance entre la France, l'Angleterre, la Belgique et la Hollande, nous avons déjà dit qu'en prenant le Zuydersée comme base d'opérations, ainsi que Drusus, on pourrait marcher sur Berlin par la zone maritime de l'Allemagne du Nord ; les deux lignes d'opérations ferrées de cet échiquiers sont :

1° Celle de Haarlingen — Groningue — Oldenbourg — Brême — Hambourg — Berlin, ou Brême — Uelsen — Stendal — Berlin.

2° Celle de Zutphen — Rheine — Osnabrück — Hanovre — Stendal — Berlin.

On tournerait ainsi Magdebourg par le nord et on s'emparerait de tous les fiords, de toutes les rades principales de la mer du Nord.

Cette grande ligne d'ingression en Allemague, malgré la pauvreté du pays, est bonne ; elle est sûre, vu les bases successives qu'on prendrait sur la côte; de plus on tourne toutes les défenses de l'Allemagne ; mais pour exécuter de telles diversions, encore faut-il être assuré de pouvoir contenir l'invasion allemande en face de Metz et de Strasbourg.

L'échiquier méridional de la région germanique est compris entre le Rhin, de Mayence à Huningue, les Alpes de Souabe, la Bohême et le Rhon-Gebirge. C'est un échiquier d'une importance considérable sur la ligne directe de Paris — Berlin.

En partant du Rhin, comme base d'opérations nécessaire, cet échiquier comprend deux grands débouchés stratégiques : le bassin du Danube et celui du Main. Le premier est la ligne d'opérations contre la Bavière et contre l'Autriche ; le second contre l'Allemagne du Nord et contre les deux Allemagnes.

Nous avons déjà signalé la grande valeur offensive du *bassin du Main*, qui permet de couper en deux l'Allemagne et de se retourner contre l'une ou l'autre partie en tournant le plateau de Hesse et la Forêt-Noire. Ce bassin est de plus la voie naturelle de communications entre les deux Allemagnes, et la principale ligne de migrations des peuples du nord-est au sud-ouest.

Pour pénétrer par l'ouest dans ce bassin important, il y a un large débouché, d'un abord facile, couvert d'un réseau de routes et de railways très-complet : c'est la plaine de Darmstadt à Frankfort, plaine couverte par la forteresse de Mayence, qui commande également tout le massif granitique de l'Odenwald. « Il y a entre le Taunus et les croupes de l'Odenwald un vaste espace où s'étendent les plaines de l'embouchure du Main et que traversent les routes qui mènent du Palatinat dans la Franconie et la Hesse ; Mayence couvre ces passages qui donnent accès au cœur de l'Allemagne. » (*Guerre franco-allemande*, par l'état-major allemand.)

Mayence et Coblentz commandent de plus tout le soulèvement volcanique de la Hesse, c'est-à-dire le Taunus et le Vogel-Gebirge.

Il reste un deuxième débouché pour atteindre le bassin du Main (en partant du Rhin): c'est le bassin inférieur du Necker, dont aucune citadelle ne couvre les abords. Ce débouché va de Heidelberg à Carlsruhe : ainsi Mannheim — Heidelberg, Bruchsal et Carlsruhe deviennent, par les routes et railways qui vont sur Wurtzbourg, les têtes de lignes d'invasion favorables pour atteindre le plateau de Franconie ; nous avons déjà vu que le pays compris entre le Necker et Wurtzbourg, le Bauland, était très-praticable. Par cet important débouché on tourne l'Odenwald et Mayence, la Forêt-Noire et Rastadt, et on atteint le cœur même du bassin du Main, Wurtzbourg.

Pour fermer cette dernière porte, les Allemands, depuis 1866, se proposaient de construire un immense quadrilatère qui eût absolument interdit aux armées françaises l'accès du Main, et eût rendu formidable cette partie du Rhin, actuellement encore la plus faible : avec Mayence on devait retrancher

Hanau, Miltenberg, Mannheim ; cette dernière avec une tête de pont à Ludwigshafen ; on voulait encore fortifier Neustadt sur la rive gauche du Rhin, de façon à relier la défense du Hardt à celle du Rhon-Gebirge par l'Odenwald et le Spesshart. Même depuis 1871, il a été question de fortifier Manheim, dont l'importance deviendrait si grande pour les armées françaises victorieuses sur le plateau de Kayserslautern.

Du bassin du Main, véritable objectif de l'invasion en Allemagne, on peut déboucher contre la Bavière, vers le sud, ou contre l'Allemagne du Nord, au nord.

Pour envahir le sud, il y a trois débouchés importants : par le Necker, par la Tauber et l'Altmühl, par la Rednitz et la Naab.

Le premier, par le Necker, est la ligne la plus favorable aux opérations françaises, qui marcheraient ainsi *au plus près* de leur ligne d'opérations ; le troisième, par la Rednitz, est la ligne naturelle d'invasion de l'Allemagne du Nord contre celle du Sud, de la Saxe en Bavière et réciproquement, celle de Gustave-Adolphe contre ce dernier pays. La Naab est une rivière profonde, encaissée ; son bassin est accidenté, sauvage ; les routes y sont rares ; la traversée de cette ligne défensive est plus facile vers les sources de la rivière.

Ces deux débouchés, autrefois les mieux percés, avaient une valeur plus grande que le deuxième, par la Tauber-Altmuhl. Celui-ci était pourvu de routes rares et difficiles sur le revers occidental du Steiger-Wald ; aussi était-il moins suivi.

Toutefois, les débouchés du Necker et de la Rednitz sont trop éloignés l'un de l'autre pour être suivis simultanément par des armées combinées ; c'est ainsi qu'en 1796, Jourdan, obligé d'opérer par la Rednitz, loin de Moreau qui remontait le Necker, fut battu par le prince Charles.

En 1805, Napoléon ne commit pas la même faute, il rapprocha ses lignes d'invasion, en suivant la vallée du Necker et celle de l'Altmühl.

Ce débouché de l'Altmühl a acquis une importance très-grande, grâce aux routes nouvelles et surtout aux deux railways qui le suivent : celui de Wurtzbourg — Ingolstadt sur Munich, et celui de Wertheim — Nordlingen sur Augsbourg.

Le bassin de la Tauber est aujourd'hui d'un accès facile ; on l'atteint immédiatement par le bassin inférieur du Necker, ainsi que nous l'avons dit ci-dessus, par les plateaux légèrement ondulés du Bauland. Cette région est devenue si favorable aux opérations militaires que les Allemands l'appellent la *trouée du Danube ;* elle est située entre le Main, le Necker et l'Altmühl. Le bassin de cette dernière rivière, affluent du Danube, forme le débouché le plus ouvert, le plus avantageux sur la rive gauche du Danube ; il aborde directement cette large et belle plaine de Nordlingen qu'on appelle le *Ries*, où d'ailleurs convergent les deux autres débouchés, et théâtre de tant de luttes. La partie du Danube comprise entre Donauverth et Ratisbonne est la plus accessible, tandis qu'en amont de Donauverth, par le débouché du Necker, on rencontre les positions défensives, mais, il est vrai, dangereuses, du Rauhe-Alp.

L'état-major prussien considérait cette trouée du Danube comme le champ de bataille le plus certain entre l'armée allemande et une armée française qui aurait franchi le Rhin; aussi bien a-t-il été question maintes fois de créer un camp retranché vers les sources de la Tauber.

En raison de l'importance du débouché du Necker, les Allemands ont développé les fortifications d'Ulm, dont la force et la position stratégiques sont considérables, et contre le débouché de l'Altmühl, ils ont décrété la création d'un camp retranché autour d'Ingolstadt (trois grands forts détachés); il importait surtout à l'Allemagne du Nord, qui, par cette création, cédait enfin aux prières de la Bavière, de laisser non fortifiée la ville de Ratisbonne, car cette ville est la clef de la Bavière contre l'invasion qui débouche de la Saxe ; ainsi l'affirmait Tilly à Maximilien, au moment d'expirer à Ingolstadt, après sa défaite sur le Lech.

Les ponts fixes sont nombreux sur le Danube entre les sources du fleuve et Ratisbonne et les passages généralement favorables de la rive gauche à la rive droite.

Pour marcher du Main contre l'Allemagne du Nord, il y a également trois débouchés stratégiques : celui de la Fulda, celui de la Werra et celui de la Saale saxonne, tous les trois suivis par un railway, mais éloignés les uns des autres et sans communications faciles entre eux, donc dangereux s'il y avait nécessité de les faire parcourir simultanément par diverses colonnes.

Le premier de ces débouchés est la ligne directe de Mayence

à Berlin, c'est la grande ligne de Fulda — Eisenach — Erfurt — Naumburg — Leipzig, ligne d'opérations de 1813. Elle traverse un pays difficile, le *haut plateau de Hesse*, rencontre la ligne de la Werra qu'elle coupe trois fois, et se heurte à la citadelle d'Erfurt, aujourd'hui déclassée. « Cette ligne d'opérations traverse, sur une étendue de 210 kilomètres environ, un pays relativement pauvre, en partie montueux et d'une viabilité restreinte, utilisable sans doute pour une armée divisée en plusieurs colonnes, mais très-difficilement propre à lui servir de théâtre d'opérations. » (VON HANNEKEN.) Mayence commande cette ligne ; avant de la suivre, il faudrait au moins bloquer ce camp retranché.

Le débouché de la Werra incline trop à l'ouest, et se greffe au précédent par son railway à Eisenach ; tandis que par ses voies de terre, il traverse les défilés les plus difficiles de la Thuringe ; c'est Memmingen sur la Werra qui est le débouché principal de ces défilés, ce qui lui donne une grande importance. Pour atteindre Memmingen, la ligne de la Saale franconienne devient très-favorable, par la création d'une ligne ferrée de Schweinfurt à Memmingen, ligne qui est concédée. Le troisième débouché atteint le cœur de la Saxe, vers Leipzig; aussitôt après la traversée du Frankenwald, on arrive ainsi dans un pays riche et couvert de nombreuses voies ferrées.

C'est en face du deuxième débouché et des défilés de la Thuringe que l'armée prussienne se déploya pour arrêter Napoléon en 1806 ; mais celui-ci déboucha très-hardiment par la troisième ligne, par la Saale saxonne, et déborda aussitôt l'ennemi.

Dans la situation présente, pour défendre l'accès de l'Allemagne du Nord, les Allemands considèrent la région montagneuse du Rhon-Gebirge et de la Thuringe, aujourd'hui mieux percée, comme un véritable rempart, derrière lequel ils pourront manœuvrer contre l'ennemi qui sera maître du Main, grâce à la ligne ferrée de Cassel — Bebra — Gotha — Erfurt — Gera — Hof, qui leur servirait de base défensive, comme elle servit de base à l'offensive de Falkenstein en 1866.

Il ne faut pas oublier que c'est grâce au prestige d'Arcole et d'Austerlitz que Napoléon franchit le Frankenwald sans crainte d'engager sa ligne de retraite, couverte au loin vers Mayence par le corps de Mortier et vers Bamberg par Jérôme, lequel commandait les contingents de l'Allemagne du Sud, notre alliée, et qu'à moins d'un tel prestige et de telles alliances, une armée française arrivée à Wurtzbourg ne saurait prudemment s'avancer plus à l'est, si l'armée allemande forte et bien commandée est concentrée en avant de la base défensive Bebra — Eisenach — Gotha — Erfurt, en arrière du Rhon-Gebirge, que les Allemands nomment « les Thermopyles de l'Allemagne du Nord. » Nous croyons que, dans ce cas, il conviendrait d'attaquer le Rhon-Gebirge par la Fulda, la Saale franconienne et la Werra, en accentuant l'attaque vers l'une des deux ailes, mais sans découvrir sa ligne d'opérations, ni diviser ses forces.

Pour la défensive allemande, contre une armée qui débouche au nord de la Franconie ou d'Eisenach, il y a trois lignes de retraite à suivre : celle d'Erfurt sur Magdebourg, celle de Wittemberg sur Berlin, celle de Dresde.

La première, dit Fervel, conduit vers une région pauvre, adossée au Danemark ; ce fut celle suivie par l'armée prussienne en 1806 ; elle y fut contrainte après Auerstaedt, où elle ne put parvenir à enlever la route de Berlin ; une telle ligne fut cause de son complet anéantissement.

La deuxième ligne conduit directement sur la capitale ; les Prussiens l'abandonneront difficilement, car Berlin n'est pas fortifié ; d'ailleurs il est probable qu'ils chercheraient à disputer le passage de l'Elbe, qui est une excellente ligne défensive, sa rive droite étant généralement dominante dans la région Torgau — Magdebourg.

La troisième ligne de retraite conduit en Saxe, puis en Silésie ; ce serait une retraite latérale ; Decker et d'autres écrivains militaires allemands la préfèrent aux deux autres. En la suivant, la défense entraîne l'invasion vers la Silésie en s'appuyant à la Bohême, se reliant ainsi à l'Autriche, et à la Russie, ce qui lui permet de négocier avec ces puissances, et de recevoir leur secours en cas d'alliance.

Le deuxième débouché stratégique de l'échiquier méridional de la région germanique est le bassin du Danube. Dans une guerre de la France contre la Bavière ou contre l'Autriche, il s'agit, dit le prince Charles, d'enlever le haut bassin du Danube, qui est véritablement « la pomme de discorde » qu'il faut conquérir à tout prix.

En venant du Rhin, il y a trois lignes d'opérations qui permettent d'atteindre cet objectif :

1° A travers les défilés de la Forêt-Noire;

2° Par les Alpes de Constance ;

3° Par le bassin du Necker.

Nous avons déjà signalé les grandes difficultés que rencontrerait une armée qui voudrait franchir la Forêt-Noire ; c'est une opération dangereuse qui coûta beaucoup de sang à Villars; Moreau, qui suivit ces défilés en battant en retraite, profitait ainsi de ces difficultés pour couvrir sa marche et contenir Latour. La Forêt-Noire n'a de valeur militaire que de Lœrrach à la Murg ; dans cette partie les trains d'une grande armée éprouveraient de réelles difficultés ; mais l'infanterie peut y gravir toutes les pentes. « Le dos supérieur est large et permet le déploiement de forces même considérables, conditions d'autant plus importantes au point de vue militaire que les vallées sont profondes, encaissées, et que les communications se font par elles; donc le terrain supérieur est la seule région dans laquelle on puisse attendre les colonnes assaillantes après leur avoir disputé les gorges des vallées et les attaquer pendant qu'elles débouchent séparément. » (Sironi.)

Malgré le grand nombre de routes traversant la Forêt-Noire, ces routes, isolées entre elles, présentent encore un danger très-grand, vu cet isolement.

Cependant, depuis 1820, les Allemands, considérant l'Allemagne du Sud comme ouverte à l'invasion française parce que la France possédait la rive gauche du Rhin de Huningue à Lauterbourg, se préoccupèrent de se mettre à l'abri ; ils étendirent les fortifications d'Ulm, afin de couvrir le déploiement des armées du sud derrière la Forêt-Noire. On sacrifiait le pays de Bade, qu'on considérait comme le *glacis* de l'Allemagne ; toutefois, grâce aux réclamations de ce pays, on se décida à fortifier un point pour appuyer sa défense ; mais ne pouvant construire une citadelle devant Strasbourg, de par les traités de 1815, le 26 mars 1841, ils décrétèrent la création de la forteresse de Rastadt ; cette citadelle n'étant pas un camp retranché ne couvre guère que le débouché de la Murg et la plaine du Rhin. Les autres défilés de la Forêt-Noire sont ouverts, malgré les débris des mauvais forts d'Alexandre, de Kniebis et de Rossbuhl.

Une armée chargée de défendre ces défilés massera ses réserves à Danaueschingen et Villingen, dans le bassin du Danube, à Rottweil et Freudenstadt, dans celui du Necker.

Les difficultés pour franchir la Forêt-Noire sont telles qu'à toutes les époques on a cherché à tourner ces difficultés, par l'une des deux autres lignes d'opérations.

Nous avons déjà signalé les obstacles que rencontreront les opérations d'une armée pour tourner la Forêt-Noire par le sud, par les Alpes de Constance, surtout en raison de la neutralité suisse ; car une telle opération, pour être exécutée vivement, et pour obtenir des résultats prompts, devrait franchir le Rhin vers Schaffouse, ainsi que Bonaparte le conseillait à Moreau en 1800. La neutralité de la rive gauche du Rhin nous obligerait à suivre la rive droite, sans le secours d'un chemin de fer pour nous relier à notre base d'opérations. Quelle que soit la vigueur de l'offensive, l'ennemi concentré vers Villingen, Engen, avec des voies ferrées à sa disposition, ne pourra jamais qu'être abordé de front et sur un front très-étroit, du lac de Constance au Danube, c'est-à-dire très-favorablement à la défensive. Malgré les trois jours d'hésitation de Kray en 1800, et le passage du Rhin à Schaffouse par le corps de Lecourbe, Moreau rencontra ces graves difficultés ; on risque de plus d'accepter la bataille décisive, le dos au Rhin, c'est-à-dire dans des conditions extrêmement dangereuses.

La ligne d'opérations la plus favorable pour aborder le Danube, pour tourner la Forêt-Noire, est le bassin du Necker; les routes et les chemins de fer y sont nombreux ; le pays est riche, bien peuplé ; les lignes défensives peu favorables, sinon sur le Rauhe-Alp, dont les vallées sont profondes, abruptes, et les plateaux supérieurs boueux. Mais cette région défensive, favorable à occuper face au sud, est dangereuse à défendre face au nord, vu la proximité du Danube. Le prince Charles ne se pardonna jamais la faute qu'il commit en attaquant Moreau à Néresheim en 1796, le dos à ce fleuve.

Le bassin du Necker a de plus l'avantage précieux d'être placé au centre de l'Allemagne, entre les deux grands débouchés stratégiques, le Main et le Danube ; on sait l'admirable profit que Napoléon sut en tirer en 1805.

En raison du camp retranché de Mayence, au nord, il est la porte obligée du bassin du Main, et en raison de la neutralité de la Suisse, au sud, il ouvre presque seul le bassin du Danube.

Pour les armées françaises, maîtresses de la rive gauche du Rhin, base nécessaire, il suffirait de bloquer Rastadt et de s'élancer sur Stuttgardt pour de là opérer sur l'objectif à atteindre.

Nous avons dit que dans la situation du mois de juillet 1870, il n'était pas prudent que les armées françaises franchissent le Rhin pour porter la guerre en Allemagne ; toutefois, pour rallier l'Allemagne du Sud, l'état-major prussien avait laissé se développer de plus en plus la crainte d'invasion qui pesait sur toute cette partie de l'Allemagne ; des conférences avaient été provoquées depuis 1867 à Berlin, afin de s'entendre sur le plan de défense de toute l'Allemagne contre l'attaque de la France, dont les prétentions, disait-on, s'accentuaient de plus en plus (affaire du Luxembourg, mai 1867). Il fut établi que la division des deux armées pourrait devenir fatale ; que l'Allemagne du Nord ne pourrait secourir à temps l'Allemagne du Sud ; que celle-ci se ferait battre en détail, si elle tentait de défendre son territoire ; qu'il convenait par conséquent de concentrer toutes les forces allemandes vers le Main. Ce plan ayant été adopté, il ne s'agissait plus pour la Prusse que de *se faire attaquer* par la France, car cette alliance était essentiellement défensive.

Depuis 1871, tous les débouchés de la Forêt-Noire sont commandés par Rastadt, Strasbourg et Brisach.

Telles sont les propriétés stratégiques de la région germanique du Rhin.

Malgré ses victoires dernières et sa position exceptionnellement forte dans la région gauloise, l'Allemagne se préoccupe beaucoup d'organiser rapidement et très-solidement le système défensif de la région germanique, en prévision d'une invasion française, « car, dit M. de Moltke, l'Allemagne peut avoir à faire face de deux côtés à la fois. »

Le réseau stratégique ferré est perfectionné avec soin : des centres de ravitaillement, des grandes gares militaires, sont créés et le matériel roulant des chemins de fer augmenté ; de plus, on fortifie les principaux nœuds de chemins de fer, notamment au passage des fleuves, afin non-seulement de protéger ces lignes contre les partisans ennemis, mais encore pour appuyer au besoin l'aile d'une armée, au jour du combat.

Si l'on ajoute à tous ces éléments défensifs l'organisation du landsturm qui renforcera de plus de 500,000 hommes l'armée active, on voit sur quel redoutable système défensif l'empire allemand peut compter pour donner libre carrière à son ambition, déguisée derrière la menace de la *revanche* de la France.

CHAPITRE XV

DIVISIONS POLITIQUES DE LA RÉGION GERMANIQUE.

Nous avons déjà dit que toute la partie de la région gauloise qui n'est pas à la France, à la Belgique et à la Hollande, appartient à l'empire allemand, lequel possède, de plus, toute la région germanique et une partie de la région supérieure du Rhin.

Si nous ne considérons que les grands États de cette confédération, nous avons d'abord :

1° Le *royaume de Prusse*, dont nous connaissons les frontières occidentales vers la Hollande, la Belgique et la France, du golfe de Dollart jusque près de Longwy ; à partir de ce point c'est la province de l'*Alsace-Lorraine* avec la nouvelle frontière de la France au sud-ouest, et l'ancienne frontière française à l'est et au nord ; cette province a pour chef immédiat le roi de Prusse. De Sarreguemines, la frontière prussienne suit à peu près la crête des hauteurs de la rive droite de la Nahe et aboutit à Bingen (Hesse). Tout le pays prussien au nord de l'Alsace-Lorraine jusqu'en Hollande continue la province de *Prusse rhénane* dont le chef-lieu est Cologne, et qui forme le 8e corps d'armée allemand, dont le quartier général est à Coblentz. Le 8e corps compte deux divisions, la 15e dont le quartier général est à Cologne, la 16e, à Trèves. Cette province s'étend jusque sur la rive droite du Rhin, comprenant les districts de Betzdorf, d'Elberfeld et d'Essen.

Au nord-est de cette province, c'est celle de *Westphalie* dont le chef-lieu est Munster, quartier général du 7e corps d'armée, qui comprend la 13e division (Munster) et la 14e (Dusseldorf).

Après Bingen, la frontière prussienne remonte le Rhin et le Main, laissant à la Hesse une zone de quelques kilomètres autour de Kastel (Mayence), prenant Frankfort, Hanau, et suit la crête du Spesshart et du Hohe-Rhon, etc. La région au nord de cette frontière forme la *province de Hesse ;* elle comprend le duché de Nassau et l'électorat de Hesse-Cassel, conquis par la Prusse en 1866; le chef-lieu est Frankfort. Cassel est le quartier général du 11e corps d'armée allemand, dont les divisions sont la 21e (Frankfort), la 22e (Cassel). Au centre de la province prussienne de Hesse, est enclavée la *Hesse supérieure* qui appartient au grand-duc de Hesse-Darmstadt.

Au nord-est de la province de Hesse et du duché de Brunswick, il y a la province de *Hanovre*, chef-lieu Hanovre, conquis par les Prussiens en 1866, et qui forme le 10e corps allemand avec les 19e et 20e divisions.

Au sud de la province prussienne de Hesse et du Rhon-Gebirge on trouve les États de l'Allemagne du Sud, qui sont :

1° Le *grand-duché de Hesse-Darmstadt*; il comprend deux parties tout à fait séparées : 1° la *Hesse supérieure*, formant enclave ainsi que nous venons de le voir ; son chef-lieu est Giessen ; cette province étant au nord du Main fait partie de la Confédération du Nord ; 2° la province du Sud, au sud du Main, la plus belle et la plus riche; elle forme deux régions administratives : le *Starkenburg*, sur la rive droite du Rhin, la plus grande, et la *Hesse rhénane* sur la rive gauche.

La population des deux provinces réunies est de 818,000 habitants ; on y trouve 40,000 chevaux, 250,000 bêtes à cornes, 230,000 moutons, 15,000 porcs, 15,000 chèvres. — La monarchie y est constitutionnelle avec deux chambres.

Le duché de Hesse compte :

4 régiments d'infanterie.
1 bataillon de chasseurs.
2 régiments de cavalerie.
1 corps d'artillerie à 6 batteries de campagne.

Cette force constitue la division hessoise. Le grand-duc ne voulant pas diviser son armée en deux (une province faisant partie de la Confédération du Nord) a préféré mettre toutes ses troupes réunies sous le commandement du chef du 11e corps prussien, lequel comprend ainsi 3 divisions.

2° Le *grand-duché de Bade* a pour limites le Rhin depuis le lac de Constance, avec la ville de Constance (excepté le canton de Schaffouse, et une zone autour de Petit-Bâle) jusqu'au nord de Mannheim ; de ce point la frontière va prendre Wertheim sur le Main, puis revient à l'ouest, coupe le Necker vers Wimpfen (enclave hessoise), laisse à Bade, Pforzheim, Villingen, Donaueschingen, Engen et Stokach.

Le duché de Bade a 1,400,000 habitants, 75,000 chevaux, en général impropres à la cavalerie, 500,000 bêtes à cornes, 200,000 moutons, 40,000 porcs, 30,000 chèvres.

Administrativement, il comprend onze districts ; sa monarchie est constitutionnelle, avec deux chambres, dont l'une formée de membres héréditaires et de membres élus, l'autre élective ; les députés sont nommés par l'élection à deux degrés.

Les forces militaires badoises comprennent :

5 régiments d'infanterie.
1 régiment de fusiliers.
1 bataillon de chasseurs.
3 régiments de dragons.
1 régiment d'artillerie de campagne.
1 bataillon d'artillerie de forteresse.

Ces forces, avec quelques régiments prussiens, forment le 14e corps d'armée allemand.

3° Le *royaume de Wurtemberg* est enclavé entre le grand-duché de Bade et la Bavière ; du côté de la Bavière, la frontière laisse au Wurtemberg Marienthal, Crailsheim, Neresheim, Ulm, Frédenckshafen sur le lac de Constance ; au sud, l'enclave prussienne de Hohenzollern (les deux principautés).

Le Wurtemberg compte 1,800,000 habitants, 100,000 chevaux, 900,000 bêtes à cornes, 550,000 moutons, 210,000 porcs, 25,000 chèvres.

Administrativement, ce royaume est divisé en 4 cercles : Necker, Schwartzwold, Danube, Jaxt. La monarchie est constitutionnelle avec deux chambres : la première chambre comprend les 2/3 des membres héréditaires, l'autre tiers nommé à vie par le roi ; la deuxième chambre est nommée par les propriétaires.

L'armée wurtembergeoise compte :

8 régiments d'infanterie.
3 bataillons de chasseurs.
4 régiments de cavalerie.
1 régiment d'artillerie.

Elle constitue le 13e corps d'armée allemand.

4° Le *royaume de Bavière* est limité à l'ouest, à partir du lac de Constance, par le Wurtemberg qui lui laisse Memmingen et Nordlingen ; par le duché de Bade et le duché de Hesse-Darmstadt ; au nord c'est presque la ceinture droite du Main qui lui sert de frontière, excepté Cobourg qui est au duché de Saxe-Cobourg-Gotha. Toutefois la frontière s'étend vers la Saale saxonne où elle prend le territoire de Hof, puis suit les montagnes de Bohême de façon à couper le Danube en aval de Passau. Cette frontière austro-bavaroise va passer au pied des montagnes du Tyrol (Autriche) et finit au lac de Constance.

La Bavière a 4,800,000 habitants, 380,000 chevaux, 2 millions de bêtes à cornes, 1,500,000 moutons, 2 millions de porcs.

Elle se divise administrativement en 8 cercles. Son gouvernement est constitutionnel, avec deux chambres, dont l'une presque entièrement composée de membres héréditaires, les autres étant nommés à vie ; la deuxième chambre est élue par la nation, surtout par la bourgeoisie.

L'armée bavaroise se compose de deux corps d'armée qui n'ont pas encore pris de numéro dans la série des corps d'armée allemands. Ces deux corps comprennent :

16 régiments d'infanterie.
8 bataillons de chasseurs (un par brigade).
10 régiments de cavalerie.
4 régiments d'artillerie.
1 régiment du génie.

— Après la campagne de 1866 et par le traité de Prague, nous avons déjà dit que la Prusse s'annexa :

1° La Hesse électorale, le duché de Nassau, quelques enclaves hessoises et bavaroises.

2° Le Hanovre.

3° Le Schleswig-Holstein, resté à peu près indivis entre la Prusse et l'Autriche depuis 1864.

De plus elle organisa la Confédération de l'Allemagne du Nord qui comprenait les États suivants :

1. Le royaume de Prusse avec le duché de Lauenburg.
2. Le royaume de Saxe.
3. Le grand-duché de Mecklembourg-Schwérin.

4. Le grand-duché de Mecklembourg-Strélitz.
5. Le duché de Saxe-Weimar.
6. Le grand-duché d'Oldenbourg.
7. Le duché de Brunswick.
8. Le duché de Saxe-Meiningen.
9. Le duché de Saxe-Cobourg-Gotha.
10. Le duché de Saxe-Altenburg.
11. Le duché d'Anhalt-Dessau.
12. La principauté de Schwarzburg-Rudolstadt.
13. La principauté de Schwarzburg-Soudershausen.
14. La principauté de Waldeck.
15. La principauté de Reuss (branche aînée).
16. La principauté de Reuss (branche cadette).
17. La principauté de Schaumburg-Lippe.
18. La ville libre de Hambourg.
19. La ville libre de Lubeck.
20. La ville libre de Brême.
21. La Hesse supérieure.

Cette confédération était constituée par un pacte passé entre tous les souverains des États ci-dessus, pour la défense du territoire confédéré et des droits de la confédération.

Le *Bundesrath* (où la Prusse avait 17 voix sur 43, et la présidence de droit) était le conseil fédéral restreint, et le *Reichstag* formait une assemblée générale ; ces deux chambres faisaient les lois fédérales qui étaient exécutoires avant celles qui régissaient chaque territoire.

Il n'y avait qu'un seul droit commun pour tout habitant du sol confédéré, c'est-à-dire qu'un Allemand quelconque, appartenant à l'un des États de la confédération, jouissait partout des mêmes droits que dans son propre pays et pouvait aspirer à tous les emplois. Le service militaire était obligatoire. L'armée fédérale était une, sous les ordres du roi de Prusse ,en temps de paix comme en temps de guerre. Il nommait les officiers et les généraux.

Un instant la Bavière essaya d'organiser une Confédération du Sud, mais ne put y parvenir. Bade, qui était plus prussien que le roi de Prusse, demandait à faire partie de la Confédération du Nord, et toute la politique de M. de Bismarck, malgré ses objections simulées, tendait à cette unité générale de l'Allemagne. Après les grandes victoires allemandes des mois d'août et septembre 1870, le moment était venu d'atteindre ce beau résultat : aussi, à la suite de négociations savamment dirigées, dès le mois de décembre 1870, la Confédération allemande du Nord devenait *Confédération allemande*, avec un pacte analogue, qui liait tous les États allemands au faisceau prussien. Le 18 janvier 1871, quand le succès des armées allemandes fut parfaitement assuré, le roi de Prusse, narguant toutes les gloires de la France, inscrites si brillamment dans les galeries du château de Versailles, rassembla dans ce palais les princes allemands, ses nouveaux vassaux, et plaça sur sa tête la couronne de Charlemagne. L'empire allemand était créé, l'unité de l'Allemagne était un fait accompli. Enfin le 10 mars 1871, par le traité de Frankfort, l'empereur d'Allemagne obtenait pour sa maison royale la province d'Alsace et Lorraine.

C'était 40 millions de sujets groupés au cœur de l'Europe, entre les mains d'une puissance essentiellement militaire, ambitieuse, jalouse, astucieuse, orgueilleuse et pauvre ; c'est plus qu'il n'en faut pour assurer à l'Europe cette ère de guerres promise au Reichstag allemand par le chef d'état-major de l'armée allemande.

Le 16 avril 1871, la constitution de l'empire allemand était promulguée : le roi Guillaume Ier de Prusse acceptait la dignité héréditaire de cet empire. La confédération des États, formant l'empire, était investie d'un pouvoir impérial souverain, dont l'exercice était conféré à la couronne de Prusse et respectivement au conseil fédéral composé des représentants des États confédérés de l'empire.

D'après cette constitution, dit l'*Almanach de Gotha*, le pouvoir impérial est astreint, dans l'exercice de certaines fonctions, à l'assentiment du Reichstag, composé de représentants librement élus par le peuple allemand ; le Reichstag possède, à certains égards, un droit de contrôle.

Le pouvoir impérial exerce exclusivement le droit de législation sur les affaires militaires et la marine militaire, sur les finances de l'empire, sur le commerce allemand, sur les postes, télégraphes et chemins de fer, autant qu'ils sont jugés nécessaires dans la défense du pays ; sur les modifications et les développements successifs de la constitution de l'empire. Cependant ne sont pas soumises exclusivement à la législation de l'empire, mais à celle exercée en commun par l'empire et les divers États fédéraux, les lois impériales primant celles de chaque État : les dispositions relatives au droit de changer de résidence, au domicile et au droit d'établissement, au droit de citoyen, etc.

Le pouvoir exécutif ou le gouvernement de l'empire a dans ses attributions : 1° les affaires intérieures, en tant que le gouvernement exerce le droit de surveillance et d'inspection, et à certains égards, le droit même de statuer et d'ordonner ; 2° les affaires étrangeres, en tant que l'empereur a le droit de représenter l'empire dans les relations internationales, de déclarer la guerre et de conclure la paix au nom de l'empire, de conclure des alliances et d'autres traités avec d'autres États étrangers, d'accréditer et de recevoir des envoyés diplomatiques. Enfin le pouvoir impérial exerce la juridiction suprême en cas de contestations entre les États fédéraux, en cas de délits commis par des consuls, dans l'exercice de leurs fonctions, en cas de haute trahison et de trahison envers la patrie, etc.

Quant à l'organisation militaire, la constitution déclare :

Que les forces militaires de l'empire forment une seule et même armée, soumise en temps de paix et de guerre aux ordres de l'empereur, auquel toutes les troupes doivent obéissance et serment.

Que les lois et règlements militaires prussiens, ainsi que diverses décisions ultérieures, doivent être appliqués dans tout l'empire.

Que l'empereur a droit d'inspection dans toute l'armée allemande, afin de s'assurer si l'instruction, l'armement, l'organisation, l'aptitude des officiers ne laissent rien à désirer ; il peut fixer les effectifs, les formations tactiques, la répartition du contingent, l'organisation de la landwehr, les lieux de garnison des troupes, leurs emplacements en cas de guerre, la construction des places fortes sur le territoire de l'empire. Il a le droit de nommer les généraux en chef de corps d'armée ; la nomination de chaque chef d'armée particulière est soumise à sa sanction ; enfin il peut placer des officiers prussiens ou autres dans tel ou tel régiment de l'armée allemande. Les régiments doivent être numérotés suivant une seule série ; l'uniforme prussien est adopté, quelques faibles insignes (cocardes, etc.) pourront distinguer les troupes des divers États.

Le service obligatoire est imposé sur tout le territoire de l'empire.

La durée du service est de 7 années (de 20 à 27 ans), dont 3 années sous les drapeaux et 4 dans la réserve ; on a de plus 5 ans à faire dans la landwehr.

Enfin, pour la défense du territoire, tous les hommes de 17 à 42 ans qui, en temps de guerre, ne sont pas déjà sous les armes, composent le *landsturm*, et pourront servir dans la landwehr, c'est-à-dire dans l'armée active.

Des conventions particulières conclues avec la Saxe, le Wurtemberg, le grand-duché de Bade, celui de Hesse, celui de Mecklembourg, et surtout avec la Bavière, modifiaient, en faveur de leur autonomie militaire, quelques-uns des articles de la constitution.

Toutefois, depuis 1871, ces conventions tendent de plus en plus à disparaître ; l'unification de toute l'armée allemande est un fait presque accompli, et si le roi de Wurtemberg et celui de Saxe nomment encore leurs officiers, c'est toujours en se conformant aux règlements prussiens. La Hesse a abandonné ce privilége ; ses officiers sont inscrits sur les contrôles de l'armée prussienne, et sont nommés à leur tour d'ancienneté concurremment avec les officiers prussiens.

La Bavière avait obtenu une véritable autonomie pour son armée ; l'empereur n'avait que le droit d'inspection et le commandement en cas de guerre. Conformément aux conventions de Versailles, qui l'invitaient à se rapprocher de l'organisation prussienne, le 14 février 1872, le roi de Bavière promulgua une organisation nouvelle, complétement identique au système prussien, en fixant également un même nombre d'années de service que dans le reste de l'armée allemande. Cependant les règlements d'exercices ne sont pas les mêmes, l'armement est différent, l'avancement des officiers subalternes se fait sur toute l'armée, contrairement aux règlements prussiens, qui le maintiennent par régiment, dans l'intérêt de l'esprit de corps ; les couleurs de l'ancien uniforme sont conservées, ainsi que le casque à chenille. Enfin, ce qui maintient surtout l'armée bavaroise, c'est qu'il n'y a aucun mélange, aucun contact entre cette armée et celle du reste de l'empire, l'empereur ne pouvant, comme dans tous les autres corps allemands, envoyer des officiers prussiens pour y faire pénétrer la méthode prussienne, et réciproquement envoyer des officiers bavarois dans les régiments ou dans les écoles militaires de la Prusse.

Ce restant de particularisme fait le désespoir du chauvinisme prussien.

Malgré ce défaut d'uniformité absolue, qui n'est, à notre avis, que temporaire, on peut affirmer que, grâce à l'énergie du cadre prussien, l'armée allemande a une homogénéité déjà puissante, et qui tend à se développer de plus en plus.

Cette armée, y compris les armées du sud, compte :

148 régiments d'infanterie (le régiment est à 3 bataillons de 4 compagnies de 250 hommes, sur pied de guerre); au commencement des hostilités, chaque régiment organise un 4e bataillon de remplacement, qui a pour objet de combler les vides des 3 bataillons de campagne.

26 bataillons de chasseurs, à 4 compagnies: chaque bataillon forme une compagnie de remplacement, en temps de guerre.

93 régiments de cavalerie, à 5 escadrons, dont un de dépôt en temps de guerre.

36 régiments d'artillerie de campagne; soit : 296 batteries, dont 46 à cheval, ou 1776 pièces attelées; en 1870, chaque régiment forma pendant la guerre 6 batteries nouvelles, à titre de remplacement, ce qui donnerait 108 batteries de plus, en tout 2424 pièces attelées!

11 régiments d'artillerie de forteresse à 7 bataillons.

1 régiment du génie.

18 bataillons de pionniers.

18 bataillons du train.

1 bataillon de chemin de fer.

L'infanterie allemande, moins les troupes bavaroises, a le fusil *Mauser*, modèle 1871, à cartouche métallique. La Bavière a le *Verder*.

La nouvelle artillerie de campagne comprend deux calibres : la pièce de 0m,088 des batteries montées, et celle de 0m,0785 des batteries à cheval. Ces deux pièces ont une portée maximum de 8,000 mètres; mais en raison des graves détériorations de l'affût (en acier) dans le tir à une telle distance, les tables de tir ne sont établies que jusqu'à 6,000 mètres.

Le recrutement de l'armée allemande est exclusivement *régional*, excepté pour le corps de la garde. Le territoire de l'empire est divisé en 17 circonscriptions d'armée, fournissant chacune *un corps d'armée*, c'est-à-dire deux divisions d'infanterie, une brigade de cavalerie, deux régiments d'artillerie (un de corps d'armée à neuf batteries, dont trois à cheval, l'autre divisionnaire à huit batteries), un bataillon de pionniers, un bataillon du train. Les bataillons de chasseurs ne sont pas recrutés ni distribués également par *division ;* certains corps d'armée en ont un seul, d'autres deux, la Bavière en a dix.

L'armée allemande comprend donc 18 corps d'armée, plus la division hessoise.

La garde et les onze premiers corps sont prussiens; au onzième on a joint la division hessoise, ce corps a donc trois divisions.

Le 12e corps est formé par l'armée saxonne.

Le 13e corps par celle du Wurtemberg.

Le 14e corps par les troupes badoises, plus deux régiments d'infanterie prussienne et un de cavalerie.

Le 15e est le corps d'Alsace et Lorraine ; il est formé par les autres corps, excepté la garde, par un régiment de Saxe et de Wurtemberg, etc. Les Alsaciens et les Lorrains sont répartis dans tous les corps prussiens.

Les 16e et 17e numéros sont ceux destinés aux deux corps bavarois, qui se dénomment encore 1er et 2e corps bavarois.

Le contingent annuel est d'environ 130,000 hommes.

Sur le pied de paix, l'effectif de l'armée allemande est de 380 à 400,000 hommes ; en temps de guerre, cet effectif atteint l'énorme chiffre de 1,500,000 hommes, non compris plus de 500,000 hommes que pourra fournir le landsturm, qu'on organise très-sérieusement (on en forme 264 bataillons (autant que de landwehr), dans lesquels une partie seulement du landsturm sera incorporé).

L'effectif de l'armée allemande peut ainsi se décomposer :

400,000	hommes de l'armée permanente.
120,000	hommes non instruits de la réserve de recrutement.
476,000	hommes instruits de la réserve de l'armée permanente.
530,000	hommes de landwehr.
1,530,000	hommes de l'armée active.
500,000	hommes instruits du landsturm.
2,000,000	de soldats ! (C'est le chiffre minimum.)

Telle est l'arme formidable de l'empire allemand, dont la situation géographique est d'ailleurs très-favorable pour diviser une coalition européenne hésitante. L'Europe inquiète, ne sachant de quel côté cette arme se tournera, organise pour la lutte toute sa population mâle de 18 à 40 ans. Elle comprend que la situation actuelle est anormale, que son indépendance matérielle est menacée, que l'équilibre est rompu. En effet, la région rhénane passant sous la domination d'une grande puissance germaine ou gauloise, brise tout l'équilibre européen. — Cette région, si remarquable par sa grandeur et sa richesse, semble, par son admirable position géographique, avoir été créée par la nature pour servir de barrière entre l'Europe centrale et l'Europe occidentale; et l'histoire, depuis les Romains jusqu'à Napoléon, nous enseigne qu'elle ne peut appartenir à une grande nation voisine sans que l'indépendance de l'Europe ne soit atteinte.

« Quand Rome, ne se contentant plus de l'empire de la Méditerranée, aspira résolument à celui du monde, elle prit le Rhin, et quand elle le perdit, elle commença à décliner. » (Robert d'Orléans.)

« Le Rhin est pour l'Europe, comme l'Euphrate pour l'Asie, le Nil pour l'Afrique, le plus célèbre, le plus beau des fleuves; c'est le fleuve européen par excellence;... il semble que la domination ou au moins la prépondérance en Europe soit attachée à la possession de ce grand fleuve. » (Zeller.)

Les deux versants de cette région ne peuvent donc être soumis à une grande puissance germaine ou gauloise sans atteindre les bases mêmes de l'équilibre européen ; l'Europe, soucieuse de maintenir cet équilibre nécessaire à son repos et à sa sécurité, imposera-t-elle un jour comme limites aux deux nationalités germaine et gauloise *ce fleuve qui sépare deux mondes*, suivant l'expression de Salvien ?

L'indépendance matérielle de l'Europe n'est pas seule compromise ; son esprit, sa grandeur morale, sa civilisation seront également atteints. Déjà l'Allemand C. Franck écrivait il y a quelques années : « Avec le militarisme prussien, il suffirait d'une génération d'hommes pour que ce qu'on appelait autrefois culture allemande, esprit allemand, sentiment allemand, soit devenu une fable. »

Le but de M. de Bismarck est de soustraire les Allemands à cette civilisation *efféminée* du midi de l'Allemagne, qu'il traite de gallophile.

A toutes les époques, le Germain, l'Allemand, eut la réputation d'un esprit plein de rapacité, de convoitise, aiguillonné par la pauvreté du sol, l'accroissement de la population : c'est cet esprit qui pousse l'Allemand hors de chez lui. « On peut dire que l'histoire de l'Allemagne a été le plus souvent une invasion continue en Italie, en Gaule, dans le pays des Slaves, et de nos jours, une immigration continue....., c'est le peuple invasion..... Mais l'Allemagne n'est pas seulement une fabrique de nations (*officina gentium*), le peuple allemand a été aussi un faiseur de ruines. » (ZELLER.) « Les Allemands, dit Viollet-Le Duc, ont été, de tout temps, les promoteurs de l'aggravation des maux de la guerre : c'est une race que les scrupules n'arrêtent pas : l'histoire ne date pas d'hier. »

Les invasions germaines sur le territoire gaulois furent nombreuses, on en compte jusqu'à dix du ve siècle jusqu'à nos jours.

La première de toutes celles enregistrées par l'histoire fut celle des Cimbres et des Teutons : 300,000 d'entre eux se ruent sur la Gaule par la Suisse : en l'an 105 avant Jésus-Christ, Marius les anéantit sur les bords du Rhône et sur ceux du Tessin.

La deuxième invasion fut celle d'Arioviste, en l'an 58 avant Jésus-Christ : elle débouche près de Mayence, remonte l'Alsace et vient se briser contre le génie militaire de César sur les rives de la Thur.

La troisième invasion franchit le Rhin sur la glace, vers Bonn ; elle fut immédiatement refoulée.

C'est par ces trois mêmes lignes d'ingression que se sont faites plus tard les autres invasions. Le 31 décembre 406, les Alains, les Suèves, les Vandales et les Burgondes, poussés par l'invasion des Huns, franchissent le Rhin sur la glace en face de Mayence ; les légions romaines, qui avaient mission de les contenir, n'avaient plus cette force d'autrefois. « Le glaive et le « formidable javelot, qui avaient subjugué l'univers, tombaient « de leurs débiles mains. » (GIBBON.) L'invasion fit irruption. Mayence, Worms, Strasbourg, Tournai, Arras, Amiens furent dévastées, les vallées de la Saône et de la Loire furent inondées par ces sauvages du Nord. « Rien ne résistait à leurs attaques furieuses, ni à leurs ruses perfides ; la Gaule eût été moins dévastée si l'Océan tout entier eût débordé sur les champs gaulois. » (PAUL OROSE, le contemporain de ces invasions.)

Les Wisigoths envahissent par l'Italie, tandis qu'au nord et vers l'an 420, les *Francs* franchissent le Rhin et s'établissent solidement sur la rive gauche de ce fleuve ; grâce à cette forte position ils arrêtent quelque temps les invasions suivantes.

Les Huns, « sauvages féroces qui se sillonnaient profondément les joues avec le fer, et qui étaient plus barbares que les hordes germaines elles-mêmes », avaient ravagé tout le pays compris entre le Volga et la Forêt-Noire : en 451, ils franchissent le Rhin, passent à Troyes, échouent contre Orléans, reculent en Champagne, pour se concentrer et livrer contre Aétius, et tous les peuples coalisés de la Gaule, la grande bataille des plaines catalauniques : « Ce fut une lutte immense, terrible, inouïe : le passé n'a rien de semblable et il s'y fit de telles actions que tout ce que l'œil de l'homme a jamais contemplé n'est rien auprès. Les vieillards racontent qu'un petit ruisseau qui traversait le champ de bataille déborda grossi par des torrents de sang. »

Heinrich, professeur à la Faculté de Lyon, dit que les contemporains évaluèrent à 300,000 le nombre des guerriers qui succombèrent sur ce champ de bataille.

Clovis, en 496, brisa l'invasion des Suèves et des Alamans à la bataille de Tolbiac.

Philippe Auguste, en 1214, gagna la bataille de Bouvines contre l'invasion germanique d'Othon de Brunswick.

« Le sol de la Gaule a toujours excité les convoitises des peuples qui habitent les régions moins favorisées de la nature qui s'étendent à l'est du Rhin : les Teutons n'étaient qu'une avant-garde terrible des peuples qui se sentaient attirés vers les riches contrées du midi. » (HEINRICH.)

Zeller fait ressortir avec beaucoup de finesse et d'érudition quel contraste étrange et constant il y a toujours eu entre la race germaine et la race gréco-latine : il suffit de comparer leurs bibles nationales, leurs chants antiques, les Niebelungen et l'Iliade. Dans la bible germaine, l'objectif du poëme n'est autre que l'or : c'est un trésor que les héros du poëme conquièrent au prix des luttes les plus sanglantes ; le vol, la friponnerie, la jalousie, tels sont les mobiles de ces héros germains. La lecture de ce sombre poëme laisse une triste impression de brutalité, de violence, sans aucun sentiment de générosité ni de grandeur.

Quelle différence avec « cette race noble, fière, vraiment héroïque, des Hellènes, qui sur les rives de la Troade créa ce poëme où se livrent des combats, au lieu de se faire des tueries, où la valeur et non le meurtre s'idéalise, où les mortels et les dieux se rapprochent. . Le tout s'épure si bien sous un ciel transparent et dans une raison supérieure, à la fois humaine et divine, que toutes les nations cultivées y ont pu, comme dans un miroir, reconnaître et contempler le vrai génie. » (ZELLER.)

Attila, qui n'a laissé dans notre pays qu'un souvenir plein d'effroi et de férocité, ne laisse qu'un souvenir de grandeur et de puissance chez cette race germaine, qui, dit Guizot, n'a rien produit dans la civilisation. Un célèbre écrivain allemand, au siècle dernier, n'écrivait-il pas à Pierre le Grand, pour lui rendre hommage : « Vous, Sire, le puissant Attila moderne... »

Tel est le peuple qui domine aujourd'hui l'Europe par sa puissante organisation. L'habileté diplomatique de la Prusse parviendra-t-elle à dissimuler à l'Europe la gravité d'une telle situation, à diviser ses forces, et non-sèulement à maintenir cette puissance, mais encore à la développer ?

La géographie de Daniel enseigne dans toutes les écoles allemandes que les limites naturelles de l'Allemagne englobent en entier le bassin du Rhin, le fleuve et tous ses affluents. De même, la soixante-seizième édition de la géographie allemande de Kirschof déclare que l'Allemagne comprend non-seulement toute l'Autriche allemande, mais encore des pays allemands qui ont été détachés de la souche principale par spoliation ou conquête ; que ces pays sont : la Suisse, Lichtenstein, la Belgique, les Pays-Bas, le Danemark, Belfort, enfin le reste de la Lorraine, que les traités de 1871 n'ont pas obtenu, c'est-à-dire Nancy, Toul, Verdun, Sedan !

Bœckh écrivait en 1870 : « Dans la reconnaissance du principe de la nationalité réside le germe d'un progrès incalculable pour le développement des peuples. Elle comprend la reconnaissance de l'individualisme de chaque nation ; elle assure à chacune le libre exercice de la force créatrice de son génie et la défend contre l'oppression d'un génie étranger... ; elle comprend enfin la reconnaissance de la *totalité* de chaque nation et assure par conséquent à chaque individu le droit de faire respecter en soi la nationalité à laquelle il appartient par des signes irrécusables et fondés dans sa nature même. » Or c'est par la langue surtout que se manifeste la nationalité d'un peuple, ajoute Bœckh, et c'est la mission de l'Allemagne de faire triompher ce principe qui lui est surtout favorable.

Telles sont les affirmations, les croyances de ce grand parti national allemand qui a pour religion la haine contre la France, et pour ambition la domination effective en Europe et plus tard sur tout notre globe.

En présence d'un tel fait, toutes les aspirations d'union et de paix qui commençaient à germer dans l'esprit de notre société du XIXe siècle sont refoulées : l'Allemagne a mis la guerre à l'ordre du jour pour l'Europe.

Loin donc de comprimer l'entraînement de notre pays vers cet objectif, il convient, au contraire, tout en le contenant dans une limite digne et sérieuse, de l'inspirer, de le diriger, d'en faire une foi nationale, d'ailleurs excellent dérivatif au courant si dangereux des compétitions politiques intérieures. On verra alors, au jour de la suprême lutte, toute la France se lever avec enthousiasme : les aspirations et les guerres nationales ont toujours élevé et grandi les nations.

« Cela s'appelle patriotisme ; c'est la seule passion humaine qui puisse être qualifiée de sainte. La guerre fait les nations ; la guerre aussi les relève lorsqu'elles s'affaissent sous l'influence des intérêts matériels et des intrigues de partis. La guerre, c'est la lutte, et la lutte est partout dans la nature : elle assure la grandeur définitive et la durée au plus instruit, au plus capable, au plus noble, au plus digne de la perpétuité. Or aujourd'hui, plus que jamais, le succès à la guerre est le résultat de l'intelligence et de ce qui développe l'intelligence, *le travail.* » (VIOLLET-LE DUC. *Histoire d'une forteresse.*)

CHAPITRE XVII

CHEMINS DE FER DE LA RÉGION GALLO-GERMANIQUE DU BASSIN DU RHIN.

Région gauloise (OU RIVE GAUCHE).

Nos de série	LIGNES et gares principales hors du bassin du Rhin	GARES IMPORTANTES — Les bifurcations sont en italiques	DISTANCES	NOMBRE de voies	PRINCIPAUX TRAVAUX D'ART EMBRANCHEMENTS
1	PARIS A STRASBOURG		Kil. à partir de Paris.	2 voies	
	Epernay...	....	142 »	......	Embranchemt sur Reims (2 voies). Embranchement sur Sézanne.
	Châlons....	....	173 »	......	Embranchemt sur Reims (1 voie).
	Blesmes....	....	218 »	......	Embranchement sur Chaumont (1 voie). La ligne franchit les monts du Barrois à ciel ouvert, mais par des tranchées de 22 m. de prof. et des pentes de 8 mill. par m.
		Lérouville....	288 »	......	Embranchement sur Verdun et bientôt jusqu'à Sedan, par la rive gauche de la Meuse.
		Commercy....	294 »	......	Pont sur un bras de la Meuse: 3 arches en maçonn. d'une long. totale de 15 m. Pont sur un bras de la Meuse: 3 travées métalliques sur piles et culées en pierres. Long. = 15 m. 90. Pont sur un bras de la Meuse: 3 arches en maçonn. = 15 m. 90.
			299.755	......	Pont sur la Meuse : 9 arches en maçonn. Long. = 104 m. 80, hauteur (de l'intrados sur la rivière) 12 m. 40. La Meuse n'est pas navigable; son fond est du sable calcaire.
			306.600	......	Tunnel de Pagny de 572 m de long., dans du calcaire coralien.
		Pagny........	307.800	.....	Ligne de Pagny à Chaumont (no 2).
			310.550	......	Tunnel de Foug de 1122 m. de long.
		Toul.........	319 »		
			326.400	......	Pont en maçonn. sur le canal de la Marne au Rhin, 1 arche = 11 m. 55; sable et gravier.
			330.900	......	Pont sur la Moselle à Fontenoy : 7 arches = 143 m. 40; il a été détruit en partie pendant la guerre.

N^os de série	LIGNES et gares principales hors du bassin du Rhin	GARES IMPORTANTES — Les bifurcations sont en italiques	DISTANCES	NOMBRE de voies	PRINCIPAUX TRAVAUX D'ART EMBRANCHEMENTS
			Kil. 327.842	2 voies	Pont sur la Moselle : 5 arches en maçonn., 147 m. de long., 13 m. de haut. ; fond sable et gravier siliceux. Sa destruction formerait un obstacle très-sérieux.
		Liverdun	337 »	......	Pont sur le canal, poutres droites métalliques.
			337.621	......	Pont sur la Moselle : 5 arches en maçonn., 147 m. 90 de long., 13 m. 60 de haut.
			343.600	......	Pont sur la descente du canal en Meurthe : 2 arches à poutres métalliques, 12 m. de long.
		Frouard......	344 »	......	Ligne de Metz-Thionville (n° 7).
		Nancy	352 »	......	Embranchement sur Vézelise et un autre sur Château-Salins (n° 9).
			361.948	......	Pont sur la Meurthe : 7 arches en maçonn. = 106 m. de long., 5 m. de haut. ; le canal passe également sur un pont qui est adossé au pont du railway, ils sont sur les mêmes piles ; le fond de la Meurthe est du gravier.
		Varangeville..	365 »		
			367 »	......	Pont sur le Sanon à Dombasles : 30 m. de long., 3 m. 90 de haut.
			372 »	......	Pont sur Meurthe : 5 arches en maçonn. = 92 m. 75, gravier.
			373.500	......	Pont sur Meurthe : 3 arches en maçonn. = 59 m. 85 ; 6 m. de haut.
		Blainville	376 »	......	Embranchement sur Epinal-Vesoul (n° 3).
			383 »	......	Pont sur Meurthe près de Rehainvillers : 5 arches en maçonn.
		Lunéville.....	385 »	......	Pont sur Meurthe. Embranchement sur St-Dié (n° 5).
		Mérainviller ..	393 »	......	Pont sur la Vézouze : 3 arches en maçonn. = 34 m. 40 de long., 10 m. de haut.
	(Allemagne)	*Avricourt*	409.589	......	Frontière franco-allemande avec une gare allemande d'où part un embranchement sur Dieuze (25 kil. à 1 voie), et une gare française d'où part l'embranchement de Cirey (18 kil. à 1 voie).
		Réchicourt....	413 »		
			418.500	......	Grande tranchée de 1180 m. de long., de 12 m. de prof., d'argile au sommet, de rochers à la base ; on ne peut la contourner facilement.
			419.800	......	Pont sur le canal : 2 arches = 26 m. 70 de long.

Nos de série	LIGNES et gares principales hors du bassin du Rhin	GARES IMPORTANTES — Les bifurcations sont en italiques	DISTANCES	NOMBRE de voies	PRINCIPAUX TRAVAUX D'ART EMBRANCHEMENTS
			Kil.		
		Sarrebourg...	431.307	2 voies	Pont sur la Sarre : 3 arches en maçonn. = 32 m. 65 de long., 6 m. de haut. ; le fond est vaseux ; un radier en maçonn. permet de placer des chevalets. Embranchement de la ligne de la Sarre sur Sarreguemines. Embranchement projeté et même concédé sur Metz par Bémering et Remilly.
			438.600	......	Tunnel d'Arschwiller de 2878 m. de long., dans le grès vosgien. Sa destruction formerait un obstacle très-sérieux, on ne peut le contourner. On détruirait également celui du canal.
			444.600	......	Tranchées des roches de Henridorf de 1010 m. de long., 8 m. 9 de prof., talus à pic ; sa destruction serait facile et l'obstacle sérieux.
			446.100	......	Viaduc sur la Zorn et sur le canal : 5 arches en maçonn., 60 m. 80 de long., 13 m. 25 de haut. ; les culées ont des voûtes en décharge qui permettraient de s'en servir comme chambres de mine.
			446.400	......	Tunnel d'Hoffmuhl de 247 m. ; a été miné pendant la guerre ; on peut le contourner facilement.
		Lutzelbourg ..	448 »		
			448.100	......	Tunnel de Lutzelbourg de 430 m. de long.
			451 » 452 »	......	2 tunnels de Hœgen, de 400 et de 495 m.
			455 »	......	Tunnel du Haut-Barr de 300 m. de long.
			455.500	......	Viaduc de la Walez : 6 voûtes en maçonn. = 81 m. 40 de long., sur le canal, le chemin et la Zorn.
		Saverne......	458 »		
		Dettwiller....	466 »	......	Pont sur la Zorn : 3 arches en maçonn. = 26 m. 40 de long. sur gravier.
		Brumath	484.800	......	Pont sur la Zorn : 3 arches = 20 m. 30 de long., 2 m. 90 de haut.
			485.300	......	Pont sur un bras de la Zorn : 3 arches en maçonn. = 14 m. 95 de long.
			485.800	......	Id. } Ces deux ponts pourraient être remplacés par des remblais.
			486 »	......	Id. }
			492 »	......	Pont sur le canal : 12 m. 70 de long. ; en tôle ; pieds droits en maçonn.

Nos de série	LIGNES et gares principales hors du bassin du Rhin	GARES IMPORTANTES — Les bifurcations sont en italiques	DISTANCES	NOMBRE de voies	PRINCIPAUX TRAVAUX D'ART EMBRANCHEMENTS
			Kil.		
		Vendenheim..	492 »	2 voies	Ligne de Wissembourg (n° 20).
			495 »	......	Pont sur le Suffel : 3 arches en maçonn = 14 m. 60 de haut. sur gravier.
		Strasbourg...	502 »	......	Embranchement sur Kehl (n° 24).
2	**LIGNE DE CHAUMONT A PAGNY**			1 voie	
	Chaumont..	....	0 »	......	Ligne de Paris à Mulhouse par Langres, Vesoul.
	Bologne....	....	14 »	......	Embranchement de Joinville-Blesmes.
			15 »	......	Pont sur la Marne de 3 arches en maçonn. de 25 m. de long. Pont sur la Marne de 3 arches de 54 m. de long., 6 m. 85 de haut.
			31 »	......	Pont sur la Sueure de 3 arches = 39 m. de long.
		Liffol-le-Grand	39 »		
			51.800	......	Pont sur la Meuse : 3 arches en maçonn. = 82 m. de long. et 8 m. 74 de haut. ; sur fond vaseux et rocheux.
		Neufchâteau..	62.780	......	Tranchée de 583 m. de long. sur 18 m. 70 de prof. Elle ne peut être contournée.
		Coussey......	69.300		
			71.600	......	Pont sur Vair : tablier métallique ; 2 travées = 27 m. 40 de long., 4 m. 40 de haut. ; sable et gravier.
		Sauvigny.....	80 »		
			82.300	......	Pont sur Meuse : tablier métallique = 66 m. 30 de long., 8 m. 75 de haut. 2 viaducs de décharge sur prairies : l'un de 12 m. de long. ; l'autre de 7 arches de 40 m. 40 de long., et 3 m. 50 de haut.
			82.990	......	Tunnel de Burcy-la-Côte de 260 m. de long.
		Maxey........	87 »		
		Vaucouleurs..	95.400		
			99.800	......	Tranchée d'Ugny de 617 m. de long., 14 m. de haut. dans la roche en bancs.
			100.500	......	Viaduc de décharge sur prairie : 7 arches en maçonn., 31 m. 40, 3 m. 38 de haut.
			101.250	......	Pont sur Meuse : 3 arches = 81 m. 88 de long., 10 m. de haut.
			101.520	......	Tranchée de St-Germain de 525 m. de long., 10 m. de prof.

Nos de série	LIGNES et gares principales hors du bassin du Rhin	GARES IMPORTANTES — *Les bifurcations sont en italiques*	DISTANCES	NOMBRE de voies	PRINCIPAUX TRAVAUX D'ART — EMBRANCHEMENTS
			Kil. 108 »	1 voie	Pont sur le canal de la Marne : tablier métallique à poutres droites sur culées en maçonn. Sa destruction intercepterait la voie et le canal.
		Pagny........	110 »	......	Ligne de Paris-Strasbourg (n° 1).
3	**LIGNE DE BLAINVILLE A VESOUL**	*Blainville*....	0 »	1 voie	Ligne de Paris à Strasbourg (n° 1). Pont courbe sur la Meurthe (fait pour 2 voies) : 7 arches en maçonn., 103 m. de long., 5 m. 82 de haut. ; sur sable et gravier.
		Einvaux......	7.400		
			13.200	......	Pont sur l'Euron (pour 2 voies) : 1 arche en maçonn., 15 m. de long., 10 m. de haut. ; a été démoli en 1870.
		Bayon.........	15 »		
		Charmes.....	25.300	......	Embranchemt sur Rambervillers.
			28.600	......	Pont sur la Moselle (pour 2 voies) : 7 arches en maçonn., 130 m. de long., 9 m. 30 de haut. ; sol granitique ; il a été détruit en 1870.
			34.900	......	Pont sur l'Avière : 3 arches en maçonn. = 23 m. 60 de long., 5 m. 74 de haut.
		Châtel........	35.850		
		Epinal.......	51 »	......	Embranchement sur Remiremont.
			53.160	......	Viaduc du Char d'Argent (pour 2 voies) : 5 arches en maçonn., 69 m. 60 de long., 15 m. 30 de haut. ; on peut le contourner facilement.
			54 »	......	Viaduc de Bertraménil (pour 2 voies) : 9 arches en maçonn., 129 m. 40, 23 m. de haut. ; a été détruit en 1870.
		Dounoux.....	61.579	......	3 tranchées profondes dans le grès bigarré compacte ; elles seraient difficilement contournées.
			66.800	......	Pont sur la vallée du Coney (pour 2 voies) : 9 arches en maçonn., 131 m. de long., 33 m. 66 de haut. ; sa destruction formerait un sérieux obstacle, difficile à contourner.
		Xertigny.....	69.500		
		La Chapelle-au-Bois.....	73.730		
			74 »	......	Tranchée de 535 m. de long., 15 m. 30 de prof. ; dans le grès pur compacte.
		Bains........	80 »		

Nos de série	LIGNES et gares principales hors du bassin du Rhin	GARES IMPORTANTES — Les bifurcations sont en italiques	DISTANCES	NOMBRE de voies	PRINCIPAUX TRAVAUX D'ART EMBRANCHEMENTS
			Kil. 93 »	1 voie.	Pont sur le canal du Martinet : 2 arches de 42 m. 50, 9 m. 56 de haut.
			93.500	......	Viaduc sur la Semouse (pour 2 voies) : 3 arches en maçonn., 37 m. de long., 4 m 44 de haut.
	St-Loup-Luxeuil.....	....	99.315		
			100.600	......	Pont sur la Combeauté : 3 arches, 20 m. de long.
	Conflans....	....	108 »		
			109.600	......	Pont sur la Lauterne : 6 arches en maçonn., 67 m. 75 de long., 3 m. 50 de haut.
			118.700	......	Pont sur la Lauterne : 6 arches en maçonn., 93 m. de long., 4 m. 25 de haut.
	Port d'atelier......	....	124.300	......	Ligne de Paris-Mulhouse.
	Vesoul.....	....	190 »		
4	**LIGNE D'ÉPINAL A REMIREMONT**	Épinal........	0 »	1 voie	
			6 »	......	Viaduc de Dinozé : 7 arches en grès rouge, [illegible]2 m. 60 de long. et [illegible] m. [illegible] de haut.
		Arches	12 »	......	Embranchement sur Bruyères-Laveline-Grange à 1 voie de 30 kil.
		Remiremont..	28 »	......	Il n'y a pas de travaux d'art importants.
5	**LIGNE DE LUNÉVILLE A ST-DIÉ**	Lunéville.....	0 »		
		Baccarat......	23.365	1 voie	
		Bertrichamp..	28 »		
			29.600	......	Pont sur la Meurthe (pour 2 voies) : 3 arches en maçonn., 66 m. de long. et 5 m. 60 de haut. Sur rocher, 1 arche a été détruite en 1870.
		Raon l'Etape .	32.600		
			33 »	......	Pont sur la Meurthe (pour 2 voies) : 3 arches en maçonn. de 59 m. 80, 7 m. 90 de haut.
			36 »	......	Pont sur le Rabodeau : 2 arches en maçonn., 25 m. 80 de long., 4 m. 85 de haut.
		Etival........	38 »		
			39.300	......	Pont sur la Meurthe (pour 2 voies) : 3 arches en maçonn., 55 m. 10, 4 m. 70 ; sur sable et gravier.
		St-Michel....	42.600		
			47 »	......	Pont sur le Taintroné : 4 arches en maçonn = 19 m. de long., 2 m. 75 de haut.
		St-Dié........	50 »		

N° de série	LIGNES et gares principales hors du bassin du Rhin	GARES IMPORTANTES — Les bifurcations sont en italiques	DISTANCES	NOMBRE de voies	PRINCIPAUX TRAVAUX D'ART EMBRANCHEMENTS
			Kil.		
6	LIGNE DE FROUARD A THIONVILLE	Frouard	0 »	2 voies	Pont sur la Moselle : 4 arcs en fonte = 130 m. de long, 8 m. 70 de haut. Sa destruction formerait un obstacle sérieux
		Dieulouard ...	13 »		
			19 »	......	Viaduc de Pont-à-Mousson : 19 arches en maçonn. = 60 m. 85 de long., 3 m. de haut. sur prairie.
		Pont-à-Mousson	19.580		
			22 »	......	Pont d'Issole : 9 arches en maç., 49 m. 60 de long., 4 m 60 de haut.
		Pagny........	29 »	......	
			32 »	......	Pont sur le Rupt de Mad ; 3 arches en maçonn. = 18 m. 40 de long, 4 m. 60 de haut.
	Frontière d'*Allemagne*				
			34 »	......	Pont sur le ruisseau de Gorze : 1 arche de 10 m. 20, 5 m. de haut.
		Ars-sur-Moselle	40 »		
			41 »	......	Pont sur la Moselle : 4 arcs en fonte, culées et piles en maçonn., 143 m. 20 de long., 8 m. 75 de haut., sur gravier ; 2 fourneaux de mine dans chaque culée, à la charge de 150 kil.
		Metz	47 »	......	Ligne de Sarrebrück (n° 11).
			51.400	......	Viaduc de Montigny : 5 arches en maçonn. = 64 m. de long., 7 m. 50 de haut. ; sur sable et gravier.
			51.600	......	Pont de Longeville sur la Moselle : 6 arches en maçonn., 154 m. 60 de long., 8 m. 60 de haut. ; avec un fourneau de mine ; 3 arches furent détruites en 1870.
			52.600	1 voie. Travaux d'art pour 2 voies.	Viaduc de Longeville (vieilles eaux de la Moselle) : 2 arches, 27 m. 80 de long., 5 m. 65 de haut.
		Hagondange..	67 »	......	Embranchement sur Moyeuvre.
			69.250	......	Pont sur l'Orne à Richemont (pour 2 voies) : 5 arches, 65 m. 30 de long. 5 m. 40 de haut. ; avec 2 fourneaux de mine dans la culée vers Metz.
		Uckange	74.600		
			77 »	......	Viaduc de la vieille Fensch : 1 arche de 8 m. de long.
		Thionville	80 »	......	La ligne se continue sur Luxembourg (n° 7). Ligne des Ardennes (n° 13).
7	LIGNE DE THIONVILLE A LIÉGE	*Thionville*	0 »	1 voie. Travaux d'art pour 2 voies.	Ligne des Ardennes.
			4 »		Tranchée de la Maison-Rouge de 910 m. de long., 11 m. de prof. ; dans des marnes de lias.

Nos de série	LIGNES et gares principales hors du bassin du Rhin	GARES IMPORTANTES — Les bifurcations sont en italiques	DISTANCES	NOMBRE de voies	PRINCIPAUX TRAVAUX D'ART EMBRANCHEMENTS
			Kil.		
			5 »	1 voie.	Viaduc de la Kissel : 1 arche de 8 m. de long.
		Hettange.....	7 »	......	Tranchée de 316 m. de long., 13 m. de prof.
	Frontière du Luxembourg		18 »	......	Tunnel de Dudelange, de 400 m. de long., pour pénétrer dans la vallée de l'Alzette.
		Bettembourg..	22 »	......	Pont sur l'Alzette, de 10 m. de long.
					Embranchement sur Esch-sur-Alzette (à 1 voie), 10 kil.
		Luxembourg..	33 »	......	Embranchement sur Arlon (n° 8), un autre sur Trèves (no 8).
					Tunnel de 35 m., sous les fortifications.
					Viaduc de Pulvermühl, de 250 m. avec fourneaux de mine ; 3 m. de haut.
					Viaduc de Clausen, de 9 arches = 180 m. de long., 30 m. de haut., avec fourneaux de mine.
					Viaduc de Pfaffenthal, de 280 m., 35 m. de haut.
					Viaduc de Grunenwald, de 100 m., 15 m. de haut.
		Cruchten.....	59 »	......	Tunnel de 250 m. de long.
					Pont sur l'Alzette, de 3 arches = 10 m.
		Ettelbrück....	66 »	......	Embranchement sur Diekirch (5 kil. à 1 voie, avec un pont de 5 arches sur la Sure).
			70 »	......	Tunnel de 560 m.
			70.500	......	Pont sur la Sure : 4 arches en maçonn. = 46 m.
			70.600	......	Tunnel de 270 m.
			72.200	......	Pont sur la Sure : 4 arches en pierre = 46 m.
			72.300	......	Tunnel de Bourschied, de 366 m.
			74.500	......	Tunnel de 413 m.
			74.900	......	Pont sur la Sure : 2 travées en tôle ; 20 m.
			76.500	......	Pont sur la Wilz : 3 arches en maçonn. = 18 m. de long.
					On rencontre encore plusieurs petits ponts sur la Wilz, de petits tunnels ; la voie coupe plusieurs fois le Wolz dont elle remonte la vallée.
		Clervaux.....	95 »	......	Tunnel de Clervaux, de 200 m. de long.
			101 »	......	Tunnel de 188 m. de long.
		Trois-Vierges.	104 »	......	Tunnel de 160 m.
	Frontière belge......	....	109 »		
			133 »	......	Tunnel de 330 m.

Nº de série	LIGNES et gares principales hors du bassin du Rhin	GARES IMPORTANTES — Les bifurcations sont en italiques	DISTANCES	NOMBRE de voies	PRINCIPAUX TRAVAUX D'ART EMBRANCHEMENTS
			Kil		
		Trois-Ponts ..	134 »	1 voie.	Pont sur l'Amblève : 2 arches en maçonn = 24 m. de long.
		Stavelot......	139 »		
		Francorchamps	147 »		
		Spa	163 »	......	Plusieurs petits ponts sur la rivière de Spa.
		Pepinster	175 »	......	Ligne de Paris - Liége - Cologne (nº 16).
		Liége	....	......	Pont sur la Vesdre.
	LIGNE DE TRÈVES A NAMUR	Trèves	0 »	1 voie.	
			6 »	les travaux d'art sont pour 2 voies.	Pont sur la Moselle à Conz : 8 arches en maçonn., 200 m. de long., 12 m. de haut.
		Conz.........	8 »	......	Ligne de la Sarre (nº 10).
			12.600	......	Pont sur la Sure : 4 arches en maçonn. = 125 m. de long.
		Wasserbilig ..	13 »		
	Frontière du Luxembourg		17 »	......	Pont sur la Syre : 2 arches en maçonn. = 22 m.
			18 »	......	Tunnel de 210 m.
			21.600	......	Pont sur la Syre : 3 arches en maçonn. = 30 m. de long.
					Pont sur la Syre : 2 arches en maçonn. = 22 m. de long.
			25.600	......	Pont sur la Syre : 2 arches en maçonn. = 20 m.
		Luxembourg ..	48.500	......	Ligne de Thionville à Liége (nº 7).
					Viaduc de Pulvermühl, de 250 m. Tunnel de 35 m. } De la ligne précédente.
	Frontière belge	....	67 »		
		Arlon	75.600	......	Ligne de Arlon-Longuyon (nº 15).
		Libramont....	....	......	Embranchement sur Bastogne.
		La Marche....	123 »	......	Embranchement sur Liége (60 kil. à 1 voie).
		Namur.......	182 »	......	Ligne de Paris à Cologne (nº 16). Ligne sur Bruxelles. Ligne sur Landen. Ligne sur Givet-Mézières.
9	**LIGNE DE NANCY A CHATEAU-SALINS**	Nancy........	0 »	1 voie.	
			1.700	......	Pont sur la Meurthe : 7 arches en maçonn. = 103 m. de long., 7 m. de haut. ; sur gravier.
		Moncel.......	21.500	......	Pont sur la Loutre : 4 arches en maçonn. = 14 m. 10, 1 m. 80 de haut. ; sol marécageux.
		Burthecourt ..	34 »	......	Embranchemt sur Vic, sur Seille (5 kil.).

Nos de série	LIGNES et gares principales hors du bassin du Rhin	GARES IMPORTANTES — Les bifurcations sont en italiques	DISTANCES	NOMBRE de voies	PRINCIPAUX TRAVAUX D'ART — EMBRANCHEMENTS
			Kil.		
				1 voie.	Pont sur la Seille : 2 travées métalliques = 19 m. 20 de long., 3 m. 30 de hauteur.
		Château-Salins	36 »	......	Cette ligne doit être continuée jusqu'à Sarralbe, par la vallée de l'Albe.
10	**LIGNE DE SARREBOURG A TRÈVES**	*Sarrebourg*...	0 »	1 voie.	Ligne de Paris-Strasbourg (n° 1). Les renseignements manquent sur cette ligne nouvelle.
		Fenestrange.			
		Sarre-Union.			
		Sarralbe.			
		Sarreguemines.	50 »	......	Ligne de Bitche-Haguenau (n° 21). Pont sur la Sarre.
		Sarrebrück...	77 »	......	Ligne de Verdun à Mannheim (n° 11).
			78 »	......	Tranchée de 1200 m. de long., 10 de prof. ; dans le sable et le roc.
			87 »	......	Pont sur le Kohlerbach : 2 arches en maçonn. = 13 m. de long.
		Sarrelouis....	99.800		
		Fraulautern...	100 »		
			103 »	......	Pont sur la Prims : 9 arches en maçonn. = 84 m. 70 de long.
		Mezzig.......	116 »		
			121 »	......	Tunnel de Mettlach, de 1194 m.
		Conz.	156 »	......	Pont sur la Moselle : 8 arches en maçonn. = 200 m. de long., 12 m. de haut.
		Trèves.......	164 »		
11	**PARIS A MANNHEIM**				
	Paris	....	0 »	2 voies	
	Soissons....	....	105 »	......	Ligne de Laon-Hirson (à 1 voie).
	Reims......	....	160 »	1 voie.	Ligne des Ardennes ; embranchement sur Epernay.
	St-Hilaire..	....	220 »	......	Ligne de Châlons.
	Ste-Menehould	....	265 »	......	Pont sur l'Auve, pont sur l'Aisne (10 m. de long.) et pont de décharge de l'Aisne, à 3 travées.
			272 »	......	Tunnel de l'Argonne (à 1 voie), de 785 m. de l. difficile à contourner.
		Les Islettes...	273 »	......	Deux tranchées profondes, de 15 et 10 m. ; difficile à contourner.
		Clermont.....	278.500		
		Aubreville....	284.400	......	Pont sur l'Aire : 3 arches en maçonn. = 43 m. de long., 6 m. 30 de haut. ; sur gravier.
		Dombasles....	292 »		
			302 »	......	Tranchée de 450 m. de long., 9 m. 40 de prof. ; à Nixéville.
		Verdun.......	310 »	......	Ligne de la Meuse, de Sedan à Lérouville.

N° de série	LIGNES et gares principales hors du bassin du Rhin	GARES IMPORTANTES — Les bifurcations sont en italiques	DISTANCES	NOMBRE de voies	PRINCIPAUX TRAVAUX D'ART EMBRANCHEMENTS
			Kil.	1 voie.	Pont sur la Meuse : 5 arches en maçonn. = 101 m. de long., 8 m. de haut.; sur gravier calcaire.
			317.700	......	Tunnel de Tavannes (1 voie), de 1191 m. ; dans le calcaire coralien.
		Abancourt....	322 »		
			330.500	......	Pont sur l'Orne : 5 arches en maçon. = 39 m. de long., 4 m. 50 de haut.
		Etain.........	331.800		
			350 »	......	Pont sur l'Orne, près de Conflans (à 1 voie) : 5 arches en maçonn. = 66 m. 40 de long., 6 m. 40 de haut.
		Batilly	359 »	......	Dernière station française.
	Frontière d'Allemagne	Amanvillers ..	365 »	......	4 tranchées profondes dans la vallée.
		Metz	380 »	2 voies	Ligne de Frouard à Luxembourg (n° 6). Pont sur la Moselle à Longeville (voir n° 6).
			381.500	......	Pont sur la Seille : 2 arches = 31 m. de long., 9 m. 80 de haut. ; avec 2 fourneaux de mine dans les piles.
		Peltre........	385 »		
		Courcelles....	392 »		
		Remilly	400 »		
			403 »	......	Pont sur la Nied française : 3 arches en maçonn. = 32 m. de long.
			416.800	......	Pont sur la Nied allemande : 3 arches en maçonn. = 29 m. de long., 7 m. 60 de haut. ; fort remblai sur la vallée.
		Faulquemont .	418 »		
			428 »	......	Tranchée de St-Avold, de 1507 m. de long., 15 m. de prof. ; dans un terrain marneux.
		St-Avold.....	429 »		
			433.500	......	1° Pont sur la Rosselle : 1 arche de 12 et 15 m. de haut., avec une tranchée de 30 m. de prof. dans le grès vosgien ; on peut la contourner sur le flanc du coteau.
			434.700	......	2° Pont sur la Rosselle : 3 arches en maçonn. = 43 m. 60 de long., 18 m. 40 de haut.
			435.500	......	3° Pont sur la Rosselle : 3 arches en maçonn. = 17 m. de long, 7 m. 40 de haut.

Nos de série	LIGNES et gares principales hors du bassin du Rhin	GARES IMPORTANTES Les bifurcations sont en italiques	DISTANCES	NOMBRE de voies	PRINCIPAUX TRAVAUX D'ART EMBRANCHEMENTS
		Hombourg...	Kil. 435.500	2 voies	La tranchée de Knabach a 650 m. de long., 15 m. 20 de haut. ; sa destruction formerait un obstacle sérieux.
			437 »	......	Pont sur la Rosselle de 3 arches en maçonn. = 27 m. 40 de long., 10 m. de haut.
		Béning.......	439 »	......	Ligne de Haguenau-Sarreguemines, qui doit aller jusqu'à Thionville (n° 21).
		Forbach......	448.800		
			450 »	......	Tranchée de Styring, de 1604 m. de long. et de 22 m. de haut. ; dans du grès vosgien tendre.
		Sarrebrück...	456 »	......	Pont en maçonn. sur la Sarre, de 150 m. de long., 17 m. de haut.; avec chambres de mine dans les deux piliers du milieu. Ligne de la Sarre, de Sarrebourg à Trèves (n° 10).
		Sulzbach	467.800		
			469 »	......	Tunnel de 500 m. de long.
			473.300	......	Pont sur la Blies : 3 arches en maçonn. = 35 m. de long.
		Neukirchen...	479.500	......	Ligne de la Nahe sur Bingen.
			483 »	......	Pont sur la Blies : 15 arches en maçonn. = 225 m. de long., 8 m. de haut.
			483.500	......	Pont sur la Blies : 3 arches en maçonn. = 50 m. de long., 8 m. de haut.
		Hombourg....	493 »	......	Embranchemt sur Deux-Ponts (11 kil.) et sur St-Ingbert (19 kil.).
		Landstuhl....	513 »	......	Embranchement sur Cussel (29 kil. à 1 voie). La voie est en remblai pendant 11 kil.
		Kaiserlautern.	528 »		
			532 »	......	Pont sur la Lauter.
			534.300	......	Tunnel de Heiligenberg, de 1547 m. de long., et tranchée de 1100 m. dans le roc, 12 m. de prof.
		Hochspeyer...	537 »	......	Embranchement sur Alzeuz-Kreuznach.
			540 »	......	Petit tunnel de 79 m.
		Frankenstein .	554 »	......	Tunnel de 216 m. 2 ponts sur le Spirebach. Tunnel de Kœhre, de 200 m. de long. 4 ponts sur le Spirebach.
			547.500	......	Tunnel de Kopf, de 157 m.
			547.700	......	Tunnel de Gipp, de 216 m. Il y a un grand nombre de ponts sur le Spirebach et 4 tunnels (212 m., 355 m., 195 m., 114 m.).

Nos de série	LIGNES et gares principales hors du bassin du Rhin	GARES IMPORTANTES — Les bifurcations sont en italiques	DISTANCES	NOMBRE de voies	PRINCIPAUX TRAVAUX D'ART EMBRANCHEMENTS
			Kil.		
		Lambrecht ...	554.800		
			557 »	2 voies	Tunnel de 321 m. Pont sur le Spirebach d'une arche = 7 m.
		Neustadt.....	564 »	......	Ligne du Rhin (n° 20).
		Mannheim....	585 »		
12	NEUKIRCHEN A BINGEN		4 »	1 voie.	4 ponts sur la Blies.
			6 »	......	Pont sur la Blies, de 4 arches.
		Ottweiler.....	6.200		
			6.700	......	Pont sur la Blies : 2 travées en treillis = 53 m.
			7.300	......	Pont sur la Blies : 2 travées en treillis = 53 m.
			13.900	......	Pont sur la Blies : 2 travées en tôle = 16 m.
		St-Wendel....	14.700		
			23.900	......	Tranchée de Walhausen, de 1560 m. de long. et 15 m. de prof. 3 ponts sur la Nahe, de 2 arches et d'environ 25 m. de long.
		Birkenfeld....	30.250		
			32.850	......	Pont sur la Nahe : 3 arches en maçonn. = 28 m.
			33.700	......	Tunnel de 144 m. de long.
			34 »	......	Pont sur la Nahe, de 3 arches en maçonn. et de 26 m. de long. Tunnel de Sahrodt, de 124 m. de long.
			35 »	......	Pont sur la Nahe, en treillis à 2 travées = 45 m.
		Heimbach	41 »	......	2 ponts sur la Nahe, de 30 m. de larg.
			42.400	......	Tunnel de 207 m. de long.
			42.800	......	Pont sur la Nahe, de 30 m. de long.
			43.600	......	Pont sur la Nahe, d'une long. totale de 80 m., de 17 m. de haut.
			44.200	......	Tunnel de 124 m. de long. 2 ponts sur la Nahe, de 50 m. de long.
			46 »	......	Tunnel de 211 m. de long. 3 ponts sur la Nahe, de 35 m. de long.
			47.700	......	Tunnel de Frauenberg, de 407 m. de long. 3 ponts sur la Nahe, de 50 à 70 m. environ.
			52 »	......	Tunnel d'Euzweiler, de 462 m. de long. Pont sur la Nahe, de 35 m. Tunnel de 390 m. de long. 2 ponts sur la Nahe, de 35 m.
		Oberstein.....	54 »		

Nos de série	LIGNES et gares principales hors du bassin du Rhin	GARES IMPORTANTES. — Les bifurcations sont en italiques	DISTANCES	NOMBRE de voies	PRINCIPAUX TRAVAUX D'ART EMBRANCHEMENTS
			Kil. 55.800	1 voie.	Pont sur la Nahe et sur la route, de 75 m. de long., 13 m. de haut., et aussitôt un tunnel de 200 m.
			56.200	......	Pont sur la Nahe, de 72 m., 19 m. de haut.
			63.500	......	Pont sur la Nahe, de 80 m.
		Kirn	68 »		
			70 »	......	Tunnel de 190 m.
		Staudernheim.	86 »		
			87 »	......	Tunnel de Rooser, de 425 de long.
			99 »	......	2 tunnels de Norheim (241 m. et 76 m.).
		Munster	101 »	......	Pont sur la Nahe, en treillis ; 4 travées = 54 m. Embranchem[t] sur Alzeuz-Hochspeyer.
		Kreuznach....	107 »	......	Pont sur la Nahe : 3 travées en treillis ; 27 m. de long.
		Bingerbrück ..	121 »	......	Ligne du Rhin ; la gare est sur la rive gauche, donc sur la rive prussienne.
13	LILLE A THIONVILLE		de Lille	1 voie.	
	Valenciennes	*Aulnois*.......	92 »	......	Pont sur la Sambre et grande ligne de Paris à Cologne (n°).
		Avesnes......	104 »		
	Hirson.....	....	138 »	......	Ligne de Paris-Soissons-Charleroi, à une seule voie depuis Soissons.
		Mézières......	193 »	......	Ligne de la Meuse, sur Givet-Namur (n° 14). Viaduc de la prairie de Charleville, de 10 arches = 70 m. de long. Pont sur la Meuse : 4 arches en maçonn. = 66 m. de long. Tunnel sous les fortifications, de 141 m. de long. Pont sur la Meuse (à 2 voies) : 3 travées en arcs métalliques = 72 m. de long , 9 m. 60 de h. Pont sur la Vence, d'une travée de 13 m.
		Mohon	195.500		
			199 »	......	Pont sur la Meuse (2 voies) : 7 travées en arcs métalliques = 43 m. 80 de long., 8 m. 80 de haut. ; fond : gravier calcaire.
		Donchéry.....	209.500		
			211 »	......	Pont sur la Meuse (2 voies) : 4 arches en maçonn. = 68 m. 50 de long., 8 m. 14 de haut.
		Sedan........	216 »	......	Ligne de Verdun-Lérouville.

Nos de série	LIGNES et gares principales hors du bassin du Rhin	GARES IMPORTANTES — Les bifurcations sont en italiques	DISTANCES	NOMBRE de voies	PRINCIPAUX TRAVAUX D'ART EMBRANCHEMENTS
			Kil. 221.500	1 voie.	Pont de Bazeilles sur la Meuse (2 voies) : 7 travées en arcs métalliques = 120 m. de long., 7 m. 50 de haut. ; sur gravier.
		Lamouilly....	250.500	......	
			254 »	......	Pont sur la Chiers (2 voies) : 3 arches en maçonn. = 50 m. de long., 9 m. 50 de haut. ; sur gravier et marne.
		Chauvancy....	257 »	......	Pont sur la Chiers (2 voies), de 6 m. 50 de haut.
			261.200	......	Viaduc sur la vallée de la Thonne (2 voies) : 16 arches = 179 m., 17 m. 46 de haut. ; sur gravier. Tunnel de Montmédy (2 voies), de 750 m. de long. ; marnes de lias ; il fut en partie détruit pendant la guerre.
		Montmédy....	263 »		
			264.800	......	Pont sur la Chiers, de 2 arches en maçonn. et de 38 m. 60 de long., 7 m. de haut.
		Vézin........	275 »		
			277.760	......	Pont sur la Chiers, de 2 arches en maçonn. = 39 m. 60 de long., 5 m. de haut.
			279 »	......	Tunnel de Colmey (2 voies), de 270 m ; terrain oolithique inférieur.
			279.700	......	Pont sur la Chiers, de 3 arches en maçonn. = 39 m. 27 de long., 5 m. 30 de haut.
			281.200	......	Pont sur la Chiers, de 3 arches en maçonn. = 34 m. de long., 7 m. 67 de haut.
			282 »	......	Tunnel de Vachemont (2 voies), de 343 m. de long.
			283 »	......	Viaduc de Longuyon sur la Chiers (2 voies) : 15 arches = 161 m. 60.
		Longuyon....	283.600	......	Ligne de Longwy-Arlon (no 15).
			283.800	......	Tunnel de 671 m. de long.
		Pierrepont....	292.200	......	Pont sur la Grune, de 20 m. Pont sur la Sienne : 3 arches en maçonn. = 43 m. ; sur fond de tourbe.
		Joppecourt...	301 »		
			304.900	......	Tunnel de Mercy-le-Haut (2 voies), de 196 m. de long. ; bancs calcaires de l'oolithe inférieur.
	Frontière allemande.	Audun-le-Roman........	308 »		
		Fontoy.......	316.600		
			327.900	......	Tunnel de Fontoy, de 323 m. ; avec 6 fourneaux de mine.

Nos de série	LIGNES et gares principales hors du bassin du Rhin	GARES IMPORTANTES — Les bifurcations sont en italiques	DISTANCES	NOMBRE de voies	PRINCIPAUX TRAVAUX D'ART EMBRANCHEMENTS
			Kil. 322 »	1 voie.	Viaduc de la vallée de Fensch (2 voies): 18 arches en maçonn =236 m. de long., 15 m. de haut.
		Thionville....	332 »	......	Ligne de Frouard-Metz-Luxembourg. Ligne en construction de Sarreguemines-Haguenau. Ligne projeté sur Trèves-Coblentz.
14	**MÉZIÈRES A NAMUR**	Charleville....	0 »	1 voie.	Pont sur la Meuse (2 voies): 3 arches en maçonn. = 7 m. de long., 10 m. de haut.; gravier sur rocher schisteux.
		Braux........	15.500		
			17 »	......	Tunnel de 518 m. dans le terrain ardoisier.
		Monthermé...	17.400	......	Pont sur la Meuse: 4 arches en maçonn. = 117 m. 50 de long., 14 m. 20 de haut.; gravier.
			18 »	......	Tunnel de St-Nicolas: 801 m. de long. à 2 voies.
		Laifour.......	25.300		
			25.600	......	Pont sur la Meuse: 5 arches en maçonn. = 147 m. de long., 16 m. de haut.
			25.900	......	Tunnel des Corbeaux, de 495 m.
			28.300	......	Pont sur la Meuse: 5 arches en maçonn. = 160 m de long., 17 m. de haut.
			32 »	......	Tunnel de Revin, de 400 m. de long., dans le terrain ardoisier.
			33 »	......	Pont sur la Meuse: 7 travées métalliques droites = 171 m. de long., 12 m. 75 de haut.
		Fumay.......	38.400	......	Tunnel de Fumay, de 559 m., à 2 voies
		Vireux.......	51.300	......	Pont sur Virohain, métallique: 16 m. de long.
			57.500	......	Tranchée de Ham, de 900 m. de long., 14 m. 75 de prof.
			60.800	......	Tunnel de Charlemont, de 510 m.; dans du calcaire très-dur.
		Givet.........	61.500	......	Embranchement sur Marienbourg.
		Dinant.......	83 »	......	Pont sur la Meuse (Les détails manquent de Givet à Namur.)
		Namur.......	111 »	......	Ligne de Paris à Cologne.
15	**LONGUYON A ARLON**	Longuyon....	....	1 voie.	
			5.900	......	Tunnel de Montigny, de 300 m., à 2 voies; dans le terrain oolithique inférieur.
			6.900	......	Pont sur la Chiers: 1 arche en maçonn. = 21 m. de long., 8 m. 50 de haut.; sur gravier.

N° de série	LIGNES et gares principales hors du bassin du Rhin	GARES IMPORTANTES — Les bifurcations sont en italiques	DISTANCES	NOMBRE de voies	PRINCIPAUX TRAVAUX D'ART EMBRANCHEMENTS
			Kil. 7.250	1 voie.	Deuxième tunnel de Montigny, 266 m.; bancs calcaires et oolithe inférieur.
			7.500	......	Pont sur la Chiers : 1 arche en maçonn. = 21 m de long., 9 m. 90 de haut.
			7.800	......	Pont sur la Chiers: 1 arche en maçonn. = 21 m. de long., 9 m. 90 de haut.
			8.900	......	Pont sur la Chiers : 1 arche en maçonn. = 21 m. de long., 9 m. 90 de haut.
			10 »	......	Pont sur la Chiers: 1 arche en maçonn. = 21 m. de long., 12 m. 70 de haut.
		Cons-la-Grand-ville........	10.300	......	Pont sur la Chiers : 2 arches en maçonn. = 28 m. 40 de long., 11 m. de haut.
			11.500	......	Pont sur la Chiers: 1 arche en maçonn. = 22 m. de long., 12 m. de haut.
			11.900	......	Pont sur la Chiers: 1 arche en maconn. = 22 m. de long , 12 m. de haut.
		Longwy......	16 »		
	Frontière belge.		18 »	......	Pont sur la Chiers: 1 arche en maçonn. = 20 m. de long., 8 m. 25 de haut.
			27 »	......	Pont d'Athus sur la Chiers : 1 arche en maçonn.
			30 »	......	Pont sur la Chiers: 1 arche en maçonn.
		Arlon	41 »	......	Ligne de Trèves-Luxembourg-Namur (n° 8).
16	**PARIS A COLOGNE**			2 voies	
	Creil.......	....	51 »	......	Ligne d'Amiens { Boulogne (à 2 v.). Lille (à 2 v.). } Ligne de Beauvais (à 2 voies).
	Compiègne.	....	84 »		
	Tergnier...	....	....	......	Ligne de Laon-Reims (à 2 voies). Embranchemt sur Amiens (à 1 v.).
		Busigny.......	181 »	......	Ligne de Cambrai-Somain (à 2 voies). { Douai (2 voies). Valenciennes (2 voies).
		Landrecies ...	202 »		
		Aulnoie	216 »	......	Ligne de Lille à Thionville (n°). 3 ponts sur la Sambre en amont de Maubeuge.
		Maubeuge	229 »	......	Embranchement sur Mons.
			235 »	......	Pont sur la Sambre à Boussois.
	Frontière belge.	Jeumont......	238 »	......	Embranchement sur Bruxelles.
		Erquelines....	241 »	......	Embranchement sur Bruxelles.

Nos de série	LIGNES et gares principales hors du bassin du Rhin	GARES IMPORTANTES — Les bifurcations sont en italiques	DISTANCES	NOMBRE de voies	PRINCIPAUX TRAVAUX D'ART EMBRANCHEMENTS
			Kil.		
				2 voies	2 ponts sur la Sambre.
					6 ponts sur la Sambre avant Charleroi.
		Charleroi.....	270 »	......	Embranchemts sur Marienbourg, sur Givet, sur Mons, sur Gand, sur Bruxelles, sur Bois-le-Duc.
					14 ponts sur la Sambre entre Charleroi et Namur.
		Namur.......	306 »	......	Embranchements sur Arlon, sur Bruxelles, sur Hasselt — Bois-le-Duc — Amsterdam.
		Liége.........	366 »	......	Pont sur la Meuse et sur l'Ourthe.
					Embranchements sur Maestricht — Venloo ; Hasselt — Anvers ; sur Louvain { Bruxelles. Gand.
					8 ponts d'une arche sur la Vèdre, entre Liége et Pepinster.
		Pepinster.....	379 »	......	Ligne de Luxembourg (n° 7).
					Deux ponts sur la Vèdre.
					Tunnel d'Eusival, de 120 m. de long.
		Verviers......	391 »	......	4 tunnels de 100 à 180 m.
			395 »	......	Pont sur la Vèdre : 5 arches en maçonn. = 18 m. de haut.
					2 tunnels de 150 m.
			396 »	......	Pont sur la Vèdre : 7 arches en maç.
					Tunnel de Limbourg, de 180 m.
			397.500	......	Pont-viaduc sur la Vèdre : 21 arches de 270 m. de long. et 20 m. de h.
	Frontière prussienne.	*Herbesthal*....	406 »	......	Embranchement prussien de Eupen (5 kil. à 1 voie).
					Pont métallique : 2 travées, 20 m. de long.
			412 »	......	Viaduc de 207 m. de long. et 37 m. de haut., en pierres et briques ; à arches superposées.
			416 »	......	Tunnel de Klansberg, en briques, de 150 m. de long. ; dans le sable, fortes tranchées d'accès.
			417 »	......	Tunnel de Branderbey, en briques, 697 m. de long. ; fortes tranchées d'accès, dans le sable mouvant.
		Aix-la-Chapelle.......	422 »	......	Ligne de Dusseldorf ; embranchement sur Maestricht.
					Viaduc sur la Wurm, de 267 m., 24 m. de haut.
			423.500	......	Pont de 4 arches = 30 m. de long., 11 m. de haut.
			428 »	......	Tunnel de Nirm, en briques, de 750 m. ; dans le chiste argileux dur ; dans le sable et l'argile humide.

Nos de série	LIGNES et gares principales hors du bassin du Rhin	GARES IMPORTANTES — Les bifurcations sont en italiques	DISTANCES	NOMBRE de voies	PRINCIPAUX TRAVAUX D'ART — EMBRANCHEMENTS
			Kil.		
		Stolberg......	432 »	2 voies	
			434 »	......	Pont sur l'Inde : 3 arches en maç. = 83 m. de long., 18 m. de haut.
		Eschweiler ...	435 »	......	Tunnel de 188 m.
			443 »	......	Pont sur la Wehe et sur la route : 6 arches en maçonn. = 33 m. de long., 12 m. de haut.
		Düren........	447 »	......	Pont sur la Roër : 5 arches=50 m. Ligne de l'Eifel sur Trèves (n° 17).
			466 »	......	Pont sur l Erft : 2 arches = 15 m. de long., et 2 autres sur les dérivations.
		Horrem	467 »		
			469 »	......	Tunnel de Königsdorf, en briques, de 1620 m. de long. ; dans le sable mouvant.
		Cologne	492 »		
17	DUREN A TRÈVES	*Düren*........	....	1 voie.	Ligne de Aix à Cologne (n° 16).
		Zülpich.......	20 »	......	Pont sur la Naffel, d'une arche.
		Euskirchen...	30.500	......	Embranchement sur Bruhl (ligne du Rhin, n° 20). Pont en pierres, d'une arche = 10 m. de long.
		Call..........	53.700	......	Tunnel de 300 m. de long. (Les détails manquent sur la suite de la ligne.)
		Blankenheim .	73 »	......	Pont sur l'Ahr.
		Hillesheim ...	94 »		
		Trèves	165 »	......	Ligne de Luxembourg et de Sarrebrück. Ligne projetée de la Moselle.
18	D'AIX-LA-CHAPELLE A DUSSELDORF	Aix	0 »	2 voies	Grand remblai et déblai. Pont sur la route et sur un bras de la Wurm, près d'Herzogenrath : 3 arches = 20 m. de long.
			13 »		
			36 »	......	Pont de Brachelen, sur la Roër : 6 arch. en briques=90 m. de long. Pont sur un petit bras de la Roër = 20 m. de long.
			39 »	......	Pont sur la route : 3 arches=20 m.
		Rheidt	57 »		
			60 »	.....	Pont sur la Niers : une arche en pierres et briques.
		Gladbach.....	61 »	......	Embranchemt sur Ruhrort (n° 19). Pont sur la Niers : une arche en pierres et briques.
		Neuss.......	78 »	......	Pont sur le canal du Nord, en tôle. Ligne du Rhin.
			82 »	......	Pont fixe sur le Rhin, à Hamm, avec un fortin sur la rive droite.
		Dusseldorf....	86 »	......	Lignes de la rive droite.

Nos de série	LIGNES et gares principales hors du bassin du Rhin	GARES IMPORTANTES — Les bifurcations sont en italiques	DISTANCES	NOMBRE de voies	PRINCIPAUX TRAVAUX D'ART EMBRANCHEMENTS
			Kil		
19	**DE GLADBACH A RUHRORT**	Gladbach.....	....	1 voie.	
		Viersen	8.500	......	Embranchemt sur Venloo (24 kil.). Pont sur le canal du Nord. 2 ponts sur des fossés. Pt sur la Niers : 3 arc. en tôle=20 m. Ligne du Rhin (no 20).
		Creveld	23 »	......	Les wagons franchissent le Rhin sur des pontons, remorqués par un vapeur ; les locomotives ne passent pas.
		Ruhrort......	42 »	......	
20	**BALE A NIMÈGUE** (Ligne du Rhin.)	*Bâle*	0 »	2 voies	Lignes de la Suisse.
		St-Louis	5 »	......	D'où partira l'embranchement qui franchira le Rhin sur un pont fixe pour se greffer au railway de la rive droite à Leopolshöhe.
		Mulhouse.....	32.500	......	Ligne de Belfort.
			33.400	......	Pont sur le canal du Rhin, poutres métalliques : 16 m. 50 de long., 4 m. de haut.
			34.200	......	Pont sur l'Ill ; culées et piles en maçonn., poutres métalliques droites : 23 travées = 102 m. 90 de long., 2 m. 55 de haut.
			34.500	......	Pont sur le canal de décharge de l'Ill : 6 arches en maçonn. = 23 m. de long.
		Dornbach.....	35.600		
			37.200	......	Pont sur la Doller : 3 arches en maçonn. = 30 m. de long., 3 m. 65 de haut ; sur gravier.
		Lutterbach ...	38 »	......	Embranchement sur Vesserling.
			46.300	......	Pont sur la Thur : 9 arches en maç. = 64 m. de long., 3 m. de h.
			49.700	......	Anciennes estacades voûtées, à 4 voies : 4 arches en maçonn. = 18 m. 60 de long., 3 m. 70 de h. 2 petits ponts d'une arche.
		Rouffach	62 »		
			68 »	......	5 petits ponts sur la Lauch et pour sa décharge.
		Colmar	75 »	......	Embranchement sur Munster.
			77 »	......	Pont sur la Fecht ; culées et piles en maçonn. ; tablier à poutres droites métalliques : 8 travées = 56 m. 60 de long., 3 m. 50 de haut. ; sur gravier.
		Ribeauvillé...	88 »		
		Schlestadt....	97.600	......	Embranchemt de Ste-Marie-aux-Mines.
			99.300	......	Pont sur le Giessen ; 5 arches en maçonn. = 34 m. de long., 2 m. 70 de haut. ; 3 mines dans chaque culée.

Nos de série	LIGNES et gares principales hors du bassin du Rhin	GARES IMPORTANTES — Les bifurcations sont en italiques	DISTANCES	NOMBRE de voies	PRINCIPAUX TRAVAUX D'ART — EMBRANCHEMENTS
			Kil.		
			129 »	2 voies	Pont sur l'Andlau : 3 arches en maçonn. = 17 m. de long. ; les Allemands le firent sauter le 11 août.
			131.800	......	Pont sur le Schiffbach : 3 arches en fonte, 20 m. de long., 3 m. 30 de haut.
		Geispolsheim .	132 »		
			137.500	......	Pont sur la Brusche : 4 arches en maçonn. = 44 m. 50 de long., 5 m. 15 de haut. ; 2 fourneaux de mine par culée.
			137.800	......	Pont sur le canal de la Brusche : 3 arches métalliques, 13 m. de long.
		Kœnigshoffen.	139 »	......	Ligne de la Brusche-Mutzig.
		Strasbourg...	142 »	......	Embranchement de Strasbourg-Kehl-Appenweir (n° 24) ; par le pont fixe du Rhin, de 233 m. de long., 12 m. 78 de haut.
		Vendenheim..	152 »	......	Ligne de Paris (n° 1).
		Hoerdt	159 »		
			159.800	......	Pont de décharge de la Zorn : 7 arches en maçonn. = 40 m. de long., 3 m. de haut.
					2me pont de décharge de la Zorn : 7 arches en maçonn = 25 m. 20 de haut. ; 2 fourneaux de mine dans chaque culée.
					Pont sur la Zorn : 7 arches en maçonn. = 39 m. 80 de long. ; avec 2 fourneaux de mine par culée
					Tranchée de Weyersheim, de 1600 m. de long., 7 m. 50 de prof. ; ne peut être contournée.
		Marienthal ...	171.500		
			175 »	......	Tranchée de Schantz, de 1000 m. de long., 10 m. de prof. ; dans le sable aquifère.
		Haguenau....	176.300	......	Pont sur la Moder ; tablier métallique : 3 travées = 15 m. de long., 6 m. 30 de haut.
					Ligne de Bitche-Bening (n° 21).
			176.800	......	Pont sur le canal de décharge de la Moder : 6 travées métalliques = 31 m. 50, 7 m. 70 de haut.
		Walbourg....	185 »		
			186.700	......	Pont sur la Sauer : 1 arche en maçonn. = 7 m. 50 de long. ; avec 4 fourneaux de mine.
					Après Hunsbach, 3 grandes tranchées, dont l'une de 1000 m. de long.

Nos de série	LIGNES et gares principales hors du bassin du Rhin	GARES IMPORTANTES — Les bifurcations sont en italiques	DISTANCES	NOMBRE de voies	PRINCIPAUX TRAVAUX D'ART — EMBRANCHEMENTS
			Kil.		
		Wissembourg.	210 »	2 voies	
			212.500	......	Pont sur la Lauter : 1 arche en maçonn. = 15 m., 4 m. 10 de haut. ; radier sur alluvion ; 4 fourneaux de mine.
		Winden......	226 »	......	Embranchement de Carlsruhe-Maxau Berzabern (n° 25).
		Landau.......	238.700	......	Pont sur la Queich.
		Neustadt.....	258 »	......	Ligne du Hardt sur Kayserslautern-Sarrebrück. Embranchement sur Durkheim-Alzey-Bingen.
		Schifferstadt .	275 »	......	Ligne de Germersheim, qu'on doit prolonger jusqu'à Strasbourg. Les ponts sur lesquels la voie traverse les rivières du Palatinat ont une faible importance.
		Ludwigshafen	288 »	......	Embranchement sur Mannheim, par le pont fixe du Rhin.
		Worms.......	312 »	......	Ligne d'Alzey-Bingen. Pont sur la Pfrimm : 2 arches = 15 m. de long.
		Mayence	359 »	......	Ligne sur Alzey et sur la rive droite par le pont fixe. Pas de travaux d'art importants jusqu'à Bingen.
		Bingen.......	391 »		
			392 »	......	Pont sur la Nahe : 3 arches en treillis sur piles en maçonn. = 105 m. de long.
			416 »	......	3 tunnels de 250 m., 267 m. et 400 m.
		St-Goar......	419 »		
		Coblentz......	454 »	......	Ligne de la Lahn, par le pont fixe sur le Rhin (n° 47). Pont sur la Moselle : 4 travées en fer et 6 arches en pierres pour les inondations = 249 m. de l.
			468 »	......	Pont sur la Nette : 1 arche de 7 m.
		Sinzig........	487 »	.....	Pont sur l'Ahr, en briques : 7 arches = 70 m. de long.
		Bonn.........	512 »		
		Brühl........	529 »	......	Embranchement sur Euskirchen.
		Cologne	544 »	......	Ligne d'Aix-la-Chapelle et embranchement reliant les 2 rives du Rhin par le pont fixe.
			576 »	......	Pont sur l'Erft, en briques : 3 arches = 30 m de long. Pont sur l'Erft-canal : 1 arche de 7 m.
		Neuss	580 »	......	Ligne de Aix à Dusseldorf.
		Osterath......	588 »	......	Embranchement sur Duisbourg ; par le pont fixe du Rhin à Rheinhausen.

Nos de série	LIGNES et gares principales hors du bassin du Rhin	GARES IMPORTANTES — Les bifurcations sont en italiques	DISTANCES	NOMBRE de voies	PRINCIPAUX TRAVAUX D'ART EMBRANCHEMENTS
			Kil.		
		Creveld	597 »	2 voies	Ligne de Gladbach à Ruhrort (n° 19).
		Kempen	608 »	......	Embranchement sur Venloo. Pont de Geldern et celui de Goch sur la Niers.
		Clèves	661 »		
		Nimègue	686 »		
21	**HAGUENAU A BENING**	Haguenau	....	1 voie.	
		Mertzwiller ...	10.700		
			11.800	......	Pont sur la Zinzel (à 1 voie) : 2 arches en maçonn. = 15 m. de long.
			14 »	......	2 ponts sur la Zinzel (à 1 voie) : 2 arches en maçonn. = 12 m. de long.
		Reischoffen...	18 »	......	Quelques tranchées dans cette partie; on peut les tourner.
		Niederbronn..	21 »		
			39.600	......	Tranchée du Pain-de-Sucre, de 200 m. de long., 17 m de prof., dans le grès vosgien ; on peut la tourner.
			40.600	......	Tranchée de Wolfchachen, de 440 m. de long., 25 m. de prof.; elle peut être facilement comblée, et difficilement contournée.
		Bitche	45 »	......	La traversée des Vosges se fait donc à ciel ouvert.
		Bliesbrücken .	72 »	......	Pont sur la Sarre : la 1re pile de la rive gauche est munie d'un fourneau de mine.
			82 »	......	Viaduc en maçonn. : 7 arches = 120 m. de long., 12 m. 60 de h.; fourneau de mine dans la pile, vers Sarreguemines.
		Sarreguemines	83.400	......	Ligne de la Sarre (n° 10).
			84 »	......	Pont en fonte sur la route : 3 travées = 14 m. 20 de long. Pont sur la Sarre : 6 travées métalliques = 107 m. 60 de long., 13 m. de haut.; 4 fourneaux de mine du côté de Sarreguemines (2 dans la culée, 2 dans la pile).
		Bening	106 »		
			106.500	......	Pont sur la Rosselle : 3 arches en maçonn. = 17 m. de long., 2 de haut.

Région germanique (RIVE DROITE).

Nos de série	LIGNES et gares principales hors du bassin du Rhin	GARES IMPORTANTES — Les bifurcations sont en italiques	DISTANCES	NOMBRE de voies	PRINCIPAUX TRAVAUX D'ART EMBRANCHEMENTS
			Kil.		
22	DE PETIT BALE A LA HOLLANDE (Ligne du Rhin.)	*Petit Bâle*....	0	2 voies	La ligne remonte le Rhin jusqu'à Constance, à 1 seule voie. Pont sur la Wiese, de 55 m. ; en treillis.
			12	......	3 tunnels à Elfringen, de 300 m., 150 m. et de 250 m.
		Schliengen ...	26	......	Viaduc de Schliengen, de 22 arch.
			43	......	Pont en pierres sur la Neumagen, de 106 m.
		Fribourg.....	60	......	Pont sur la Dreisam. Embranchement sur Brisach et plus tard sur Colmar.
			70	......	Pont de 54 m. sur l'Elz.
			106	......	Pont de 25 m sur la Schutter.
			120	......	Pont sur la Kinzig, de 70 m.
		Offenbourg...	123	......	Ligne de la Kinzig (n° 23).
		Appenweier..	134	......	Embranchemt sur Kehl-Strasbourg (n° 24).
		Renchen	140	......	Pont de 25 m. ; tablier en bois sur la Renchen.
		Oos..........	166	......	Embranchement sur Baden-Baden (5 kil. à 1 voie).
		Rastadt......	180	......	Pont de 70 m. de long. ; tablier en bois, sur la Murg. Embranchemt sur Gernsbach (15 k. à 1 v.), par la vallée de la Murg.
		Carlsruhe....	199	......	Embranchemts sur Maxau-Windden (rive gauche, n° 25) ; sur Mannheim.
		Durlach......	205	......	Embranchement sur Pforzheim, à 2 voies (n° 26).
		Bruchsal.....	221	......	Grande ligne de Stuttgard-Ulm (n° 28).
		Heidelberg....	251	......	Embranchements à gauche sur Mannheim, à droite sur Wurtzbourg (n° 34).
			260	......	Pont en pierres, de 231 m., à Ladenbourg, sur le Necker.
		Darmstadt...	312	......	Ligne de Mayence à Aschaffenbourg (n° 37).
		Frankfort....	339	......	Pont en pierres, de 320 m. ; avec une travée mobile sur la rive gauche pour le passage des bateaux à mâts. Ligne de Bebra-Leipzig (n° 40). Embranchemts sur Giessen (n° 46), sur Hombourg, sur Mayence (rive gauche du Mein).
		Castel (Mayence)	373	......	Embranchement sur Wiesbaden.

Nos de série	LIGNES et gares principales hors du bassin du Rhin	GARES IMPORTANTES — Les bifurcations sont en italiques	DISTANCES	NOMBRE de voies	PRINCIPAUX TRAVAUX D'ART EMBRANCHEMENTS
			Kil.		
		Bingen.......	405	1 voie.	
		Oberlahnstein.	463	......	Ligne de Giessen-Cassel (no 47). Pont sur la Lahn, de 120 m. Grand pont sur le Rhin, pour relier les 2 railways.
		Coblentz......	467		
		Neuwied.....	482	......	Pont sur la Vied.
		Bonn.........	531		
		Troïsdorf....	540	2 voies	Pont sur le Sieg. Embranchement sur Wetzlar.
		Deutz (Cologne)	558	......	Embranchemt allant à Vohwinkel se greffer à la ligne de Dusseldorf-Berlin. Pont du Rhin à Cologne.
		Dusseldorf....	599	......	Ligne de Paderborn-Berlin (no 51).
		Duisbourg....	620	......	Embranchemt sur Essen-Herdecke. Pont sur la Rühr, où arrive un embranchement qui vient de Neuss rive gauche) et traverse le Rhin sur un pont fixe à Rheinhausen.
		Oberhausen...	631	1 voie.	Ligne de Ruhrort-Hamm-Hanovre-Berlin (no 52).
		Wesel........	645	......	Embranchement en construction sur Haltern.
		Emmerich....	678		
			685	......	Frontière hollandaise. Pont de Westervoode sur l'Yssel.
		Arnheim.....	705	2 voies	
		Utrecht......	760		
		Amsterdam...	808		
23	**OFFENBOURG-VILLINGEN** (Ligne de la Kinzig.)	Offenbourg...	0	1 voie.	Par le Kinzigthal.
			21	......	Pont de 20 m. sur la Kinzig, en aval de Steinach.
		Hansach......	34	......	Cette ligne vient d'être achevée jusqu'à Villingen. Les travaux d'art y sont nombreux.
		Hornberg.....	43		
		Villingen.....	86		
24	**APPENWEIER-STRASBOURG**	Appenweier..	0	2 voies	
		Kehl.........	14	......	Pont sur la Kinzig. Grand pont en treillis sur le Rhin, de 233 m.; avec une travée tournante sur chaque rive.
		Strasbourg...	23	......	Pont en treillis sur le Petit Rhin.
25	**CARLSRUHE-WINDEN**	Carlsruhe.....	0	1 voie.	
		Maxau.......	10	......	Pont de bateaux sur le Rhin, de 360 m. de long.
		Maximiliensau	....	......	Rive gauche. 6 ou 7 petits ponts.
		Winden......	25	......	Ligne du Rhin (rive gauche) (no 20).

Nos de série	LIGNES et gares principales hors du bassin du Rhin	GARES IMPORTANTES — Les bifurcations sont en italiques	DISTANCES	NOMBRE de voies	PRINCIPAUX TRAVAUX D'ART EMBRANCHEMENTS
			Kil.		
26	**DURLACH A PFORZHEIM ET MUHLACKER**	Durlach......	....	2 voies	3 ponts de 20 m. environ sur la Pfinz. Tunnel de 900 m. de long., pour atteindre le bassin du Necker.
		Pforzheim...	27	......	Embranchemt sur Wilbad (no 27).
		Mühlacker....	40	......	Ligne de Bruchsal-Stuttgard.
27	**PFORZHEIM A WILBAD**	Pforzheim....	....	1 voie.	Pont de 50 m. sur l'Enz.
		Neuenburg...	10	......	Tunnel de 300 m.
		Wilbad.......	24	......	Pont sur l'Enz.
28	**BRUCHSAL A ULM**	Bruchsal.....	....	2 voies	Tunnel de 125 m. Une dizaine de petits ponts sur la Saal.
		Maulbron.....	25	......	Tunnel de 400 m.
		Mühlacker....	32	......	Embranchemt de Durlach (no 26).
		Bietigheim...	55	......	Viaduc de l'Enz : 300 m. de long., 20 m. de haut. Embranchemt sur Heilbronn (no 29)
		Ludwigsburg.	64	......	Viaduc et tranchées profondes.
		Feuerbach....	73	......	Tunnel de 867 m. de long.
		Stuttgard....	78	......	Pont de 30 m. ; embranchemt sur Calw (ligne nouvelle de 35 kil.)
		Cannstadt....	82	......	Tunnel de 380 m. de long. Pont en fer sur le Necker, de 246 m., et profondes tranchées. Embranchement sur Nordlingen.
		Plochingen...	101	......	Ligne de Rotweil (no 31).
		Geislingen....	139	......	Enormes remblais; pente au $^1/_{45}$ pour atteindre le sommet du Rauhe-Alp.
	Ulm.......	....	172	......	La ligne se continue, à 1 voie, jusqu'à Frédérickshafen, sur le lac de Constance. Ligne remontant la vallée du Danube et allant se greffer à celle du Rhin à Radolfzell (près de Constance). Ligne d'Augsbourg-Munich, à 2 v.
29	**BIETIGHEIM-HEILBRONN**	Bietigheim...	....	1 voie.	Viaduc sur la vallée de l'Enz, de 200 m. de long., 33 m. de haut.
			7	......	Pont sur l'Enz, de 175 m., à Besigheim.
		Kirchheim....	12	......	Tunnel de 600 m., et pont sur le canal du Necker.
		Heilbronn....	30	......	Pont de 5 arches sur le canal rive gauche du Necker. Pont métallique sur le Necker, de 115 m. Pont sur le canal de la rive droite. Ligne de Heidelberg à Nordlingen (no 33).

Nos de série	LIGNES et gares principales hors du bassin du Rhin	GARES IMPORTANTES — Les bifurcations sont en italiques	DISTANCES	NOMBRE de voies	PRINCIPAUX TRAVAUX D'ART EMBRANCHEMENTS
			Kil.		
30	STUTTGARD A MUNICH	Stuttgard......	....	1 voie.	Voir la ligne n° 34.
		Cannstadt	....	......	Vallée de la Reuss.
		Schorndorf	33	......	Pont en bois, couvert, de 300 m., sur la Reuss (à 1 voie).
		Gmünd.......	54		
		Aalen........	80	......	Pont sur la Kocher, de 120 m. de long. Embranchement sur Heidenheim, de 22 kil.
		Goldshofe.....	88	......	Où cette ligne se réunit à celle de Heidelberg-Nordlingen (n° 33).
			98	......	Tunnel de Lauchheim, de 600 m., pour atteindre la vallée de l'Eger.
	Nordlingen.	....	121	......	Lignes de Nuremberg, de Heidelberg.
	Donawerth..	....	155		
	Augsbourg .	....	196		
	Munich	....	260		
31	PLOCHINGEN A SINGEN (Stuttgard-Constance.)	Plochingen	....	1 voie.	Pont en fonte, de 120 m. ; sur la Fils.
			6	......	Pont de 70 m., sur la Lauter.
			12		Pont de 40 m. et petit tunnel de 54 m., à Nürtingen.
		Reutlingen	34	......	Pont sur l'Eschaz, de 4 travées.
		Tubingen.....	....	......	Pont sur le Steinbach et pont de 5 arches, sur le Mühlbach. Embranchement sur Hechingen (25 kil.). — Balingen (42 kil.).
		Rottenburg...	59	......	Pont en treillis, de 4 arches, sur le Necker. Tunnel de 400 m. Autre pont en treillis, sur le Necker, d'une seule arche de 12 m.
			67	......	Tunnel de Sulzau, de 510 m.
			72	......	Pont sur l'Eyach, de 81 m.
		Horb.........	79		
		Firchingen	90	......	Pont sur le Necker, de 18 m. de long. Tunnel de 450 m. 2 ponts sur le Necker, de 12 m. Tunnel de 600 m. Dans cette étroite vallée, il y a encore plusieurs ponts en fonte d'une seule travée et 2 tunnels.
		Rottweil.....	125	......	Embranchement de Rottweil, à Immendingen, où il revient se greffer à la ligne même (n° 32).
		Speichingen ..	140		
		Tuttlingen....	152		
		Möhringen ...	147	......	Pont sur le Danube, de 4 travées.
		Immendingen	164	......	Où arrive l'autre voie de Rottweil-Villingen.

Nos de série	LIGNES et gares principales hors du bassin du Rhin	GARES IMPORTANTES — Les bifurcations sont en italiques	DISTANCES.	NOMBRE de voies	PRINCIPAUX TRAVAUX D'ART EMBRANCHEMENTS
			Kil.		
		Engen........	179	1 voie.	La ligne suit la vallée de l'Aach, qu'elle franchit plusieurs fois.
		Singen.......	194	......	Où la ligne se greffe au railway du Rhin, entre Constance et Schaffouse.
32	ROTTWEIL-IMMENDINGEN	Rottweil......	....	1 voie.	Il franchit plusieurs fois le Necker sur de petits ponts; atteint le Danube à Villingen, le coupe plusieurs fois.
		Villingen	28		
		Donaueschin-gen	42		
		Immendingen.	62		
33	HEIDELBERG-NORDLINGEN	Heidelberg ...	....	2 voies	Tunnel de 150 m.
					Tunnel de 350 m.
		Neckergemund	10		
					2 ponts en fer sur l'Elsenz, de 27 m.
		Meckesheim...	20	1 voie.	Où se sépare la grande ligne de Wurtzbourg (n° 34).
		Sinsheim.....	31		
			35	......	Pont de 40 m., sur l'Elsenz.
		Wimpfen.....	55	......	Viaduc en fer.
					Pont sur le Necker, de 200 m. de long. (arceaux en fer).
		Jaxtfeld......	58	......	Embranchement sur Adelsheim.
		Neckarsuhm..	63	......	Pont sur le Suhm.
		Heilbronn	69	......	Embranchement sur Bietigheim. Pont sur un canal du Necker.
			73	......	Tunnel de 500 m.
		Weinsberg ...	81	......	Pont de 7 arches, sur la Suhm.
		Eschenau.....	....	......	Pont de 5 arches, sur le Brettach.
		Œhringen....	86	......	Viaduc d'Œhringen, de 1140 m.
		Hall...... ...	114	......	2 tunnels, l'un de 330 m., l'autre de 85 m.
					Pont de 5 arches, sur le Kocher.
		Sulzdorf......	125	......	Pont de 5 arches, sur le Bühler.
		Crailsheim ...	144	......	Ligne de la Tauber, sur Wertheim.
			149	......	2 ponts sur la Jaxt.
		Jaxtzell	157	......	Pont sur la Jaxt.
		Elwangen	165	......	Pont sur la Jaxt.
		Goldshöfe	172	......	Où la ligne se joint à celle de Stuttgard-Nordlingen.
	Nordlingen.	....	204		
34	HEIDELBERG-WURTZBOURG	Heidelberg ...	....	2 voies	Ligne n° 33.
		Meckesheim ..	20	1 voie.	Pont sur l'Elsenz, de 25 m.
					Plusieurs ponts de 20 m. environ, sur le Schwarzbach.
		Asbach.......	43	......	Tunnel de 700 m., de Mörtelstein. 2me tunnel de 970 m.; 3me tunnel de 250 m.
		Neckaretz	51	......	Pont en treillis, de 200 m., sur le Necker.

Nos de série	LIGNES et gares principales hors du bassin du Rhin	GARES IMPORTANTES — Les bifurcations sont en italiques	DISTANCES	NOMBRE de voies	PRINCIPAUX TRAVAUX D'ART EMBRANCHEMENTS
			Kil. 66	1 voie.	Tunnel de la Scheffenz, de 450 m.
		Seckach	75	......	Tunnel de 850 m.; pont en treillis. Tunnel de 200 m.
		Adelsheim....	80	......	Embranchement sur Jaxtfeld. Tunnel de 350 m. Nombreux petits ponts et 2 petits tunnels.
		Lauda.......	117	......	Ligne de la Tauber (n° 36). Pont sur la Tauber, de 42 m, pour 1 voie. Nombreux ponts et tunnels.
		Heidingsfeld..	158	......	Où elle se greffe à la ligne Wurtzbourg-Ingolstadt. Pont en pierre, de 250 m., sur le Mein.
		Wurtzbourg..	164	......	Lignes du Mein, de Nuremberg, d'Ingolstadt.
35	JAXTFELD-ADELSHEIM	Jaxtfeld	....	1 voie.	
		Sieglingen....	12	......	3 ponts sur la Jaxt.
		Mochmühl....	16	......	Pont sur le Seebach.
		Adelsheim	29	......	Où elle se greffe à la ligne n° 34.
36	WERTHEIM-CRAILSHEIM (Ligne de la Tauber.)	Wertheim....	....	1 voie.	Tunnel de 1200 m. Pont en treillis, de 80 m., sur la Tauber. Tunnel de 900 m.
		Gamburg.....	12	......	Tunnel de 900 m. Pont en treillis, de 60 m., sur la Tauber.
		Tauberbischofsheim	23	......	Pont sur la Brembach, de 25 m.
		Lauda........	32	......	Ligne de Heidelberg-Wurtzbourg (n° 40).
		Kœnigshofen .	....	......	Pont en treillis, sur le Unterschüff.
		Marienthal ...	42	......	Pont et tranchée.
		Crailsheim ...	84	......	Pont sur la Jaxt. Ligne de Heidelberg-Nodlingen (n° 33).
37	MAYENCE-ASCHAFFENBOURG	Mayence	....	2 voies	Grand pont en treillis, de 1027 m., sur le Rhin.
		Bischofsheim .	7	......	Embranchemt sur Frankfort (n° 38). Plusieurs ponceaux.
		Darmstadt ...	32	......	Ligne du Rhin.
		Dieburg......	49	......	Pont de 3 arches, sur le Gersprenz.
		Aschaffenbourg	74	......	Pont sur le Mein, de 9 arches (190 m.). Ligne du Mein.
38	MAYENCE-FRANKFORT (Rive gauche du Mein.)	Mayence......	....	2 voies	Ligne précédente.
		Bischofsheim .	7	1 voie.	
		Frankfort	36	......	Grand pont sur le Mein (320 m.), de la ligne du Rhin (n° 28). Lignes du Mein, de Bebra-Leipzig (n° 40), de Gressen (n° 46).

Nos de série	LIGNES et gares principales hors du bassin du Rhin	GARES IMPORTANTES — Les bifurcations sont en italiques	DISTANCES	NOMBRE de voies	PRINCIPAUX TRAVAUX D'ART — EMBRANCHEMENTS
			Kil.		
39	**FRANKFORT-VIENNE**	Frankfort.....	....	2 voies	
		Hanau.......	17	......	Pont en treillis, de 96 m., sur la Kinzig. Ligne de Bebra-Gotha-Leipzig (no 40).
		Kahl.........	26	......	Pont de 33 m., sur la Kahl.
		Aschaffenbourg	41	......	Pont de 30 m., sur l'Aschaf, et forte tranchée.
		Heigenbrüchen	60	......	Tunnel de 900 m.
		Lohr.........	80	......	Viaduc de 50 m.
		Gemunden....	93	......	Pont de 30 m. (6 arches), sur la Saale franconienne.
		Wurtzbourg..	134	1 voie.	Lignes de Ingolstadt-Munich, de Wurtzbourg-Bamberg, de Heidelberg.
		Kitzingen.....	157	......	Pont de 150 m., sur le Mein.
		Neustadt.....	198	......	Pont sur l'Aisch.
		Jurth........	232	......	Pont sur la Rednitz.
		Nuremberg...	240	......	Ligne de Lindau à Hof ou railway Louis (no 43).
	Amberg....	....	315	......	Pont sur la Fils (bassin du Danube).
	Schwandorf	....	337	......	Ligne sur Eger-Leipzig.
	Ratisbonne.	....	375		
	Passau.....	....	495		
	Lintz......	....	593		
	Vienne.....	....	760		
40	**FRANKFORT-BERLIN**	*Frankfort*....	....	2 voies	
		Hanau.......	17	......	Pont sur la Kinzig, de 96 m., et ligne du Mein (no 39).
		Gelnhausen...	40	......	Pont sur la Kinzig ; embranchemt sur Giessen, de 70 kil.
			57	......	2 ponts de 40 m. environ, sur la Kinzig.
	Fulda.....	....	107	......	Embranchement sur Giessen-Coblentz.
	Bebra......	....	164	......	Embranchement sur Cassel.
	Leipzig....	....	376	......	Embranchements à 2 voies, sur Riesa, sur Dresde.
	Dessau.....				
	Berlin.....	....	541		
41	**WURTZBOURG-MUNICH**	Wurtzbourg..	....	1 voie.	
		Heidingsfeld..	7	......	Pont en pierres, de 250 m., sur le Mein.
		Ocksenfürt....	22	......	Petits ponts.
		Anspach......	90	......	Projet de railway, de Crailsheim à Nuremberg.
	Gunzenhauzen.....	....	117	......	Railway Louis.
	Ingolstadt..	....	185		
	Munich....	....	272		

N° de série	LIGNES et gares principales hors du bassin du Rhin	GARES IMPORTANTES — Les bifurcations sont en italiques	DISTANCES	NOMBRE de voies	PRINCIPAUX TRAVAUX D'ART EMBRANCHEMENTS
			Kil.		
42	**WURTZBOURG-BAMBERG**	Wurtzbourg..	....	1 voie.	Les travaux d'art sont faits pour 2 voies. Viaduc de 4 arches et tranchées de 25 m. de prof.
		Rottendorf...	8	......	Ligne de Nuremberg (n° 39). Nombreuses tranchées.
		Schweinfurt..	46	......	Pont sur les anciens fossés et tunnel de 200 m., sous la ville. Pont de 25 m., sur un affluent du Mein.
		Hassfurt......	68	......	Pont de 50 m., sur le Nassach.
		Zeil..........	75		
			95	......	Pont en pierres. de 190 m., sur le Mein; on l'appelle pont d'Hollstadt.
		Bamberg......	100	......	Railway Louis (Lindau à Hof, n° 43).
43	**LINDAU A HOF** (Railway Louis.)	Lindau.......	....	1 voie.	Sur le lac de Constance.
	Kempten...	....	93		
	Augsbourg .	....	197	......	Les travaux d'art sont faits pour 2 voies.
	Donawerh..	....	238	......	Pont de 300 m., sur le Danube.
	Nordlingen.	....	269		
	Gunzenhausen.	....	308	......	Le pont de l'Altmühl a 200 m. de long.
		Pleinfeld.....	325	......	Viaduc de 103, avec de grands remblais.
		Schwabach...	354	......	Pont de 97 m., sur le Mühlbach. Profonde tranchée de 3 k. de long. Pont viaduc, de 148 m. de long., sur la vallée du Schwabach. Pont sur la Rednitz, de 200 m.
		Nuremberg...	369	......	Pont en bois, sur le canal Louis. Pont de 70 m., sur la Pegnitz. Pont de 30 m., sur le Grundbach.
		Erlangen.....	391	......	Pont de 47 m., sur le Schwabach. Tunnel d'Erlangen, de 350 m.
		Jorcheim.....	405	......	Pont de 80 m., sur la Trebach, un autre de 50 m., sur la Wiesent.
		Bamberg.....	429	......	Ligne de Wurtzbourg. Nombreux petits ponts.
		Lichtenfeld...	461	......	Embranchemt sur Cobourg-Eisenach (n° 44).
		Hochstadt....	469	......	Embranchemt sur Kronach Stokkeim (25 kil. à 1 voie). Pont sur le Mein.
		Culmbach....	491	......	2 ponts sur le Mein blanc.
		Neuenmarckt.	504	......	Ligne de Bayreuth.

Nos de série	LIGNES et gares principales hors du bassin du Rhin	GARES IMPORTANTES — Les bifurcations sont en italiques	DISTANCES	NOMBRE de voies	PRINCIPAUX TRAVAUX D'ART — EMBRANCHEMENTS
			Kil.	1 voie.	Nombreux ponts et tranchées pour franchir la ligne du Franken-Wald et entrer dans le bassin de la Saale saxonne (Elbe).
	Hof........	....	556		
	Leipzig.....	....	706		
44	**LICHTENFELD-EISENACH**	Lichtenfeld...	....	1 voie.	Pont sur le Mein. Pont sur l'Itz.
		Cobourg......	21	......	Embranchement sur Neustadt-Soneberg (21 kil.).
	Eisfeld.....	....	42	......	Pont sur la Werra (bassin du Weser).
	Meiningen .	....	90		
	Eisenach...	....	151	......	Ligne de Frankfort-Berlin (n° 40).
45	**NEUENMARCKT RATISBONNE**	Neuenmarckt .	....	1 voie.	Pont sur le Mein blanc.
		Bayreuth.....	22	......	Pont sur le Mein rouge.
	Weiden....	....	83	......	Embranchement sur Eger.
	Schwandorf	....	128	......	Ligne de Nuremberg.
	Ratisbonne.	....	170		
46	**FRANKFORT-GIESSEN**	Vilbel	15	2 voies	Doit certainement être à 2 voies. Pont sur la Nidda.
		Friedberg	35	......	Pont.
		Butzbach.....	48		
		Giessen.......	67	......	Lignes de Coblentz-Cassel, de Gelnhausen.
47	**COBLENTZ-BERLIN**	Coblentz......	....	2 voies	Grand pont en fonte, sur le Rhin.
		Oberlahnstein.	8		
		Ems	19		
		Nassau.......	27	......	Plusieurs ponts sur la Lahn. Pont de Runkel, sur la Lahn.
		Wetzlar......	107	......	Pont sur la Lahn; embranchement sur Cologne.
		Giessen.......	121	......	Embranchements sur Frankfort, sur Fulda, sur Gelnhausen. Nombreux ponts.
			130	......	Deux ponts sur la Lahn.
		Marburg......	150	......	Pont sur la Lahn.
	Neustadt...	....	185	......	Bassin du Weser.
	Guntershausen.	....	252	......	Embranchement sur Bebra.
	Cassel......	....	260	......	Embranchement sur Paderborn.
	Gottingue..	....	319	......	Embranchements à 2 voies, sur Hanovre, Brême, Bermerhafen.
	Nordhausen	....	340		
	Halle	....	380		
	Wittemberg	....	440		
	Berlin......	....	520		

Nos de série	LIGNES et gares principales hors du bassin du Rhin	GARES IMPORTANTES — Les bifurcations sont en italiques	DISTANCES	NOMBRE de voies	PRINCIPAUX TRAVAUX D'ART EMBRANCHEMENTS
			Kil.		
48	**COLOGNE-WETZLAR**	Cologne......	....	2 voies	
		Troisdorf....	20	1 voie.	Jusqu'à Troisdorf, c'est le railway du Rhin.
					Pont sur l'Agger.
		Siegburg.....	24	......	Pont sur le Sieg.
					Nombreux ponts sur cette dernière rivière.
		Betzdorf......	83	......	Embranchement sur Hagen (n° 49). et un autre qui ira sur Limburg et Wiesbaden.
		Dillenburg....	125	......	Ponts sur la Dill.
		Wetzlar......	154	......	Ligne de Coblentz-Berlin (n° 47).
49	**BETZDORF-HAGEN**	Betzdorf......	....	1 voie.	La ligne parcourt l'étroite vallée du Sieg, qu'elle coupe souvent.
		Siegen.......	18	......	Elle entre dans la vallée de la Lenne; ponts nombreux.
		Altena.......	76		
		Limburg.....	90		
		Hagen.......	107		
50	**COLOGNE-VOHWINKEL**	Cologne......	....	2 voies	
		Mulheim.			
		Opladen......	....	......	Pont sur la Wupper.
		Vohwinkel...	34	......	Où elle se greffe à la grande ligne Dusseldorf-Berlin (n° 51).
51	**DUSSELDORF-BERLIN**	*Dusseldorf*...	....	2 voies	Lignes sur les 2 rives du Rhin, avec un grand pont fixe à Hamm, sur le fleuve.
		Vohwinkel....	21	......	Ligne précédente (n° 57).
		Elberfeld.....	28	......	Pont sur la Wupper.
		Rittershausen	33	......	Pont sur la Wupper.
					Embrancht sur Remscheid (15 k.).
		Hagen........	54	......	Embranchemt sur Betzdorf (n° 49).
		Westhofen...	....	......	Pont sur la Ruhr.
		Schwerte.....	68	......	Embranchement sur Meschede, par la vallée de la Ruhr; on vient de le prolonger jusqu'à la ligne Paderborn-Cassel, qu'il rejoint à Warburg.
		Unna........	89	......	Embranchement sur Dormund et un autre sur Hamm.
		Soest.........	118	......	Embranchement sur Hamm.
		Lippstadt.....	139		
		Paderborn....	166	......	Pont sur l'Alme.
		Buke.........	181	......	Embranchement sur Cassel, par Warburg (1 voie).
	Hoxter.....	....	226	......	Pont sur le Weser.
	Halberstadt.	....	360		
	Achersleben.	....	382	......	Où elle se réunit à la grande ligne du Hanovre (n° 52).
	Magdebourg	....	415		
	Berlin......	....	565		

Nos de série	LIGNES et gares principales hors du bassin du Rhin	GARES IMPORTANTES — Les bifurcations sont en italiques	DISTANCES	NOMBRE de voies	PRINCIPAUX TRAVAUX D'ART EMBRANCHEMENTS
			Kil.		
52	RUHRORT A BERLIN	Ruhrort......	....	2 voies	Se greffe à la ligne de Liége-Aix-la-Chapelle.
		Oberhausen...	10	......	Où passe le railway du Rhin (rive droite).
		Essen........	18		
		Gelsenkirchen.	25	......	Embranchement de la ligne Halter-Munster ; à Haltern arrivera le railway de Wesel, par la vallée de la Lippe.
		Dortmund....	59	......	Où passe une autre ligne parallèle à cette ligne n° 59 ; elle part de Duisbourg (n° 53).
		Hamm	90	......	Pont sur la Lippe ; tête de la ligne de l'Ems, sur Munster-Emden.
	Rheda	....	120	......	Pont sur l'Ems.
	Bielefeld ...	....	160		
	Lohne......	....	172	......	D'où part le railway de la Hollande, par Rheine-Zutphen-Utrecht.
	Rhême......	....	178	......	Grand pont sur le Weser.
	Minden	....	210		
	Hanovre ...	....	278		
	Lehrte	....	....	......	D'où part une ligne importante sur Lunebourg-Lubeck, etc., et une nouvelle sur Stendal-Berlin.
	Brunswick .	....	330		
	Gavensleben	....	....	......	Où se réunissent les 2 grandes lignes à 2 voies de Ruhrort-Berlin et de Dusseldorf-Berlin.
	Ochersleben.	....	400		
	Magdebourg	....	428		
	Berlin	....	578		
53	DUISBOURG A UNNA	Duisbourg....	....	1 voie.	Elle vient de la rive gauche du Rhin, par Neuss et le pont fixe de Rheinhausen.
		Mulheim	8	......	Pont sur la Ruhr. Il y a une foule de petits embranchements dans ce pays si industriel.
		Essen	18		
		Bochum......	31		
		Dortmund	49		
		Unna	65	......	Cette ligne fait pour ainsi dire suite à la grande ligne de l'Ems, qui, par Brême-Munster-Hamm-Unna-Duisbourg, serait très-favorable à la concentration vers le Rhin des armées du littoral ; aussi va-t-on prolonger cette ligne de Brême à Hambourg.

TABLE DES MATIÈRES.

Pages.

AVANT-PROPOS I

TITRE I

VERSANT OCCIDENTAL DU BASSIN DU RHIN.

CHAPITRE I.	Ceinture occidentale du bassin du Rhin..........	5
CHAPITRE II.	Région supérieure ou helvétique..............	16
CHAPITRE III.	Considérations générales sur la Suisse..........	32
	§ I. Considérations stratégiques.........	33
	§ II. Considérations politiques..........	36
	§ III. Armée suisse....................	38
CHAPITRE IV.	Cours du Rhin médian........................	40
CHAPITRE V.	Affluents de gauche du Rhin médian............	61
	§ I. Vosges. — Hardt................	61
	§ II. Affluents jusqu'à la Moselle.........	63
	§ III. Moselle........................	79
	§ IV. Derniers affluents..............	116
CHAPITRE VI.	Rhin inférieur ou hollandais..................	118
CHAPITRE VII.	Meuse....................................	125
CHAPITRE VIII.	Considérations stratégiques sur la région gauloise..	147
CHAPITRE IX.	Divisions politiques du versant occidental du Rhin.	174
	§ I. France........................	174
	§ II. Belgique......................	179
	§ III. Hollande......................	183

TITRE II

VERSANT ORIENTAL DU BASSIN DU RHIN.

CHAPITRE X.	Ceinture orientale du bassin du Rhin...........	189
CHAPITRE XI.	Affluents de droite de la région helvétique........	195
CHAPITRE XII.	Région germanique..........................	203
CHAPITRE XIII.	Région hollandaise.........................	239
CHAPITRE XIV.	Considérations stratégiques sur la région germanique..	241
CHAPITRE XV.	Divisions politiques de la région germanique.....	256
CHAPITRE XVI.	Tableaux des chemins de fer de la région gallo-germanique....................................	271

Plans des forteresses de Germersheim, Mayence, Strasbourg, Cologne, Coblentz, Metz, Thionville, Rastadt, Verdun, Toul.

Carte générale du bassin du Rhin.

ERRATA

Page 81, ligne 40. Après les mots : on rencontre un gué à 2500 en aval de Pont-Saint-Vincent, ajouter : *sur les plateaux de la rive gauche on doit élever un fort pour couvrir ce point important.*

Page 83, ligne 20. Après les mots : dans cette région couverte de superbes positions, ajouter : *on vient de décider que tout le massif à l'est de Frouard, c'est-à-dire le plateau de Faulx, celui de Sainte-Geneviève, etc., serait couvert par quatre forts, un autre, sur la rive gauche de la Meurthe, couvrira les abords du plateau de Haye, à l'ouest de Nancy.*

Page 92, ligne 39. Après : il y eut un combat à Raon-l'Étape, ajouter : *une autre route très-importante atteint cette ville ; elle vient de Sarrebourg par* BADONVILLERS; *la Verdurette la coupe au pied d'une superbe position face au nord, position sur laquelle une armée entière pourrait se déployer.*

Page 94, ligne 11. Après : vers la Seille, ajouter : *en couvrant de forts le massif important de la rive droite de la Meurthe, on a créé un débouché offensif d'une grande valeur, mais dangereux pour la défensive.*

Page 109, ligne 29. Après : finit à Arnaville, ajouter à la ligne : *On a décidé la construction de cinq forts sur le plateau important des côtes lorraines, en sus des forts de Toul et de Verdun : un sera construit sur la côte de Lagney, un autre sur celle de* BOUCQ, *un troisième au-dessus de Gironville, le quatrième sur* LIONVILLE *près d'Apremont, enfin le cinquième sur la côte de Saint-Mihiel*

Page 160, au n° 4. Après : encore Blâmont, ajouter : *ou bien en arrière de la Verdurette.*

Abbeville. — Imp. Briez, C. Paillart et Retaux.

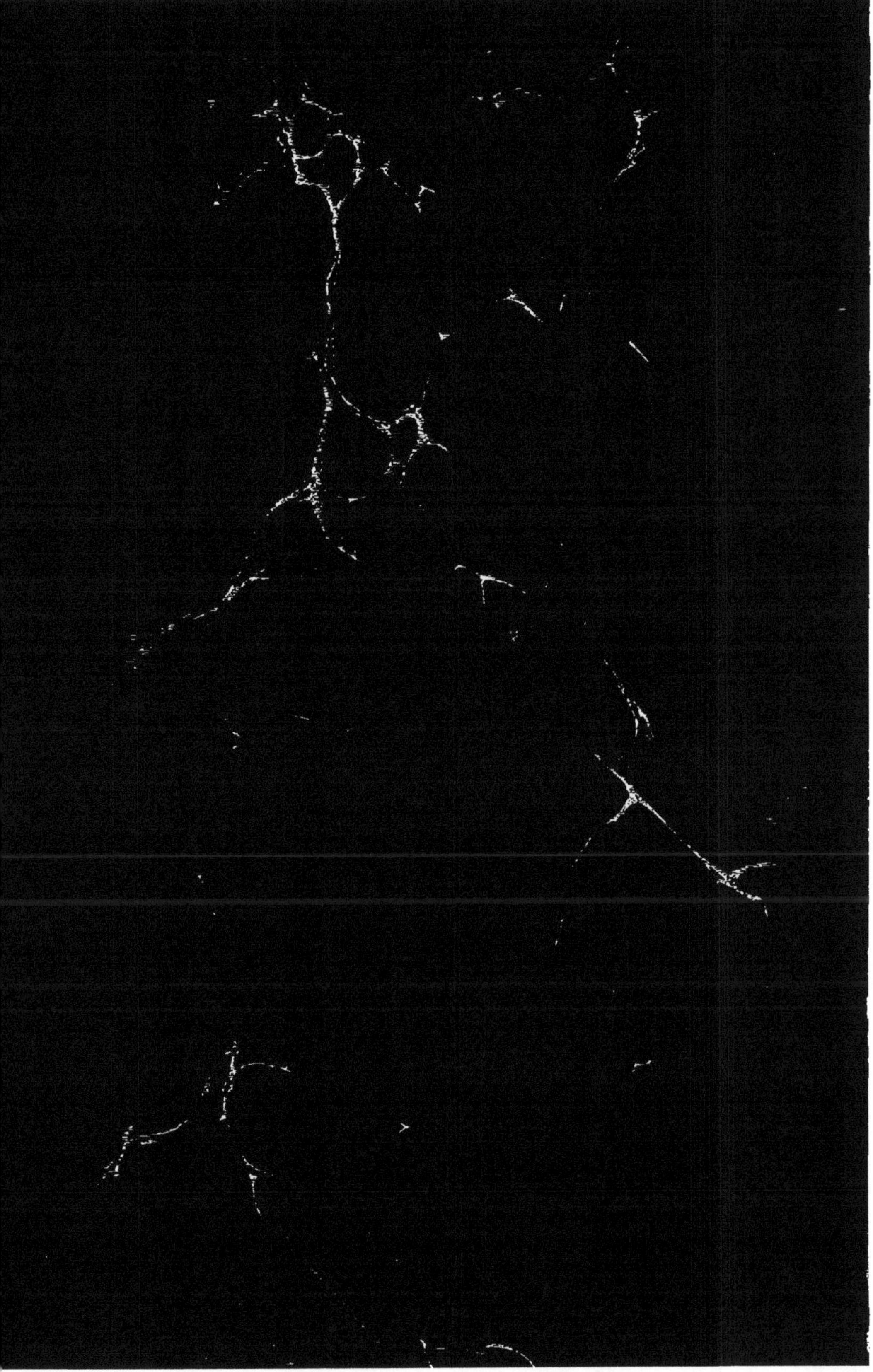

www.ingramcontent.com/pod-product-compliance
Ingram Content Group UK Ltd.
Pitfield, Milton Keynes, MK11 3LW, UK
UKHW020201250726
13967UKWH00003B/1197